本书系国家社科基金年度重点项目“中小企业促进法立法评估与修订研究”（13AFX017）结项成果

# 《中小企业促进法》实施评估与修订研究

郑曙光 著

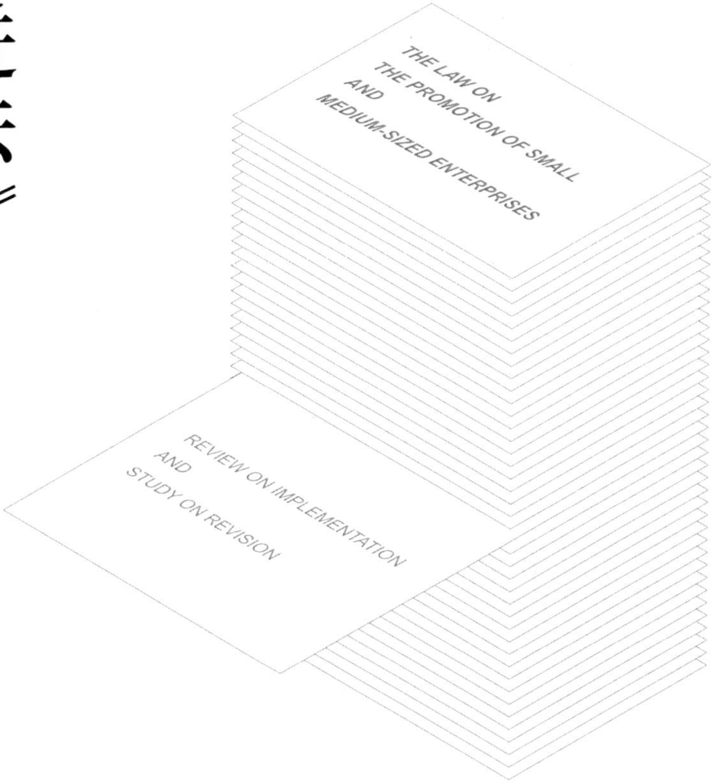


法律出版社 LAW PRESS · CHINA | 北京

**图书在版编目(CIP)数据**

《中小企业促进法》实施评估与修订研究 / 郑曙光著. -- 北京 : 法律出版社, 2022

ISBN 978 - 7 - 5197 - 6796 - 9

Ⅰ. ①中… Ⅱ. ①郑… Ⅲ. ①中小企业促进法 - 研究 - 中国 Ⅳ. ①D922.291.914

中国版本图书馆 CIP 数据核字(2022)第 093478 号

**《中小企业促进法》实施评估与修订研究**
**《ZHONGXIAO QIYE CUJINFA》SHISHI PINGGU YU XIUDING YANJIU**

郑曙光 著

策划编辑 似 玉
责任编辑 似 玉
装帧设计 汪奇峰

**出版发行** 法律出版社
**编辑统筹** 法律应用出版分社
**责任校对** 朱海波
**责任印制** 刘晓伟
**经　　销** 新华书店

**开本** 710 毫米×1000 毫米 1/16
**印张** 31.5 **字数** 499 千
**版本** 2022 年 8 月第 1 版
**印次** 2022 年 8 月第 1 次印刷
**印刷** 北京建宏印刷有限公司

地址:北京市丰台区莲花池西里 7 号(100073)
网址:www.lawpress.com.cn
投稿邮箱:info@lawpress.com.cn
举报盗版邮箱:jbwq@lawpress.com.cn

销售电话:010 - 83938349
客服电话:010 - 83938350
咨询电话:010 - 63939796





**书号**:ISBN 978 - 7 - 5197 - 6796 - 9
**定价**:118.00 元

凡购买本社图书,如有印装错误,我社负责退换。电话:010 - 83938349

PREFACE

# 前言

## 一

中小企业如何才能持续地成长与发展？这一命题，引发了立法工作者、理论工作者与企业经营管理者孜孜不倦的探寻历程。

《中华人民共和国中小企业促进法》于2002年颁布，自2003年起正式实施，标志着对中小企业实施促进型立法政策。对中小企业实行促进型立法政策，在很长一段时间引起理论界与实务界的一些质疑与反响。其焦点性问题是，其一，促进型立法政策是否影响各类企业公平竞争的产业政策，进言之，中小企业促进型立法政策的正当性与立法理性何在；其二，促进型法律具有软法性质，它的刚性不强，立法的功能与价值如何体现；其三，就《中小企业促进法》的法域而言，它是企业法还是产业政策法。

改革开放40多年来，我国经济快速发展，取得了举世瞩目的成就。有两个数据比较客观地反映了中小企业所做的贡献。一是中小企业贡献了50%以上的税收，60%以上的GDP，70%以上的技术创新，80%以上的城镇劳动就业。二是截至2021年，全国登记在册市场主体1.54亿户，其中企业4842.3万户，个体工商户1.03亿户。从结构上看，个体工商户占市场主体总数的67.1%，登记在册的小微企业4034万户，占企业总数的83.3%。[1] 可以这样认为，中小企业已成为我国国民经济和社会发展的生力军，是建设现代化经济体系、推动经济实现高质量发展的重要基础，是扩大就业、改善民生的重要支撑，也是企业家精神的重要发源地。正如英籍德国经济学家E. F. 舒马赫在20世纪70年代出版的企业理论著作《小的是美好的》中指出的那样，中小企业在社会经济发展中占有重要地位和显著作用，它向人们展示了大型企业在发展过程中暴露出的固有缺陷和中小企业发展的美好前景。关于规模选择，舒马赫认为，企业不是越大越好，相反，小也有小的好处。例如，"船小好掉头"，小企业灵活性较强，人员少，联系紧密，容易拧成一股绳，形成强大的合力。[2]

对中小企业的认识，还可以从以下侧面进行透视，其一，我国的中小企业多为民营企业，民营企业占中小企业数量的99%。其二，中小企业尤其是小型微型企业主要为劳动密集型产业，且多为实体企业，由于近年来劳动力成本、原材料成本递增，中小企业普遍存在盈利率不高的现象，甚至亏损倒闭。其三，按照经济地带划分，占全国总量42%的中小企业分布在东部和中部地区，西部地区仅占15%，中小企业在地理分布极不平衡。其四，由于受到内外部环境的影响，大多数的中小企业都是成长并非十分良好的企业，有人曾对此作了统计，我国小微企业死亡率分别是大型、中型企业死亡率的23.6倍和6.9倍，小微企业平均寿命不足大型企业平均寿命的1/3，仅相当于中型企业平均寿命的60.2%，5年内关闭破产的小微企业占51.5%。

有人提出异议，在中国，大型企业，尤其是国有大型企业是国家经济的支柱，资源应该更多地向这些企业倾斜，由国有大型企业承担科技和产业发展的重任。我们无意否认大型企业的作用与影响力。就像一座房子，国有大型企业如同栋梁，它确实能起到支撑起整个房子的作用。但是广大中小企业如同椽条，它起到了进一步加固房顶，发挥"房子成为房子"的作用。2018年10月，习近平总书记在考察广州时提出："中小企业能办大事，党中央高度重视并一直在想办法促进

---

〔1〕 数据来自2022年1月27日，国家市场监督管理总局注册局局长杨红灿在国新办新闻发布会上发布的数据。参见包兴安：《市场监管总局：截止2021年全国登记在册市场主体达到1.54亿户，同比增长11.1%》，载《证券日报》2022年1月27日。

〔2〕 参见[英]E. F. 舒马赫：《小的是美好的》，虞鸿钧、郑关林译，商务印书馆1984年版。

中小企业发展。”这给中小企业的地位与国家对中小企业的态度作了明确的回答。

以理论证成与实践检验而论,企业大型化与小型化,是当今世界企业发展中并行不悖的大趋势,也是现代经济和市场竞争的客观要求。在我国经济加速转型的过程中,在做大做强一批屹立于世界市场之林的支柱性国有大企业的同时,还应加快中小企业的成长与发展,这是增强国家综合竞争力的战略选择。因此,在社会经济生态中,不仅需要“顶天立地”的大企业,还需要“铺天盖地”的中小企业。

所有中小企业无一例外地生存在特定的经济生态系统之中,通过与外部环境之间的量能交换获得生存与发展的机会。中小企业在成长与发展中往往面临大企业的竞争性挤压,加之融资难、融资贵,税费负担重,技术落后,管理水平和员工素质低等种种因素,中小企业尤其是小型企业和微型企业在其成长与发展中遇到诸多困难和问题。通过立法政策,扶持中小企业成长与发展是应有之义。

## 二

2013 年,正值我国着手对《中小企业促进法》修订之时,我们课题组申报了国家社会基金年度重点课题《中小企业促进法修订与立法后评估》,并获准立项。

从申报时正值全国人大常委会拟作立法计划对《中小企业促进法》准备修改到 2017 年修订完成,我们跟踪了这一法律修改的变化过程,也为我们的项目研究提供了充足的动力与研究工作的针对性与时效性。

项目申报时,我们将研究的主要内容确定为以下几大方面。

(1)《中小企业促进法》的立法政策研究。研究中小企业立法促进的正当性问题,立法政策与现有中小企业发展的契合性问题,从而为对 2002 年颁行的《中小企业促进法》的实施评估与 2017 年的法律修订奠定理论分析基础。

(2)《中小企业促进法》实施评估研究。研究该法自 2003 年实施到 2017 年修订的实施绩效、存在问题,在此基础上提出对中小企业重点培育、扶持所应采取的立法原则和立法完善对策等相关问题。

(3)《中小企业促进法》的国外经验与借鉴研究。研究国外法中对中小企业政策体系、国外法对促进中小企业成长与发展的作用机理、多措并举促进中小企业发展的立法经验、坚持移植与本土化原则的现实意义。

(4)《中小企业促进法》修订与体系化制度构建研究。研究中、小、微企业划型标准修订问题,中小企业管理体制完善问题,促进政策法治化运行问题,公共服务政策体系化构建问题。

(5)《中小企业促进法》立法完善建议研究。探讨《中小企业促进法》修订的法条内容,分析修订后的《中小企业促进法》的结构层次、法律内部的和谐性、法律与其他法律之间外部的安定性问题,并深入分析《中小企业促进法》修订对该法技术构造的影响性问题。

项目结题时,我们将研究内容细分为12个方面,形成本著作稿中的12章体系。大部分内容的扩充,是对当时申报提要内容的深入展开,也是对项目申报研究内容的提升。

在整个研究过程中,我们关注全国人大对《中小企业促进法》修改的进展。我们主要完成了以下工作。

其一,进行了课题的充分调研。课题组分三组走访了中小企业比较发达地区和中小企业欠发达地方的一些中小企业,并对若干个中小微企业进行蹲点调研,由此取得了第一手研究资料,为课题的实证研究打下了较好的基础。

其二,参与了相关中小企业发展问题的全国性、地区性的学术研讨。主要有:(1)参加全国商法年会,提交论文《企业法修订与营商环境优化》;(2)参加全国立法法研究会年会,提交论文《促进型立法的实践与立法完善》;(3)参加浙江省立法研究院成立大会,提交论文《地方立法中促进型立法探析》;(4)参加长三角法学论坛,提交论文《营商环境优化与法治化治理——以企业产权平等保护为视域》;(5)参加由全国商法年会、最高人民法院、中国政法大学举办的《公司法论坛》,提交论文《僵尸企业的成因与法律治理对策》;(6)参加安徽省法学会主办的"民营中小企业发展与政策促进研讨会",提交大会发言资料《制定地方性民营中小企业促进立法应关注的若干问题》;(7)参加由浙江省温州市法学会与温州市中级人民法院、温州市人民检察院联合举办的"为民营中小企业高质量发展保驾护航"主题沙龙,作了《营商环境法治化背景下的民营中小企业合法权益保护》专题报告。

其三，阶段性形成的研究成果在相关学术期刊上发表。目前已发表相关论文9篇。

其四，形成了相关咨政成果。其中专报稿《对修改〈浙江省促进中小企业发展条例〉的思考与建议》编入浙江省法学会《专报》；专报稿《浙江推进营商环境优化应处理的几大关系》编入宁波市法学会《专报》；研究专题《民营中小企业促进立法应关注的问题与立法建议稿》部分研究成果被浙江省人大采纳。

其五，申报获准了浙江省社科规划课题《浙江省促进民营企业发展条例立法起草稿与立法问题研究》，申报获准了司法部国家法治与法学理论课题《企业市场退出新问题及法律治理研究》，为本项目相关的拓展性研究提供了新的研究方向与研究思路。通过项目研究，使我们有机会服务于国家宏观调控政策相关的立法研究，同时也提升了我们自身的研究能力，使我们对国家促进中小企业成长与发展的产业政策、竞争政策、财税政策、金融政策有了深入的理解，本项目研究取得了较好的实践效果。

本项研究，以《中小企业促进法》应具有法益目标的应然性与实然性为分析问题的理路，以《中小企业促进法》的实施与修订为主线，以经济法中的倡导型立法为法技术构建手段来研究我国中小企业法的立法政策，在此基础上探讨《中小企业促进法》的法条修改与制度完善问题。

我们主要采用文献研究法、实证分析法与比较分析法等研究方法。

文献研究法是通过查阅国内外研究中小企业法的大量理论文献，以及主要国家对中小企业的立法素材，使整个研究保持在学术前沿问题的探讨之下。

实证分析法是通过个案研究和法律适用研究，探讨该法修改应遵循的基本途径。实证研究重点放在对该法的实施评估上，通过问卷调查、实地调研等方法对该法的实施绩效进行分析。

比较分析法是通过对国内外中小企业立法的比较分析，来反映我国《中小企业促进法》的基本特色和不同的制度特质。

## 三

从整个研究所取得的一些阶段性成果检视，我们认为，本项研究在研究内容与方法上具有以下几个方面的创新之处。

（1）从促进型立法的视角探讨《中小企业促进法》的法域与特色。促进型立法是进入21世纪后全球性立法的一个新的发展动态。《中小企业促进法》属于促进型立法，它与禁限型立法（或称管理型立法）在立法宗旨、立法内容、法技术构造方面均存在明显的不同。探讨《中小企业促进法》的立法特质及法益目标，应将它放到国家宏观调控法的视角下，研究这部法律的实施绩效、立法修改的价值选择，以及法律完善的制度重构等问题。同时还应将它放到经济法中的促进型立法的视角下，分析这部法律在构建倡导性法律规范体系、法技术构造能力方面的特点与问题。

（2）从我国社会经济发展的阶段性视角来探讨《中小企业促进法》修订的现实意义。《中小企业促进法》在我国是作为扶持中小企业成长与发展的对策法存在的，它的生成、运行和修改与我国中小企业成长与发展的制度生存环境、运行方式、制度供给与需求相关，因此，在研究中，既要借鉴国外的立法成果，也要充分关切本国的基本国情。新中国成立70年来，在不同发展阶段，对中小企业采取了不同的经济政策，从最早对中小企业的"促公抑私"到改革开放时期的"抓大放小"，再到社会主义市场经济体制确立后的"抓大扶小"，政策内容呈现出阶段性特点，研究中小企业的成长与发展需要联系我国改革开放实际，并分析不同政策因子对中小企业的影响性问题，进而探讨《中小企业促进法》修订的现实意义。

（3）从国际比较的视角探讨中小企业促进制度体系的中国特色。20世纪50年代以来，对中小企业实施促进型立法是国际上通行的做法。国外主要发达国家对中小企业的支持政策发生了以下演进：一是由对中小企业的自由放任转向对中小企业的保护和促进；二是由对中小企业的普惠性支持转向对中小企业的选择性支持；三是由片面强调中小企业发展转向日益重视企业之间的分工协作和共同发展；四是由面向中小企业提供直接的政策支持转向通过政策引导支持中小企业服务体系建设；五是对中小企业的支持政策与区域经济、社会发展政策目标日益结合。在世界各国，对中小企业的概念和划型标准并不统一，但仍可以在研究中小企业表现形式的同时，对其共性与个性问题进行抽象和分析，从而从"质"和"量"两个方面认识中小企业的内涵和本质。我国对中小企业的促进政策与促进立法体现出中国的智慧，也彰显出本国的特色。这种以通过比较、借鉴的研究方法与研究途径所进行的系统性研究，不仅提升了研究的深度，也完善了研究的科学性。

(4)从促进政策的整体性功能评析《中小企业促进法》的立法结构与制度设计问题。对《中小企业促进法》颁布后10多年法律实施实践的研究，发现该法的部分条款规定比较原则，缺乏刚性约束力和可操作性。近年来，随着我国社会经济的快速发展，中小企业面临一些新情况、新问题，立法时没有遇见或预见的一些问题逐步显现出来，该法的修订具有现实需求。2017年修订的《中小企业促进法》以新的法律文本呈现于世，将原法由7章扩展为10章，条文由45条增加到61条。此次修改把握的主要原则在于处理好市场公平竞争与中小企业特殊保护的关系，处理好法律规定与促进政策选用性之间的关系，处理好对中小企业"管、放、服"的协同推进关系。这些都为本项目研究提供了丰富的立法资源与鲜活的研究素材。

(5)从促进政策工具入法后的法治化运行状况探索《中小企业促进法》存在的问题。一部法律的质量如何，不仅要在制定时体现科学立法，而且要在颁布后接受实践的检验。对该部法律进行立法后评估并适时进行修订，是"质量型立法"时代对经济立法提出的新要求，也是提高立法质量的有效途径。《中小企业促进法》的一大特色是将促进政策工具入法并进行法治化构建，但是，促进政策入法的正当性问题、运行中的协调性问题、实施中的效用性问题，既是修法的重点，也是理论研究的关切点。在本项研究中，我们以较多的笔墨思考这一问题，并在立法后评估研究中选取若干重要观测点进行检视，试图对政策工具入法的运行实效与立法修订提出对策与建言。

由于我们学识所限，疏漏在所难免，不足之处或未深入展开的相关问题，我们将在日后研究中予以提高与完善，也诚恳这一领域的理论工作者、立法工作者与企业经营管理者不吝指教。

CATALOG

# 目录

CHAPTER

# 第一章

# 促进型经济立法的法益考量与法技术构造

在当代各国立法中，促进型经济法律占有一定数量。与禁限型经济法律相比，它在立法功能与法技术构造诸方面具有明显的差异性。我国《中小企业促进法》在其法域类型划分上应属于经济法，并分属于促进型经济法。因此，对《中小企业促进法》的研究应从促进型立法的基本特点着手，以促进型经济法的基本原理为主线，分析比较促进型立法与禁限型立法的异同性，并为《中小企业促进法》的科学立法提供相应的学术理论支持。

## 第一节　禁限型经济立法与促进型经济立法

从法的规范类型进而演变为一种特定的立法模式是由一定时期法的调整功能与定位决定的。随着不同时期法的功能价值的变化，法律的规范类型也随之发生相应的变化，并在此基础上出现新的立法模式。禁限型经济立法与促进型经济立法在当代经济法中是两个最重要的立法模式，也是现代法律发展的一种必然趋势，其产生与发展有着深厚的社会经济基础。

## 一、两种立法模式的厘定与立法发展梳理

### (一)两种立法模式的厘定

在现有的两类部门法(经济法与社会法)中,存在两类相对独立的立法模式,即禁限型立法与促进型立法。

所谓禁限型立法,是指将社会应当控制的行为以法的形式表达出来,要求人们予以遵守,对违反者作出惩处。在经济法的立法中,我国自1978年改革开放以来,属于禁限型立法且比较典型的有《反不正当竞争法》《反垄断法》《广告法》《食品安全法》等。

所谓促进型立法,是指将社会所倡导的某些基础性、薄弱性产业或涉及社会公益性行为以法的形式表达出来,在促进体制、机制、措施上以法的形式作出规定。在经济法的立法中,我国自1978年改革开放以来,属于促进型立法且比较典型的有《中小企业促进法》《就业促进法》《循环经济促进法》《清洁生产促进法》等。

实际上,无论是禁限型立法还是促进型立法,在经济法与社会法领域,不仅在我国客观存在,在国外也可窥见一斑。

日本自20世纪60年代后进入推行产业政策调控之时,围绕相关产业政策颁布了一系列经济立法。[1] 日本的促进型立法渗透到社会经济的诸多领域,较有代表性的有《中小企业基本法》《资源有效利用促进法》《农业机械化促进法》《文化产业促进法》《残疾人雇佣促进法》《职业能力开发促进法》等。

德国是一个成文法比较发达的国家,以体系完整、逻辑清晰著称。德国经济法发达,因此促进型立法具有较大的影响。在促进型经济立法中,德国先制定了一部《经济稳定与增长促进法》,这是一部总括、提纲挈领式的法律,规定了促进经济稳定增长的基本原则与法律制度,就调整的内容而言,其涵盖涉及经济领域调控的各个方面,其中包括:制定国家宏观经济政策、制定国家计划和年度经济报告的要求;财政、金融、投资、外贸基本制度;宏观调控综合协调

---

〔1〕 参见漆多俊:《经济法基础理论》,武汉大学出版社1997年版,第47~49页。

制度;联邦与各州之间的经济关系等。在此基础上,再针对不同部门和产业,制定具体的促进型法律,如《可再生能源法》《企业合理化促进法》《中小企业基本法》等。

在欧共体,促进型经济法也相对发达。为促进和扶持中小企业,1988 年 6 月,欧共体理事会通过了《关于改善欧共体内企业尤其是中小企业的经济环境和促进其发展的决定》,针对欧共体中小企业规定了简化行政管理法律制度、信贷融资法律制度、税收法律制度、技术创新法律制度、技术转让法律制度等,相关促进政策法律化体现得比较明显。[1]

美国也是经济法立法比较发达的国家之一,在美国尽管没有"经济法学"这一概念,但不可否认,它也是最早制定反托拉斯法的国家之一。美国在涉及经济领域立法中采取促进型立法与禁限型立法并举的做法,其中以反托拉斯法为核心,构建了禁限型经济立法框架,同时又以《小企业法》为核心,完善了支持和扶持小企业成长发展的促进型立法体系。进入 21 世纪后,世界经济与美国经济都面临新一轮的经济缓慢期,美国出台了一系列经济促进法,以刺激经济发展,如《经济刺激法案》等。[2]

(二)两种立法模式的发展轨迹

综上所述,在经济法与社会法领域,禁限型立法与促进型立法既是一种立法现象,也发展成日益完善的一种立法模式,考察后发现,这种具有较强区分度的立法模式,在其发展阶段上具有先后性特征。

从立法所涉及的领域分析,禁限型立法以规制社会经济活动为主要特征,以 20 世纪之后市场规制法为表征;促进型立法以促进推动社会基础性、薄弱性产业与社会公益为特征,以 20 世纪之后勃兴的宏观调控法与社会法为表征。

从立法在时空上的呈现分析,它们之间既存在时间上的渐进性,也存在法律调整关系上的互动性。

---

〔1〕 参见张洪涛、周长城:《浅议欧共体中小企业法律制度的几个问题及对我国中小企业立法的启示》,载《法学评论》2001 年第 1 期。

〔2〕 参见张贝楠:《战后美国经济立法对经济发展的促进作用》,载《世界经济》1987 年第 6 期;何家弘主编:《当代美国法律》,社会科学文献出版社 2001 年版,第 372 页。

在促进型经济法还没有诞生之时,禁限型立法一直占主导地位。究其原因在于,资本主义从自由竞争进入到垄断阶段之后,由于市场失灵与市场缺陷,引发众多社会问题与经济问题,政府不得不借助国家的力量,采用严厉的限制性法令来规范市场。其中,颁布实施反不正当竞争法、反垄断法等这些禁限型法律成为各个资本主义国家惯用的手段。因此,在一些发达资本主义国家进入垄断资本主义阶段之前,禁限型立法已客观存在且得以发展。通过禁限型立法,既规范政府干预行为,也为政府干预活动提供相应的法制保障。

而促进型立法则不同,从其产生轨迹来看,主要在20世纪三四十年代后,它是在禁限型立法相对成熟并呈现出一定僵化的情形下出现的。在市场运行中的失序问题通过立法进行了相应的调整和控制后,消除因发展的不均衡造成的低效率问题便成为国家调控经济的主要任务。随着当代政府职能的转型,从强势管理转向服务为本,政府需要采用引导与激励的方式去引导、调控、鼓励、扶持一些国民经济发展的薄弱环节、弱势行业以及新兴产业,促进型经济立法便应运而生并得到了较好的发展。

我们认为,促进型立法之所以在20世纪三四十年代之后得到发展,其深层次的社会经济根源在于以下几个方面。

首先,在立法功能上,不仅要强化规范和保障功能,而且需强化引领功能。立法"引领"功能价值的实现,必定制定促进型规范,通过鼓励、引导各类主体的自发性行为,促进社会行为朝着立法所设定的目标与方向运行。

在我国20多年的立法实践中,促进型立法充分彰显了立法的"引领"作用。对于亟待由政府推动、引导、提倡或促进的基础性、薄弱性的产业,或因存在环境、能源、资源等市场经济的外部性问题,以及收入分配不公、贫富差距悬殊等市场失灵的领域,通过促进型立法来推动或纠偏已成为必要手段。[1]

其次,在法规的调整关系上,禁限型社会关系与促进型社会关系分别由不同的法律进行调整是立法科学化的一大体现。在禁限型立法中,法律所调整的是禁限型社会关系,通过设定"不得""必须"等条款,规范社会主体行为,要求社会主体不要去触碰法律设定的最低行为和道德"底线",该类立法本身并不对人们

---

〔1〕 张守文:《论促进型经济法》,载《重庆大学学报(社会科学版)》2008年第5期。

行为的“优秀线”作出规定。但是,随着一些新型的社会关系、创新性社会行为的产生与发展,立法不再单纯解决“不能做什么”的问题,而是如何更有效地解决“促进与推动”问题。因此,在现代社会中,促进型法律规范由于适应了法律调整关系的新变化,便成为引导社会公众与团体遵守法律的较优选择。正如美国学者弗里德曼所言,“相对于社会变迁而言,法既是反应装置,又是推动装置;这两种功能尽管法律对社会的被动反应得到了更普遍的认知,但法律在积极推动社会作用中正在逐步加强”。[1]

最后,在法律的调整方式上,要实现法的功能,惩罚与奖励是两种必不可少的手段,因而威慑与激励并举是法律调整方法的特点之一。在传统的法律理论中,通常认为,对人们行为最直接规范性的方式是威慑。但在现代社会中,通过禁限型立法,实施严厉的处罚体系只是作为规范人们行为方式的手段之一,并不具有唯一性。而且,法经济学研究表明,处罚不当难以形成有效的威慑作用,在某些场合,惩罚的严厉性反而会增加违法行为的隐蔽性,从而发生类似于“逆向选择”问题。[2] 诚然,人们守法习惯的形成与法律的权威、法的威慑性不无关系,但它们并不是全部是由法的威慑性决定的。正如波斯纳所言,服从法律更多的是一种利益刺激的问题,而不完全是敬重或尊重的问题。[3]

## 二、两种立法模式的差异性

### (一)比较分析的法律样本选取

禁限型立法与促进型立法在调整目的、法规结构、调整手段、调整功能诸多方面存在差异。笔者试图以经济法领域中具有代表性的10部法律为分析样本,对它们进行相应的比较分析。这10部法律见表1－1。

---

〔1〕 W. Friedman, *Law in a changing Society*, New York Cohmbin University Press, 1972, p. 11.

〔2〕 参见焦海涛:《论“促进型”经济法的功能与结构》,载《政治与法律》2009年第8期。

〔3〕 参见[美]理查德·A. 波斯纳:《法理学问题》,苏力译,中国政法大学出版社2002年版,第297页。

**表 1－1　我国现行的 10 部法律概览〔1〕**

<table>
<tr><th colspan="2">法律类型与名称</th><th>颁布/修订(正)时间</th><th>章节结构</th></tr>
<tr><td rowspan="4">禁限型法律</td><td>(1)《反垄断法》</td><td>2007 年 8 月 30 日通过</td><td>第一章　总则<br>第二章　垄断协议<br>第三章　滥用市场支配地位<br>第四章　经营者集中<br>第五章　滥用行政权力排除、限制竞争<br>第六章　对涉嫌垄断行为的调查<br>第七章　法律责任<br>第八章　附则</td></tr>
<tr><td>(2)《反不正当竞争法》</td><td>1993 年 9 月 2 日通过<br>2017 年 11 月 4 日修订<br>2019 年 4 月 23 日修正</td><td>第一章　总则<br>第二章　不正当竞争行为<br>第三章　对涉嫌不正当竞争行为的调查<br>第四章　法律责任<br>第五章　附则</td></tr>
<tr><td>(3)《食品安全法》</td><td>2009 年 2 月 28 日通过<br>2015 年 4 月 24 日修订<br>2018 年 12 月 29 日第一次修正<br>2021 年 4 月 29 日第二次修正</td><td>第一章　总则<br>第二章　食品安全风险监测和评估<br>第三章　食品安全标准<br>第四章　食品生产经营<br>第五章　食品检验<br>第六章　食品进出口<br>第七章　食品安全事故处置<br>第八章　监督管理<br>第九章　法律责任<br>第十章　附则</td></tr>
<tr><td>(4)《产品质量法》</td><td>1993 年 2 月 22 日通过<br>2000 年 7 月 8 日第一次修正<br>2009 年 8 月 27 日第二次修正<br>2018 年 12 月 29 日第三次修正</td><td>第一章　总则<br>第二章　产品质量的监督<br>第三章　生产者、销售者的产品质量责任和义务<br>第四章　损害赔偿<br>第五章　罚则<br>第六章　附则</td></tr>
</table>

〔1〕 对于促进型法律，我国目前已颁布的有《中小企业促进法》《清洁生产促进法》《民办教育促进法》《农业机械化促进法》《就业促进法》《循环经济促进法》。

续表

| 法律类型与名称 | | 颁布/修订(正)时间 | 章节结构 |
|---|---|---|---|
| 禁限型法律 | (5)《广告法》 | 1994年10月27日通过<br>2015年4月24日修订<br>2018年10月26日第一次修正<br>2021年4月29日第二次修正 | 第一章　总则<br>第二章　广告内容准则<br>第三章　广告行为规范<br>第四章　监督管理<br>第五章　法律责任<br>第六章　附则 |
| 促进型法律 | (1)《中小企业促进法》 | 2002年6月29通过<br>2017年9月1日修订 | 第一章　总则<br>第二章　财税支持<br>第三章　融资促进<br>第四章　创业扶持<br>第五章　创新支持<br>第六章　市场开拓<br>第七章　服务措施<br>第八章　权益保护<br>第九章　监督检查<br>第十章　附则 |
| | (2)《循环经济促进法》 | 2008年8月29日通过<br>2018年10月26日修正 | 第一章　总则<br>第二章　基本管理制度<br>第三章　减量化<br>第四章　再利用和资源化<br>第五章　激励措施<br>第六章　法律责任<br>第七章　附则 |
| | (3)《清洁生产促进法》 | 2002年6月29日通过<br>2012年2月29日修正 | 第一章　总则<br>第二章　清洁生产的推行<br>第三章　清洁生产的实施<br>第四章　鼓励措施<br>第五章　法律责任<br>第六章　附则 |
| | (4)《农业机械化促进法》 | 2004年6月25日通过<br>2018年10月26日修正 | 第一章　总则<br>第二章　科研开发<br>第三章　质量保障<br>第四章　推广使用<br>第五章　社会化服务<br>第六章　扶持措施<br>第七章　法律责任<br>第八章　附则 |

续表

| 法律类型与名称 | | 颁布/修订(正)时间 | 章节结构 |
| --- | --- | --- | --- |
| 促进型法律 | (5)《就业促进法》 | 2007 年 8 月 30 日通过<br>2015 年 4 月 24 日修正 | 第一章　总则<br>第二章　政策支持<br>第三章　公平就业<br>第四章　就业服务和管理<br>第五章　职业教育和培训<br>第六章　就业援助<br>第七章　监督检查<br>第八章　法律责任<br>第九章　附则 |

(二)立法目的和原则之比较

促进型立法是以引导、促进新兴产业和新兴公益事业或社会行为为宗旨,侧重于引导、推进和倡导。这在以下两部法律的相关条款中得到了较好的体现。

2017 年修订后的《中小企业促进法》第 1 条就明确规定其立法宗旨是改善中小企业经营环境,促进中小企业健康发展,使中小企业在扩大城乡就业以及在国民经济和社会发展中发挥重要作用。围绕这一立法目的,该法通过相关条款安排旨在建立起政府推动型的多元化促进体系。

2015 年修正的《就业促进法》第 1 条就明确规定其立法的目的是促进就业,促进经济发展与扩大就业相协调,促进社会和谐稳定。围绕这一立法原则,该法通过相关条款安排旨在建立起就业服务与就业管理相结合的公平就业与就业援助促进体系。

禁限型立法的立法宗旨是设定禁限目的,在以下两部法律的相关条款中得到了体现。

《反不正当竞争法》第 1 条就明确规定其立法宗旨是促进社会主义市场经济健康发展,鼓励和保护公平竞争,制止不正当竞争行为,保护经营者和消费者的合法权益。围绕这一立法宗旨,在相关条款中明确规制了经营者不得从事的不正当竞争行为以及相应的法律责任。

《产品质量法》第 1 条就明确规定其立法目的是加强对产品质量的监督和管理,明确产品质量责任,保护消费者的合法权益,维护市场经济秩序。通过立法,确立产品质量管理应当坚持以人为本、预防优先、防治结合、政府主导、公众参与、损害担责的原则。

虽然上述4部法律都体现了立法的主导、促进和保障作用，但前两部是促进型立法，后两部是禁限型立法，它们在立法宗旨与原则上存在明显的差异。在法律术语上，促进型立法通常不使用"调整、保护"，而是使用"促进、推动"这些法律术语。

（三）政府角色定位之比较

政府在促进型立法的定位中始终扮演着主要参与者角色，因而具有主导性与服务性。无论是制订发展规划还是促进指导和促进措施的落实，都离不开政府的推动。因此，立法强调政府在推动基础性和薄弱性产业以及承担公益性服务发展中的应有职责。另外，促进型立法还应积极鼓励社会参与，在众多的促进事业中，社会组织和公众的参与是必需的，通过立法，鼓励和促进社会组织和公众的参与，以实现法律调控目标。[1]

《循环经济促进法》在法条体例安排上，除第一章"总则"和第六章"附则"外，其他章节由"基本管理制度""减量化""再利用和资源化""激励措施""法律责任"组成。既体现出政府强有力推动的职责定位，也呈现出鲜明的政府与社会协动共同推进循环经济发展的公共政策意图。

在禁限型立法中，虽然也规定政府的角色定位，但强化的是政府的监管职责；虽然也涉及社会组织和公众的参与，但只是作为管理的补充因素。在《反垄断法》中，主要是针对垄断协议、滥用市场支配地位、经营者集中等方面规制垄断行为，对涉嫌垄断行为的调查、处罚等作出规定，体现出较强的监管者（政府）与被监管者（市场经营主体）之间以服从与被服从为内容的权义关系。

（四）设范模式之比较

促进型法律规范的前提是为人们预设一套符合社会经济发展规律的行为模式，因而被认为是具有良好前瞻性和预见性的事先性规范。同时，针对市场机制本身存在的滞后性和失灵性问题，预制出一定科学合理的克服市场失灵或缺陷的制度体系。

促进型立法中相关的法律规范有以下几种类型：（1）道德倡导性规范。如《循环经济促进法》第10条，规定公民应当增强节约资源和保护环境意识，合理

〔1〕 参见李艳芳：《"促进型立法"研究》，载《法学评论》2005年第3期。

消费，节约资源。(2)政策宣示性规范，主要是明确立法政策的取向。如《清洁生产促进法》，围绕如何促进清洁生产这一主题，作出了“政府应当做什么”“奖励什么”“鼓励什么”这些带有政策宣示性条款。(3)确定发展方向性规范。如《就业促进法》第11条，规定政府部门应当把扩大就业作为重要职责，并应统筹协调产业政策与就业政策。(4)表彰奖励性规范。如在《循环经济促进法》中，专章规定激励措施，对在循环经济活动中做出显著成绩的单位和个人给予表彰和奖励。(5)管理性规范。设定一定数量的管理性规范确保促进政策得以实施。在《农业机械化促进法》中，有“质量保障”规定的章节，但其更多内容是设定政府部门监督管理和服务的职责，以及农业机械生产者、销售者对农业机械产品涉及人身安全、农产品质量安全和环境保护的技术要求，通过立法鼓励、扶持农民和农业生产经营组织使用先进适用的农业机械，进而促进农业机械化和建设现代农业，最终还是落到促进型立法的宗旨上。

禁限型立法则采用传统的法律权利义务(责任)对应设范模式，规定不履行义务就应该承担相应的法律责任。在《反垄断法》第六章“对涉嫌垄断行为的调查”和第七章“法律责任”中，专门对涉及垄断的违法行为，规定了反垄断执法部门的调查权以及应承担的法律责任，具有很强的监管刚性。

(五)调整手段之比较

促进型立法以提倡性、诱导性规范为主，设置了促进与扶持政策，还注重表彰或奖励等激励措施的作用。为了确保促进政策落到实处，在立法中也设定一些监督检查内容，但一般不设置相对应的法律责任。即使在某些促进型立法中设定了一定的法律责任，但法律责任往往具有综合化的倾向，实行的是一种综合责任机制，包括民事行政责任、道义责任、社会责任与政治责任等多元化的综合运用。显然，促进型立法在调整手段上具有软法之特征。法国学者弗朗西斯·施尼德认为“软法是原则上没有法律约束力但有实际效力的行为规则”。[1]

禁限型立法主要解决的是已经产生或预见会产生的现实性的社会问题，并以法的形式予以纠正，属于事后调整性规范。禁限型立法通常规定明确的法律责任，对于违反者追究民事责任、行政责任、刑事责任，以及某些具有经济法特征

〔1〕 姜明安:《软法的兴起与软法之治》，载《中国法学》2006年第2期。

的经济法上的责任,如信用减免、资格减免、经营者异常名录制度、限制授信支持等。

## 三、促进型经济立法的功能价值

### (一)法的基本功能价值

法律是一种社会行为准则,可以从法的视角上衡量人们行为的是非曲直、利害得失、合法非法,是一种社会价值尺度。通说认为,法律的功能主要体现为指引、评价、预测、教育、强制5个方面。法律的指引作用主要体现在对当事人行为方向的引导性上,法律的评价作用主要体现在对当事人行为合法性与否的评判上,法律的预测作用主要体现在以法律为依据预测当事人行为的法律后果上,法律的教育作用主要体现在法律教育所有公民和社会组织如何守法上,而法律的强制作用则体现在对违法者给予法律制裁的威慑力上。

### (二)促进型立法的功能价值

无论是禁限型立法还是促进型立法,法律的上述5个方面的功能价值都能得到体现,但它们在体现的侧重性上有所差异。与禁限型立法相比,促进型立法在法律功能价值方面呈现出以下几个方面的特点。

1. 指引性。促进型立法功能定位通常是针对那些社会关系尚未得到良好发展、市场规模并未形成而亟须培育并促进其形成的那些领域或产业。促进型立法多采用“促进”“推动”等带有倡导性色彩的条款,以倡导性规范为主要内容,而不使用“调整”“规范”具有规制性质的法律术语,且是以“奖励”“确认”这种肯定式后果进行评价,弱化否定式的法律后果。促进型立法是具有灵活性和前瞻性的一种事前规范,尤其是对那些薄弱的基础行业与产业发展起到了很大的指引与推动作用。与刑法、行政处罚法等一系列“硬法”相比,促进型立法在立法技术上则表现出“软法”的特征。

2. 预测性。在经济活动中,微观经济主体在实施某项经济行为之前都会对其行为绩效与后果进行预测,选取对自己有利的行为。但这种预测仅仅是微观经济主体从自身利益出发作出的,需要以国家宏观政策与全国性的法律作为其预测的依据。通过促进型经济法立法,国家明确设定所引导、扶持与激励的经济行为种类与经济行为内容,可以为微观经济主体提供行为方向与行为后果,从而当微观经济主体预测到这种行为的收益大于成本,能获得相应利益时,就会做出从事这项行为的决定。国家通过借助促进型经济法的预测功能来不断调整微观经济主体的经济行为的发展方向,从而使国家的需求、目标与微观经济主体的行为有机地结合起来,减少微观经济主体行为的盲目性与被动性。

3. 评价性。促进型经济法对相关行为主体设定了权利与义务关系。通过激励制度为微观经济主体提供必要的行为动力。虽然激励制度一时难以改变微观经济主体长期形成的偏好,但激励制度本身是一种行为评价,最终能影响微观经济主体的行为选择,使微观经济主体的行动方向朝着立法所鼓励的积极方向行进。这种激励性的评价是一种肯定性评价,比起禁限型的否定性评价,更能为微观经济主体接受,更具有扩大经济活动信息传递的社会效果。

4. 教育性。促进型经济法的教育性主要面对广大微观经济主体。教育功能在于通过对微观经济主体守法行为获得激励的手段,增加守法的获得感,从而表现出对法律的内心诚服,以增强对国家所倡导行为的向心力。这种教育功能与禁限型经济法中通过制裁手段以增加违法者的违法成本,从而产生违法"失落感"具有不同的教育效果。

5. 强制性。促进型经济法中也有少量的强制性规范,其主要包括两类:一类是对微观经济主体规定其行为模式必须遵守一定规则;另一类是针对政府及相关部门设定其促进职责,以强化政府的服务职能与促进效率。其中,对微观经济主体相关义务的规定主要是要求市场主体不得实施妨碍促进政策的行为,如在《循环经济促进法》中,将"损毁耕地烧砖"认定为妨碍促进行为,进而在第 23 条规定"禁止损毁耕地烧砖。在国务院或者省、自治区、直辖市人民政府规定的期限和区域内,禁止生产、销售和使用粘土砖"。但是,促进型经济法较多的是针对政府及相关部门设定促进职责。在这方面法律规范的表述中,一般表述为"政府应当做什么",有命令式规范的一些特点,但它的功能指向还是直接回归到"促进""推动"的目标上。

学者李艳芳教授客观地分析了促进型立法的基本功能,归结为三个方面:第一,促进型立法是禁限型立法的重要补充;第二,促进型立法是国家干预经济和社会发展的重要体现;第三,促进型立法的理念是倡导政府主导下的全社会参与。[1]

## 第二节 促进型经济立法存续的社会经济条件

美国法学家诺内特和塞尔兹尼克在《转变中的法律与社会:迈向回应型法》中将法律进行了新的划分,[2]依据他的分析,可分为三种类型,即“压制型法”[3]“自治型法”[4]“回应型法”,他认为“回应型法”是法律改革与发展的趋势。促进型立法从某种意义上说就是一种以目的为导向的极具现代气息的“回应型法”,其产生有深刻的社会经济条件。

### 一、促进型经济立法的法理基础

#### (一)设范型立法、禁限型立法与促进型立法的交互性发展

从传统的立法模式看,在调整市场经济关系的法律体系中,立法模式经历了设范型立法、禁限型立法、促进型立法三个阶段性发展,它们既相互并存又相互演进。

设范型立法,主要是指传统的三大领域的立法,即民商事立法、刑事立法及行政立法。之所以称为“设范”,是基于该类立法创设了部门法意义下的法律规范体系、行为规则以及与之相应的制度体系,通过三大领域立法,各自规范主体资格与主体行为及其相应的法律责任。

禁限型立法,主要见之于社会法与经济法领域中,其特征是调控管理社会经济事务,维护市场经营秩序,保障生态与资源永续利用。目前较为常见的有与市

---

〔1〕 参见李艳芳:《“促进型立法”研究》,载《法学评论》2005 年第 3 期。

〔2〕 参见[美]P. 诺内特、P. 塞尔兹尼克:《转变中的法律与社会:迈向回应型法》,季卫东、张志铭译,中国政法大学出版社 2004 年版,第 86 页。

〔3〕 “压制型法”的最重要特征是:第一,政法合体;第二,放纵裁量。参见[美]P. 诺内特、P. 塞尔兹尼克:《转变中的法律与社会:迈向回应型法》,季卫东、张志铭译,中国政法大学出版社 2004 年版,第 95 页。

〔4〕 “自治型法”的主要属性是:第一,法律与政治分离;第二,法律秩序采纳“规则模型”;第三,程序是法律的中心;第四,“忠于法律”被理解为严格服从实在法的规则。参见[美]P. 诺内特、P. 塞尔兹尼克:《转变中的法律与社会:迈向回应型法》,季卫东、张志铭译,中国政法大学出版社 2004 年版,第 101 页。

场经营行为相联系的市场行为规制型立法，与社会福利与劳工权益相联系的劳动社会保障立法，与生态效益相联系的环境资源保护立法。

促进型立法，也主要见之于社会法与经济法领域中，其特征是采用引导、鼓励的调整方法，通过立法对一些基础性与薄弱性产业、新兴产业、新兴公益事业或社会行为予以促进。

引发上述立法模式的差异并能支撑立法模式区分度的依据，除了一部法律所应有的立法价值追求外，还在于每部法规中法律条文的差异。就法律条文与法律规范的差异性而论，有学者指出，法律条文是法律规范的表现形式，而法律规范是法律条文的体系存在；法律条文是一种法律性的语言，以特定体系加以排列，而法律规范构成法的秩序，蕴含着一种内在精神。[1]

在上述三类立法的演进发展上，它们既有阶段性演进的特征，又有相互并存与互动的特点。

从阶段性演进视角考察，设范型立法发展最早，历史也最悠久。发展到今天，通过设范型立法而建立起来的民商法、行政法与刑法已成为部门法意义上的法律，它为日后禁限型立法与促进型立法提供了充足的立法基础条件与立法资源。设范型立法之后，逐渐发展起禁限型立法，其借助禁限型立法所特有的功能，在全社会建立起一整套规制体系。就全球而言，禁限型立法最早见之于 19 世纪后期与 20 世纪初期的一些资本主义国家的经济与社会领域的立法。20 世纪三四十年代之后又逐渐发展起促进型立法，进而在全社会建立起以促进政策法律化为特征的促进规范体系。

从并存与互动视角考察，设范型立法、禁限型立法与促进型立法并不因为各类立法模式的演进而丧失原有立法模式的功能，相反，它们则因各自功能上的差异能够得到有机弥补而呈现出并存与互动为特点的旺盛发展态势。

从经济法的发展历程看，如果说早期经济法还偏重“限禁”因素、以“管理”为主的话，那么经过规制与调控方式的不断分化、协调与整合，现代经济法的功能定位已明显呈现出由激进转向温和的趋势。事实上，在经济发展的不同时期，

---

〔1〕 参见刘志强：《法律规范的结构基础与主体选择：11 部促进法样本》，载《重庆社会科学》2013 年第 8 期。

经济法之所以都能发挥重要作用，与其功能定位上的适度变迁是密不可分的。[1]

（二）促进型经济立法的法理基础

立法模式之所以从设范型立法、禁限型立法逐渐到促进型立法演进，我们认为，促进型立法的法理基础在于以下方面。

第一，对法律调整功能的再认识。法律是现今国家实施统治与管理的最好工具，法律也是社会关系的有效调控器，但不能否认法律有其局限性。在评价法律的基本功能时，博登海默曾指出："法律是社会生活中必不可少的具有高度裨益的制度，但它像人类创建的大多数制度一样也有弊端。如果我们对这些弊端不引起足够重视，那么就会发展为严重的操作困难。"[2]他认为法律的弊端来自三个方面：一是法律的制定受到某个特定的时间和空间的影响，具有一定的时滞性和局限性。二是法律规则的表达有一定的定式，局限在法律规范框架中，术语表达又比较抽象，因此难免显得僵化呆板。三是法律是一种控制社会的手段，受到诸多方面的限制。在某些历史条件下，法律控制作用会被滥用，甚至会被某些统治者打着法律的旗号将管理转化为强制、将控制转化为压制。[3] 法律本身的缺陷是客观存在的，因此，必须正视并通过变革法律规范来弥补法律规范本身的缺陷。应当看到，在法律规范的变革中，促进型立法恰恰开创了法律在这些方面的积极功能。

第二，对软法法律功能的再认识。软法是与硬法相对的一个术语，硬法属于国家法，是指能够运用国家强制力保证实施的法律规范；而软法则是指不能依国家强制力保证实施的法律规范，它包括部分的国家法规范和部分的非国家法规范。[4] 在部分国家法规范中，虽然是通过国家立法程序颁布实施的成文法，但因欠缺法律责任的规定，难以依靠国家强制力保障实施，因而也具备软法属性。软、硬法在规范表现形式与法律效力的实现方式上的差异均落脚于"是否依赖

---

〔1〕 焦海涛：《论"促进型"经济法的功能与结构》，载《政治与法律》2009 年第 8 期。

〔2〕［美］E. 博登海默：《法理学——法哲学及其方法》，邓正来、姬敬武译，华夏出版社 1987 年版，第 388 页。

〔3〕 参见［美］E. 博登海默：《法理学——法哲学及其方法》，邓正来、姬敬武译，华夏出版社 1987 年版，第 388～390 页。

〔4〕 参见罗豪才、宋功德：《软法亦法：公共治理呼唤软法之治》，法律出版社 2009 年版，第 52 页。

国家强制力保障实施”。

在当代,各国都制定了相当数量的促进型法律,且这些促进型法律起到了禁限型法律所不能起到的效果。这意味着,在“法即硬法”到“软法亦法”方面发生了深刻的转变。从一定意义上讲,“软法亦法”重构了法的内涵和外延,满足了规范和调整部分社会关系的需要。

## 二、促进型经济立法的政治基础

### (一)国家的管理职能在当代社会的再认识

抽象地看,国家在漫长的演变过程中,其职能是逐渐趋于扩张的。到了现代,国家的作用已越来越深地卷入政治、经济、文化、社会生活的各个领域之中。美国经济学家约瑟夫·斯蒂格利茨指出,现代政府戴着6套面具:立法者、调控者、生产者、消费者、保障者和再分配者。[1] 国家职能的扩张是人类社会发展的必然。

现代国家职能的变化是国家与市场在资源配置中相互竞争、相互依赖、密切合作的结果。在对市场资源配置上,国家与市场均可以通过其内在机制进行配置,但它们各有优缺点,资源的优化配置不能单纯依赖于其中任何一种。在总体上强调市场在配置资源中的决定性地位的同时,也应当看到,正如“政府失效”在现代社会中难以避免一样,“市场失灵”在现代社会中也并不陌生。因此,在针对资源的合理配置问题上,在本质上有赖于正确认识和处理国家干预与市场调节的关系,找到和实现二者的平衡点,国家职能也正是国家干预与市场调节对立统一的矛盾运动的实际结果和表现。因此,把握国家职能的变化有赖于我们准确理解国家与市场的关系。[2]

正是基于国家管理职能得到新的认识,现代市场经济既尊重市场机制,又注重国家调节,要求国家公权力直接介入经济生活,并将此以法律的颁行表现出来,由法律对国家调节行为加以规范和保障,这是促进型经济立法得以持续推进

〔1〕 参见[美]约瑟夫·E.斯蒂格利茨等:《经济学》(上册),黄险峰等译,中国人民大学出版社2010年版,第88页。

〔2〕 参见龙太江:《现代国家职能的发展演变分析》,载《衡阳师范学院学报(社会科学版)》2001年第2期。

的政治条件。

（二）法律对政府职能调整的基本态度

政府职能也称行政职能，是指行政主体作为国家管理的执行机关，在依法对国家政治、经济和社会公共事务进行管理时应承担的职责和所具有的功能。

在西方国家政府职能基本理论的发展历程中，大致经过了五个阶段，呈现出向前发展的脉络。第一阶段为 15 世纪到 17 世纪，以英国为代表的重商主义理论的产生；第二阶段为 18 世纪到 20 世纪 20 年代，自由主义思想家提出的“有限政府理论”；第三阶段为 20 世纪 30 年代为解决西方国家普遍存在的市场失灵现象而产生的“政府干预理论”；第四阶段为 20 世纪 70 年代开始为解决政府干预理论的负面效应而出现的“公共选择理论”；第五阶段为 20 世纪 90 年代以来面对公共行政合法性危机而产生的“新公共管理理论”。在对上述发展阶段相关理论的考察上，不难发现，尽管不同历史文化传统、处于不同时空环境以及不同市场经济发展模式对政府职能的认识有所不同，但资本主义国家政府职能理论的主要分歧在于有关国家干预主义与自由主义在政府职能理论上的分歧。

就上述理论实施的基本截面而言，在自由竞争资本主义阶段，人们对政府的期望是希望它担任“守夜人”的角色。亚当·斯密认为政府的最佳作用是保护本国社会的安全，保护本国公民不受社会中任何人的欺辱和压迫，建立维持社会安全为特征的公共机关和公共工程。[1]

到了垄断资本主义时期，在“凯恩斯国家干预主义”抬头后，人们对政府的期望，乃至对政府职能的认识产生了极大的变化。布坎南理论认为政府的职能分三个层面：一是执行现行法律的行动；二是执行包括现行法律范围内的集体活动；三是执行改变法律本身和现行成套法律规定的活动。[2]

根据行政生态学理论，政府的行政管理职能会受到行政环境的影响。在全球化发展背景下，世界各国都在探求新的治国方略和方式。现代政府的治理模

[1] 参见[美]亚当·斯密：《国民财富性质和原因的研究》，郭大力、王亚南译，商务印书馆 1979 年版，第 254 页、第 272 页、第 284 页。

[2] 参见[美]詹姆斯·M. 布坎南：《自由市场和国家——80 年代的政治经济学》，平新乔、莫扶民译，上海三联书店 1989 年版，第 244 页。

式从官僚型政府、管理型政府走向服务型政府。因此，政府在行使经济职能时要更多地向服务者角色转换。政府不是去驾驭或者“掌舵”社会，而是为社会提供公共服务，实现公共利益。通过政府干预促进和推动基础薄弱领域的发展，激活缺乏利益驱动的公共产品市场。

对于社会主义国家而言，政府在“有为性”方面的职能与作用更加明显。在建立社会主义市场经济的过程中，政府具有培育和完善市场的职能。40 多年我国经济体制与行政管理体制改革的实践，为人们认识政府的职能与作用提供了本土性的经验，目前至少可以从以下方面作出概括与阐析。

其一，在市场经济条件下，如果市场非常完善，竞争非常充分，市场信号有充分弹性，那么市场机制就比政府干预更有效；如果市场不完全，市场失灵，或者市场调节引起的波动很大，周期性很长，那么，在某些场合和领域，采取力度适当的政府干预手段就比市场更有效。只有界定好政府与市场的关系，才能使政府不越位，不缺位，才能使市场在资源配置中发挥决定性作用，才能更好地发挥政府的调控作用。

其二，政府干预的表现形式不仅体现为禁限型干预，也表现为促进型干预。区分禁限型干预与促进型干预主要在于干预的目标与干预的手段上。在促进型干预上，政府通常采取制定一定的促进政策来达到调控宏观经济的目标。

其三，在社会主义市场经济体制下，政府职能主要是经济调节、市场监管、社会管理、公共服务、环境保护。要实现这一职能，重要途径是加快服务型政府、法治政府建设。

促进型经济立法是在这种环境下催生的，具有其存续和发展的政治基础。

## 三、促进型经济立法的经济基础

### （一）现代市场经济对法律制度的需求

自由竞争资本主义时期显示市场经济的缺陷，一方面，是市场竞争失灵，市场不能实现资源的公平分配，造成垄断与不正当竞争，财富流向少数资源集中者；另一方面，市场功能在提供公共产品和维护公共利益方面存在明显不足，导致个体经济效益与社会效益的冲突。同时，市场调节存在盲目性，因事后调节造成一定的时间差，对生产周期较长的部门而言调节成效较弱。因此，市场经济在建立和维护市场和社会秩序、提供公共产品、保持经济和生态环境平衡方面并非是完全有效的。[1]

从经济法的发展历程看,如果说早期经济法还偏重“限禁”因素、以“管理”为主的话,那么经过规制与调控方式的不断分化、协调与耦合,现代经济法的功能定位已明显呈现出由激进转向温和的趋势。事实上,在经济发展的不同时期,经济法之所以都能发挥重要作用,与其功能定位上的适度变迁是密不可分的。自19世纪末资本主义进入垄断时期,“凯恩斯主义”开始盛行。在其影响下,政府被赋予了越来越多的经济职能,开始全面干预经济。然而,实践证明,政府并非无所不能,在具体政策落实阶段,政策制定者与实施者之间总是存在认识差异,即政府有时也会失灵。

市场失灵和政府失灵表明市场手段与政府手段的作用是有限的。促进型立法是政府为了弥补市场失灵,解决公共产品的提供及政府监督制度构建的问题,通过立法将政策法律化、公共服务制度化,为市场经济长远发展和制度监督提供法律保障。因此,“促进型立法”是现代市场经济发展对法律制度供给需求的经济产物。

(二)促进型经济立法在我国的实践与启示

促进型经济立法在我国是一个载新的立法现象,肇始于改革开放之后。在新中国成立后相当长时期,我国实行计划经济体制,即使在改革开放初期出现市场现象,由于市场先天发育不足,市场主体缺位,市场体系和市场机制发育不佳,在客观上要求政府承担起更多的职能,即要创造条件促进市场发育,有效地组织利用社会力量,促进市场经济的迅速崛起与发展。因而我国政府面临着培育市场与调控市场的双重压力,就会引发在经济法立法中有关立法方向的选择性问题。我国促进型经济立法,在弥补市场失灵,扶植市场发展及解决公共产品提供、督促政府建立监督制度上,恰恰符合现阶段中国经济立法的需要。

改革开放以来,我国促进型经济立法已形成一定的数量,构成与设范型立法、禁限型立法相对称的一种新型立法模式。就时间先后而言,已经颁布的这一方面的立法有《农业技术推广法》(1993年颁布,2012年修正)、《农业机械化促

[1] 参见吕忠梅、刘大洪:《经济法的法学与法经济学分析》,中国检察出版社1998年版,第9页。

进法》(2004 年颁布,2018 年修正)、《促进科技成果转化法》(1996 年颁布,2015 年修正)、《中小企业促进法》(2002 年颁布,2017 年修订)、《清洁生产促进法》(2002 年颁布,2012 年修正)、《科学技术进步法》(1993 年颁布,2007 年、2021 年修订)、《循环经济促进法》(2008 年颁布,2018 年修正)、《节约能源法》(1997 年颁布、2007 年与 2018 年修正)、《可再生能源法》(2005 年颁布,2009 年修正)。

促进型经济法的立法与实施对我国经济立法的启示意义在于以下方面。

其一,改变传统的对法律规范的分类方式,即将与权利与义务为核心所进行的法律规范分类法,即权利性规范、义务性规范、职权型规范,引入一种新型的法律规范的分类方式,即禁限型规范与促进型规范。

其二,我国传统经济法的“限禁”色彩较为浓厚,而“促进”功能却未有张扬。其实,就国家的经济管理而言,“限禁”与“促进”都是必要的手段,“限禁型法”与“促进型法”在不同的场合、阶段或领域各自发挥重要的作用。在经济法的未来发展中,既要保留必要的“限禁型”规范,也应重视“促进型”经济法功能的发挥,二者应当相互配合、共同作用。

其三,“促进型”经济法的规范结构可以从形式与实质两个方面予以认识。形式上的规范结构即规范种类或规范类型,是指“促进型”经济法具体由哪几类法律规范构成;实质上的规范结构即规范的具体内容,主要是指“促进型”经济法特殊的权利义务或责任结构。

## 第三节　经济法学的价值追求与促进型立法的契合

促进型经济法坚持以公共利益作为经济法的价值导向,坚持动态协调发挥经济法的整体效用,坚持要素耦合实现经济法的系统优化,使之与经济法的价值追求具有明显的契合性特点。

### 一、经济法立法功能的二元性:规制与促进

#### (一)规制与促进的经济法立法功能定位

经济法作为部门法,致力于维护社会公共利益与经济公共秩序,解决一国面临的经济上的公共性问题,通常以国家的适度干预手段进行。因此,国家适度干

预原则、维护社会公共利益原则、维护公平竞争原则以及各类主体责权利一致原则便成为经济法特有的原则。在经济法立法中，立法者应当全面对待经济法的功能，并将相关立法原则贯穿于经济法的立法活动之中。

经济法是国家干预经济之法，其以国家在干预经济过程中形成的社会关系作为调整对象，国家适度干预经济是经济法产生与发展的根本原因，国家对经济的干预来源于国家的经济管理职能（与国家的政治、国防、外交职能并列），在现代国家，国家的经济管理职能不可或缺，但同时应当通过经济法的立法、司法与执法实现国家对经济管理职能的依法规制与控制。

国家实现经济管理职能通常有规制、参与、促进三种方式，针对不同的国家经济管理方式，对应的经济立法也有三大类别，即市场规制法、国家投资法、宏观调控法。[1] 其中国家参与形成的国家投资法，其实质是通过国家本身的经济行为来引导、协调经济的发展，以期产生示范带动效果，它不能在经济法中独立成一体系而应当纳入宏观调控法中，因而，现代经济法学的学科体系主要由市场规制法与宏观调控法组成。

经济法作为一个独立的法律部门，对其调整功能，应当从规制和促进两方面进行理解。经济法学概念下的“规制”通常是指政府依照一定的规则对经济主体的行为进行某种限制或矫正。这里包含三层意思：一是施行这种方法通常是由政府部门进行；二是必须依照事先制定的规则予以实施；三是对违反者课之以法律责任，对遵行者给予必要的法律奖励。

“规制”（regulate）一词，自 20 世纪 30 年代以来，在西方发达国家的政府法令和学者著作中被反复使用。据日本经济法学家金泽良雄先生的解释，所谓“规制”，狭义上“可以理解为是由于对一定行为规定了一定的秩序，而起到限制的作用”。广义上“可将‘国家的干预’换言为‘规制’”，[2] 经济法学概念下的“促进”通常是指通过扶持、激励手段，对基础性产业、薄弱性产业以及中小企业予以促进，以实现社会经济的持续稳定发展。

对于一部分经济法律，调整功能侧重于“规制”，而对于另外一部分经济法律，其调整功能则侧重于“促进”。在经济法研究中，人们往往只注意到经济法

〔1〕 参见漆多俊：《宏观调控法研究》，中国方正出版社 2002 年版，第 3 页。

〔2〕 [日]金泽良雄：《经济法概论》，满达人译，甘肃人民出版社 1985 年版，第 45 页。

在调整功能中的规制功能，而忽视它的促进功能，从而导致对经济法立法政策理解上的片面化问题。[1] 我们认为，经济法除了采用强制性的调整功能以外，还存在以温和手段具有推进性质的促进功能，故此称其为经济法调整功能的二元论。经济法通过促进与规制来达到对公共领域秩序的规范与维护。

经济法调整功能的二元论，决定了当代经济法体例结构的二元划分，即市场规制法与宏观调控法，或称规制型经济法与促进型经济法。市场规制法以经济法规制型功能为立法己任，宏观调控法以经济法促进型功能为立法本体，两者共同推进经济法通过国家运用规制或者促进的干预经济手段实现促进社会经济发展的最终目标。

促进型经济法在经济法中有着不容忽视的地位。它有利于促进一国社会经济的稳定发展和产业结构的调整，由于与禁限型经济法的调整目的不同，因此，上述目的的实现单靠禁限型经济法来完成是不可能的。

德国法学家耶林称，"目的是全部法律的创造者。每条法律规则的产生都源于一种目的，即一种实际的动机"。[2] 国家干预经济的范围限定在市场失灵、市场缺陷领域，经济法的功能定位于矫正市场失灵，对市场机制不能作用的公共产品供给领域、市场机制运行扭曲导致的经济外部性问题以及降低市场交易成本的信息供给问题。对于不同的调整领域应当赋予经济法不同的立法功能定位。

(1)公共产品供给领域与问题。在市场经济发展过程中，对于公共产品的供给，在理论与实践中呈现出递进性发展的特征。在自由资本主义时期，古典经济学理论认为市场可以实现公共产品的供给问题，政府只充当"守夜人"角色即可；到垄断资本主义时期，对于福利国家供给，福利经济学家认为公共产品的生产周期长、风险大、资本需求大以及事后产权不明确，导致单纯依靠市场机制的发挥往往不能获得充分必要的公共产品，公共产品又制约着整体经济效益的增长、社会生活水平的提高，故此，国家应当成为公共产品的提供者，代表所有受益者群体做出理性的集体决策；到了现代市场经济阶段，公共产品供给仍为国家职

---

〔1〕 对于经济法的规制性立法功能，学者有不同称谓。依笔者之见，目前在理论界采纳的规制型立法、管理型立法、限禁型立法都为同一含义。

〔2〕 陈晓明、何承斌、童伟华：《理论刑法学专论》，科学出版社 2006 年版，第 8 页。

能,经济领域能够由市场解决的尽量交由市场机制去解决,但单纯由市场来承担公共产品的定价、生产、分配会产生外部性问题。由此,对公共产品供给领域的经济法功能定位向着国家提供由经济法作必要的引导、促进方向演进。

(2)面临市场经济外部性领域与问题。对市场经济的负外部性问题,经济法的功能定位则应以规制、强制性为主。市场经济外部性尤其是负外部性是由市场自身演化而来的,在任何社会环境下都是不可避免的。经济逐利性是市场经济发展的根本动力,规模经济的推进是市场发展的途径和工具。市场经济中的个人本位主义导致市场主体为达到个体利益而侵害社会公共利益、国家利益,也即产生经济负外部性问题。解决负外部性问题的核心在于立法上提供一套负激励机制,让市场主体的个体愿意放弃负外部性经济行为转而向立法目标指向的行为。可见,在应对市场机制下的负外部性问题上,经济立法中只能以负激励手段来实现,而负激励则依赖规制、强制调整工具予以实施。此时,经济法的立法功能则定位为强制。

(3)在以降低市场交易成本为导向的信息供给领域与问题。在市场经济条件下,交易成本客观存在,集中在交易信息的获取上,单个市场主体面临着信息不对称、信息不充分和信息错误等障碍,而弥补这些信息失灵的举措如果仅仅依靠单个市场主体去实施,势必增加单位市场主体的生产经营成本与经营风险。同时,就社会整体层面而言,同一信息在不同交易主体间的重复搜寻造成社会资源的极大浪费,不利于国家最大利益的实现。因此,为全体社会成员提供尽可能全面、充分和准确的市场经济信息就成为国家或政府所追求的社会共同利益,但是,基于集体行为的困境(如“搭便车”),集体行为的决策难以得到确定并富于执行效率,为此需要一个形式上代表集体利益的集团做出理性的集体行为选择,当然建立专门信息服务社会中介机构是重要形式,但最大的社会利益代表当属国家或政府。[1] 为了使市场主体的个体利益与国家代表的社会公共利益实现从应然到实然的一致性,国家需要采取激励手段。一方面,通过激励,让市场主体自愿主动提供其掌握的自己或者其他市场主体的相关的市场信息,汇聚成全社会的信息总量;另一方面,通过激励手段,鼓励、指导社会中间层组织从事信息

〔1〕 参见[美]曼瑟尔·奥尔森:《集体行为的逻辑》,陈郁等译,上海三联书店2011年版,第12页。

的收集、整理、应用、评价工作，让更多的市场信息发挥出应有的作用。

综上，经济法的调整功能具有规制与促进的双重功能。基于国家对经济干预的现实需要，应给予政府经济干预的手段，同时又要限制其干预的范围，解决好政府与市场之间的关系，此为经济法具有的规制功能，禁限型经济立法便应运而生；基于国家起到积极改善现有市场环境的功能作用，以实现市场机制的充分发挥，经济法又具有促进功能，促进型经济法便得到长足发展。

（二）经济法中促进型规范分型

目前，我国以“促进法”命名的法律，从形式意义上主要有《中小企业促进法》《民办教育促进法》《清洁生产促进法》《农业机械化促进法》《就业促进法》《循环经济促进法》等。但从实质意义上审视，我国专门的“促进型法”还包括《农业技术推广法》《科学技术进步法》《促进科技成果转化法》等。在这些“促进型法”中，除有一部分属于社会法规范体系外，很多规范属于经济法规范体系或具有经济法属性。

促进型调整功能从分型上认识，主要有指导与引导性规范、激励与奖励性规范、支持与扶持型规范、监督与保障型规范。

1. 指导与引导性规范

在促进型经济法中，存在大量的指导与引导性规范。如《中小企业促进法》第 3 条规定，“国家将促进中小企业发展作为长期发展战略”。《循环经济促进法》第 27 条规定，“国家鼓励和支持使用再生水。”这些指导与引导性规范，就其功能而言，是国家对各类市场主体释放的一种信号，提出一个发展方向，让各类市场主体清楚地认识到如果按照国家指引的方向去从事，可以获得可期待的利益。这种利益可能是精神上的，如各类荣誉、资质等，也可能是物质上的，如奖励、财政补贴、信贷优惠等。

2. 激励与奖励性规范

在促进型经济法中，大多设定了激励与奖励的相关规定，如我国的《清洁生产促进法》第 30 条规定，“国家建立清洁生产表彰奖励制度。对在清洁生产工作中做出显著成绩的单位和个人，由人民政府给予表彰和奖励”。《循环经济促进法》第 48 条规定，“企业事业单位应当对在循环经济发展中做出突出贡献的集体和个人给予表彰和奖励。”

3. 支持与扶持型规范

在我国《中小企业促进法》立法中，为了促进中小企业的成长，立法中运用得比较多的一个概念就是"扶持"，可以说"扶持"乃《中小企业促进法》最为重要的立法理念，整部法律的架构与体系、促进措施的协调性设计都是围绕这一中心展开的。支持与扶持在促进型经济法上是以相关制度的形式表达出来的。如在《中小企业促进法》中涉及财税、融资、创业、创新、市场开拓、服务措施等属于支持与扶持性规范，为使这些规范更加具体且遵行，法条中将其以财税政策、产业政策、竞争政策、贸易政策的方式呈现出来，表现为具有一定体系化的政策促进措施，并以法治化手段进行推进。

4. 监督与保障型规范

为确保指导与引导性规范、激励与奖励性规范、支持与扶持型规范能够在现实社会得以遵行，促进型法规中通常还会有另一类规范，即监督与保障型规范。如在《中小企业促进法》中设立"权益保护""监督检查"专章，其他的促进型立法中也有相同的情形。

## 二、促进型经济法的支系统剖析

### （一）中小企业促进法

一般以《中小企业促进法》或《小企业法》命名。它是专门为扶持中小企业，尤其是小微企业健康成长而制定的法律。就其立法内容而言，其主要是在对中小企业进行划型标准设定的基础上，通过设置对中小企业的管理体制，以及促进型政策工具的综合运用，提升中小企业设立的数量、增强中小企业成长的能力，从而在一国范围内，形成大、中、小、微型企业之间合理的企业组织结构体系，不同企业之间合理的竞争与分工合作关系，以实现经济结构与产业组织结构的优化。

### （二）产业政策法

在促进型经济法中，产业政策法占有重要地位。产业政策法作为国家宏观调控法的重要组成部分，国家对产业发展所采取的立场主要不是禁限手段，而是促进调整与促进发展手段。

经济学家一般认为，产业政策是政府为了实现一定的产业组织发展、产业科技发展以及产业布局发展等预定目标,而对产业活动进行干预的各种政策的总和。这里所言的“干预行为”既包含以限制、整治为主要途径,也包括以规划、引导、促进、保护、扶持等为主要手段。政府制定产业政策旨在通过保护和扶持某些产业,调整产业组织结构,进而合理配置资源,增强产业竞争力,促进经济稳步健康发展。因此,产业政策主要是一种倡导型政策。[1]

与产业政策密切相关的是产业政策法。王先林教授认为,产业政策法是规范和保障产业政策的法。其主要特征表现为政策性、社会本位性、综合性等,最突出的特征是产业政策法的综合性,集中表现为其调整方法和实施手段的综合性,除传统的民事、行政和刑事的手段外,还包括奖励。[2] 此外,产业政策的综合性还指调整手段的多样性,既有间接诱导手段,也有直接管制手段,还有行政、信息指导手段。[3]

(三)循环经济促进法

循环经济不同于传统经济,其固守的理念是,不仅要追求经济发展效率,而且还必须考虑环境和资源的持续支持能力(环境承载力),经济的发展以不损害环境和资源的持续支持能力为前提,这是经济可持续发展、绿色发展的必然趋势。

作为一种新型的发展模式,循环经济是在我国传统的经济增长模式所带来的资源约束和环境压力背景下提出来的。传统的经济增长模式以高消耗、高排放、低利用为特征,其经济增长不具有可持续性。改变这种经济发展模式的主要途径就是要通过循环经济立法,提倡新型的循环经济型生产方式。

循环经济促进法,以综合性的调整机制来促进国民循环型生活和生产方式的培育,其调整范围涉及国民生活以及生产、经营主要方面,通过立法,强化责任公平理念,强调政府责任、市场机制和国民行为的衔接和协调,在法律制度上构建起系统治理体系。因此,循环经济促进法作为促进型立法,体现了宏观调控法的基本立法特点。

---

〔1〕 参见[日]长谷川启之:《经济政策的理论基础》,梁小民、刘甦朝译,中国计划出版社 1995 年版,第 205 页。

〔2〕 参见王先林:《产业政策法初论》,载《中国法学》2003 年第 3 期。

〔3〕 参见王健:《产业政策法若干问题研究》,载《法律科学(西北政法学院学报)》2002 年第 1 期。

（四）科技创新促进法

科技创新法律体系内容广泛，包括科技创新基本法、科技创新成果保护与转化法、科技创新奖励法、科技创新争议解决条例等。从国际视角来看，当前国际科技创新立法的发展趋势是立法专门化。20 世纪 60 年代以后，许多国家制定了科技创新基本法，如 1995 年日本制定了《科学技术基本法》，1976 年美国制定了《国家科学技术政策、组织和重点法》，1997 年韩国制定了《科学技术创新特别法》。

我国目前正在建立和完善科技创新体系，大部分与科技创新有关的规范性文件都体现在政策上。借鉴国际上成功的立法经验，我国有必要把重点放在科技创新立法上，制定一部“科技创新法”，以此为基础形成完整的科技创新法律体系。

值得一提的是，制定中小企业科技创新活动的专门法律，已成为发达国家的一种立法趋势。如 1982 年美国颁布《小企业创新发展法》后，1992 年《加强小企业研究发展法》又得以颁布，它为中小企业科技创新提供了充分的法律依据和保障。目前，我国还没有中小企业科技创新的特别法律，中小企业的科技创新未能真正做到有法可依。

（五）就业促进法

目前，在就业环境上，劳动力存在供大于求的情况，一些用人单位利用其招聘过程中的主动权，任意设定招聘条件，实施性别、年龄、学历和户籍歧视等，加大了弱势劳动者的就业困难。为从根本上消除就业歧视现象，有必要制定法律法规，促进和保障公民的公平就业权利。

平等就业法应在界定平等就业权的基础上，完善平等就业权的相关内容，并将其形成相关各方的权利与义务关系。

从形式平等就业权角度来看，法律上劳动者享有平等就业的权利包括劳动者身份平等、就业权利平等、就业规则平等、就业机会平等。

从实质平等就业权角度来看，由于劳动者在社会、经济、文化等方面存在差异，依据社会法要求以及平等就业权所承载价值功能的客观需要，其依法享有获得就业帮助，并实际享有体面劳动、不歧视、职业培训、社会保障等平等就业的权利。

市场化劳动用工中，平等就业权与用工自主权是一对"轴心关系"，该关系的厘清是依法保障平等就业权的关键。[1]

## 三、促进型经济法与经济法的契合性

### （一）产生背景与功能上的契合性

促进型经济法与经济法在产生背景与价值追求方面存在契合性。

就经济法产生和发展的角度而言，资本主义国家经济法起源于垄断资本主义时期，但是经过不断分化、协调与整合，到了现代，经济法的价值理念、规制方式与调控方法发生了一定变化，目前已形成资本主义国家的经济法与社会主义国家的经济法两大发展主流。现代经济法成为促进发展之法，成为国家用以促进经济与社会发展的重要法律工具。促进型经济法成为经济法体系中的有机组成部分，且日益彰显其强大的生命力与发展能量。

就法律功能实现的角度而言，要实现法的功能，必须尽量减少违法行为。经济领域的违法行为具有隐蔽性特征，在传统的刑事法律理论中，一般认为减少违法行为的最直接手段是威慑，但在制定法实践中，立法者认识到，严厉的处罚体系并不能形成有效的威慑作用，相反，惩罚的严厉性会增加违法行为的隐蔽性。惩罚有时并不能对市场主体行为产生影响，惩罚有时可能诱使一些市场主体增加违法行为的隐蔽性，从而发生类似于"逆向选择"的难题。[2] 就此而论，促进型经济法反而是引导市场主体遵守法律的较优选择，随着经济法的功能从制裁调整为激励，促进型经济法将推动经济法立法理念的更新与创新。

### （二）制度构成与调整方法上的契合性

#### 1. 制度构成上的契合性

就经济法的制度构成而言，经济法源于大量经济政策及其经济手段法律化（以产业政策法为典型），在经济政策法律化后，需要解决两大问题，一是如何使经济政策固化为法律后在全社会得以遵行，让政策之软转化为法律之硬；二是经济政策大多是引导性政策，如何将此类经济政策固化为法律后，使引导性政策的

〔1〕 参见李雄：《制定平等就业法推动劳动用工法治化》，载《检察日报》2015 年 6 月 16 日，第 3 版。

〔2〕 参见焦海涛：《论"促进型"经济法的功能与结构》，载《政治与法律》2009 年第 8 期。

属性不变并能在全社会得以遵行，使促进功能不因政策转化成法律而有所改变。促进型经济法所进行的特有的制度设计在解决上述两大问题，并在促进经济社会发展、实现社会经济目标方面起到了重要作用。

2. 调整方法上的契合性

就经济法调整方法的角度而言，强行性调整和倡导性调整成为当代经济法所采取的两大调整方法。由此，在调整手段选择上，制裁与激励相结合是经济法调整手段的应有之举。特别是鼓励、引导各社会经济主体的经济行为，促进社会经济总体上健康运行是经济法调整方法的一大特色。

（三）经济法对促进型经济法的包容性

目前经济法主要由禁限型法律与促进型法律组成，将促进型立法中的部分内容（主要是经济立法方面）纳入经济法之中，有学者将此类法律称为“促进型经济法”。

随着促进型立法在立法领域、立法内容诸方面得到拓展，促进型经济法的数量得到了空前的增加，在我国现行的经济法法规群中，单以“促进法”命名的有《中小企业促进法》《清洁生产促进法》《农业生产机械化促进法》《就业促进法》等。经济法中之所以出现大量的促进型法律，与促进型立法具有反映经济法的功能结构，契合经济法的调整方式，回应经济法的价值追求相关。

我国当前已进入新时期、新时代，促进型经济法具有更为广阔的发展空间。通过促进型经济法，可以更好地保护人民群众的“应得”之利，满足“人民日益增长的美好生活需要”；通过促进型经济法，协调各类关系，解决好城乡、地区之间的发展不平衡问题，促进城乡融合发展、区域协调发展，把“共享”真正落到实处；通过促进型经济法，用法律调节群体个体之间的差距，减少各方之间的矛盾冲突，增强人民群众的获得感。[1]

## 第四节　促进型经济法的法技术构造

法技术构造通常是指在一部法律中，通过相应的条款设计保持其内部体系

〔1〕 参见卢勤忠、丁培喆：《论经济法的整体主义观及当代价值》，载《河南教育学院学报（哲学社会科学版）》2019 年第 2 期。

的完整性以及与外部相关法律的和谐相处性。在促进型立法中关注法技术构造,其实质是将每一部立法项目首先放到立法的归类化(促进型立法抑或禁限型立法)审视中,以此确定该部法规的基本定位,然后构建出该部法规的基本内容和运行方式,并进行相应的制度系统设计,使其沿着类型化的轨道良性运行。研究促进型立法的法技术构造问题,有必要重点围绕促进型立法的宗旨目标,将"促进"的理念和精神贯穿于各种制度设计和具体条款中,从而建立起具有自成体系和特殊结构的规范体系。

## 一、促进型经济立法特有的规范模式

### (一)指导性规范与倡导性规范的大量设定

在促进型立法中,指导性规范和倡导性规范所占比重较大,强制性条款相对较少,特别是法律责任方面,往往只有少数几条规定。

促进型立法摒弃了过于严厉的"限禁"方式,期望通过促进性手段来引导市场主体、社会组织与公众的行为,使得市场主体、社会组织与公众有充分激励进行"自我规制"从而达到法的功能。

### (二)制裁性条款之缺失

在传统立法上,法律规范通常有"假定、处理、制裁"三部分,但促进型立法却缺少这样的规范模式。

以《中小企业促进法》为例,该法第 3 条规定:"国家将促进中小企业发展作为长期发展战略,坚持各类企业权利平等、机会平等、规则平等,对中小企业特别是其中的小型微型企业实行积极扶持、加强引导、完善服务、依法规范、保障权益的方针,为中小企业创立和发展创造有利的环境。"分析该法第 3 条的表述,可以发现,在结构上,缺少假定条件与制裁后果,规定的行为模式也极为抽象,不具备具体的执行条件,但这正是倡导型经济立法中最常见的条款。

从《中小企业促进法》的相关章节体系看,其法技术构造所遵循的逻辑理路是:假设(鼓励中小企业发展)→设立行为模式(七大扶持政策)→行为后果(事后监督检查)。这一促进法的法技术构造模式有其自身的特点。

我国在《循环经济促进法》中虽然有法律责任条款,但是法律责任的规定缺乏确定性,如该法第 49 条规定:"县级以上人民政府循环经济发展综合管理部门或者其他有关主管部门发现违反本法的行为或者接到对违法行为的举报后不予查处,或者有其他不依法履行监督管理职责行为的,由本级人民政府或者上一级人民政府有关主管部门责令改正,对直接负责的主管人员和其他责任人员依法给予处分。"法条并没有直接确定制裁后果,而是将制裁的权力授权给政府部门。这种将强化政府有关部门职责作为法律责任,并写入"法律责任"章中的做法,在促进型经济法中比较常见。

## 二、促进型规范与禁限型规范的合理配置

### (一)两类规范的分野与并存

促进型规范与禁限型规范并非截然分开的,禁限型立法中会有促进型规范因素,促进型立法中也会有管理型规范成分,二者的区别主要在于禁限型规范与促进型规范的内容孰轻孰重。

在促进型立法中,会存设一定数量的管理和约束性规范。但是,作为促进型立法,不能因加强管理,渗及了管理型规范而冲淡促进型立法的价值取向,更不能借促进之名行监管之实。在什么情形下应当增加管理性、约束性条款,其通常情形应界定为以下几个方面:(1)着眼于创造被促进对象的良好的外在环境,以减少促进行为的阻力。在《浙江省社会养老促进条例》中规定,社会养老是一项系统性工作,需要政府、社会组织、公民志愿者各司其职,协同参与,发挥市场在社会养老服务中的作用,以促进社会养老工作网络的有序建立。这些规定都属于着眼于创造被促进对象的良好的外在环境的条款。(2)加强对被促进对象未来的管理,提高其自身素质和发展水平。目前国家正在抓紧制定"文明行为促进法",将文明行为的促进工作从基本行为规范着手,向社会鼓励与支持的行为发展,显然,在基本行为中渗及了管理型条款的内容。(3)对政府职责作出界定并以一定的强制性条款予以保障。在《中小企业促进法》中,其中第八章规定的"权益保护"中,要求政府部门强化对中小企业的合法权益保护,以此明确政府及其相关部门的职责。

### (二)两类规范条款的对应性设计

在促进型立法中,如有一定数量的禁限性规范,就有必要在促进主体(政府及相关部门)与被促进主体(市场主体与公民个人)之间设定一定的权义关系,

在通常情形下，政府及职能部门的职责及责任具有确定性，但促进型立法注重为主体创设"合格线"以上甚至"优秀线"的行为方式，并不一定要规定制裁，因而，对市场主体与公民需要促进和鼓励的行为，其职责、责任具有一定的特定性要求。正如哈特所说："我们必须承认没有制裁的法律规范的存在，相对于制裁规范，它可能在早期社会生活中发挥着深远的作用。"[1]

## 三、激励（奖励）制度设计

### （一）激励（奖励）制度与促进手段

促进型立法中促进手段的重要表现是激励（奖励）。政府激励（奖励）制度的设计摆脱了传统法律强调惩罚效应，在法律制度设计中具有独特性。

分析我国现有促进型经济法规的相关条款，可以发现有制定激励机制的特殊规则。如《循环经济促进法》第五章"激励措施"、《清洁生产促进法》第四章"鼓励措施"、《农业机械化促进法》第六章"扶持措施"、《民办教育促进法》第七章"扶持与奖励"等；也有将激励措施细化分布于各章条款之中，典型的如《中小企业促进法》第二、第三、第四、第五章分别设置"财税支持""融资促进""创业扶持""创新支持"等激励制度。这些特殊规则对我们理解激励（奖励）制度与促进手段具有样本分析意义。

### （二）激励（奖励）制度应关注的问题

激励（奖励）制度设计与促进型立法的实际效果直接相关。需要从以下方面予以审视。

（1）应关注激励（奖励）制度的具体内容和它们之间的综合运用。促进型立法所采取的激励（奖励）措施主要包括资金支持、金融信贷支持、价格政策、税收优惠、信息服务、表彰与奖励等。以上激励（奖励）手段包括荣誉和物质激励（奖励），其中，表彰与奖励最接近"激励"，在促进型立法中占有很大的篇幅。激励（奖励）种类众多，形式多样，应当科学配置。

（2）应关注激励（奖励）制度的基本条件和科学的程序性设计。激励（奖励）转化为法规条款，应保持其相应制度体系的完整性。它包括授奖主体、受奖主

---

[1] ［英］H. L. A. 哈特：《法律的概念》，许家馨、李冠宜译，法律出版社2006年版，第33页。

体、奖励条件、奖励程序及奖励标准的内容。[1]

(3)应防范激励(奖励)制度失范而引发寻租现象。促进型立法在“自我实施”中,如果没有一套有效的制度确保其实施,也可能出现怠职行为、串通牟利行为或引发道德风险,为此,必须设立相关的监督机制。[2]

## 四、社会参与制度设计

### (一)公众参与与社会参与制度

在促进型立法中,立法所要扶持、促进的领域更多的是基本公共服务事业以及基础性、薄弱性、新兴性产业形态,这些领域具有较强的“公共产品”色彩,因此在政府积极倡导、支持的同时,更为重要的是调动社会组织以及公众积极参与,促进型立法应注重构建鼓励社会团体和公众参与的相关制度。

在促进型立法中,应注意社会组织和公众在法律运作中的作用。社会组织与公众对权利意识和公民意识的觉醒,为促进型立法的民主化和科学化奠定了重要的社会基础。[3] 社会组织与社会公众不再被简单地定位为“被执行者”,而是积极的“参与者”。这一制度设计是促进型立法在法治途径上的一个根本性转变,使政府在实施管理的接受参与,转变为促进参与从而实现管理目标。[4]

### (二)公众参与与社会参与规则

在促进型立法中应建立起社会参与的规则体系。

(1)参与主体的规则设定。社会组织参与、公民个人参与共同组成社会参与,对两类参与主体在权义关系设计时应有所差异。

(2)参与内容的规则设定。社会参与应是在以政府主导为前提下的参与,应准确界定政府与社会参与之间的权义关系,强化社会参与的深度与广度。

(3)参与模式的规则设定。社会参与应分别施策。按不同领域,社会参与既可以坚持以市场为导向,也可以坚持以社会公益为导向,不限于某一固定模式。

---

[1] 参见汪全胜:《法律文本中的奖励性条款设置论析》,载《法治研究》2013 年第 12 期。
[2] 参见焦海涛:《论“促进型”经济法的运行机制》,载《东方法学》2011 年第 5 期。
[3] 参见陈昶屹:《论“促进型立法”的形成背景》,载《北京行政学院学报》2005 年第 1 期。
[4] 参见李艳芳:《“促进型立法”研究》,载《法学评论》2005 年第 3 期。

## 五、政策入法与促进绩效评价设计

### (一)政策性与法律性的衡平

从法理学看,法律与政策是国家治理的两种工具,它们既互相联系也可相互转化,又存在一定的对立性。法律的稳定性、统一性和一般性特征,总是以固定的、程式化的社会规范出现;而政策的灵活性、应急性和特殊性的特征,则被视作一种非固定性的社会规范。[1]

促进型经济法可以说是法律与政策的有机融合,将经过实践证明是行之有效的经济政策内化为法律,可以弥补政策缺乏确定性的缺陷;政策相对于法律具有宣示性和导向性,可以弥补法律在设范目的单一性方面的局限;恰当地将政策的宣示性、灵活性与法律的权威性、稳定性相融合,也有助于市场主体明确政府所倡导的行为具有法律的确定力并努力朝着既定方向前进。

值得关注的是,在我国成文法的体系中,通说认为政策不具有实定的法源性,因此,需要将某些具有促进功能的政策入法,以法的形式表现出来时,需要处理好法律规范的有效构建问题,从而使政策获得成长的土壤。

基于以上分析,我们认为,对于促进型立法中涉及大量的政策入法问题,不仅要处理好政策入法之时制度的供给性不足问题,还应处理好在政策入法之后可能引发的制度理性不足问题。

在立法阶段,必须关注政策的科学性和合理性。应建立科学、合理的政策评价程序,确保政策入法实施的实效性与合理性。在衡量促进型立法是否成功时要考量立法过程中的精准化和科学化。

### (二)促进法的立法绩效评价

在立法实施阶段,还应强化事后的立法评估,关注促进绩效的评价。应及时总结立法的实施效果,增强促进型立法的实效。

开展促进型立法绩效评价的途径有,一是建立促进绩效的研判机制。主动将促进型立法融入经济社会发展大局中去审视,总结促进型立法的适用机制和方法,及时向立法部门报告法规实施中的最新进展,提升促进型立法的社会效

---

〔1〕 参见郑敬高、田野:《从"国家意志"到"行政法治"——在法律与政策关系上的泛法律观》,载《中国地质大学学报(社会科学版)》2007 年第 5 期。

果。二是建立执法与司法反馈机制。通过促进型立法的个案适用,改进促进型立法的实施进程,形成良性的政策与立法互动渠道。

值得关注的是,涉及促进型立法的适用,在司法裁判案例中并不多见,但这并不能成为促进型立法实施绩效低、法律实施效果不明显的质疑理由。由于司法适用具有自身的特点,在一起纠纷发生后,司法部门重点审视的是行为主体及其所做行为的合法与违法性、有效性与无效性,这种审理纠纷案件的程式比较符合禁限型立法的一些实施特征。对于促进型立法,在社会上是否得到了有效实施,重点在于强化立法对营商环境、社会环境影响与促进的提升度的审视上,并建立相应的有别于禁限型立法的实施绩效评价指标体系。

## 第五节　促进型经济立法的未来发展走向

在我国当下新的社会经济背景下,要让促进型立法更有效地发挥功能价值,就需要在促进法立法形式、结构、内容诸方面建立一套法律解释理论。在促进型经济立法未来的发展走向上,应更好地把握作为一种载新的立法模式所应蕴含的法律理性、经济理性以及社会发展理性。

### 一、现有促进型经济立法的不足与问题

#### (一)立法的内源性不足与问题

传统的立法模式遵循行为价值判断、政策对接、间接主义、立法提案权、程式化运行等相关过程。[1] 这样政府的价值判断、立法意向有时会直接左右立法程序的启动与法规的性质。但是,在一定时期内应制定什么样的促进法,这不是政府部门随心所欲的,而是应结合一国发展现状、立法推动的现实需求、立法推动的实现可能等诸种因素综合施策,科学精准立法。

在我国,促进型经济立法的内源性不足是影响该立法数量与质量的主要因素,具体体现在以下几个方面。

1. 立法部门欠缺对该类立法规划的深入谋划。立法是一项复杂且艰巨的工

〔1〕 参见关保英、张淑芳:《市场经济与立法模式的转换研究》,载《法商研究(中南政法学院学报)》1997 年第 4 期。

程，一部法律的制定需要进行充分的认证，这是科学立法的根本所在。促进型经济法的立法也是如此，在一定阶段内应制定哪些社会急需的促进法，应如何遵循社会经济发展规律，应怎样体现社会现实需求和社会公众期盼，需要进行整体性、系统性安排与谋划，并科学论证，在此基础上制定出一定时期（如5年发展规划时期）的立法规划。

2.立法内容对社会需求的回应性不强。促进型经济立法是国家进行产业政策调整的重要手段，促进型立法是一种目的性很强的立法，在促进法制定时，需要对法规所要达到的总体目标以及为达到总体目标所应明确的各方职责与权利义务作出明确的规定，但这种规定具有现实需求性和一定的超前性。从一定意义上讲，促进法大多是临时性的应急措施法，待法规实施一段时期后，对某类产业或某一事项之促进不必要时，该法的历史使命即完成。当前在促进型经济立法工作上，过于偏重程式上的要求，忽视了立法调整关系的系统化考量，导致立法对社会需求的回应性不强，存在立法滞后或法条结构过于简单等问题。

3.未能处理好"同步立法""超前立法"与"滞后立法"之间的关系。所谓同步立法，是相对于超前立法而言的，它是指从现实出发，以取得一定经验作为立法的基本，把现实的某些经验或做法通过立法的形式固定下来，依法规范人们的各项活动；所谓超前立法，是指立法机关根据事物发展的客观规律和实际需要进行立法工作，重点突出立法的指引性功能；所谓滞后立法，是指需要调整的某些社会关系先让其自行发展一段时期，观察其行为的特点与社会效果，待该项社会关系以及相关主体实施的行为对社会经济生活的影响性已基本明确时，再制定法律进行调整，相对于同步立法或超前立法而言，该类立法相对滞后，表现为先察后立的特点。

促进型立法如何处理好上述三类立法问题，是保证促进型经济立法质量的关键，应当强化适度超前立法与同步立法的作用，但也不排斥某类立法以滞后立法的方式存在。在我国，近20年来，在市场主体的经营行为中，存在大量的商业模式创新、技术创新，如互联网经营模式、商业众筹模式、特许经营模式等，对于创新行为，立法究竟是采取激励促进还是禁止限制，关键在于当它还没有发展到一定阶段时，还难以看得准，因此难以对它进行定性，需要在其发展到一定阶段后再进行立法规范，该促进的则应促进，该禁限的则应适当禁限。2020年之后我国对以“蚂蚁金服”为代表的互联网金融模式所采取的立场就在一定程度上代表了滞后性立法存在的社会意义。

4. 缺乏多层次、完善的配套法规与规章。在促进型立法中，《中小企业促进法》是我国政府较为重视也是在群众中知晓度比较高的一部法律，立法制定并实施后，国务院及相关部门相继颁布一系列配套规定，如《中小企业标准暂行规定》《中小企业服务体系专项补助资金使用管理办法（暂行）》《中小企业板块上市公司特别规定》《关于加强中小企业信用担保体系建设的意见》《创业板市场投资者适当性管理暂行规定》等，各地也出台了地方性的实施条例。《中小企业促进法》是一部配套性行政规章与地方性法规做得比较好的法律，但是，综观其他促进型经济法，就缺乏多层次完善的配套法规与规章。比如，《循环经济促进法》至今尚未颁布相关的实施细则。

5. 社会组织协同与市场主体参与问题。让社会组织与市场主体各方参与到立法过程中，会涉及立法的利益交换问题。立法利益交换理论一直是法律、经济与政治科学研究的重要主题。[1] 波斯纳在其著作《法理学问题》中解释了立法活动中的竞争理论与交易理论，并强调了利益交换对立法的重要性。[2]

在立法中如果没有实现充分的利益交换，可能会产生影响经济法规则转化为行为的两种情况：首先，市场主体无法获得法律中的利益表达，导致法律在实施中难以获得预期效果；其次，立法中的利益交换转移到法律实施阶段，有可能会对抗法律的实施。

让各方的利益进行充分交换，其主要途径是在促进型经济法律制定之时，应让各方进行充分沟通，表达意见，最终达成一致。

（二）法律可执行性的不足与问题

相较于内源性不足，当前我国促进型经济立法面临的最大的困境是可操作性较差，影响了促进型经济法的实施，主要体现在以下几个方面。

1. 条文规定过于抽象、原则，缺乏确定性。法律区别于其他规范的最大特点

---

〔1〕 参见［美］理查德·A. 波斯纳：《法理学问题》，苏力译，中国政法大学出版社 2002 年版，第 351 页。

〔2〕 参见［美］理查德·A. 波斯纳：《法理学问题》，苏力译，中国政法大学出版社 2002 年版，第 351 ~353 页。

在于概括性、规范性和明确性。在促进型立法中，应需具体明确促进、激励什么，即应有可以衡量的标准尺度、可以执行的措施、可以承担的责任，从而为人们的行为提供标准、模式和方向。

2. 职责落实不明确。在促进型经济立法中，最多出现的义务主体往往是国家、政府与相关部门，但是，如果没有具体的职能部门，在实施过程中会难以落实。例如，《中小企业促进法》第5条规定了国务院的职责、国务院负责中小企业促进工作综合管理部门的职责、国务院有关部门的职责、县级以上各级人民政府的职责，但对国务院相关部门具体的促进政策及促进要求并不明确，因而也较难做到“负责在各自职责范围内指导和服务中小企业”，在多头管理的我国行政体制中，容易发生相互推诿或相互争夺的情况。

（三）职责与责任追究的困难与问题

法律的权利义务是对应的，权利可以放弃，但义务必须履行，要保证义务的履行不能靠道义来支撑，需要相应的法律责任来保障。但是，促进型经济立法的法律责任相对较弱，没有将法律上的义务和责任进行严格意义上的绑定。

尽管在《农业机械化促进法》《循环经济促进法》《就业促进法》中有关于法律责任的专章规定，但相关主体所要承担的义务并未与法律责任相对应，《中小企业促进法》无法律责任的条文规定。[1]

我们不否认促进型经济立法是以激励性、指导性的规范为主，市场主体是立法调整中的激励与指导对象，相对应的，政府及相关部门是立法所设定的对市场主体进行激励、指导的主体，既然立法为政府的激励性行为设定了法定性义务，那么，在立法中理应规定政府及相关部门承担不履行义务时的相应责任。

法律责任的弱化，使促进型经济立法的实施效果已成为一个令人担心的问题。在实践中，法律的可诉性决定了在权利受到侵害时，当事人是否能获得救济。要使法律具有可诉性，需要在立法中就相关的诉讼机制进行设计。以《就业促进法》为例，在该法第62条中，作出的规定是，实施就业歧视的，劳动者可以向法院起诉。但是综观该法，由于法条中政策性条文偏强，没有细化为各方的权利、义务或职权、职责，因而，这些条款不具有可诉性。

---

〔1〕 参见李艳芳：《“促进型立法”研究》，载《法学评论》2005年第3期。

## 二、促进型经济立法的发展走向

### (一)法律对权利义务的合理配置

促进型经济法作为一种新的立法类型,在权利义务配置方面应体现促进法的基本特征。

首先,在外部权义配置上,促进型经济法与传统的"禁限型经济法"不同,对市场主体大多是激励性、倡导性的内容,政府等公权力机关则承担更多的促进职责。也就是说,在外部权义配置上,促进型经济法的市场主体享有更多的权利,而政府等公权力机关则承担更多的义务。

其次,在内部权义配置上,促进型经济法是一方权利规范与另一方职权性规范的统一。促进型经济法中,涉及政府促进职责的内容,人们通常将其作为"职权性规范",[1]因为,它与一般意义上的权义性规范已作了较好的区分,表现在:其一,职权性规范通常与国家利益和社会公共利益相关联;其二,职权性规范一旦被立法所确认,兼具义务性,即不能随政府及相关部门的意志在未履行相关程序的情形下进行转让与放弃。但是当我们再深入思考职权性规范时,它还需要具备第三个条件,即"职权"的行使直接伴随着国家强制力。[2] 我国现行的促进型经济法已符合职权性规范的前两个特点,但仍缺少第三个特点,即国家强制力如何在保进型经济法中得到体现。促进型规范作为一种倡导性、宣示性规范,与行政法规范中的职权性规范不同,它的施行在一定程度上还没有得到国家强制力的保障。解决这一问题的重点在于,一方面,继续深化促进型经济法相关规范设计上的科学性,需要在内部权义配置上得到进一步的改进和完善;另一方面,在促进型经济法中的倡导性、宣示性规范的落实方面,构建出与之相对应的道义责任,进而使此类规范在社会经济生活中得到贯彻与落实。

### (二)中央立法与地方立法的阶位设计

立法是一种创制法律规范的活动,因此,研究和改进中央立法与地方立法两者之间的关系对提高立法质量有着十分重要的意义和作用。

我国幅员辽阔,人口众多,经济发展条件和环境不尽相同,这就决定了仅靠

〔1〕 参见王子正:《论法律规范的结构和分类》,载《当代法学》1988 年第 3 期。
〔2〕 参见王子正:《论法律规范的结构和分类》,载《当代法学》1988 年第 3 期。

中央立法来解决各地复杂、具体的经济发展问题存在困难。因此,除了要将中央立法作为解决全国层面的基本问题,并制定统一标准尺度外,还需要在立法中实行一定程度上的分权,制定行政法规、特区规范性法律,地方法规,自治条例和部门监管文件等。

就国家与省级立法权而言,迄今为止,与我国各地域性质范围划分相适应的,我国地方立法已形成"两类三区"的立法模式。"两类"是指国家权力机关所立法律法规和地方行政机关所立规章制度;"三区"是指普通行政区、民族自治区、特别行政区三种行政区域的立法。

修改后的《立法法》赋予设区市的立法权,也明确界定了设区市在立法事项上的立法权,除了仅限于城市建设与管理、环境保护、历史文化保护领域的地方立法外,保留了对哪些事项应当制定法律而不应制定法规与地方性法规,设区市通过的地方性法规需履行地省级人大常委会批准的程序。反映了全国人大在修改《立法法》时,对设区市立法权的"虽放犹控"的审慎态度。[1]

目前,在国家立法的基础上,地方立法机关颁布地方性法规,呈现"一法一例"的局面,即在国家制定法律后,地方立法机关配之以实施条例。这些有益的立法经验可以确保贯彻和执行全国层面的促进型经济法,并结合国情与地方特点,在地方性法规中对国家立法的相关制度加以补充和完善,增加了法律执行的针对性和可操作性。但是,在处理"一法一例"关系上,重点是做好法律、地方性法规之间的安定性与协调性。地方性促进型经济立法,既要保证地方性法规与国家立法所确定的目标价值相一致,又要侧重解决地方性、针对性问题。

(三)实施主体与责任形式的科学构建

促进经济发展是政府的一项职能,政府要对每一项决策负责,这种责任,更多地表现为政治责任。如果其不能履行法定义务或作出的承诺,必须要承担一定的责任。

政治责任虽并不需要明文规定,但其既要对政治责任主体进行形式正义的评价又需要进行实质正义的考察,具体表现为评价政治责任主体的政治行为是否符合法律程序,考察其政治性决策及其后果是否合理正当。[2]

---

〔1〕 参见易有禄:《设区市立法权的权限解析》,载《政法论丛》2016 年第 2 期。

〔2〕 参见张贤明:《政治责任与法律责任的比较分析》,载《政治学研究》2000 年第 1 期。

由于政治责任难以以法条的形式作出明文规定，解决此类问题可以从以下两个方面着手：一是在立法中强化监督检查与监督机制。2017年修订的《中小企业促进法》专章规定"监督检查"和"权益保护"，强化对政府部门促进工作的监督机制，不失为一种较好的立法安排。二是在立法中强化执法检查、行政投诉、申诉、诉讼等相关纠错机制。促进型经济法的特点决定了，将诉讼作为维权途径是不大切合实际的，除了诉讼外，还可以通过执法检查、投诉、申诉等相关途径进行维权。

（四）各国立法实践的相互借鉴与吸纳

促进型经济立法是经济发展到一定阶段的产物，促进型经济立法在各国的立法上呈现出一些特色。

从宏观上看，相比于日本等国家连续性、系统性很强的促进型经济立法，我国的促进型经济立法还缺乏系统性，没有相对完整的法律体系。

从微观上看，即从立法的技术层面上看，各国的促进型经济立法既有相同之处，又有各自的特点。

在特殊制度设计上，我国促进型立法有自己的特点，相比于其他国家的促进型立法零散分布于其他章节中，我国的促进型立法专章设置了社会服务等内容，尽管内容多为框架性的，但是较好地体现了服务型政府的理念。

在法律责任和救济途径方面，对政府不履行义务如何承担法律责任，各国的促进型立法都没有作相关规定，这反映了促进型立法的特殊性。对于促进型经济立法的救济途径的思考，我们应向着多元化或替代性方向发展，不能拘泥于传统的法律途径。以日本为代表的扶持中小企业成长和发展的政府主导模式以及以美国为代表的司法救济主导模式都具有一定的合理性与欠缺性，需要我们在借鉴中识别，吸收有益的经验为我所用。

面对全球兴起的促进型经济法这一社会现象，需要我们深入研究、思考当代促进型经济法的现状、发展等诸多问题，通过比较、借鉴，从而吸收有益经验为我国所用。

CHAPTER

# 第二章

# 《中小企业促进法》的立法政策

《中小企业促进法》自2002年颁布并于2003年施行至2017年修订历经十余年历程。在施行过程中，备受争议的问题，主要集中在对该法的定位与性质、法律规范模式以及因软法特点所导致的法律责任模糊性等几个方面，并集中聚焦于中小企业促进型立法的正当性及其价值上。就应然层面而言，我国《中小企业促进法》应追求其立法形式上的充分理性和立法内容上的正当性。只有这样，《中小企业促进法》才会有强大的生命力，也不会因为制定了《中小企业促进法》而影响与其他经济法的和谐相处，更不应该因制定了《中小企业促进法》而受到诸多大企业的质疑或反对。《中小企业促进法》在性质上属于经济法范畴，从经济法立法政策和中小企业促进法本身所应有的特性上，来探究该法立法政策与相应的法律制度理性，不失为一种新路径。

## 第一节 《中小企业促进法》的法域属性与法益目标

立法政策通常是指国家为实现某种利益或意志，通过立法活动将一定时期内所追求的立法目标、所遵循的立法原则以及所采纳的立法方式以法的形式予以表达。不同的立法政策是由不同的立法功能定位所决定的。《中小企业促进法》属于哪类性质的法律,它与民商法领域中的商事组织法(企业组织法)是否属于同一法域的法,需要对此作出检视与探讨。

## 一、《中小企业促进法》的法域属性

### (一)《中小企业促进法》的促进型经济法属性

《中小企业促进法》与促进型经济法具有契合性。促进型立法是一种将促进理念贯穿于立法目的、原则以及具体法律制度之中,旨在推动促进国民经济中至关重要但在当前又显薄弱的领域、产业发展的一种经济立法政策,它是基于促进的立法功能发展起来的,并具有独特的调整方式、手段和立法运行机制。

通过对中小企业的特殊地位以及具体影响中小企业发展的各项因素分析,我们认为,促进型立法可以作为推动中小企业成长和发展的一项立法政策,它契合了中小企业发展的基本特点,具体表现在以下几个方面:

(1)立法促进理念与一国政府发展中小企业的目标一致。促进型立法将促进作为其立法的基本理念,旨在确立关于促进某项事业发展的国家意志,它影响着整个关于法律的立法、守法、执法的全过程,这对于保证中小企业成长和发展至关重要。政府的中小企业观对中小企业的发展具有重大的影响。就我国而言,长期以来,政府采取的“抓大放小”的企业发展观,对处于竞争弱者地位的中小企业发展形成不公平产业政策。

(2)促进型立法的调整方式与中小企业成长发展中要求遵循经济自由的追求相契合。中小企业的发展必须建立在经济自由的基础之上,这里的自由是消极自由之外的积极自由。促进型立法的调整方式与直接的国家干预是有所区别的,它采用的是间接的手段实现对经济的干预,而不直接将规制的力量作用于中小企业,这样给予中小企业一定空间与时间对国家干预信号做出反应。

(3)促进型立法的调整手段可以成为推动中小企业成长和发展的动力来源——市场机制与内化的国家干预是推动中小企业成长和发展的动力来源。中小企业发展的原始力量来源于市场,国家干预也在为扶持、推动中小企业的发展贡献力量,但是将国家干预的力量内化到市场中效果将会更佳。促进型立法通过运用金融、财政、税收等经济手段影响经济发展的各个要素,将国家干预内化到市场，最终由中小企业根据市场信号做出既朝着国家调控整体利益，又符合中小企业发展方向的经营决策。

(4)促进型立法的调整理论为《中小企业促进法》的立法提供了理论准备。促进型调整理论说明了这样一个问题，在经济法所调整的特定领域中，法的功能并不是越趋向于"限禁"越好。相反，过于强硬的禁限型调整反而会影响执法实效。禁限型经济法经常采用直接的、强制的手段实现对经济的干预，并通过强制手段与严厉的法律责任保障义务的履行，义务主体往往为了回避严厉的法律责任而隐匿违法行为，极大地增加了执法成本，致使规制目标不能实现。促进型经济法则更多地依赖于一些事前的、温和的、引导性的"励进措施"，使得执法机关与相对人之间不再是一种命令与服从的关系，合意因素因此增多，企业对法律规则的认同感也由此增加，甚至还会产生"自我实施"的效应。这些调整理论都为《中小企业促进法》立法提供了理论准备。

(5)促进型调整范式为《中小企业促进法》立法提供了法技术构造基础。促进型立法有其独特的法技术构造特点。它将政策工具入法，在如何促进政策法治化方面有其特有的转化途径；促进型立法注重社会参与，体现各类主体协同，在法律治理机制上有其独特的设范方式；促进型立法将促进与激励手段法律化，在法律后果处理上，构建起一套逻辑自洽的运行体系。促进型立法的这些实践与经验为《中小企业促进法》的立法打下了基础。同时，《中小企业促进法》运用促进型立法理论进行立法，检视了促进型立法理论的成熟性问题，并为促进型立法理论的进一步提升提供了分析样本。

(二)《中小企业促进法》的产业组织法属性

《中小企业促进法》除了促进型经济法属性外，还具有经济法中的产业组织法属性。

所谓产业组织法，是指调整在国家产业组织政策的制定和实施过程中所发生的各种社会关系的法律规范的总称。产业组织法与产业法相比，它是产业法的一个分支法。按通常理解，产业法由产业结构法、产业组织法、产业技术法、产业布局法组成。产业组织法由企业合并法、企业集团法、反垄断法、中小企业促进法、外商投资法等组成。《中小企业促进法》是产业组织法的主要法律。

《中小企业促进法》具有产业组织法的属性，主要体现在以下方面：

(1)其反映了一个国家对产业组织发展的政策意图。针对一国产业组织如何发展问题,在现代市场经济社会中,国家通常会制定与其国情相适应的产业政策,当然,各国市场经济发展模式不同,产业政策的制定与实施也存在一定的差异。凡是有产业政策的国家,都会通过法治化的手段,将产业政策落实到法律层面上。可见,在产业法中,政策是其内容,法律是其形式,或者说产业政策获得了法律的表现形式,进而具有法律的一般性质,如规范性和约束力。

(2)其体现了产业组织调控法的基本属性。《中小企业促进法》属于产业组织调控法范畴。国家制定《中小企业促进法》的实质就是对产业组织实施宏观调控,以避免出现由于完全依赖市场机制而造成的产业组织系统失衡问题及产业组织不合理问题。其调控的内容主要集中在以下方面:一是大、中、小、微企业如何能形成一个由一定数量与质量组成,大中小企业协调发展,充分发挥各种类型企业作用的生态链系统,形成由大企业在顶端,小微企业在底层的金字塔状结构,形成“大企业顶天立地,中小企业盖天覆地”的企业繁荣局面;二是由于中小微企业的天然弱势,需要对它们实施促进型政策,以扶持中小微企业成长得更好,发展得更有量的比重;三是国家拥有产业组织调控的手段与能力,可以通过相关政策工具(如产业政策工具、竞争政策工具、财税政策工具、金融政策工具等)实施调控,只要立法对调控手段予以确认,就可以推进调控手段的法治化运行,从而达到宏观调控目标。产业调控中涉及对产业组织的调控、产业结构的调控、产业技术的调控等多个方面,《中小企业促进法》属于产业组织调控层面的法律。

### (三)《中小企业促进法》的非企业组织法属性

《中小企业促进法》就其立法宗旨与立法内容而言不属于企业组织法。企业组织法是关于企业设立、组织管理与退出的一般性问题的法律规范的总称。《中小企业促进法》是旨在促进中小企业成长与发展,并直接针对中小企业做出国家宏观调控制度安排的一部专门法。在理解《中小企业促进法》非企业组织法属性时,需要明确以下方面的问题:

(1)它与企业的所有制形态无关。从所有制角度看,我国目前的中小企业有公有制企业与非公有制企业。在一些中小企业比较发达、经济发展比较快的地区,非公有制的中小企业更是当地国民经济的重要支柱。扶持中小企业成长与发展必须打破“身份论”、所有制论，不论该企业是何种所有制，不管它是国有、集体所有制的中小企业，还是“三资”中小企业，抑或私营中小企业，只要是符合中小企业生产经营规模标准，符合国家产业政策规定和企业设立条件，就都在促进法调整的范围内，各种所有制中小企业享受平等的扶持政策。

(2)它与企业的组织的运行形式无关。我国目前对中小企业有两类性质的法律。一是关于中小企业组织与活动法，主要是中小企业的设立、运行、解散清算与注销相关的法律，如《公司法》《合伙企业法》《个人独资企业法》。二是关于对中小企业实行促进政策的法律，主要为中小企业尤其是小微企业量身定制。《中小企业促进法》就属于此类法律。

(3)中小企业促进法与企业组织法存在差异性。企业组织法与中小企业促进法都是关于调整企业关系的立法，两者相互联系，中小企业促进法是在企业组织法基础上起作用的法，企业组织法也是依靠中小企业促进法的补充从而更好地创建和保障正常的市场竞争秩序，两者在体系结构上有互补之势。但是，两者有所差异。首先，在所属法系上，企业组织法以商法为典型，主要是以《公司法》为代表。中小企业促进法本身是一部隶属于经济法的专门法。两者分别以私法和公私交融法上的法律价值理念对中小企业进行立法。其次，从内容上看，企业组织法专注于企业作为市场主体资格的获得、以何种组织形式成为市场主体、企业内部结构组成、企业法人与自然人间的关系等问题，是企业开展生产经营活动的基本前提，也是中小企业发展的前提。《中小企业促进法》尽管也会进行大企业、中小企业、微型企业的划型，但这种划型并不是要设置各类企业的内部股权结构关系、企业法理结构关系、企业所有者与经营者的约束与激励关系，企业的存设与清退关系，而是着力解决不同类型企业在公平型产业政策、公平型竞争政策环境下更好地成长发展，进而有针对性地制定出对中小微企业的立法促进政策问题，体现出中小企业促进法所独有的立法理性。

## 二、《中小企业促进法》的法益目标

### (一)对中小企业特殊性的认识

一部法律的立法定位很大程度上取决于它自身的法律属性。对社会需求的回应，是强化中小企业促进型立法“问题导向”的实践依据。

有人提出异议,在中国,大型企业,尤其是国有大型企业是国家经济的支柱,资源应该更多地向这些企业倾斜,由国有大型企业承担科技和产业发展的重任。我们无意否认这一说法。就像一座房子,如果将国有大型企业视同梁,它能起到支撑起房子结构的作用;那么,广大中小企业如同椽,它能够起到进一步加固房顶的作用。正是由于大、中、小企业的共存共生,梁与椽才能真正发挥"梁、椽成为房子"的作用。中小企业是稳定社会、促进就业、发展经济、推动创新的基础力量,是构成市场经济主体中数量最大、最具活力的企业群体。

中小企业在一国是否具有成长性和发展力,以及中小企业对于国民经济影响的认识,通常可以从经济效益、社会效益、产业结构及市场机制作用四个方面予以思考。

(1)在经济效益上的思考。中小企业是国家税收的主要来源,同时也是推进产业创新的主要推手。在对我国国情的认识上,基本上也能得出这样的结论。相关统计数据表明了中小企业在我国的作用与做出的贡献。国家工信部所作的《促进中小企业发展规划》(2016~2020年),截至2015年年底,全国工商登记中小企业超过2000万家,个体工商户超过5400万户。以工业为例,截至2015年年末,全国规模以上中小工业企业36.5万家,占规模以上工业企业数量的97.4%;完成利润4.1万亿元,占规模以上工业企业利润总额的64.5%;实现税金2.5万亿元,占规模以上工业企业税金总额的49.2%。截至2021年年底,全国登记在册市场主体1.54亿户,其中,企业4842.3万户,小微企业4034万户,占企业总数的83.3%。[1]

(2)在社会效益上的思考。就业问题关乎社会的稳定,关乎十几亿中国人民的基本生活。中小企业所产生的巨大的社会效益集中体现在其吸纳的就业数量上,中小企业为社会提供90%的就业岗位,其保证了数百万家庭的收入稳定。因此,促进中小企业成长与发展,内含着促进民生等社会效益之考量。

(3)在产业结构上的思考。经济学家分析指出,金字塔状的产业结构被认为是合理的,一国企业发展的合理状态应该是呈金字塔状,大企业处于金字塔顶

---

〔1〕 数据来自2022年1月27日,国家市场监督管理总局注册局局长杨红灿在国新办新闻发布会上发布的数据。参见包兴安:《市场监管总局:截止2021年全国登记在册市场主体达到1.54亿户,同比增长11.1%》,载《证券日报》2022年1月27日。

端，属于少数。处于整个金字塔之上的大企业是依靠中小企业来支撑的。实现大企业的良好运转离不开中小企业的配合，实现产业技术的升级也需要借助中小企业的后发优势。在我国，中小企业能否成长与发展，其意义还在于经济结构调整与发展方式转变，以及科技创新与转型升级。

(4)在市场机制上的思考。自由与竞争是市场经济的最基本特征，要实现市场机制在市场资源配置中的基础性、决定性作用，就需要在市场自由度和保持适度的竞争两方面不断改进。中小企业规模虽小，但整体数量庞大。大量中小企业的存在既是市场充满活力的源泉，也是推动市场竞争力的有效载体。因此，建设现代化经济体系，离不开广大中小企业的积极参与，没有广大中小企业的高质量发展，就支撑不了整个经济的高质量发展。

另外，对中小型企业特殊性的认识还可从其在生存、创业和成长中面临的主要问题来加以认识。

(1)中小企业在与大企业竞争中的不利地位。大公司往往具有垄断和实行歧视性价格竞争的能力，直接威胁着诸多小企业的生存。在我国，中小企业与大企业之间生产产品的同质化现象的存在，更加直接影响着中小企业的生存，小企业经营险象环生。

(2)融资困难导致中小企业错失发展机会。金融业是特殊行业，在经营上受到严格监管，实行谨慎经营原则，由于经营信息的不对称性，银行业在信贷相机选择时对融资对象有时以企业身份(国有的还是民营的)、经营规模(大企业还是小企业)来抉择信贷对象，结果使一些小企业错失发展机会。当小企业有较好的经营项目与经营实力却得不到金融机构的资金支持时，只好萎缩经营，成长性受到影响。

(3)技术创新上的不利地位影响中小企业的转型升级。从企业创新的实践看，在多数情形下，一些小发明、小改进型的创新活动总是从小企业开始的。面对小企业的创新行为，具有行业支配性的大型企业通常会积极投资，但是在投资决策相机选择之时，为减少创新带来的风险，大企业会选择在后续创新阶段。中小企业创新成功了，具有支配性的一些大企业便会很快模仿或购买技术，创新技术最终会被大企业所垄断。因此，中小企业虽是创新能力的主体，但它并不一定是创新活动的主要获益者。

(4)信息不对称使中小企业获取了差别性优势。随着互联网的到来,信息的获取程度越发提高,谁占领信息高地,谁就占领了市场,但湮没在信息中的小微企业,没有能力去利用高科技所带来的信息资源。这种大企业与小企业在有效使用资讯所产生的差别性优势的结果是小企业失去市场与竞争能力。高科技资信既是企业生财有道的利器,同时也威胁着小企业的生存和发展。

(5)劳动力成本上涨收窄了实业型中小企业的利润空间。实业型中小企业大多是劳动密集型企业,用工成本的急剧上升,直接影响了产品的价格,而能够操纵产品价格的却不是小企业,因此产生的结果是,小企业不可能像大企业那样,在不失掉客户的前提下通过提高产品价格来得到补偿;小企业也很难像大企业那样通过提高资本有机构成,解雇人员来减少开支。

(二)《中小企业促进法》的法益目标

综观世界各国,不论是发达国家还是处于后发国家,在不同时期对国内中小企业的发展表现出相当程度的关注。理论界也比较早地涉及对小企业问题的研究,早在1931年,爱德华·奥斯汀·罗宾逊(Austin Robinson)在其所著的《竞争性产业结构》一书中就给出了中小企业的定义,并开始对中小企业进行系统研究。[1]

在美国,小企业是我们通常所说的中小企业(在美国没有中型企业的概念),其对小企业有自己的认定标准。美国对小企业的认定标准是,雇用员工500人以下,年营业额600万美元以下,独立经营,具有法人地位的经济实体。据不完全统计,目前美国小企业户数占公司总数的99%,小企业的产值占国内生产总值的45%,从业人员占企业职员总数的70%,新增加就业机会的2/3是由小企业创造的。另外,联邦政府采购合同额的35%被小企业获得。尽管单个小企业对经济增长的贡献有限,但庞大的小企业集聚的总量,对经济增长的推动力是非常巨大的。由此可见,小企业在美国经济中扮演着重要的角色,就其作用而言,在稳定经济、吸纳就业、提供便利化的社会服务、出口创汇等方面,具有不可替代性。

美国经济进入20世纪后半期,尤其是90年代以来一直保持良好的发展态

---

〔1〕 See Edward Austin Robinson, *The Structure of Competitive Industry*, Pitman Publishing Corporation, 1937, p. 11 –15.

势,美国小企业尤其是科技型小企业的快速发展功不可没。小企业是构成美国工业产业链的有机组成部分,许多小企业将产学研融为一体,由于机制灵活和高效率,在技术创新方面比许多大企业更具优势。可以说,具有突出创新能力的小企业是美国产业结构迅速调整、进入以高科技产业为主导产业群的重要力量。

日本政府高度肯定中小企业的作用,认为中小企业“形成日本经济的基础,维护和加强日本经济活力,创造新产业,增加就业机会,鼓励市场竞争,促进区域经济发展”。欧盟委员会视中小企业为“欧盟经济的支柱”。德国政府将中小型企业视为“德国经济的支柱和发动机”。

尽管各国对中小微企业在表述方式上存在差异,但对中小微企业在经济社会领域的重要性都有一致认识,这也为各国制定一系列支持中小微企业发展的政策措施与促进型立法提供了认识论依据。

对中小企业促进法的法益目标可以从以下几个方面来认识:

(1)提升国家对中小企业的宏观调控能力。通过促进型立法,落实国家对中小企业的调控途径,将相关政策工具法治化,更好地提升国家对中小企业的调控能力。

(2)提升中小企业的市场竞争能力。通过对中小企业扶持政策工具的法治化运行,增强了中小企业的市场竞争能力与转型升级能力;通过实施公平型竞争政策,确立起产业组织之间公平、有序的竞争秩序,防止过度竞争,有助于促进企业的公平竞争。

(3)促使产业组织体系与市场结构体系趋向合理。促进型立法,充分运用产业政策工具与创业创新政策工具,以扶持中小企业更好地成长发展,从而在一国范围内形成大、中、小、微各类企业竞相发展的产业组织结构系统,形成大、中、小、微各类企业分布合理的市场结构,形成大、中、小型企业经济联合关系以实现专业化协作,从而形成产业组织的良好发展态势。

## 第二节　中小企业立法促进应遵循的原则

立法促进作为一种外生性的国家干预力量必须针对促进对象的基本特点进

行,并保持其适当性与有效性,这是立法者在制定相应的立法政策时需要考量的问题。因此,在理解立法促进所应有的作用机理的基础上提炼出若干应遵循的促进原则具有理论与实际意义。

## 一、立法促进的作用机理

### (一)促进中小企业成长发展的作用动力

如前所述,中小企业在国民经济中的重要地位不容忽视,中小企业是市场经济中最为活跃的市场主体,但如何促成中小企业重要作用的发挥则是需要相应动力推动的。

动力学是物理学的范畴,主要研究作用于物体的力与物体运动的关系,动力学揭示了物体受力时它的运动速度与运动质量之间的关系。中小企业的成长与发展需要动力推动,这种动力的作用机理也可借助物理学上的动力学原理进行思考,当中小企业受到内在的或外在的促进力推动时,它的成长、发展的速度与质量如何是问题研究之关键所在。

亚当·斯密曾预言,“在可自由而安全地向前努力时,每个人改善自己境遇的自然努力,是一个多么强大的力量,以致没有任何帮助,亦能单独地使社会富裕繁荣”,[1]这就是一种市场的力量。但是市场机制在推动中小企业发展时,由于处于不同的市场经济时期,市场机制的作用会有所不同。历史上,在商品经济的不同发展阶段,曾以三种形式对中小企业的成长与发展产生过不同的历史性作用。即内生的市场机制的力量、内生市场机制力量和外生国家干预的力量、内生市场机制力量和内生化的国家干预力量。

### (二)不同推动力量对中小企业成长与发展的影响

一是内生的市场机制的力量。在自由竞争经济时期,市场机制以一种包揽式的、孤军奋战的形式维持着市场的运行,在此时期,没有大中小企业的划分,企业作为市场主体在同一竞争机制、价格机制作用下发展,在内生的市场机制力量作用下,初始阶段作用效果良好,企业数量增多,产值增加,社会供求关系平稳,国民经济得到迅速发展。但是发展到后期,市场机制对竞争公平、竞争机会均等

---

〔1〕 [英]亚当·斯密:《国民财富性质和原因的研究》(下卷),郭大力、王亚南译,商务印书馆 1979 年版,第 112 页。转引自单飞跃、王显勇:《经济法视域中的企业法》,中国检察出版社 2005 年版,第 4 页。

方面的漠视导致产业结构畸形发展，甚至发生市场失灵现象，中小企业的成长和发展因面临大企业的挤压，以及市场信息的闭塞因素等举步维艰。

二是内生市场机制力量和外生国家干预的力量。随着市场机制暴露出的各种缺陷日益严重，在经济理论上要求对其进行改良的呼声不断高涨，故一些国家的先导实践中引入国家干预手段，运用“国家之手”在市场机制失灵领域进行协调，实现市场竞争机制的修复，维持经济的正常运行。国家干预往往采取行政手段直接作用于市场主体，最典型的就是反垄断，反不正当竞争，最后实现对市场自我否定行为的修复、弥补，协调整个经济体系的市场化运行。因此，相对于市场机制对市场尤其是企业的推动力量而言，市场机制是自生自发地对市场经济进行着资源配置，而国家干预是一种外生力量，其借助于国家将强硬的行政手段直接施加给市场主体，并采取各种调控措施来实现对市场构建化的、事后的以恢复和弥补市场机制及其不足为终极目标。但是，外生国家干预力量一定程度上约束了企业的经营自由，且直接针对的是某一具体的违反市场竞争规则的企业，并没有对中小企业的整体性成长与发展起到作用。因此，市场机制与国家干预的外力力量的结合对企业的发展在反垄断和反不正当竞争方面具有一定效果，但还需继续进行优化构建。

三是内生市场机制力量和内生化的国家干预力量。在内生市场机制与外生国家干预手段在推动企业发展过程中出现新问题之后，在理论与实践上要求对国家干预的事后性以及个体性进行突破，将国家干预内化到市场，使国家干预市场化运行成为当代各国如何更有效地处理国家与市场关系的重大课题。内生市场机制力量和内生化的国家干预力量相结合来推进企业的成长与发展，其优势表现在：第一，在解决外生国家干预力量的构建性问题上，内生化国家干预将市场化的办法运用到干预手段和途径中来，明显降低了国家对企业发展进行干预的行政性，充分释放了自我发展的空间，且促使各类企业更具活力；第二，针对国家干预的事后性问题，内生化国家干预转向事前的干预，以宏观的、总量上的控制为目标制定干预策略，使国家干预更具有综合效益；第三，在干预效果的个别化问题上，由于内生化国家干预将干预阶段提前，干预的对象面向企业群体，不存在干预结果只对个别企业产生效果的问题。

企业发展动力是一种以市场为原生力量、辅之以市场化的国家干预的合力。中小企业的发展同样遵循了这一规律,内生的市场机制与内生化的国家干预的有机结合所产生的推动中小企业发展的力量将会发挥更为惊人的效果。《中小企业促进法》正是遵循了这一规律进行立法,从而实现从宏观、总量上对中小企业发展的扶持、促进、鼓励、帮助,实现市场竞争的有序化、产业结构的合理化。

对中小企业成长与发展采取法律促进的手段,实际上就是指将法律作为一种规范体系,通过它的价值取向、作用范围、作用方式及作用结果等,对与中小企业成长相关的社会经济系统进行调整并形成一个有机系统。

我国对中小企业政策经历了从无到有,从单一到系统,从粗放到精致,从抑制型到扶持型的政策演进与转变过程。不同阶段的中小企业政策究竟在促进中小企业成长与发展方面起到了哪些作用,是目前学者们关注的焦点。

就我国现有的对中小企业立法政策的实践而言,虽然从 2002 年颁布《中小企业促进法》至 2017 年修订只有 10 余年时间,但已从以下几个方面影响了中小企业的成长与发展:(1)政府关注市场环境营造而不是直接关注中小企业个体。即政府通过构建公平型市场体系与公共型市场服务来影响中小企业的生存与成长环境。(2)政府提供宏观调控手段去影响企业而不是提供微观干预手段去干预企业。考虑到中小企业的成长性往往会受到我国经济周期波动的影响,因此,在经济周期波动中,政府更注重以宏观调控者的角色去影响中小企业的经营行为。(3)政府更加关注采用竞争政策、产业政策以及其他政策的综合运用去影响企业行为而不是采取单一性政策。对中小企业促进政策的合成化可以有效地克服单纯采取单一政策存在的局限性,可以有效地促成中小企业的生产要素的合理配置。[1]

## 二、立法促进应遵循的原则

### (一)目标导向原则

推动经济增长与提高市场竞争,已经成为政府促进中小企业成长与发展的长期目标,市场经济的持续发展与充满活力的中小企业之间具有密切关系。

---

〔1〕 参见王玉娥:《政府扶持政策对科技型中小企业成长影响的研究述评》,载《改革与开放》2018 年第 2 期。

对中小企业给予不同于大企业的促进政策，其目的就是为中小企业创造和维护一个公平竞争的环境，从而使中小企业能在市场竞争中获得公平交易机会。这种促进政策的出发点并不是刻意地为大型企业与中小企业制造一种不平等现象，也不是人为地保护落后的生产方式，而是为了在公平竞争的环境中促进先进生产力的产生。

促进政策的核心内容是扶持政策，扶持政策应有的放矢，突出政策目标导向。另外，促进政策能起到的主要是引导作用，许多内生性的决策行为的实施主体仍是广大中小企业，政府的促进政策只是为中小企业的决策提供目标导向。近年来，政府通过优先安排采购合同，给予中小企业更大的竞争空间，正是这一原则的体现。

（二）公平性促进原则

市场机制发挥作用的前提是市场主体的自由与公平竞争。每个国家业存的作为市场主体的企业，都会存在大型企业和中小企业的“二元结构”，它们在市场竞争中的实力强弱有别。尽管如此，西方一些发达国家的中小企业法中仍旧将中小企业的立法目的确定为保障和创造中小企业公平竞争的机会。这意味着，保护竞争机制的有效运作，构成了中小企业立法宗旨的起点。只有由竞争政策保驾护航的市场，才能保证最大限度地提升企业竞争能力与企业创新实力。

《中小企业促进法》的立法初衷是实现中小企业与大型企业在市场竞争上的公平地位。然而，立法者也充分注意到，这种地位的平等性需要考虑问题的两个侧面：一是大型企业与中小企业竞争地位的平等，它不只是形式上的，而应当是实质意义上的；二是中小企业之间的竞争地位平等是同一系统内部的竞争机制构造。就公平性促进原则而言，最大的难题是如何处理好政策扶持与市场导向之间的结合，扶持不当会破坏竞争基础，或过分强调竞争基础又会破坏竞争中的机会平等原则。目前，在扶持政策中，理论界对专项补助政策的质疑较多，一些对中小企业的专项性优惠政策（如财政补贴、地价补助等），虽然相对于大型企业和国有企业实现了相对的均衡，但是在中小企业之间却又产生了强者弱者的另一种现象，可能是“扶起一个，倒下一片”。就这一角度而言，如果专项性的扶助措施处理不好，就会造成对部分中小企业公平竞争权的侵害，而且在政府选择过程中也容易发生寻租腐败。[1]

（三）系统性促进原则

对中小企业的促进政策应贯彻系统思想，任何单一的措施都不能涵盖中小企业政策的全部。所谓系统性促进，是指将促进政策形成“系统→结构→要素”范畴链，促成系统与要素之间在一定条件下通过结构实现相互转化，在此基础上，注重产业政策的整体性和开放性构建。

《中小企业促进法》在总体构架上确立了财税支持、融资促进、创业扶持、创新支持、市场开拓、服务措施、权益保护的扶持措施，初步形成了较全面的中小企业促进体系。然而，上述措施基本停留于对促进政策表达的阐述上，它们内含的竞争政策、产业政策、财税政策、金融政策、贸易政策之间该如何协调，立法并未给出明确的结论，这就需要我们通过系统性促进的理念进行认识与把握。如果政策促进的各类措施缺乏系统化运行的理念就会产生政策偏向的后果，这是造成政府失灵的重要原因，也印证了经济学中所述的市场不能调节和调节不好的事情，政府并不必然就能调节或调节得比市场好。[2]

（四）互补性促进原则

在对中小企业促进政策构建上，会涉及产业政策与竞争政策、贸易政策诸类政策问题，政策促进的效益在于各类政策之间的良性互动。对中小企业的促进政策应注重各类对策之间的对接与互补。其一，各项扶持政策之间的互补。扶持政策之间互补的重要与难点在于如何有效地建立协调、沟通机制，以及各类扶持政策制定者对相关扶持信息的共享机制。其二，促进政策与中小企业战略利益之间的互补。即如何更好地促进中小企业自身的发展战略与国家、政府对中小企业的发展战略在目标上的同一性，这就要求政府在制定政策时，既要考虑国家的利益和政府期望，还要了解中小企业的长期发展战略。

互补性促进政策面广量大，在相关制度构建上，会涉及财税支持政策、融资政策、创业政策的互补性构建问题，还会涉及中小企业适用的普惠性政策以及只适用小微企业或特殊类型中小企业的特殊政策的互补性等诸多问题。

---

〔1〕 参见沈伟：《法律可以促进中小企业发展吗？——基于〈上海市促进中小企业发展条例〉立法后评估的实证分析》，载《政法论丛》2018 年第 2 期。

〔2〕 参见缪小星：《美国小企业创业成长环境分析》，载《江苏社会科学》2004 年第 2 期。

## 三、对中小企业立法促进的争议与评析

### (一)争议之一:促进中小企业成长还是促进中小企业发展

我国《中小企业促进法》全文使用的法律概念中有“促进中小企业健康发展”,没有使用促进“中小企业成长”这一术语。在2017年《中小企业促进法》修订之后,中共中央办公厅、国务院办公厅于2019年4月印发的《关于促进中小企业健康发展的指导意见》中,使用的法律术语仍沿用“健康发展”这一概念。但在国家相关部门作出的中长期发展规划中却有“中小企业成长”之提法。“促进中小企业发展”与“促进中小企业成长”是同一个概念还是不同的概念,这引起了我们对该问题的关注。

我们认为,促进中小企业发展是一个面的问题,促进中小企业成长是针对中小企业个体的点的问题。两者既有相同的方面,又有不同的特质。促进中小企业发展强调的是企业的“量”,而促进中小企业成长强调的是个体企业的“质”。

新中国成立以来,我国颁布过不少有关中小企业的政策文件,从对这些政策文件的梳理、分析与考察中,我们发现,更多涉及的是中小企业的发展问题。有学者曾对新中国成立以来的中小企业发展,分为以1978年改革开放为分界线的两个阶段。第一个阶段为1978年之前。呈现出明显的单一公有制企业特征。第二个阶段为1978年至今,呈现出从“分户口”政策(国有、集体、个体、私营、乡镇和外资企业等区别对待)到“重大轻小”与“抓大放小”政策再到统一的中小企业政策的转变。[1]

在中小企业发展到新阶段时,我们认为,在促进型立法政策的构建上,应将促进中小企业成长与促进中小企业发展并存进行。这是因为:(1)中小企业在我国的质量观,应从数量与质量上加以认识,促进中小企业成长是保持中小企业发展的“质”的问题,促进中小企业发展是保持中小企业发展的“量”的问题,只有“质”没有“量”,不符合我国中小企业数量占企业总数绝大多数的特点,只有“量”没有“质”,会导致中小企业没有很好的成长性,不符合中小企业参与全球性竞争的企业发展战略。(2)有些促进政策能够起到对中小企业“质”与“量”共

---

〔1〕 参见李支东:《中澳两国促进中小企业发展与创新的产业政策比较研究》,载《亚太经济》2011年第5期。

同促进的效果,但有些促进政策只能促进中小企业发展的“量”,而不能促进中小企业的成长性,或者相反。因此,在制定促进型立法政策时,充分兼顾对中小企业“质”与“量”的共同促进不仅是必要的,而且也是应当给予充分注意的。法律促进的着重点就是在一个相当长的时间内,保持中小企业多种成长因素和若干对称关系的动态平衡,将中小企业的成长看作一个由不平衡到平衡,由低级平衡到高级平衡的动态过程,或者说是一个不断纠偏的过程。

法律促进中小企业的管控点不仅仅是企业的规模即“量”,还包括“质”和“势”。“量”表达企业有多少,“质”表达企业做多强,“势”表达企业做多久。

(二)争议之二:对中小企业的扶持政策是否取代了自由与公平竞争机制

探究《中小企业促进法》中的“扶持”理念,值得思考的深层次问题是,扶持政策的全面实施是否已完全取代了自由与公平竞争机制而成为《中小企业促进法》的首选目标?换言之,通过确保自由竞争而提供平等竞争机会与对中小企业采取扶持型的特殊政策,这二者之间究竟是怎样的关系,是排斥抑或并存?

我们认为,应当确立扶持与竞争相结合的原则,“扶持”应以市场化为导向,扶持的目的是为中小企业提供实质的公平竞争机会,让各类企业在同一起跑线上开展竞争;而“竞争”是中小企业是否具有成长性的市场检验法则,是扶持政策是否起到实效的试金石。

《中小企业促进法》的立法理念在于促使中小企业形成较好的成长性,使中小企业具有应对竞争的更为坚实的基础以及获取竞争机会的能力和条件,从而提升中小企业的竞争力。可见,扶持政策的实施并非在于改变甚至消除市场机制的固有作用,将中小企业置于免遭优胜劣汰的真空地带。要确保中小企业获取竞争的机会乃至赢得竞争胜利并发展壮大,这并不能完全交由市场机制自身去自发完成。因为竞争的实质乃一种非人格化的机制,它不会关注市场主体本身的实力强弱、机会的实际享有乃至竞争结果的悬殊对比等,因而单纯依赖自由竞争无法提供中小企业这一特定市场主体实质公平的竞争机会。

扶持与竞争相结合的原则实为政府干预中小企业提供了必要的限度,亦决定了政府扶持中小企业所应担负的职责主要应当集中于一系列旨在提升中小企业竞争力的制度设计,而非简单以“输血”为中心而忽视了中小企业自身“造血”

机制的培育。[1]

（三）争议之三：对各类中小企业是分类指导还是普惠施策

质言之，法律促进的对象是针对广大的中小企业还是部分特定类型的中小企业。

有一种观点认为，《中小企业促进法》所调整的对象是广大的中小企业，因而，《中小企业促进法》是对中小企业的普惠施策法。我们认为，就立法所指向的促进对象而言，应是符合中小企业设定标准条件的全部中小企业，但就某些特定性的促进政策促进所指向的对象而言，应是针对重点支持的中小企业与具有成长能力的中小企业，以及小型微型企业。

需要指出的是，扶持中小企业发展与支持重点类、成长型中小企业成长具有不同的含义和意义。前者针对的是整个中小企业，是就大企业与中小企业的比较概念而言，后者针对的是中小企业中的一部分，尤其是超速成长型中小企业所占比重更小；前者是为了克服经济工作中对企业的重大轻小现象而引起立法关注，后者是为了克服支持中小企业成长工程中的政策资源分散现象。

选择重点支持的中小企业与政策价值取向有关，例如，我国各级政府曾经重点支持新建乡镇企业、新建民营企业、外向型企业、高新技术企业等，这些重点支持政策都反映了某一阶段性政策的价值取向。随着经济的不断发展，现阶段应重点支持三类中小企业，一是重点类与成长型好的中小企业，二是小微企业，三是边远落后地区设立的中小企业。在当前广大中小企业面临转型升级的背景下，重点支持上述三类中小企业，有利于节省政策资源，有利于培养单打冠军，有利于带动一般企业，也有利于弘扬社会正气。

最近几年，国家有关部门及部分省、市开展了对成长型中小企业的评估工作，对中小企业进行成长性体检与诊断。开展这项工作对促进中小企业成长具有重要意义。同时也应该指出，迄今为止，人们在评估成长型中小企业活动中使用的方法存在明显的局限性，怎样评估未来成长型中小企业在我国还没有破题。评估成长型中小企业不仅要重视被评估企业过去几年的成长业绩，而且还要评估未来几年的成长潜力，这是经济理论工作者面临的重要而实际的研究课题，应

---

〔1〕 参见陈治：《对〈中小企业促进法〉立法完善的思考——基于经济法干预方式的研究视角》，载《企业经济》2006 年第 6 期。

制定出一套科学的评估标准。

## 第三节 《中小企业促进法》的立法定位

基于经济法的促进功能定位，我国中小企业法采用了促进型立法政策，旨在促进、扶持、鼓励我国中小企业的成长和发展，为实现我国经济结构平衡，竞争秩序稳定提供了法制保障。《中小企业促进法》是根据中小企业成长和发展的特点所进行的针对性立法，对中小企业的发展具有巨大的现实意义。

### 一、《中小企业促进法》的立法宗旨

任何立法都会有立法宗旨，所谓立法宗旨，是指某一领域立法所希望达到的价值目标，表达了立法者对某一部法律的期望。立法宗旨是一部法律的核心和灵魂，它奠定了整部法律的基本基调，决定着一部法律的品性，也是立法者对社会诸项利益关系进行平衡和权衡的基本准则。立法宗旨贯穿于该项立法的制定和实施全过程。

#### （一）将企业进行分类施策的立法理性

修订后的我国《中小企业促进法》第1条规定："为了改善中小企业经营环境，保障中小企业公平参与市场竞争，维护中小企业合法权益，支持中小企业创业创新，促进中小企业健康发展，扩大城乡就业，发挥中小企业在国民经济和社会发展中的重要作用，制定本法。"这一规定是针对中小企业所进行的分类施策。

在世界各个国家的企业立法中，我们看不到大型企业的促进法，只有针对中小企业或小企业的促进法，为何针对中小企业或小企业要专门颁布这样一部法律，它的立法理性如何？值得我们去认识与探究。

受市场发展阶段的制约以及对市场规律认识的深化，主要发达国家对中小微企业的认识经历了一个多元和漫长的过程，呈现出"自由放任→抑制发展→支持促进"的演化路径。

在工业化早期，受资本原始积累、技术条件、市场范围、基础设施等因素的影响，大企业尚未发展起来，企业总体规模较小，处于"自然状态"的中小微企业是促进经济发展的主要力量。与此同时，受古典自由主义（classical liberalism）强

调个人财产权神圣不可侵犯、完全自由市场经济等思潮的影响，政府对经济活动不予干预，对中小微企业的发展采取自由放任的态度。这一阶段的中小微企业与更大规模的企业在“荒芜”的市场环境中自由生长、相互竞争。

随着第二次工业革命的到来，冶金、石化、钢铁等重化工业以及汽车制造、飞机制造等相关制造产业得到快速发展，重化工业和大规模的制造产业使得规模经济成为企业获取竞争优势的重要来源。在此背景下，大企业，尤其是制造型大企业优势凸显，国家经济政策的核心转向支持和推动大企业发展，在政府加大对大型企业扶持以及促进企业兼并收购的大潮下，中小微企业的发展受到一定程度的抑制。尽管如此，中小微企业在灵活性和专业性方面的优势并未因为歧视性的政策而受到显著影响，中小微企业在数量和质量上依然呈现出快速发展的态势。

第二次世界大战以后，尤其是进入第三次工业革命后，跨国企业的高速发展态势与经济全球化相辅相成，与之相对应的是，中小微企业以其灵活性的优势在全球范围内得以更为迅猛的发展，中小微企业在经济社会中的地位被重新审视。与此同时，新自由主义（new liberalism）主张对经济社会生活进行有限制的选择性和有效性干预，尤其注重以政府力量解决“市场失灵”问题。由此，政府采取多种措施创造良好的外部环境，支持和促进中小微企业加速发展。

（二）对企业组织创设促进型立法的实践理性

关于中小企业法的性质，并没有在世界范围内取得一致意见，不同的国家基于其经济政策和法律传统的考虑，对中小企业法性质的认识也不相同。在美国，由于自由经济的观念根深蒂固，美国的法律侧重于通过小企业法防止垄断和消除经济的不平等。美国的政府、立法机关和司法机构认为，必须从维护自由竞争的经济制度高度去认识和解决小企业的问题。《美国小企业法》第二章规定了“扶持和保护小企业”的目的在于“保护自由竞争”。由此可见，美国小企业法的目的在于维护市场竞争秩序，有“市场管理法”的含义，在大的视角下属于经济法的范畴。日本的主流观点认为中小企业法就是产业政策法的重要组成部分，是与反垄断法、产业法、产业振兴法等并列的日本经济法的重要内容。

在我国，目前有两种代表性观点，一是以史际春教授为代表，认为“中小企业法是国家旨在保护、扶持和引导、限制中小企业的法。从表面上看，中小企业法似乎属于经济组织法、市场主体法意义上的企业法范畴,但实质上中小企业法徒有企业法之名而无企业法之实。中小企业法不调整企业组织形态,一般不涉及企业的设立、组织机构、运作机制、解散和清算等内容,具有明显的政策倾向性,带有促进法的性质。”二是一些学者认为,中小企业法属于第二层级的企业法。这些学者认为,首先,从法律层面上看,我国的《公司法》《合伙企业法》《独资企业法》等是第一层次的企业法,为促进中小企业成长发展专门针对中小企业的立法,是第二层次的企业法。[1]

我们认为,对中小企业法,即我国的《中小企业促进法》的理解应当从与企业组织法、竞争法、产业政策组织法的比较分析中去厘定它们之间的联系与区别。由于《中小企业促进法》与企业组织法的差异性在本章第一节(二)中已作了阐述,这里重点阐述下《中小企业促进法》与竞争法、产业组织政策法之间的联系与区别。

1.《中小企业促进法》与“竞争法”。竞争法在我国是指以《反不正当竞争法》《反垄断法》为主要标志的立法活动总称,旨在维护市场经济的竞争秩序,对市场上的破坏市场竞争秩序的行为以予制止,对严重损害正常市场竞争机制,直接造成他人损害的市场主体苛以法律责任,以此来惩戒、教育行为人并警示其他潜在的市场经营主体。中小企业促进法也具有保护竞争秩序的立法目的,中小企业促进法对中小企业在资金、技术、信息等方面的弱势地位重点关注,并规定了大量在资金、技术和信息方面的扶持措施,以此平衡中小企业和大企业在市场竞争中的关系。

竞争法与中小企业促进法在维护市场竞争秩序上具有相同的目的,但两者分别立法是以它们在立法结构上的相互衔接为连接点的。

首先,从调整对象来看,竞争法是以企业的竞争关系作为调整对象,而中小企业促进法则是以中小企业促进关系作为调整对象,通过促进行为法治化,营造有利于中小企业经营的公平型市场竞争环境。

其次,竞争法是一种事后调整,对在违反市场竞争秩序行为中直接获利的企业进行惩戒并对直接受损的企业进行补偿,以此实现经营者之间的利益平衡,但

---

〔1〕 参见任晓玲:《中小企业准入法律制度的基本理论问题分析》,载《中国市场》2015 年第 52 期。

也只能解决市场中个别市场主体之间的平衡或者公平问题。而中小企业促进法是事前调整,即在企业开展竞争之前就对市场各竞争主体的力量进行调整,为事后公平竞争奠定基础。

最后,竞争法与中小企业促进法虽同属经济法,但按照经济法体系划分标准,竞争法属于市场规制法范畴,中小企业促进法则属于宏观调控法范畴,两者分别从微观和宏观两个层面对市场竞争秩序问题进行规范。

2.《中小企业促进法》与“产业组织政策法”。产业政策是政府运用产业经济理论对产业组织、产业活动进行宏观调控的政策手段,具有有效配置资源,促进产业升级,调整产业结构,保护民族产业,发挥后发优势等功能。

《中小企业促进法》一般被归类在产业组织政策法之中。产业组织政策法作为宏观调控法的主要分支,主要是通过产业组织结构的优化来实现国家的产业政策导向。《中小企业促进法》除了保障公平竞争的市场机制的发挥外,还要支持创新创业,以此促进企业高质量发展,并推动一国经济的发展。从这个意义上说,《中小企业促进法》的立法目的不仅在于改善中小企业经营环境,还在于促进中小企业产业结构优化。[1]

## 二、《中小企业促进法》的设范形式

### (一)《中小企业促进法》独特的法律语言

“法律是透过语言被表现出来的。”考夫曼指出,“法律也是一个‘世界’,或者也可以说,当法律‘被使用’、被实现,通常将两个世界相联系:一个是与法有关的日常真实的世界,另一个是以应然规范为内容的法律世界。最终通过法律的实现,使应然与实然相连结”。《中小企业促进法》是典型的促进型经济立法,有学者认为促进型经济立法在语言上具有两大特征,即确定性与模糊性的衡平、政策性与法律性的衡平。

通过对《中小企业促进法》的考察,在规范语言上明显区别于禁限型立法的主要表现有以下方面。

1. 指引性、鼓励性。在《中小企业促进法》中大量地规定政府部门“应该”做

---

[1] 参见沈伟:《法律可以促进中小企业发展吗?——基于〈上海市促进中小企业发展条例〉立法后评估的实证分析》,载《政法论丛》2018 年第 2 期。

什么,这里的“应该”与一般性的法律规范中的意义不完全一致,法理上将以“应当”“应该”等法律词语衔接的法律规范定性为强制性规范,但是在《中小企业促进法》中,“应该”“应当”词语具有双重意涵:第一,指政府各部门为促进中小企业发展应有的职责,具有强制性的含义;第二,也有指引、鼓励政府各部门采取因地制宜的各种措施实现促进中小企业发展的立法宗旨的含义。

2. 高度的概括性、抽象性。例如,《中小企业促进法》第 3 条规定,“国家将促进中小企业发展作为长期发展战略,……对中小企业特别是其中的小型微型企业实行积极扶持、加强引导、完善服务、依法规范、保障权益的方针,为中小企业创立和发展创造有利的环境。”《中小企业促进法》在法律规范的语言上明显区别于禁限型立法,这主要是因为《中小企业促进法》具有产业政策法的属性。顾名思义,产业政策法具有较强的政策性,政策性要求《中小企业促进法》在法律规范上具有灵活性,这样才能使政策和法得以良好的衔接,《中小企业促进法》就是中小企业政策与法律的完美结合。

(二)《中小企业促进法》的法规范模式

法律最基本的要素由法律原则与法律规则组成,法律原则是指在一定的部门法体系中经提炼后作为法律规则的指导思想与准则。法律规则是指经过国家制定或认可的关于该法所调整的主体应为行为或不为行为的系统性规范,它具有严密的逻辑结构。

法理学上对法律规则的规范逻辑结构研究较多,而且也已形成了不同的见解,典型的有“三要素说”,将法律规范的逻辑形式以假设条件、行为模式、法律后果三部分作为必不可少的部分,也有学者认为法律规范的逻辑形式有假设条件和行为模式两个要素组成,法律后果并不是必要的,正如《宪法》全篇没有规定法律后果。

我们认为,法律后果也并非简单地归同于法律责任。法律责任一般有“义务说”“责任说”“后果说”,以“义务说”为通说。所谓义务说,指的是行为主体违反法律规定所承担的法律后果。法律后果是行为主体为或不为某种行为而遭致的法律上的预期,其可以是肯定的、积极的后果,也可以是否定的、消极的后果。若要体现法的指引功能,在法律规范的逻辑形式上安排为假设条件与行为模式的形式不违反法理。

另外,从法律规范的内容上看,可以分为可为型规范(授权性法律规范)、应为型规范和禁止型规范,后两者可以合并成为强制性规范。中小企业促进法的功能定位在于指引中小企业在实现国家产业结构优化,维持市场竞争秩序的立法目标下行进,其不能以太强硬的手段规定所有的中小企业必须服从于国家倡导的方式,不然会使经济民主原则尽失,也会造成国家执法机关与市场主体的紧张关系,不利于政府与市场主体关系的和谐发展。因此,在我国《中小企业促进法》中以规定政府促进中小企业发展的职责为主,对各级主管部门、措施手段作出规定,大多表现为应为型规范,而针对市场主体的行为则以可为型规范为主,让市场主体对自己的经营行为具有自主选择权。

近年来,法律原则在司法中的作用日益受到重视,在案件审理中遇到成文法条文不足时直接援引法律原则作为裁判依据的案例在日益增多,立法上的趋势是法律规则的原则化,给予职业法官以一定的自由裁量权。《中小企业促进法》中规定的具有指导性、宣誓性的法律条文,除体现促进法的基本特点外,还为地方立法机关、地方政府根据本地方实际,因地制宜地进行《中小企业促进法》配套立法提供指导性原则,这也是科学立法之举,有其现实意义。

## 第四节　《中小企业促进法》的立法内容

近年来,我国经济结构调整与产业转型的快速发展,以及中小企业面临的新情况、新问题,对如何做好中小企业促进制度的顶层设计提出了现实需求。中小企业促进制度的顶层设计的实质性问题就是检视中小企业促进法的立法内容理性。《中小企业促进法》从制定到修订正是反映立法内容理性的客观体现。

### 一、促进政策的体系性设计

1. 竞争政策与产业政策的引入。《中小企业促进法》中涉及大量的竞争法规范与产业政策法规范。在保障中小企业公平参与市场竞争,坚持各类企业权利平等、机会平等、规则平等方面由竞争法调整,而国家完善市场体系,实行统一的市场准入和市场监管制度,以及财税部门对中小企业的支持、金融机构对中小企业的扶持等涉及产业政策法的基本制度,应由产业政策法调整。竞争法与产业政策法在涉及中小企业制度的协调性设计上,应以竞争法为基础构建产业体系,包括中小企业组织体系的健全与发展。重点是在《中小企业促进法》的立法上,坚持问题导向,着力解决当前中小企业在市场竞争、融资信贷、政府采购等方面存在的不公平待遇的问题,同时对中小企业之间也要平等、公平地对待。

2. 财税政策与金融政策的引入。财税政策与金融政策对中小企业的扶持与支持具有重要功能,它们是最直接的经济促进手段。当前在中小企业成长与发展中,最大的问题也是带有全球的问题是中小企业"融资难""融资贵",成本高、负担重,因而企业获得少。如何处理中小企业的获得感问题,这是2017年《中小企业促进法》修订时面临的主要问题。修订后的《中小企业促进法》着重就财税支持、融资促进的内容、实施途径、实施对象等作出了规定,进行了较为系统的制度设计,尽力为中小企业创造一个宽松的经营环境。

3. 服务体系政策的引入。中小企业数量众多,仅靠传统的点对点式的个别帮扶办法难以适应现代发展的要求。《中小企业促进法》将服务体系建设作为促进、扶持、服务中小企业发展最有效的手段,重点强调中小企业公共服务和融资服务两大服务体系建设。国家在建立健全社会化的中小企业公共服务体系、支持建立融资服务体系、鼓励各类服务机构为中小企业提供具体服务等方面进行了较为系统的制度设计。

4. 创新支持体系的引入。2017年修订后的《中小企业促进法》提出了"三个支持""两大政策""一项法定服务"。"三个支持"是指国家支持中小企业在研发设计、生产制造、运营管理等环节应用互联网、云计算、大数据、人工智能等现代技术手段,创新生产方式;支持中小企业参与国防科研和生产活动;支持中小企业及中小企业的有关行业组织参与标准的制定。"两大政策"是指中小企业研究支出依法缩短折旧年限或者采取加速折旧方法;完善中小企业研究开发费用加计扣除政策。"一项法定服务"是指县级以上人民政府负责中小企业促进工作的综合管理部门应当安排资金,有计划地组织实施中小企业经营管理人员的培训。

## 二、促进政策的差异性设计

### (一)中小企业之间的差异性扶持措施的运用

在我国,中小企业总体产业结构仍然以劳动密集型的低端制造业和服务业为主。林毅夫教授将我国目前的产业分为5类,分别是追赶型产业、领先型产业、退出型产业、“弯道超车型”产业和战略性产业。同时,按照我国的中小微企业划分标准,存在中型企业与小微企业划型差距过大,一些中型企业的最低营业收入和从业人员基本上为小型企业的10倍之多。如此大的差距,很难用同一的法律来予以规范。实际中,融资难、融资成本高等“瓶颈”性问题主要体现在小微企业上。针对这些问题,国务院出台了相关小微企业的扶助性规范,这必然会涉及在《中小企业促进法》框架下,对中型企业、小型企业与微型企业在政策扶持上的共同性与差异性的衔接问题。

针对中小企业进行差异性扶持措施设计并予以实施的实质是要处理好各类扶持政策的目标性,处理好差异性扶持与普惠性优惠两类措施的关系。

### (二)中小企业之间的普惠性扶持措施的运用

在明确了对各类中小企业实施差异性扶持措施的同时,也应关注普惠性优惠措施的适用性问题。比如,关于普惠金融体系的建设,关于公共服务平台的建设,关于结构性减税、劳动用工等普惠性政策的调整等,这些政策性工具更多地应在对广大中小企业的普惠性问题上进行考虑,由于能涵盖更多的中小企业,更容易让中小企业得到切切实实的好处,因而有重要的制度存设价值。

## 三、权利义务配置的科学性设计

### (一)权利与义务在不同主体间的不对等性配置

与经济法中的其他法律相比,《中小企业促进法》中权利义务分配具有特有的一些结构安排,它是针对我国市场经济发展状况、国家职能转变的要求进行的立法调整,这种权义配置结构具有一定的正当性与合理性。

在《中小企业促进法》中,有关对政府职责的规定占了该法绝大部分的篇幅,无论是在总则,还是在各个具体扶持方面及附则中,基本上都是关于对政府职责的确定和分配,在法律条文上,用“应当”这一带有强制性义务的法律词语来强调政府部门的法律职责。

对中小企业提出总概性的法律要求的仅为该法的第 4 条,在其他条款中均没有对中小企业设定义务内容。

虽然在该法第 4 条中对中小企业提出了相应的法律要求,以"必须""应当"等法律规范作出,但是,该条款中"遵守国家劳动安全、职业卫生、社会保障、资源环保、质量、财政税收、金融等方面的法律、法规"是一般性条款,在我国其他关于中小企业立法中也有过这样的规定,并没有新设法定义务。

(二)实施不对等性配置的立法政策考量

之所以在立法中对不同主体(政府与中小企业)之间进行权利与义务的不对等性分配,主要出于以下方面的考虑。

第一,对中小企业实行扶持、鼓励措施是国家基于协调经济发展、调整产业结构做出的宏观调控,只有国家或者政府才有足够的理性从社会整体利益出发予以实施,只有国家才有足够的经济预测和信息能力对如何开展宏观层面上的经济调整做出部署。因此,通过立法明确国家对中小企业促进的目标指向以及政府、相关部门的职责是该法的根本目的。

第二,《中小企业促进法》是一部促进型立法,促进中小企业成长与发展是政府及其相关部门的职责,立法应以规范政府及其相关部门的职责为重点。

第三,对中小企业的各种义务性规定在其他的法律中已得到体现,如在我国相关的企业法和市场规制法中;对于中小企业的权利性规定也已在其他的法律中作出了充分的规定,如在民法、合同法以及企业法中。因此,中小企业的权利义务不必再在《中小企业促进法》中加以规定,以彰显法律的体系化与精简化。

第四,促进行为是一项政策性极强的行为,需要在《中小企业促进法》中进行详细的展开,便于政府及其相关部门得以遵行,因此,在立法中细化政府及其相关部门的义务性规定,不但是可行的,而且是必要的。

## 四、《中小企业促进法》的责任体系构建

### (一)《中小企业促进法》的责任体系安排

在法律责任的规定上,限禁型立法一般都规定了法律责任,甚至以专章规定,但是在《中小企业促进法》中没有涉及法律责任的规定。

2017年修订后的《中小企业促进法》就其立法结构而言，除总则和附则外，主要是促进措施的规定。其结构为：第二章“财税支持”、第三章“融资促进”、第四章“创业扶持”、第五章“创新支持”、第六章“市场开拓”、第七章“服务措施”、第八章“权益保护”、第九章“监督检查”。其中第二章至第八章为促进政策体系化设计。其法技术构造所遵循的逻辑理路是：假设（鼓励中小企业发展）→设立行为模式（七大扶持政策）→行为后果（事后监督检查）。整个结构安排中唯独没有“法律责任”的章节安排。

（二）对相关法律责任体系的理解

单就责任体系安排而言，《中小企业促进法》在立法过程中一直备受争议。对于该法作用对象的中小企业而言，没有规定中小企业的强制性义务，因而无从产生法律责任，许多学者认为可以理解，但是对主要以承担促进中小企业发展职责的政府部门而言，也没有规定明确的法律责任，则被认为这是立法的遗漏。有一些学者认为，《中小企业促进法》不是法，仅仅是国家的产业政策。法律是关于权利义务的规定，法律责任是权利义务得以实现的保障，因此，法律若没有法律责任的规定，则会影响法律的实现，也会有损法律权威。

我们认为，《中小企业促进法》不设置法律责任专章，体现了促进型立法的属性与特征。法律的目的并不仅仅是限制自由，法律的目的也不仅仅在于惩罚。在禁限型立法中设定以惩罚为主的法律责任是必要的，但在促进型立法中，法律责任并不一定要表现为与惩罚相对应的责任体系；作为体现促进型立法特点的《中小企业促进法》，在其法条安排上多以倡导性规范为主，舍弃惩罚手段而随之以监督检查手段替代，以此来保障法律义务人（主要是政府及其相关部门、行业组织）履行法律义务并非不可。

另外，《中小企业促进法》没有法律责任的专章规定，并不意味着对相关主体就不担责或不被追责。责任并不只是以法律责任的形式存在，它囊括了政治责任、社会责任、道德责任等若干方面，形成一个体系。学者李艳芳就认为在促进型立法中政府的责任通常是一种综合责任机制，它包括法律责任、道义责任、社会责任和政治责任。《中小企业促进法》促进型立法属性决定它的责任体系也具有综合性特点。首先，政治责任在《中小企业促进法》中占有重要地位，《中小企业促进法》是宏观调控法，集中体现的是政府履行经济管理职能的法制化，其内容则为国家与政府的职能,可以说该法主要是依靠政府部门的政治责任保证施行的。因此重点是重申政治义务并以法律形式将工作重点、途径进行法制化构建。其次,社会责任,是指国家基于维护社会公共利益的实现而应当承担的责任。国家利益不同于社会公共利益,国家利益的实现也可能与社会公共利益相悖,因此要求国家承担社会责任,《中小企业促进法》涉及的不仅是政治责任,其间也涉及国家的社会责任,主要是为通过协调社会经济要素在大中小企业间的流动,实现各企业、消费者,以及整个市场环境的改善。此外,还有道德义务的存在。

## 第五节 《中小企业促进法》的立法与执法互动

徒法不足以自行,唯有法在全社会得以遵行,立法目的才能得以实现。《中小企业促进法》作为促进型立法,其与禁限型立法的不同在于,它的实施主要不是基于行政处罚与司法救济途径,而在于立法与执法的良好互动,通过立法机关的执法检查以及行政部门的有效实施确保相应的促进制度落到实处。

### 一、中小企业促进立法中的中央与地方互动

#### (一)"一法一条例"与我国中小企业促进立法特色

我国对中小企业的促进型立法以《中小企业促进法》为基本法,故其在中小企业促进型立法中具有统领性作用,国务院及其部委、各地方的关于中小企业的立法活动要以这部基本法为指导,不得违反该法中的原则性规定。《中小企业促进法》基础法的定位使得它必须给地方立法机关以充分的立法空间。

自2002年我国《中小企业促进法》颁布后,各省(自治区、直辖市)针对本地实践,颁布了地方性法规,形成了"一法一条例"的地方立法局面,形成了全国性立法与地方配套立法的良性互动局面。

在我国制定了《中小企业促进法》之后,在地方省级层面,地方人大制定地方性法规,并以条例的形式予以颁布,据我们对相关地方性立法工作的梳理,自2002年《中小企业促进法》颁布之后至2017年该法修订之前,全国共出台了40多部地方性法规和规章,其中主要是地方性条例。

（二）"一法一条例"立法模式的正当性考量

"一法一条例"立法模式适合我国国情，有其存设的正当性。

（1）地方立法是贯彻国家法实施的重要途径。法的实施是一项系统性的活动，它主要包括法的执行与法的适用两大方面，其中在法的执行中，包含对国家法在本地的实施要求作出更加具体而明确的规定，这是确保法的执行所必要的。在全国性的《中小企业促进法》制定后，地方人大着手制定相应条例，确保该法在全国各地的实施质量。

（2）地方立法是补充国家法内容的重要途径。我国幅员辽阔，各地中小企业数量众多，但发展水平差异很大，在全国性的中小企业促进法制定后，地方人大结合本地实际，制定相应实施性条例，尤其是在促进、扶持、支持政策方面结合本地经济发展实际，对国家法的内容进行补充和充实，地方立法丰富了我国《中小企业促进法》的促进内容与促进手段，且更具有可操作性。

（3）地方立法为国家法的修订提供经验。由于地方立法既体现了国家法的立法精神又结合了本地实际，在地方性条例制定中，加入了国家法所能包容的且国家法所没有的一些制度内容，这些新的规定，经过地方的实践与总结，认为是切实可行的部分，可以复制到全国层面进行推行，为国家法的修订提供地方先行先试的宝贵经验。事实上，在现有的促进中小企业成长与发展的40多部地方性法规和规章中，都有许多地方立法的鲜活性经验，为2017年进行的《中小企业促进法》的修订作出了地方贡献。

## 二、《中小企业促进法》的立法与执法

### （一）立法中管理体制的确立与执法互动

《中小企业促进法》在确定促进措施的同时，明确促进职责，并对负有促进职责的中央与地方政府相关部门的职责、任务作出规定。这一规定主要体现在该法的第5条内容中。在法条表述上，针对的是国务院、国务院负责中小企业促进工作的综合管理部门、国务院相关部门、县级以上地方各级政府。法律对政府相关部门作出规定，并以此构建主管与协同相结合的管理机构，中央与地方的管理机构，为构建上下型、平行性的管理机制提供了法律依据，立法同时为行政执法的实施提供了制度保障，可以解决在中小企业促进工作中，管理主体不明确、

职责不清晰、多头管理与分散管理的现象。

(二)立法中监督检查制度的确立与执法互动

《中小企业促进法》的第九章为监督检查章。在该章中,明确规定两大工作内容,一是规定监督检查措施,以监督检查、发展环境评估、基金与资金使用效果评价为主要监管途径;二是加大监管力度。要求政府及相关部门对《中小企业促进法》中规定的促进政策的落实情况进行监督检查,对侵犯中小企业合法权益的行为给予一定的处罚和处分。

## 三、《中小企业促进法》的合作性执法

(一)政府内部控制与协同执法

法的生命在于执行,传统的禁限型立法往往以一种矫正的强制的执行方式实现立法,而《中小企业促进法》则更倾向于通过引导性、鼓励性的理念进行执法,是一种合作性执法模式。

合作性执法模式,是指在对于如何实现立法所确定的目标上选择一种执法主体与利害关系人相互合作、协商的办法,利害相关人有选择配合执法的自由,凭其自愿参与,执法主体以邀约式、倡导式、鼓励式手段代替强制性手段来执法的模式。这是顺应政府服务职能转变的执法模式,同时也体现了市民社会对国家治理的参与权,是体现了现代文明、民主与法治的执法模式。

《中小企业促进法》主要涉及的主体有政府、中小企业、中小企业的相关行业组织,合作性执法也是依靠政府、中小企业以及中小企业的相关行业组织相互配合得以实现的,那么他们是依靠什么力量来实现相互配合,合作执法的呢?我们认为,《中小企业促进法》的执行主要依靠的力量是法律激励与政府内部控制。其中政府内部控制反映的是合作执法的内容。

政府的内部控制是保证《中小企业促进法》能够良好运行的重要因素,也是推进《中小企业促进法》执行的重要力量。

按《中小企业促进法》的相关规定,负有对中小企业促进职责的政府部门有国务院、国务院负责中小企业促进工作的综合管理部门、国务院相关部门、县级以上地方各级政府,这实际上存在执法主体多元化的问题,需要通过合作执法予以推进,其实质是以政府内部控制为基础建立起来的多部门管理的合作执法模

式,在实施中需要对负有中小企业促进职责的政府部门的管理体制与运行机制作出明确、清晰的规定。

(二)合并检查与合作执法

以多部门合作管理为基础建立起来的合作执法,在相关执法途径的选取上,会产生多头执法问题。解决这一问题的重点在于如何构建联合执法这一运行机制。

我国《中小企业促进法》第56条规定:“县级以上地方人民政府有关部门对中小企业实施监督检查应当依法进行,建立随机抽查制度。同一部门对中小企业实施的多项监督检查能够合并进行的,应当合并进行;不同部门对中小企业实施的多项监督检查能够合并完成的,由本级人民政府组织有关部门实施合并或者联合检查。”对于来自不同管理部门的多项监督检查能够合并完成的,由本级人民政府组织有关部门实施合并或者联合检查,即确立合并检查执法运行机制,这既有利于提高行政执法实效,也有利于增强合作执法的信息共享,还有利于减少对中小企业经营活动的影响,是一项具有良好社会效果的合作执法模式。

CHAPTER

# 第三章

# 中小企业成长性问题与立法促进机理

是否具有成长性已成为衡量中小企业发展能力的客观标准。分析企业成长的内在机理,对研究中小企业成长性促进政策具有深远意义。改革开放40多年来,我国中小企业经历了由小渐大、从弱到强的发展历程,但从成长性考察,仍存在大量中小企业“长不大”“过早死”“大而后衰”“大而后死”等现象,究其内源性根源,既有社会环境系统的影响因子,也有中小企业经营管理问题。要使中小企业成长中的烦恼与发展中的困境得以解决,需要寻求法治化促进政策,并由此构建相应的制度体系。

## 第一节 问题的提出

### 一、问题讨论的前提设定

中小企业的成长性,是指中小企业在设立以后,在其自身发展过程中获得的企业价值的增长能力。企业持续成长是企业面向未来持续扩张和发展的过程,这一过程注重数量与规模的快速扩张以及结构和质量的有序发展。企业规模的扩张涉及企业产出的能力,而结构和质量的发展所关注的却是企业成长过程中内部结构以及绩效的改善。[1]

探讨中小企业成长中的问题,可以从不同的视角出发。比如,可以从企业管理学的视角探讨中小企业成长中的管理问题,也可以从产业经济学的角度探讨中小企业成长中的转型升级问题,甚至还可以从人力资源学的角度讨论中小企业成长中的人才吸纳与培育问题。

本章从经济法立法政策出发,探讨各种经济法促进政策及相关制度性要素对中小企业成长发展的契合性问题。其目的是通过研究,进一步分析经济法促进政策对中小企业成长性的作用机理,并在此基础上探讨法律促进、制度供给与制度需求之间的调适性问题,以建立起运行良好的促进型的社会经济环境系统。

## 二、问题讨论的相关视域

### (一)企业成长的生命周期理论

关于中小企业成长性问题的研究,实际上可将企业视为一个生物有机体,具有"生物性"特征,有着完整的且稳定的生命周期,通常会经历一个从低级到高级,由幼稚到成熟的生命过程。在这个生命过程中有自己的出生、成长、成熟和衰退的不同阶段,且每个阶段紧密相连,经历了企业完整的生命变化的全过程。

企业生命周期理论肇始于20世纪80年代,最先由美国管理学家伊查克·爱迪思(Ichak Adizes)提出。他在《企业生命周期》一书中系统地解释了企业生命周期,并形象地比作人的成长与老化,通过大量的实证研究,将企业生命周期划分为三个时期,每个时期表现为不同的体征,即成长阶段、盛年阶段、老化阶段;同时在三个阶段的基础上,将企业生命周期细分为孕育期→婴儿期→学步期→青春期→盛年期→稳定期→贵族期→官僚期→死亡期。[2] 在他看来,"企业年轻时充满了灵活性,但控制力却不一定很强;企业老化时,关系变了,可控性

[1] 参见锁箭、李先军:《中小企业持续成长过程中的治理结构创新探索》,载《当代经济管理》2017年第2期。

[2] 参见[美]伊查克·爱迪思:《企业生命周期》,王玥译,中国人民大学出版社2017年版,第50页。

增强了,但灵活性却减少了”,值得注意的是企业的盛年期,这是企业生命周期中最为理想的状态。这个阶段是企业的可控性和灵活性达到平衡的阶段。[1]

企业成长的生命周期理论为中小企业成长性考察与促进机理研究提供了分析问题的视域。它引发我们对以下问题的关注:第一,任何企业都会呈现出从出生到成长再到死亡的自然规律,通过预设某种方案促成企业长生不死只是理想化的设想,在现实社会中难以真正实现。第二,企业的生命周期性表明,如何让企业成长得更加茁壮并延长盛年期是通过一定的作用力量能够做到的,但同样存在个性与整体性上的差异。第三,促进企业更好地成长的可控期节点主要在于企业的盛年期阶段,因此,延长盛年期向老化期转化的时长对于促进企业生命期具有重要意义。

根据成长型中小企业统计评估法(以下简称 GEP 评估法),[2]把成长性分为高成长性和渐进成长性两类,真正具有高成长性能力的中小企业不足4%,绝大多数企业集中在“缓慢成长”的档次内,近九成的企业即将走向“基本不具有成长性”且面临垂死挣扎的状态。从中小企业本身的特性来看,无论政府采取多大力度的扶持政策,它的发展同样受到市场经济规律的影响。中小企业想要发展成为大型企业仍需很长的道路。中小企业每年有一定比例的死亡,这是正常的市场淘汰现象。不能认为每个中小企业经过扶持都能成为大中型企业与长寿型企业。如欧盟竞争法并未禁止通过并购或兼并中小企业的方式,让其发展成为欧洲规模级的超大型企业。理由是新技术的实施或新产品的上市,可能要求的研究水平和发展费用是小规模企业难以企及的。[3] 在政策资源比较有限的情形下,我国的促进型立法政策是坚持“扶优限劣”“分类指导”原则还是“普惠共施”“政策红利共享”原则,这正是我国在制定《中小企业促进法》时所实施的扶持政策对中小企业成长产生何种作用机理以及如何产生作用机理所需要思考的问题。

---

〔1〕 参见陈明星、戚啸艳:《高科技企业生命周期风险投资》,载《合作经济与科技》2007 年第 3 期。

〔2〕 GEP 评估法是由中国企业评价协会在 2003 年提出的一种对成长型企业进行评价的方法,该方法采用二维判断模型,从两方面同时考察企业变动状况:从空间方面,正确反映企业在本行业时点状态所处的地位;从时间方面,考虑一段时间内企业连续成长的速度和质量。

〔3〕 参见秦伟:《中小企业竞争的法制环境分析》,载《上海政法学院学报(法治论丛)》2013 年第 4 期。

(二)企业成长的社会系统理论

社会系统理论形成于20世纪80年代中期,其代表人物是德国学者卢曼(Niklas Luhmann),代表作为《法社会学》。

卢曼认为,社会系统是一种在一个封闭循环的过程中不断地由沟通制造出沟通的自我制造系统,它既具有操作上的封闭性,又具有对于环境的开放性的特点。[1] 卢曼不仅沿用了一般系统理论去解释社会系统,还进一步阐发了社会环境对于系统的重要性。在他看来,系统不可能离开环境而存在,系统理论所关注的不应该是系统本身,而应该是系统与环境之间的关系。卢曼还认为,对于高度分化的现代社会而言,要处理法律与社会间的复杂关系,应当从系统理论出发,运用系统/环境这一主导性区分(guiding distinct)进行分析。法律是社会中的法律,所有法律系统的运作也是社会的一种沟通。[2]

卢曼所创设的社会系统理论,其理论本身并没有直接涉及中小企业成长性问题,但社会系统理论可以为中小企业成长性考察与促进机理研究提供方法论。

对中小企业成长性问题进行研究,实际上是把中小企业的固有特点放到经济法促进政策的层面进行探讨与检视,去讨论经济法促进型政策对中小企业的成长是否具有外生性作用机理,这本身是一种系统/环境视角的讨论方法。

改革开放以来,我国中小企业形成了以"轻、小、集、加、贸"为主要特征的新型经济结构,成为市场经济的主体和新的增长点。据资料统计,截至2019年12月,我国实有市场主体数量达1.2亿户,其中企业实有主体数量达3858万户,[3]占比由2016年的不足30%上升至31.1%。如果按企业实有主体数量3858万户计,中小企业占企业实有数的98%,那么可以推导出,2019年我国中小企业约在3780万户以上。这是对中小企业在社会系统中这一个体生存与发展状况的总体描述。但就社会环境系统而言,与天生更具利好性的大型企业、国有企业相比,由于自然垄断产业上的进入门槛障碍、财税和融资政策的条件限

[1] 参见丁东红:《卢曼和他的社会系统理论》,载《世界哲学》2005年第5期。

[2] 参见杜建荣:《法律与社会的共同演化——基于卢曼的社会系统理论反思转型时期法律与社会的关系》,载《法制与社会发展》2009年第2期。

[3] 数据来自国家市场监督管理局的相关统计资料。市场主体包括内资(非私营)企业、私营企业、外商投资企业、个体工商户、农民专业合作社;企业包括内资(非私营)企业、私营企业和外商投资企业。

制、激励政策目标失位等诸多制度约束依然在某种程度上存在，中小企业更具有生存、成长与发展上的困难性。中小企业，尤其是小微企业难以逃离其自身所固有的弱点和缺陷。比如，中小企业由于天生的弱质性难以与大型国有企业进行抗衡；中小企业从业的竞争领域大多为非自然垄断产业，竞争性强，时有被淘汰的经营风险；中小企业大多处于粗放经营阶段，转型升级面临很大的困难；中小企业中的家族企业管理特色深厚，与建立现代企业制度任重道远。随着这几年国内外宏观环境的变化，制约中小企业成长性的各类不确定因素也在增多，困扰中小企业成长和发展的各种矛盾不断显露。

在复杂且不断变迁的社会环境背景下，应如何更好地扶持中小企业的茁壮成长，中小企业究竟应该怎样进行成长路径的选择，才能促进社会资源的高效配置与企业的稳定增长，所有这些均需要通过研究给出答案。

运用社会系统理论对企业成长问题进行考察，可以从不同层面思考问题。一是选择单个企业与其他企业的成长数据，从而去比较、研究这一单企业的成长能力与成长中的问题；二是选择特定发展时期（如我国“十三五”时期）的企业成长数据比较分析在特定阶段的企业发展环境。上述研究分析视域实际上是将企业成长放入社会环境系统中，并对成长中的成功因素与阻碍因素进行系统分析与实证。

在现实情况下，理论上对中小企业成功因素的关注与研究往往多于对成长阻碍因素的关注与研究，因为后者研究的贫乏，无益于对中小企业成长性问题的全面认识和改进方案的提出。面对中小企业成长中的烦恼，我们急切地希望能找到阻碍中小企业成长性的诸种要素，并有针对性提出解决问题的对策，这样才能为中小企业正常的成长与发展提供相对完善的参考和实现依据。

## 第二节　中小企业成长性的评价指标与现状问题

考察中小企业的成长性，更多的是对中小企业的生存能力与健康状况作出评价。依我们的观点，促进中小企业成长与促进中小企业发展有着不同的法律语境与法律意涵。促进中小企业成长是将中小企业作为一个正常的生命体，从其不同的成长阶段进行理解，而促进中小企业发展是从一国中小企业所应有的

“量”与生存的“质”方面进行分析的。前者观察的是个体自身,后者观察的是群体的生存现状。

## 一、中小企业成长性的评价指标

### (一)中小企业成长性与成长型中小企业意涵的厘定

中小企业具有企业实力薄弱、发展的无序性和抗风险能力低等方面的局限性,因此有着较高的死亡率。以有些学者对美国中小企业的研究为例,全部中小企业中约有68%的企业在第一个5年内就会退出市场,19%的企业的存活期限为6~10年,存活期限超过13年的企业仅有13%。因此,中小企业的退出也可能是经济增长中不稳定的因素,若要使国民经济获得长久持续稳定的增长,就必须为中小企业保驾护航。只有保持拥有足够数量的成长型中小企业,才能为国家经济的发展注入持久的动力。因此,在我们考察一国的中小企业促进政策时,不只是看这个国家或地区在一定时空阶段中,中小企业设立的数量,而是要深入分析这些中小企业的成长性究竟如何,即拥有一定企龄的中小企业的数量或质量状况,这种中小企业也被称为成长型中小企业。[1]

对于成长型中小企业的概念界定,目前理论界有不同的观点。有学者认为,所谓“成长型企业”是在一个较长时期各方面表现良好且呈现连续高速增长态势的企业。[2] 也有学者认为,所谓成长型企业,应该是指具备成长潜能和良好未来发展预期的优势企业。[3] 我们认为,这些定义都没有较好地反映出与其他企业的本质区别。首先,成长型企业在设立以后需经过一定的时间方可成为良性成长的企业,良性增长则需一系列的指标予以综合考量;其次,企业成长是一个动态的递进性过程,在整个过程中应具备持续发展能力,并非必然的连续增长态势,这是区别成长型企业与高成长型企业的特质所在;最后,成长型企业可以表现为现实成长型企业和潜在成长型企业。现实成长型企业具有现时的良性发展态势,而潜在成长型企业则前期较为稳定,且拥有较大市场潜力和上升空间,

---

〔1〕 参见国家经济贸易委员会中小企业司、国家统计局工业交通司、中国企业评价协会联合课题组:《成长型中小企业评价的方法体系》,载《北京统计》2001年第5期。

〔2〕 参见王峰:《简述成长型企业的支持与发展》,载《西部财会》2007年第5期。

〔3〕 参见吴爽、宋红尔、郭军:《成长型企业成长过程研究》,载《时代金融》2017年第12期。

正常情况下将来可能成为良性增长的企业。[1]

有关企业成长性的考察，大多学者则是以对企业生命周期的阶段划分作为研究基础。1959 年，企业成长理论的奠基者英国学者彭罗斯（Edith T. Penrose）发表的理论专著——《企业成长理论》对此有所概述。之后美国学者伊查克·爱迪思于 1988 年发表的《企业生命周期》一书引起了全球范围内的学者对中小企业发展的高度关注，并迅速成为全球研究的热潮。据统计，目前国际学术界有 20 多种关于企业生命周期阶段划分的模型，学者对企业生命周期的研究所依据的理论不同，导致对企业生命周期的阶段与阶数的划分也不尽相同。

2000 年年初，中国企业评价协会会同国家经贸委和国家统计局的相关部门提出有关成长型中小企业的统计评价法——GEP 评估法。该评估法建立在实绩财务指标的基础上，建立了包括发展状况、获利水平、经济效率、偿债能力和行业成长性 5 大类定量指标，以及管理能力、技术创新能力和成长环境 3 大类定性指标的综合体系，然后运用二维判断法科学、规范地对成长型中小企业进行综合评估。所谓二维判断法是从两个角度进行考察的，一是从空间上考察企业的运行状况，即考察企业在本行业内（或全部产业）所占的地位及影响力；二是从时间上综合考察在特定的时间段内企业发展的速度和效益。2003 年，《中小企业发展问题研究》课题组、全国工商联经济部以及原国家工商行政管理总局个体经济监管司又针对原有的 GEP 评估法进行了修订，在保留原有指标体系和定性指标体系的前提下，新增了未来成长预期测评系统，这样使评价成长型中小企业的成长指数更具科学性。

所谓成长型中小企业，是指在较长时期（如 5 年以上）内，可以持续地充分挖掘并利用市场资源，整体上呈现出增长态势，成长稳定的中小企业。[2]

创新型、外向型等类型的企业具有特定的指向性，成长型企业应具备可长足发展的特征，呈现从小变大、从弱变强的态势。只有当某一中小企业在可预期的时间段内，它的资产规模、生产能力、市场份额以及利润保有等各项指标均达到特定要求，才能被认为具有成长性特征。如果一个企业仅是在短期内一度出现销售额或利润增长，而生产能力、资产规模、市场占有率等主要指标方面并未发

〔1〕 参见王峰：《简述成长型企业的支持与发展》，载《西部财会》2007 年第 6 期。
〔2〕 参见尚增健：《我国中小企业成长性的实证研究》，载《财贸经济》2002 年第 9 期。

生实质性的增长，则很难称其为成长性企业。

（二）成长型中小企业的认定及其标准体系

中小企业成长性是中小企业内部各种要素的集成、演变以及其与外部环境相结合的一种自适应过程。它是一个由各种因子组合并进行不断调整演变的集成系统。其中，构成中小企业持续成长集成系统的子要素集有驱动因素集、制约因素集、成长机制集、成长路径集和动力源泉集，这些因素相互制约并相互促进，为中小企业在激烈的市场竞争中保驾护航。[1]

判定中小企业成长性的因素错综复杂，这就给界定中小企业的成长性带来诸多困难。因此，需对有代表性地对中小企业成长有重要影响的因素进行评估，来考察企业的成长指数。

就个体而言，需要对其从质与量两个方面作出认定。

就质的方面而言，相关认定指标可以以围绕影响中小企业的持续性、动态性、效益性、扩张性这些变量作为主要指标依据。

所谓持续性，是指中小企业不是单纯追求成长的速度，而是在与外部环境协调的前提下追求持之以恒的创新和企业成长能力。

所谓动态性，是指在阶段性中对中小企业生产要素的投入以及产出的变量显示出资产与负债的变化情况。

所谓效益性，是指通过投入要素和产出要素的对比来判断中小企业运行过程中所能获得的经济效益。

所谓扩张性，是指通过衡量中小企业的市场价值以及通过上市或并购形成规模扩张的能力。

就量的方面而言，成长型中小企业是指单个中小企业由小变大、企业素质由低变高的过程。一般能够在与其他中小企业的相同时空环境的比较中测度出某一中小企业的成长指标量。

在对成长型中小企业的发展状况考察中，所看到的问题是，我国在中小企业发展过程中，高成长性的中小企业在市场上的比重较低。但是，成长型中小企业在整个中小企业中占有很高的比例。如何将成长型中小企业发展成为高成长性

---

〔1〕 参见魏华飞、尹兴科：《我国中小企业成长诸要素集成关系研究》，载《科技管理研究》2013年第16期。

中小企业,这是立法促进政策的关键。重点是通过立法促进政策,构建法治化的营商环境,进一步深化改革促进中小企业发展的微观运行机制。需要指出的是,在对中小企业扶持对象选择上,臆想通过立法促进政策使得所有中小企业都具有成长性这是不切实际的,应当贯彻实施“扶优限劣”“分类指导”原则,将具有发展潜力的企业作为重点扶持对象,从而间接引导中小企业朝着可持续性发展方向推进。

(三)我国中小企业成长性现状

经过改革开放40多年的发展,我国中小企业尽管完成了企业形态的转换,但各企业自身成长状态各不相同。相当一部分中小企业成长、发育良好,占中小企业总数的30%～40%,但是,60%～70%企业的成长能力较为薄弱,甚至很弱。体现中小企业成长性的一个测度指标是中小企业的生存寿命,有研究显示,我国小微企业死亡率分别是大型、中型企业死亡率的23.6倍和6.9倍,小微企业平均寿命不足大型企业平均寿命的1/3,仅相当于中型企业平均寿命的60.2%,5年内关闭破产的小微企业占51.5%。[1]

浙江省工商局曾对浙江省内的民营中小企业有过一个统计,全省民营中小企业的平均寿命仅为7年。全省拥有18年以上企龄的民营中小企业仅占0.355%,有20年以上企龄的民营中小企业更少。但理论研究一般认为,企业生命周期的完整演绎,一般需要经历25年左右。7年与25年数字的差距,其背后折射出企业成长过程中存在的一些问题。

## 二、我国中小企业成长“乱象”及评析

(一)我国中小企业成长“乱象”

目前,一些中小型企业在成长中存在一些“乱象”,所谓乱象,是指与中小企业成长应具有的社会和生态系统环境不相协调,且需要社会整治的社会现象。概言之,“乱象”主要表现在以下几个方面,这些“乱象”的存在影响着中小企业整体的成长与发展。

---

〔1〕 参见田芬:《小微企业发展状况研究》,载《调研世界》2015年第9期。

1.“老小树”现象

渴望成长自然是中小企业的普遍诉求,但现实生活中,有许多企业发展了多年,一直难有大的起色,长不大,长不高,树干细,根基浅,就像是贫瘠荒坡上的一棵陈年小树,称为“老小树”。10年、20年过去了,“老板”依然很忙碌,但还是那点业务,企业规模也原地踏步,任随时间推移,最后慢慢变老而朽死。这种“老小树”现象占中小型企业总数的比例,现行统计无法提供精确的数据,但通过我们对浙江省宁波市一些区(县)有关部门进行走访和统计,这个数字约为20%。

2.“大而后衰”现象

企业规模尽管扩大了,但管理水平与企业效益并没有随之提高,随之而来的就是大而后衰,而非大而后壮、大而后强。这个现象的原因是没有及时地进行转型升级,抱着老饭碗不放,导致最终走向衰落。

3.“大而后死”现象

许多企业好大贪大,经营稍有起色,就盲目扩张,生产能力虽上去了,但经营管理、市场开发和扩展融资能力却跟不上,形成大生产、小市场的局面,把企业推向死路。还有一些中小企业,不善于作深入地市场调查研究,不能正确判断扩张时机,在形成生产能力时,市场却进入衰退期,造成投资过剩,资金沉淀,导致“大而后死”的危机。如在浙江温州地区,在前10年民营中小企业业态上,制造业云集了全国10%的服装、20%的鞋、60%的剃须刀、65%的锁具、80%的眼镜、90%的金属外壳打火机和90%的水彩笔,这些民营企业后来因面临劳工、原材料、能源、资金、进出口环境等影响,其中60%以上均转产或转业,经营规模萎缩。

4.“外迁枯死”现象

包括浙江在内的一些省份,属于资源小省,各种矿物和能源资源非常有限,尤其是对企业发展起到重要作用的土地资源更是紧张,这就进一步加剧了中小企业阶段性成长后进一步壮大的难度,因而中小企业外迁现象较为严重。2004年,浙江省工商局公布的一份关于浙江省企业外迁的报告中显示,共有3058户民营企业从浙江省外迁,且近年来趋势更加恶化,呈现出各个行业的内部群体性外迁趋势。外迁的结果是除了一部分中小企业在外地获得新鲜养料得以茁壮成长外,相当一部分因水土不服而枯死。在“企业走了、老板跑了、员工回了”背景下,“外迁枯死”现象已引起当地政府部门的关注。

5.“猝死”现象

一些原本红红火火的企业,突然间说倒闭就倒闭了。无论是企业员工,上级主管领导,还是债权人或社会公众都感到惊讶。比如,在2007~2008年6月,我国经历了少有的通胀危险,国民消费指数(CPI)一路飙升,至2008年4月达8.3%。我国政府为抑制通胀采取了从紧的货币政策和财经政策,中国人民银行存款准备金率大幅且频繁调整,银行对中小企业的贷款利率普遍上浮30%~40%,使绝大多数中小企业利息负担加重、利息成本上升,融资无门,最终因现金流断裂而被迫停产或破产倒闭。[1] 再如,在2011年下半年到2012年年初,发生了浙江沿海地区(尤其是温州)的民间借贷危机。2009年以来,一些中小企业由于从事实体经济利润收窄且经营亏损,规模庞大的温州民间资本便从实体经济中游离出来,但在经历了股市、房地产、煤矿等非理性的投资阶段后,最终转向高风险高收益的民间借贷。在当时,温州大约89%的家庭、个人和59%的企业均在不同程度上参与民间借贷,带来了巨大的资金安全隐患。直至2011年,温州中小企业资金链开始断裂,大量企业倒闭,民间借贷问题频发,担保公司也随之被拖垮。大量企业主为逃避债务出现“跑跑现象”。在宁波,据不完全统计,在2011年1~9月,宁波市中级人民法院与基层人民法院审理、执行涉及企业停产、企业主逃匿的民商事案件达900余起,涉及企业400余户。这些在审判执行中发现的人去楼空、无人管理、无法送达、无人应诉的涉案企业,多数都是符合破产条件的企业,但真正被申请破产清算的企业却少之又少,这无疑是市场经济发展中极不正常的现象。

6.“休眠”现象

休眠公司在实践中普遍存在,在数量上已经和主动注销的企业不相上下。特别是通过不参加年检或年度经营申报的方式,既不对债权债务进行清理,也不去工商登记部门进行注销登记,坐等工商登记部门吊销营业执照,被动地退出市场已经成为企业法人市场退出的一个重要途径。

休眠公司的泛滥引发了一系列的问题,最为突出的是,由于企业解散后未进

---

[1] 参见刘新绍:《企业非正常生命周期倒闭与中小企业风险抵御研究》,载《金融与经济》2009年第7期。

行清算，危害了交易的安全；企业解散后，企业主“跑路”，债权人索债无门，妨害了企业债权人的债权实现；债权人向法院起诉后，常常发生无人应诉的现象，各债权人的债权数额无法核对和确定，已生效的法院裁判难以执行；一些企业在营业执照被工商登记部门吊销以后，仍以未缴回的营业执照从事经营活动，拐骗钱财。休眠公司的泛滥，扰乱了正常的市场秩序，侵害了债权人的利益，也给司法运行带来了许多难题。

(二)对相关“乱象”的评析

应当看到，中小企业成长中表现出的“乱象”，已较为客观地折射和反映出中小企业成长中的困难和问题。

首先，它反映了中小企业在转型升级过程中带来的“倒逼”压力，也是经济结构调整过程中必然会出现的“阵痛”。我国中小企业在其成长与发展中经历了我国三大较大的变革时期，其一是20世纪90年代开始的从计划经济体制向市场经济体制转轨时期，其二是20世纪末到21世纪初的我国经济结构重大战略调整时期，其三是近5年内面对国内外经济环境引发的智能制造、绿化产业态势而出现的中小企业产能升级与动能转换时期。

这三大变革时期，对各类企业带来的影响是不同的，有些中小企业将社会经济变革视为重要的成长发展机遇，因而获得了较好的成长；而有些中小企业因不能适应社会经济变革现实而走向衰落。这意味着中小企业的成长与发展不可避免地与业已存在的社会经济系统进行能量的交换、吸储。只有通过准确把握现状，辩证分析形势以及正确对待问题，并将其上升到一个社会经济的系统视角进行治理，才能避免中小企业在发展中出现大的回落。

其次，它反映了我国中小企业在成长过程中面临着的深刻危机，它从一个侧面回答了我国中小企业为什么“短命化”的问题。从表面上看，似乎问题都出在中小企业身上，但从深层次剖析，造成这种“乱象”的背后，有些与我国对市场主体采取的政策措施有一定的关联性，尤其是上文提及的中小企业的“猝死”现象、“休眠”现象更应从宏观环境、制度环境诸多方面予以洞察与思考。

最后，对中小企业成长中的“乱象”应综合治理，精准施策。上述“乱象”的产生具有复杂性与多因性，在治理中应多管齐下，把诊问脉，有的放矢。对于因为宏观政策环境、营商环境诸因素引起的，应加强宏观政策的调控力度，积极采取有效的扶持、促进措施,通过外生力量,促进中小企业茁壮成长;对于因中小企业自身因素引致的,且不符合国家经济结构调整与产业发展要求的,应通过相应的竞争政策与产业政策实行优胜劣汰机制,该淘汰清出市场的,就采取果断措施,及时将该类中小企业清出市场,以维护市场经营秩序,更好地实现我国发展中小企业的价值目标。

## 第三节　影响中小企业成长性的相关性因子

中小企业成长性是一个由内生成长、外生促进共同作用的综合结果。因此,影响中小企业成长性的因素错综复杂,它既涉及社会环境系统,又需企业自身的能力养成。对中小企业的扶持政策只有建立在遵循市场运行规律的基础上,中小企业才能依靠自身能力得以长远发展。

### 一、社会环境系统对中小企业成长性的影响

#### (一)"国进民退"现象对中企业成长性的影响

从某个时空侧面看,1992～2004 年可谓是中小企业"大跃进"年代。当时,以民营为特色的中小企业成为不景气的国有企业的"拯救者",浙商和许多民营中小企业在通过各种方式并购了处于破产边缘的国有企业后得以发展壮大。但 2004 年之后,形势急转而下,宏观调控的某些做法让民营经济遭受重大打击,"国进民退"开始冒头。民营中小企业曝出资金链断裂消息,浙江 500 亿民营资金在山西煤改中被强制国有化,许多中小企业深陷困境。

在我国改革开放 40 多年的时间里,市场经济的波动伴随国有经济与民营经济此消彼长的状态。尽管民营中小企业自身有各种各样的弱点,但体制制约是根本,这种制约集中体现在银行信贷、政府招投标、行政审批方面。

"国进民退"冒头属于体制性因素的反映。与此相联系的是,行政主导下的竞争不公平成为影响中小企业成长环境的一个不容忽视的问题。从 20 世纪末开始,尽管政府制定了许多"非禁即入"的产业政策,以破除所谓的"玻璃门"现象,但国企与政府之间有千丝万缕的关系,部分国企领导有较高的官员身份,隐性地将民营中小企业排除在外。比如,目前的产业政策通常以规模为导向,如地

方打造亿万元企业的目标往往挤占了小企业的发展空间，国有控股的金融机构在信贷投向上主要也是针对国号字的大企业。

(二)政策性问题对中小企业成长性的影响

应当认为，我国对中小企业的成长与发展在政策层面是非常重视的。2005年国务院出台《关于鼓励和引导民间投资健康发展的若干意见》(以下简称旧36条)，2010年国务院又颁布《关于鼓励和引导民间投资健康发展的若干意见》(以下简称新36条)。国家之所以重视中小企业的成长与发展，其意义在于，中小企业是拉动国民生产总值(GDP)的生力军，是稳定与扩大就业的主要力量，而且在经济转型中还承担着制度创新实施者的角色，是推动制度变迁的重要主体。

但是从现有的政策体系本身看，一些深层次的问题确实也客观存在。

其一，《中小企业促进法》在具体制度的设计上过于原则，可操作性较弱。比如，在政策支持中小企业的导向上，要支持哪些中小企业？是支持扶持初创型的中小型企业还是成长型中小企业？初创型与成长型的认定标准是什么？对这些问题，目前尚没有一个明确的政策与统计方法。

其二，政策促进体系发育程度较低。一套高效的中小企业政策支持体系应具有以下功能：一是应提供多元化政策促进方案，以满足各种类型中小企业分阶段发展需求；二是应保持政策自身的稳定性，以保证兑现分阶段发展的隐性承诺；三是能够形成高质量的价格信号与信息信号，进而引导中小企业对相关经营行为的决策；四是促进中小企业成长成本的减低运行，形成全社会扶持促进中小企业的合力。依此分析，在我国目前政策促进体系中，有关产业政策、竞争政策、财税政策、金融信贷政策等尚欠缺系统性的协调能力，尚未完全具备上述系统性的促进功能。

其三，政策促进的基础调研不深入，出现“失真”与“失控”现象。最为典型的是对发展船舶工业的政策指导明显地存在问题。在浙江发展海洋经济，从而应积极发展海洋装备产业的政策指导下，以长于“轻薄短小”产品的浙江民营资本纷纷进入属于重化工业的造船行业，在省内形成一股空前的“草根造船热”。前几年众多的沿海造船企业的生存现状令人担忧。随着新船订单枯竭、船东新船预付款比例大幅下降、银行信贷投放收紧、船东接船意愿不强一系列问题的引发,要求延迟交船、更改船型、延期付款的现象日益增多;同时,劳动力成本不断上升,人民币汇率、原材料和设备价格波动加大,造成一些民营中小造船企业流动资金大幅减少,资金周转困难,最终导致浙江民营中小船舶企业频频出现船台空置、资不抵债、停产、破产等问题。

其四,政策促进与制度安排的基础性工作薄弱。中小企业政策支持体系的实施,如果没有基础性工作的支撑,就无法做到政策的适应性与针对性。在基础性工作中,划型标准界定、数据统计、动态发展监测是工作重点。对不同行业,需要根据企业规模大小设定一套具体的划型标准,建立和完善中小微企业分类指标体系,应为企业分类的首要指标;增加中小企业专项数据统计,加强对规模以下企业的统计分析工作,重点培育"专、精、特、新"的中小微企业;对中小微企业运行情况进行实时监测,分析其发展趋势,探索形成具有我国特色的中小微企业统计监测体系。

(三)宏观环境条件对中小企业成长性的影响

近年来,宏观环境使中小企业成长和发展面临较多考验。广大中小企业面临的主要宏观环境是"三叠加"(产业升级转型期、国际经济波动期、宏观调控紧缩期)、"三上升"(原材料价格上升、人民币升值和银行利率上升、劳动力成本上升)、"三加剧"(资金供给、土地供给、环境空间)。在这种经济形势下,大多数中小企业开始承受"产品出口亏损"与"企业融资困难"的双重压力。

以浙江为例,2009 年受全球金融危机影响,中小企业出口数量明显下降,2009 年全年出口总量较之 2008 年下降了 13.8 百分点,[1] 以后年份回复指数并不十分明显。数据显示,2011 年,新设立企业的增速继续呈现逐渐放缓的趋势。[2] 直到 2013 年,国家推行"宽进严管"的市场监管模式,在宏观政策推动下,中小企业的设立数量上升,但与全国一样,浙江中小企业的成长性仍受各种宏观环境的影响而未得到根本性的改观。

浙江省银监局的调研报告显示,"银根紧缩"政策已使辖内银行机构总体的

〔1〕 参见花莉蓉:《后金融危机时期浙江民营企业健康发展的优化对策》,载《企业导报》2011 年第 11 期。

〔2〕 参见徐秀雰:《浙江民营经济万人大会召开》,载中央政府门户网站,http://www.gov.cn/gzdt/2012-01/29/content_2053442.htm,2021 年 2 月 10 日最后访问。

信贷供给能力严重下降。一份出自浙江省政协调研组的《关于优化民营经济发展金融环境》的报告显示，浙江省民营中小企业中，其实只有不到20%的企业能够沾到银行信贷的光，有的即使贷到了款，银行也通常会对其实行基准利率上浮30%～50%的政策，加上搭购相关的理财产品或者支付财务中介费用等，实际的贷款成本往往会接近银行基准利率的两倍。中小企业间接融资难、直接融资难以及体制内融资难等问题层出不穷。

## 二、中小企业自身性问题对企业成长性的影响

### （一）企业产权制度对中小企业成长性的影响

企业产权是以财产所有权为基础，反映投资主体对其财产权益、义务的法律形式。我国中小企业（主要是指民营中小企业）在其成长阶段普遍采取家族式企业的经营模式，其产权具有产权基础的民营性、产权分层的集中性、产权结构的单一性之特点，引发了一系列深层次的问题。

（1）企业产权模糊，影响企业资本要素的合理流动。大多数民营中小企业带有家族式投资、经营的特征，企业作为一个独立主体，对外产权关系似乎是清晰的，但对内而言，受血缘、亲缘关系的影响，产权归属则不甚清晰，较难形成现代企业管理制度。首先，量化到物权资本上，“兄弟型企业”“父子型企业”以及其他家族式投资企业，它们在各投资主体之间是如何确立股权关系的，确立股权关系的基础是什么，对此多数企业是不清晰的。家族式管理是一把“双刃剑”，在成长之初，民营中小企业依靠家族成员内部的高度凝聚力，以灵活的经营管理机制使民营中小企业在经济发展中立于不败之地，并且在较短的时间内积累了资金和经验。然而随着市场经营的不断变革，家族化管理在企业成长到一定阶段后开始暴露出弊端，进而影响了民营中小企业的进一步成长。[1] 其次，量化到人力资本上，依靠亲缘与血缘原则建立起来的企业内部用人与分配制度同现代企业制度的效用和效率为原则相悖，不能根据平等和公平的原则，按照能力和业绩来确定每个人的职位和经济收入，无法为人才引入提供相对较宽松的环境。

（2）家族式的内部管理经营，阻碍了企业的核心创造力。家族式内部管理

---

〔1〕 参见缪胜钢、苏怡、顾赞：《民营企业家族管理的探析——以浙江民营企业为例》，载《商场现代化》2010年第18期。

与经营是以“三缘”(血缘、亲缘、地缘)为治理结构中的核心层展开的。一些民营中小企业虽然已改组为公司制企业,但“家族化”现象仍旧比较明显,“夫妻公司”“一人公司”“兄弟公司”“父子公司”比比皆是,家族式企业结构的性质未有根本性的改变。依靠亲缘与血缘建立起来的家族式权威管理,无法按照生产经营管理的规则和标准去要求和实施,从而势必影响企业的经营和发展。家族式企业有限的规模和经济实力也无法满足现代经营所需的巨额资本,从而迫使企业放慢发展的速度,或者转而采用其他高风险、高成本的融资手段,这些都制约了企业的技术进步和有效扩张,阻碍了中小企业的成长能力。因此,民营中小企业家族化管理面临着巨大的挑战和观念的更新,家族化管理方式的变革也成为民营中小企业成长阶段中必须解决的问题之一。

(二)企业经营能力对中小企业成长性的影响

企业经营能力是企业所应具有的经营战略能力、计划实施能力和经营管理能力的总和。其经营能力的强与弱既由中小企业成长阶段决定,又反作用于中小企业的成长性。在实践中,影响中小企业经营能力通常表现为以下几个方面:

(1)对市场变化和发展方向的认识滞后与偏差。一些中小企业凭经验决策,以过去取得成功的因素为认识基础去设计企业的未来,对发展方向的认识偏差主要体现在规模认识的误区上,即企业在发展方向上不是先求强而是先求大,以规模为主导的目标却忽视实现这一目标过程中的能力提升,一旦失去控制,中小企业的发展就会成为海市蜃楼,转瞬即逝。

(2)为追求利润而转产转业所导致的经营目标的短视化。近10年来,一些中小企业将大量的资金和精力投入房地产市场,导致产品创新上的投入不足。由于众多中小企业为追求利润而转产转业,区域经济“去工业化”趋势明显。

(3)转型升级较慢且自主创新能力较弱。中小企业大多是劳动密集型企业,所占比例高达60%,技术密集型企业仅占25%左右,资本密集型企业则占比不到15%,在总体上并没有突破传统的盈利模式,依然依靠“四低”即成本低、价格低、技术低和附加值低来占领市场。[1] 为了快速获得利润,一些民营中小企业采取侵犯他人知识产权的手段,窃取他人专利或非专利技术。即使个别中小

〔1〕 参见邱虹:《金融危机下浙江民营企业面临的主要问题研究》,载《经济问题探索》2009年第8期。

企业有开发新产品的愿望，但考虑到设计和研发新产品的初期阶段投入大、周期长、风险大，再加上研发技术人才缺乏等，最终民营中小企业望而却步。

## 第四节　僵尸型中小企业的形成及其治理

与国外僵尸企业业已存在的企业形态不同的是，国外的僵尸企业大多为大企业，在我国，中小民营企业是僵尸企业的主体部分。这一现象引发我们对相关问题的思考是，在中小企业促进型政策中如何有效防止这一现象的发生。

### 一、僵尸企业与其他“病态”企业的比较

#### （一）僵尸企业的概念与特征

“僵尸企业”（zombie company）一词最早见于20世纪90年代初的日本，由经济学家彼得·科伊（Peter Coy）提出，是指那些无望恢复生气，但由于获得放贷者或政府的支持而免于倒闭的企业。[1]

也有学者认为，该词最早从经济学者爱德华·凯恩（Edward J. Kane）的著作中可以寻找到，体现在其评析日本20世纪80年代和90年代的两次金融危机的相关著作中。爱德华教授认为，当一个机构的损失使其资产实际价值低于债务价值时，该机构在经济上发生破产。僵尸企业是仅靠政府公开或不公开的信贷支持偿还各种债务、维持运转的严重的破产企业。[2] 据此而论，爱德华·凯恩是运用“僵尸企业”一词来形容日本经济危机中的依靠政府救济却无望恢复活力的企业，以及受这些企业拖欠银行债务而难以短期归还甚至无法归还的影响，缺乏竞争力的银行业体系。

我国法律层面尚未出现“僵尸企业”一词。依笔者之见，在民商法学领域，基于市场主体身份的抽象性，难以引入这一概念，但基于经济法学对各类企业形态运行状况的识别性要求以及政府干预法治化的需要，引入“僵尸企业”概念有

---

〔1〕 参见何帆、朱鹤：《僵尸企业的识别与应对》，载《专家论坛》2016年第5期。

〔2〕 See Edward J. Kane, *Gaps and Wishful Thinking in the THeory and Practice of Central-Bank Policymaking. presentation to the* $30^{th}$ *SUERF Colloquium States, Banks, and the financing of Economy*, Switzerland, 6 Septenmber, 2012, p. 15.

其必要性。

目前,在我国政府的有关文件中,通常将低效占用资源,完全依靠政府或银行的支持存活,持续亏损三年以上且不符合结构调整方向的企业称为僵尸企业。比如,2015 年 12 月,在国务院常务会议上,将不符合能耗、环保、质量、安全等标准以及存在长期亏损的产能过剩企业定义为僵尸企业。其他的定义还包括:持续亏损、资产负债率高;半年以上未缴纳增值税;暂停用电;不符合产业调整方向的企业等。[1]

微观经济学原理提到的"停产临界点"理论,可以算是僵尸企业的经济学理论的基础,其突出的特点是僵尸企业的企业形式还存在,却不能产出效益。

僵尸企业通常具有以下特征:(1)亏损性。该类企业处于长期亏损状态,没有竞争能力和盈利能力。企业的营业收入不足以支付企业生产过程中产生的各类费用及贷款利息,负债率高,通常表现为借新贷还旧贷、企业间拆借等。[2](2)依赖性。该类企业长期依靠政府或银行的输血而免于倒闭。(3)失效性。该类企业已失去作为正常微观活动主体的经济功能,通常具有不可挽救性且不符合产业结构调整,但也存在部分例外情形。(4)演化性。企业僵尸化通常是在企业生命周期进入衰退期后应关闭而未及时关闭所引发,其演化过程通常包括隐患期、暴露期、趋于僵化期和完全僵化期四个阶段。[3]

僵尸企业现象并非我国经济所独有,日本、美国、韩国这些市场经济发达国家都相继在 20 世纪 80 年代和 90 年代出现过僵尸企业现象;僵尸企业也并非为我国现阶段经济所特有,在我国改革开放 40 多年的经济发展阶段中,一定比例的国有企业、集体企业甚至上市公司的僵尸化一直伴随其中,政府总是在"容忍"与非"容忍"的徘徊中寻求治理对策。整治僵尸企业之所以在近阶段被引起足够重视,是因为随着经济新常态的到来,中央政府积极实行供给侧结构性改革,其中清理僵尸企业,减少社会经济资源的不当消耗便进入政府工作视野,也成为学者们对此问题进行理性检视与探讨的研究课题。

---

〔1〕 参见何帆、朱鹤:《僵尸企业的识别与应对》,载《中国金融》2016 年第 5 期。

〔2〕 参见朱舜楠、陈琛:《僵尸企业诱因与处置方略》,载《改革》2016 年第 3 期。

〔3〕 参见胡冰:《关于供给侧结构性改革背景下处置僵尸企业的探讨》,载《西南金融》2016 年第 12 期。

### (二)僵尸企业与其他"病态"企业的差异性比较

僵尸企业作为特殊"病态"企业,与其他已在法律法规文本中概念化了的"病态"企业,如休眠企业(歇业企业)、僵局企业、亏损企业、破产企业相比,它们之间既有联系也有差异。厘清僵尸企业与其他"病态"企业的区别有助于对僵尸企业进行准确"把脉",对症下药。

1. 僵尸企业与休眠企业

休眠企业,又称歇业企业,是指处于停止经营活动或丧失营业资格状态,但是未按照法律规定办理清算或者注销程序。[1] 主要表现为以下两类:一类是企业经营资格存在却无实体经营业务,如企业为逃避债务保留公司空壳;另一类是公司法人资格存在,经营资格丧失但未履行相应解散、注销程序。比如,已被吊销营业执照,但长期未启动解散程序;已解散但长期未启动清算程序;已清算但未办理注销登记;已解散但未在合理期间内办理注销登记等情形。我国法律未规定休眠公司,但我国《公司法》和《企业法人登记管理条例》对歇业制度作出了规定。[2] 其需满足两个条件:一是该企业应当依法停止经营活动;二是该企业未开展经营活动或停止经营活动必须达到一定的期限。故僵尸企业不同于歇业企业,大多数僵尸企业依靠政府或银行的持续输血,仍能维持运行,并未停业或丧失营业资格。

2. 僵尸企业与僵局企业

僵局企业,是指该类企业(通常是指公司制企业)在存续、运行中,由于股东、董事之间矛盾激化而处于僵持状况,导致股东会、董事会等公司机关不能按照法定程序做出决策,从而使公司陷入无法正常运转甚至瘫痪的状况。最高人民法院在《关于适用〈中华人民共和国公司法〉若干问题的规定(二)》中,将公司僵局的理由设定为无法召开股东会会议、无法形成股东会有效决议、董事长期冲突、运行机制失灵造成经营管理困难四大事由。按照《公司法》的规定,在符合

---

[1] 参见薛智胜、张元琦:《对休眠公司法律规制的路径》,载《天津法学》2015 年第 4 期。

[2] 《中华人民共和国公司法》(2018 年修订)第 211 条第 1 款规定:"公司成立后无正当理由超过六个月未开业的,或者开业后自行停业连续六个月以上的,可以由公司登记机关吊销营业执照。"《企业法人登记管理条例》(2019 年 3 月修正,2021 年 4 月废止)第 22 条规定:"企业法人领取《企业法人营业执照》后,满 6 个月尚未开展经营活动或者停止经营活动满 1 年的,视同歇业,登记主管机关应当收缴《企业法人营业执照》、《企业法人营业执照》副本,收缴公章,并将注销登记情况告知其开户银行。"

一定事由时，单独或者合计持有公司全部股东表决权10%以上的股东可以提起解散公司诉讼，但在实务中仍出现"解而不散"的现象。僵尸企业不同于僵局企业，两者的成因不同。大多数僵尸企业形成的原因并非企业经营管理不善，也非股东、董事之间矛盾激化而处于僵持状况，而是由于行业周期性、产业政策等因素造成。

3. 僵尸企业与亏损企业

亏损企业，是指企业经营收入小于企业经营成本和经营税金之和的企业。原材料价格、市场需求、利率等因素的波动会影响企业的效益。可通过亏损额、亏损时间和亏损前景指标来衡量企业的亏损程度。[1] 僵尸企业也表现为效益不佳、长期亏损，故僵尸企业必然是亏损企业。但是并非所有的亏损企业都是僵尸企业，不仅要看其是否具有自我修复能力和自我发展能力，还需获得放贷者或政府的支持维持生存。

4. 僵尸企业与破产企业

破产企业，是指不能清偿到期债务，并且资不抵债或者明显缺乏清偿能力的企业。其有以下特点：一是实际存在破产的事实状态；二是债务已到期但不能清偿，包括金钱和实物债务；三是资不抵债，负债超过实有资产；四是停止支付。僵尸企业尽管自身债务清偿能力丧失，却获得了放贷者或政府的不断输血，不断延长债务清偿期限，使其免于倒闭。但这些企业可能需要通过破产重整加以挽救或通过破产清算，这仅仅是僵尸企业处置后出现的结果，而非现状。[2] 故不能将僵尸企业混同为破产企业。

## 二、民营中小僵尸企业引发的深层次原因与危害

### （一）民营中小僵尸企业引发的深层次原因

我国僵尸企业中绝大部分为民营中小企业，根据中国人民大学战略研究院发布的《中国僵尸企业研究报告》，在2005～2013年的中国僵尸企业中与工业有关的产业所占比例约为7.51%。按所有制形式进行划分，国有和集体企业中所占比例较高，但在僵尸企业中的民营企业数量最多。按企业规模进行划分，僵尸

---

〔1〕 参见王欣新：《僵尸企业治理与破产法的实施》，载《人民司法（应用）》2016年第13期。

〔2〕 参见王强：《企业失败定义研究》，载《北京工业大学学报（社会科学版）》2002年第1期。

企业为中小企业的占大多数。由此可推，僵尸企业中数量最多、占比最大的为中小民营企业。[1]

根据国内外关于僵尸企业的研究，人们把研究的重点放在一些依靠政府补贴或银行优惠贷款的国有大企业上，现有文献通常从政企合谋、软预算约束、恶性竞争和重复建设等角度指出僵尸企业出现的原因。但这些成因解说难以解释中小企业的僵尸化现象。由于民营中小企业规模较小，受到银行的"规模歧视"一般较难从银行获得大量的优惠信贷支持，民营中小企业往往又受到所有制的歧视，也很难从政府中获得大量的财政补贴，怎么会成为僵尸企业的主体呢？有学者将这个特殊的现象概括为"中小民营企业成为僵尸企业之谜"。

民营中小企业成为僵尸企业的深层次原因在于传染效应（contagion effect）。民营中小企业由于从银行难以获得贷款，因此，普遍采取了相互担保的借贷方式和非正式融资渠道，在一些地方，对中小企业实施政策性担保业务不发达，中小企业"互保取暖"现象十分突出，一旦某家企业发生财务危机变成僵尸企业，将直接导致其他企业也陷入财务危机，变成一连串僵尸企业。如此，一个地区的僵尸企业越多，就会连累更多民营中小企业成为僵尸企业。浙江省内企业互保、联保模式约占企业总融资比例，官方统计为 40%，而民间估计为 60% ~70%。[2]

这一社会现象需要引起高度的重视，其一，政府应高度关注民营中小企业这一僵尸企业的主要群体，而不能仅仅将重心放在国有僵尸企业上。其二，政府要加强对民营中小企业互联互保现象进行必要的管制，防止出现局部金融风险，防范僵尸企业的传染效应。其三，要拓展民营中小企业的融资渠道，从根本上整治恶化的融资互保现象。

中央政府与地方政府已出台了相应政策，应对僵尸企业的恶性发展。2014 年 10 月，国务院出台《关于加强地方政府性债务管理的意见》，强调债务考核机制，引导地方政府减少对过剩产能僵尸类企业的无效投资。广东省人民政府也于 2016 年 2 月出台《广东省供给侧结构性改革总体方案（2016 ~ 2018）》，提出

〔1〕 参见方明月、张雨潇、聂辉华：《中小民营企业成为僵尸企业之谜》，载《学术学刊》2018 年第 3 期。

〔2〕 参见郭芳：《危险的互保链浙江民企染上"金融瘟疫"》，载《中国经济周刊》2012 年第 41 期。

到2018年年底基本上实现僵尸企业的市场出清。

（二）僵尸中小企业的危害

目前，我国僵尸中小企业的行业分布主要集中于两类，一是资源型产业。如煤炭、钢铁行业，其表现特征为产能过剩引发长期价格下跌，最终形成僵尸企业。二是劳动密集型产业。如服装业和加工业。由于劳动力价格上升，生产成本逐年上升，其国际比较优势不复存在，从而导致产能过剩。从所有制结构分析，我国僵尸企业大多属于国有和集体企业，这主要是因为这类企业规模偏大、员工众多，在地方经济中占有重要地位，容易获取政府支持和银行贷款，但同时社会包袱较重，员工下岗分流难度较大，具备成为僵尸企业的潜质。[1]

僵尸中小企业给我国的经济发展造成很大危害，被称为"中国经济最大的癌症"。其危害主要表现为以下几个方面：

（1）浪费社会资源，降低行业生产率。僵尸企业的存续是靠政府的长期补贴和银行的持续资金支持而生存的，它们空占经济资源和市场空间而无实质产出，造成生产要素配置扭曲，社会资源整体利用效率降低。国外学者对日本20世纪90年代经济危机中僵尸企业的研究表明，当一个行业中僵尸企业占比不断提高时，对僵尸企业的非市场支持因素将直接制约行业内其他企业的扩大发展和效率提高；当僵尸企业数量超过一定比例后，整个行业的全要素生产率会被拖累甚至加速下行。[2]

（2）损害债权人和职工权益。大多数僵尸企业无力清偿债务，使众多的债权人利益无法实现，从而拖垮债权企业；大多数僵尸企业拖欠职工工资，社保欠费严重，职工的切身利益得不到保障，严重影响了职工队伍的稳定。

（3）诱发金融风险。僵尸企业除需要政府的财政补贴外，更多的是依靠银行输血，导致宝贵的金融资源流向效率极低的行业和企业，影响金融对新兴产业的支持力度；僵尸企业除吸引正规金融外，还依靠高利息的非正规范金融，一旦资金链断裂极易诱发区域性民间金融危机；僵尸企业往往涉及担保等关联方利益，一旦僵尸企业难以为继，承担连带担保责任的其他企业极易被拖至生死

〔1〕 参见胡冰：《关于供给侧结构性改革背景下处置僵尸企业的探讨》，载《西南金融》2016年第12期。

〔2〕 参见邹蕴涵：《我国僵尸企业的判别、影响及对策建议》，载《中国物价》2016年第7期。

边缘。

(4)感染并拖垮优质企业。僵尸企业具有传染特质。银行或政府如果持续不断地为僵尸企业“输血”,稍有不慎便会成为“僵尸银行”“僵尸经济”;其他企业也会因与僵尸企业在资金、担保等方面的联系而被感染,成为新的僵尸企业。

当前,我国的供给侧改革战略已经提出,钢铁、煤炭等产能过剩行业脱困意见也已出台,因而,处置僵尸企业成为直接影响供结侧结构性改革成效的关键。如何妥善处置僵尸企业,是供给侧改革的重要内容,对“十四五”时期结构调整、转变发展方式的总体目标具有重要意义。

处置僵尸企业既关系到市场主体退出时金融债权安全、众多投资者利益、债权人利益保护、职工安置等系列性问题,也涉及生产要素重新配置所引发的国有资产维护、非公经济保护等诸多难题,在处置僵尸企业的过程中,应设定若干法治原则,并以此指导工作实践。

## 三、处置僵尸中小企业的法治原则

### (一)分类化处置原则

分类处置的基本核心问题是对僵尸企业实行“救活一批”“死亡一批”“重组一批”的处置政策。

僵尸企业作为一种特殊的“病态企业”,病因各有不同,状态的结果也各有差异,有些属“绝症”,无法避免消亡的命运;有些则属“疑难杂症”,只要治理得当仍能重现生机。因此需要因企而治,不可拘泥于某一僵化的模式。

20 世纪 80 年代末,美国经济初遭僵尸企业问题,在 2007 年全球性的次贷危机爆发以后,美国一些僵尸企业再次陷入严重亏损的泥潭。美国政府采取了两种截然不同的处置方式:一是对扭亏无望的企业,严格执行破产程序,促使其破产出清,或实现破产重组;二是对核心业务健康发展、流动性暂时紧张的企业实施政府救助。在实施救助的过程中,严格评估企业基本生产情况,设定可救助企业的条件;实行破产重组的计划需得在政府专家审核后救助企业才能从政府部门拿到救助资金;如果企业重组失败发生破产清算,则必须无条件偿还政府救助的贷款本息。严格的救助计划在事前与事后两个方面,减小了对企业救助的风险,同时也激发了企业主动造血的潜力。

在法律政策上，对僵尸企业是倒逼其死亡还是支持其重生，其出发点是该企业是否具有继续运营和存续的价值。可以将僵尸企业分为“不可挽救企业”与“可挽救企业”两类。由此而论，实行分类化处置的前提是制定相应的识别标准。在此基础上，对各类纳入僵尸企业范围内的企业进行全面排查、体检与评估。可以从资产负债率、经营状况、困难成因、发展潜力、行业形势、技术与设备、知识产权的优势等方面进行分类。在这个过程中，尤其要注意促进银行利用大数据等技术手段对贷款客户进行准确评估，加强政府与金融机构的合作，全面分析僵尸企业的现状。

在处置僵尸企业的方式方法上，应尽可能依靠中介组织等相关力量，分类评估、分别处置，多用“巧力”，少用“蛮力”。

（二）利益平衡原则

企业是由多方利益相关者组成的集合体，处置僵尸企业不仅涉及投资人、银行等债权人，还涉及职工、联保企业、当地政府等，各方的利益诉求不尽相同，如果处置过程中有失偏颇，可能影响社会的和谐稳定。因此，在僵尸企业的处置过程中，尽可能通过合理的制度安排和处置路径选取最佳路径。应着重协调好以下若干方面的利益关系：

（1）普通债权与优先债权的利益关系。在僵尸企业中，会存在两类性质不同的债权，一类为设定担保的债权、依法享有的优先权债权；另一类为普遍债权。在资产有限，债权众多的情形下，处理时应遵循优先债权应优于普通债权优先受偿的法定原则。

（2）普通债权与次级债权的利益关系。在同一普通债权中，也会存在受偿顺位上的差异。如股东对公司的债权与其他普通债权人对公司的债权，在受偿程序上应体现普通债权优于次级债权受偿的原则。

（3）公权之债与私权之债的利益关系。僵尸企业在生产经营活动中存在长期拖欠税收、税收滞纳金、罚款等公债权，也会有大量的因合同违约责任和侵权责任引发的私法上的债权，应正确处理好它们之间的关系。保险金、职工工资等应优先于税收；税收应优先于无担保债权；纳税人欠缴税款，同时又被行政机关决定处以罚款、没收违法所得的，税收优先于罚款、没收违法所得；在企业违反法律规定，应当同时承担民事赔偿责任和缴纳罚款、罚金的，其财产不足以支付时，优先承担民事赔偿责任。

(三)社会整体利益原则

在处置僵尸企业的过程中,应将社会整体利益的最大化作为出发点和归宿点。社会整体利益既是单个利益组成的集合体,又是区分单个利益的具有独立性利益观。

坚持整体利益原则,意味着处置僵尸企业应考虑综合效益。处置僵尸企业带来的社会收益包括资源优化配置带来的社会效益,疏通市场机制产生的社会效益以及银行等债权人减少的潜在资金损失所产生的社会效益。但是处置僵尸企业也会产生一定的社会成本,即企业市场退出的操作成本、职工失业带来的社会成本、再设企业的成本以及国家产业建设损失。所以,在处置僵尸企业时,应掂量成本与收益孰轻孰重,对符合社会整体利益最大化原则的应及时、果断地予以处置。

坚持整体利益原则,意味着处置僵尸企业应避免地方政府为地方利益进行干预的不正当理性。地方政府干预往往成为处置僵尸企业的最大难点。处置僵尸企业应充分体现市场配置资源起决定性作用的要求,坚持依法处置规则。依法处置规则,应当体现在:启动处置僵尸企业的主体应当是市场主体(债权人、债务人或股东),承担事务性工作的应该是社会中介机构,对重大事项进行表决的应当是债权人会议,主持破产程序并进行裁定的应当是人民法院。由于处置僵尸企业的途径不同,因此地方政府所起的作用也会有所不同。从整体上讲,处置僵尸企业应当是市场主体依据法律规则在人民法院主持下进行的市场行为,而不宜将其解读为行政行为在司法领域的延伸。[1]

产业组织政策的实施,将促使在一个具体的产业或者行业内,相关企业之间的竞争与垄断、集中与分散、聚合与裂变等按效率原则进行移动和配置,它将直接引导或影响市场主体的减产、转产、退出、进入、兼并、收购等微观行动,从而引发企业的重组和治理结构的再造,导致资源在产业内由低效率企业向高效率企业加速移动和有效配置。但需要指出的是,产业政策是一把“双刃剑”,运用得好坏会直接影响市场资源配置的效率以及企业的运行绩效。因此,推进产业政

〔1〕 参见吴金蓉:《僵尸企业处置中的法律问题探讨》,载《改革与开放》2016 年第 17 期。

策的法治化尤为重要。

解决僵尸企业大量存在的问题可借鉴产业组织政策来进行调整:一是主动性调整机制。充分利用民间资本要素,鼓励有实力的企业进行收购和兼并,使产权得以有效重组,逐步淘汰技术差能耗高的过剩产业。二是被动性调整机制。利用市场经济规律的倒逼机制,减少对僵尸企业政策的扶持,通过市场竞争法则,迫使僵尸企业退出。保证劳动力市场拥有充分的就业岗位和完善的社会保险制度一定程度上影响着僵尸企业的退出的容易度。从有利于社会稳定和有效利用资源的角度看,我们主张主要应采用前一种办法。主动性调整机制把难点交给了兼并重组方的优势企业,而被动性调整则把包袱扔给了社会和政府。[1]

## 第五节　促进中小企业成长的立法政策构建

我国中小企业经历了由小渐大、从弱到强的发展历程,但从成长性考察,出现一些“长不大”“过早死”“大而后衰”“大而后死”等现象,究其内源性根源,既有社会环境系统的影响因子,也有中小企业自身经营管理问题。解决中小企业成长中的烦恼与发展中的困境,需要寻求经济法促进政策,并由此构建相应的制度体系。

### 一、法律促进中小企业成长的基本要求

#### (一)法律促进与针对性施策

法律促进应有重点,不应面面俱到。这里包含两个方面的内容,一是就企业横向面而言,处于政府管理之下的中小企业数量巨大,然而,各级政府的政策资源毕竟有限,如果对这些资源缺乏必要的集中使用,不能很好地体现扶优抑劣,也就是说,如果不突出支持重点,那么结果只能会大量浪费各种政策资源,而不会使国民经济取得最佳发展效果。二是就单个企业的纵向面而言,政府在对中小企业的政策扶持上,针对企业在不同生命周期应采取不同的促进对策,如在初创期,应以引导企业创新策略为核心,在发展期应引导以合作竞争策略为核心,

〔1〕　参见刘志彪:《中国语境下如何推进供给侧结构改革》,载《探索与争鸣》2016 年第 6 期。

在稳定期应以扩张策略为核心，在衰退期则应以转型策略为核心。只有准确地对企业成长的不同阶段进行定性和把握，才能准确识别存在的问题并深入分析，最后找到解决问题的有效方法，推动企业的健康快速成长。

由于成长型中小企业在整个中小企业中占据重要地位，有着发展成为大企业的潜力，它在促进社会经济增长和提供大量就业岗位方面发挥着不可替代的作用。因此，在立法促进的企业对象识别上，应重点针对具有成长性较好的中小企业。

（二）法律促进与内生力形成

中小企业成长是一个系统工程，需要有良好的外部环境与内部能力，在当前知识经济和信息经济时代的大背景下，企业生存环境也正在发生变迁，中小企业成长环境因素也越发复杂多样，应充分结合影响企业成长的内部和外部两个方面因素综合施策，在此基础上构建中小企业成长政策促进体系。

在中小企业成长的政策促进体系上，法律促进有其自身的特性。法律促进既是一种手段，又是一种制度体系，需要认真思考它的基本功能与定位问题。

法律促进为外力推动，不能代替企业自身的努力。在市场经济中，促进型宏观调控政策只能成为经济发展的辅助手段，最终取决于企业的审时度势来获得市场的认可，而不能仅仅依靠促进性政策。

（三）法律促进的刚性及体系化

法律促进应有相应的刚性与体系性。既然上升到法律高度去设计相关的促进体系与相应的制度安排，那么，除了这种促进制度应具有科学性以外，还需要追求实施中的刚性，并将监督检查手段落到实处；既然法律促进采取体系化推进之手段，就应强调各类促进政策的综合运用与系统运行，减少内耗现象。应针对小微企业、小型企业、中型企业与大型企业，以及高新技术企业和传统密集型企业等不同类别和不同产业的企业，研究制定不同的扶持重点，加强政策的针对性与有效性。

## 二、促进中小企业成长的制度体系构建

（一）构建适应中小企业成长的公平型竞争政策

竞争政策是一个多层次的目标体系，它使企业在平等有序的环境下开展竞

争活动。

构建合理的竞争政策首先应体现经济民主目标，确保企业拥有平等的参与市场竞争的机会。市场拥有足够数量的中小企业，意味着我国市场呈现为经济民主的态势，中小企业本身具有生产方式灵活性等特点，这是大型企业无法企及的。倘若中小企业缺失，必将导致就业率低、市场活力缺失等无法估量的严重后果。从这个意义上说，将促进型政策反映到竞争政策上，让广大中小企业参与公平竞争是竞争政策的应有之义。

构建合理的竞争政策不仅要注重经济效益，也应着眼于社会效益。在域外中小企业较为发达的国家，在对中小企业的扶持政策中，虽然效率是重要的，但并非首要或者唯一的目标，促进政策更多考虑的是为中小企业的成长与发展创造良好的外部环境，并为中小企业参与市场竞争提供更广的自由度。

当前，我国在竞争政策与其他相关政策的定位上，已逐渐明确竞争政策的基础性地位，因此，在中小企业的立法促进上应进一步优化竞争政策对中小企业成长的促进机理。工作重点在于，适应中小企业划标准变化有针对性地提出促进政策。

2011 年 6 月，国家相关部门研究制定中小企业的划分标准，调整了中、小型企业标准，增加了微型企业标准，将中小企业划分为中型、小型与微型三种企业类型，参照企业人数规模、经营收入、企业资产总额等指标，并参考行业特点制定形成了国家扶持小型微型企业发展政策的基础。

新标准中增加微型企业主要是基于以下考虑：微型企业在市场竞争中往往处于不利的地位，微型企业是社会就业的重要渠道，更需要政府采取相关的扶持措施支持其发展；划分微型企业可以有效增加政策的针对性和有效性，也可与国际标准同步接轨；有利于对我国中小微企业进行分类监管，有利于形成更加合理的完善的市场划分体系。据有关学者统计，从国外经验看，在西方发达国家，每千人中拥有企业数量在 45 个左右，发展中国家也在 20 ~ 30 个，而我国却不足 10 个，说明我国的微型企业发展潜力还很巨大，能够解决的就业机会还很多。〔1〕

个体工商户可适用微型企业的划分标准主要基于以下原因：其一，从性质上

〔1〕 参见徐博：《实施就业优先策略，破解就业压力难题》，载中央政府门户网站，http://www.gov.cn/xinwen/2016-06/15/content_5082415.htm，2018 年 3 月 2 日最后访问。

看，个体工商户虽不属于企业，但具有一定的经营方式；其二，对个体工商户的管理，国务院颁布了《城乡个体工商户管理条例》，立法认可其市场主体地位；其三，我国立法对个体工商户采取积极鼓励的态度，面对这一庞大的数量群体，理应将其纳入小型或微型企业的范畴参照执行。

为保持标准的权威性，国务院各有关部门不得另行制定与上述中小企业划型标准不一致的划型标准体系。另外，随着经济的不断变化，《2017 年国民经济行业分类》(GB/T 4754—2017)也会适时进行修订，因此，对中小企业划型的标准也应在具备修订条件时进行修订与调整。

这一中小企业划型标准的变化，给当前中小企业成长性发出的信号是国家继续强化对中小企业，尤其是微型企业的扶持力度。基于立法政策对小型企业与微型企业采取扶持鼓励的态度，理论研究工作者的任务是有针对性地研究相关的普惠性措施，推动这一制度落到实处。

(二)构建适应中小企业成长的公平型产业政策

在市场准入制度设计上，未来应着眼于构建更加公平的竞争环境。一方面，公开不同企业加入市场竞争的法律及政策要求，允许民营企业进入其他领域的事项应提前公布，创造公平的竞争环境；另一方面，让所有企业在市场经济大潮中自由拼搏、公平竞争，防止行政部门非法地随意干涉中小企业的生产经营。在上述两个方面中，第一个方面需要解决的是不同身份企业的产业政策问题，第二个方面需要解决的是不同规模企业的产业政策问题。

结合中小企业实际，应研究自然垄断性行业和领域对中小企业全面开放所涉及的制度生成问题。其中包括以下内容：其一，自然垄断产业具有高投资低回报，资金沉积性大的规模经济特点，中小企业是否具备规模经济要求，以及如何通过促进政策促成中小企业具备规模经济的要求。其二，自然垄断产业和领域目前主要是国有控股的大企业在实际经营，中小企业若要参与经营，如何通过立法政策，鼓励中小企业以参股等方式进入。其三，制定民营资本平等进入这些领域和行业的具体操作细则，尤其是要对资质条件作出科学合理的界定，如经营资历的前置条件、净资产与投资比例规定应取消，避免出现新的“玻璃幕墙”。

产业政策如何能更有效地促成中小企业转变经营模式从而促进健康成长？这里要思考的问题有：一是应积极引导中小企业科学发展，把创新型、成长型民营中小企业作为推动中小企业发展的重中之重,推进“百家升级工程”、“千家成长工程”和“万家培育工程”。二是应重视民营中小企业发展的规划布局,在制订块状经济转型升级的规划中,合理设置门槛和标准,将中小企业放在块状经济转型升级中进行统筹谋划与考虑,通过块状经济转型的升级来带动民营中小企业做强做大。三是积极发展产业集群的生产服务平台优势,大力发展适合地方特点且面向中小企业的科技、融资、人才培训服务等多方面的生产性服务平台,从根本上提高中小企业的创新能力。

构建符合大中小企业不同需求的分工协作体系。通过分工协作,既能让众多的中小企业在与大企业的合作中获得经营经验与经营效益,同时也能有效地打破大企业以往“大而全”的体制。因此,在公平型产业政策中应将其作为一项重要内容进行构建,在产权清晰、契约约束、利益共享原则下,建立起产业联盟或产业协同体,积极融入上下游各个产业,与大企业开展切实有效的合作。

### (三)构建适应中小企业成长的扶持型财税、金融政策

财税杠杆主要是通过资金支持、政府采购、减免缓征和取消一批地方涉企税费等发挥作用的,在立法政策制定层面,应针对不同成长阶段、不同领域的中小企业制定相应的财政税收政策,并形成制度体系。对一些属于“高能耗、高污染、低产出”的行业,或资不抵债的企业可以实行必要的关、停、转措施。

在金融政策方面,可以通过以下途径进一步发挥金融工具的作用。一是建立多方位、多维度的融资体系。积极发展民营中小金融机构,拓宽中小企业融资渠道,适应中小企业融资中存在的“短、少、急、频”融资特点。二是明确信贷支持重点。除继续重点扶持高新技术中小企业和成长性中小企业外,对有一定成长性的传统的劳动密集型中小企业也应给予扶持,帮助其渡过“后金融危机时期”。三是加大对中小企业发行债券的引导和扶持力度,重点推动高科技中小企业上市融资;引导中小企业采取多种融资方式;积极探索和发展金融票据业务、金融租赁业务、典当业务等多种有效融资手段和途径。

### (四)构建适应中小企业成长的服务型社会体系

建立多层次的内外产权交易市场。中小企业的成长可以通过内生性途径完成从幼小走向成年,也可以通过外源性并购行为加速其成长、发育过程。在外源性中,产权交易无疑是重要的促进手段与途径。在地市级相关部门,应建立产权

交易市场与股权交易市场，让众多中小企业的产权进行公开交易，并使之实现价值服务。

完善中小企业信用体系。加强企业信用体系建设是整个社会经济发展的关键。国务院有关部门应制定《企业信用信息征集和发布管理办法》，使企业信用记录透明化、信用激励和信用警示规范化。

完善中小企业的综合服务体系。首先，使服务体系更加规范化、有效化。对中小企业的各种人才进行培训，为他们储备更多的优秀的人才；建立中小企业信息咨询服务体系，帮助中小企业开拓国内和国际市场。其次，加快构建科技创新体系。以市场为导向、共同利益为纽带，加快构筑科技创新合作平台，积极搭建共性技术开发平台。

（五）构建适应中小企业成长的企业内生动力发育体系

在对中小企业所有制多元化改造以及国有中小企业的股份制改革基础上，对具有一定经营规模的民营中小企业，要着重破解家族式企业制度的痛点、难点，对其产权制度实行再构造，将管理制度进行进一步优化组合。

1. 进一步明晰产权。我国约占75%的民营企业中存在家族式组织或家族式管理现象，被指称为家族企业。家族企业普遍存在的问题是，产权归属不清、产权结构欠佳、产权保护薄弱、排外倾向严重、任人唯亲、企业行为短期化。民营中小企业"家族化"现象的演变大致过程是：最早选择家族模式，进而发展为改造家族模式，最后发展为放弃家族模式，这是民营企业迈向现代企业制度必然经历的过程，但这一过程会比较漫长。应当通过立法政策推动广大民营中小企业向真正的现代企业制度转型。

2. 建立与健全现代企业的法人治理结构。公司治理结构是为适应所有权与控制权相分离的企业形态作出的一种制度安排。它所要解决的问题是委托—代理制度下的职能分解问题；分权中的激励—约束问题；团队生产中的"搭便车"行为问题；信息不对称下的欺诈与道德风险问题。构建公司制的法人治理结构，应着力强化监事会对股东会、董事会的制约作用，从而降低商业风险与道德风险。

CHAPTER

# 第四章

# 管理体系入法的运行实效评估

作为一部促进中小企业成长与发展的专门性法规,《中小企业促进法》在2002年制定时立足我国国情,就法律构造模式进行有益设计,就管理机构、运行机制、多元化监管体系等相关问题作出规定,由此建立起具有中国特色的促进型管理体系。这一管理体系随着《中小企业促进法》的实施,已运行14年,直到2017年作出修订。上述入法后的管理体系的合理性以及正当性如何,需要在总结本国经验,借鉴国外有益做法的基础上作出评价。

## 第一节　管理体系入法与运行观测点选取

管理体系通常是指管理系统的结构及其运行机理,其本质问题是管理系统的运行原理、内在功能实现的有机联系等,管理体系是否得以完善运行,决定着管理的功效。在立法实践中,无论是促进型经济法规还是禁限型经济法规,在涉及立法事项的制度构建时,都会引入管理体系问题,即它的法规构造模式、管理体制、管理方式等诸因素在法规中的投放与安排问题。因此,如何选取管理体系入法的若干项观测点,进而评估立法所确认的该管理体系的运行实效,便成为立法后评估乃至修法所关注的问题。

## 一、法规构造模式及运行观测点的选取

### (一)法规构造模式界说

法规构造模式是指一个国家创制某一法规时所采用的立法套路与基本结构安排。[1]

法规构造模式所要解决的问题是,当一个国家需要对某一领域或某一事项进行立法时,该如何立法。它至少涉及以下几个相关话题:

(1)是否需要单独立法。对社会经济活动的法律调整功效的评价并不在于法规越多越好,相反,应当尽量减少法规的数量。对某些需要由法律调整的事项,能在现行的法规体系下融入的,可以通过对现行的法规的修改完善加以完成;对那些确系必要的才启动立法程序。

(2)是否需要采综分立法体例。即是否有必要先制定一部基本法,然后分别制定法规群。综分立法体系,就其体系化设计而言,似乎体现出成文法的严谨性与完备性,但综分立法体例由于过于体系化而给立法工作带来不小困难。这种困难既来自立法者对某一立法事项的规律性问题在认知上的差异而影响体系化设计的精准性,也来自社会关系的因时变化而导致预设性的立法调整功能的落空。

(3)是否需要采多层次立法。即除了一部基本法外,是否有必要促使行政规章与地方性法规并存。某一全国性的法规与相应的行政规章、地方性法规可以形成互动,通过行政规章、地方性法规促使法规所规定内容具有更好的落地效果,采多层次立法不失为一种有效的途径。但多层次立法处理不好也会发生法规在执行中的偏差与失控性问题。

就一定意义上而言,法规构造模式反映的是对某项立法问题所采取的技术处理措施。由于涉及的立法问题的难易程度不同,国情不同,各国对相关立法的阶段性不同等因素,其折射出来的立法政策也具有较大的差异性。可以说,它们在不同国家、不同历史时期有着不同的存在方式和不同的特征,也正是这些存在

〔1〕 参见江国华:《立法模式及其类型化研究》,载刘茂林:《公法评论》(第4卷),北京大学出版社2007年版,第5~7页。

方式及其特征,决定了不同历史时期的法规构造模式具有差异性。

（二）法规构造模式的观测点选取

对中小企业进行促进立法是世界各国通行的做法,但各国在该项法规构造模式上存在较大差异。倘若要评价我国中小企业促进立法的法规构造模式如何,在进行立法后评估时可以选取以下小观测点。

（1）采综合性立法还是统分式立法。对此,各国均有不同的实践,对此的立法态度也并不统一。从我国2002年以后制定的中小企业促进法规体系看,我国采综合性立法型。选取该观测点可以从一个侧面窥见我国在这一领域法技术构造的基本特色。

（2）采单一性立法还是多层次立法。单一性立法是指由国家层面进行立法后,不再在地方层面制定地方性法规,也不在政府部门制定相关行政性法规与行政规章;多层次立法是指在国家层面制定法律后,还制定适当数量的行政性法规、行政规章和地方性法规。从2002年制定、2003年实施《中小企业促进法》的实际情况考量,我国不仅有国家层面的《中小企业促进法》,而且还有一系列的行政性法规、行政规章以及地方性的法规,由此构成我国《中小企业促进法》较为庞大的运行体系,这一体系从不同层级、不同层面调整着中小企业促进关系。选取该观测点也可以从另一个侧面窥见我国在该领域相关立法政策的运行机理。

（三）法规构造模式对《中小企业促进法》运行机理的影响

选择什么样的法规构造模式,对于一部法的实施将产生较大影响。

1. 法规构造模式影响法规的体系化构建。从法技术构造的视角去思考问题,人们总体的评价是,法规体系的完备性与否,不仅与该法调整关系的针对性相关,而且与法技术构造的水平相连。总体而言,我们说某一法规具有体系化,大多会从该法规的“点”与“面”去思考问题。“点”是该部法规体系的主干性法规,“面”是该法规的调整内容及相应的子法规的立法状况。就《中小企业促进法》而言,现行的法规构造模式所呈现的是,既有综合性立法,又有多层面立法,一定程度上体现了该部法规的体系化构建基础。

2. 法规构造模式影响法规的立法质量。法规的立法质量实则为法规对社会经济生活的调整能力。对调整能力的评价,除了需要考察法条对相关制度的表达能力、该法规的体系性设计水平外,还需要观察该法规与其他法规之间的外部安定与和谐性。就我国《中小企业促进法》而言,我们通过综合分析比较,认为法规构造模式总体上是可取的,它较好地遵循和反映了我国对中小企业进行立法促进的基本规律,体现了全国法与地方法共同推进、立法手段与行政措施协同促进的基本价值理念。

3. 法规构造模式影响该法规的立法能力。从一定意义上讲,法规构造模式选取得越多样,立法的协调性与体系性也就越难把握,因而对立法者的立法要求也就越高。我国的《中小企业促进法》在2002年选择立法促进政策时,即采取全国性、地方性立法并存,法规与行政规章并举的立法主张,这一方面反映出我国在这一领域推进法治化治理的决心与信心,另一方面也影响和反映了我国在这一领域立法的难度、广度与深度。

## 二、管理体制及运行观测点的选取

### (一)管理体制界说

管理体制是指通过立法对某项促进型事项作出的管理机构、管理职权、运行机制的系统性安排。

在经济法或社会法立法中,通常需要将国家或政府推进某项促进型事项所涉及的管理体制入法(写入法规中),但管理体制如何入法,往往会涉及一国的行政管理体制问题,因而,在入法前需要回答与解决以下一些问题。

其一,设置单一性的管理机构还是分散协同性的管理机构。一般而言,单一性的管理机构往往具有较好的独立性与权威性,这是促进事项或管理行为得以有效运行的组织保障。

其二,管理机构的职权如何设定,如何行使。一般而言,管理机构职权法定、职责统一、追责有力是确保管理机构有效运行的制度保障。

其三,管理机制如何有机运行。仅有机构和保障措施还不够,还需要有一定的运行机制促进它们有效运行,就一定意义而言,运行机制是确保管理行为得以有效运行的机制保障。

其四,从中央到地方是采取垂直管理还是分权管理。垂直管理具有"统"的功效,分权管理具有"分"的机能,应针对不同的促进事项或管理行为在立法上有所侧重。统分职能的有机划定是确保管理机构有效运行的体制保障。

上述问题既是管理体制自身需要解决的问题,也是管理体制入法过程中,如何通过法条加以呈现的法技术构造问题。

(二)中小企业管理体制的观测点选取

1. 管理机构。我国于2002年制定的《中小企业促进法》没有采取国外通行的单一、相对独立的管理机构设置模式,而是采取主管与协管相结合的设置模式。在立法后评价中,以此作为相关观测点,可以分析和比较我国行政管理体制改革对中小企业管理体制产生的影响。

2. 管理职权。我国于2002年制定的《中小企业促进法》对相关行政部门设定了行政职权,主要有宏观指导权、规划调控权、行政管理权、监督检查权、奖罚权等。但不同的行政部门所拥有的职权是有所差异的。在立法后评价中,选取管理职权作为相关观测点,可以窥见与分析现行立法对行政职权规定的科学性问题,以及行政管理权实施的成效问题。

3. 运行机制。我国于2002年制定的《中小企业促进法》对中小企业促进事项所采取的运行机制作出了规定。立法着重就体制、机构、职权之间的配比、运行途径作出制度性安排。在立法后评价中,选取运行机制作为相关观测点,可以比较和分析现行立法对运行机制作出的制度性安排的科学性问题以及成效问题。

(三)管理体制对中小企业促进行为的运行机理

1. 管理体制对中小企业促进的效能影响。法规的实施是需要计算制度成本与制度运行绩效的。就中小企业促进的立法而言,通过立法,确保国家(政府)对中小企业以较少的投入取得更大的产出,营造中小企业成长与发展环境,从而促使中小企业更好地成长与发展,要实现这样一个立法初衷,关键性的因素在于配置有效的管理体制。

2. 管理体制对中小企业促进的权能影响。管理体制的核心问题是管理机制的权能设定与运行。徒法不足以自行,中小企业促进工作需要由立法赋予管理部门、行业自律部门去牵头实施,它的权威性与领导力如何,会直接影响法规的实施成效。

3. 管理体制对中小企业促进的动(力)能影响。一项好的管理体制会生成一项好的运行机制,而好的运行机制又会作用于管理机构将管理活动推向深入。因而,管理体制各要素之间的动能转换有利于推进促进事业的有序化发展。中小企业促进是一项系统工程,其中管理体制对中小企业促进的动能影响最大,也最为直接。

## 三、宏观管理方式及运行观测点的选取

### (一)宏观管理方式界说

宏观管理方式,通常是指管理手段的直接作用方式。对某些促进事项所采取的宏观管理方式,可以从不同的层面进行分类。

1. 行政手段、经济手段、法律手段。这是从管理方式实施的手段所作的分类。

行政手段,是指依靠行政组织的权威,运用指导、通知、命令、上报、检查、奖罚等行政性方式,对被促进对象施加直接影响的管理手段。这种管理手段具有快速、有效、强制的特点,有利于获得系统整体的功能,并实现对全局活动的有效控制。

经济手段,是指通过经济杠杆(如税收、信贷、补贴、奖励等)去刺激、引导被促进对象的组织行为,从而达到调节各方面利益关系的目的。经济手段具有经济性与利益诱导性的特点,能直接调动相关主体的积极性、主动性和创造性,能较好地协调国家(政府)目标与被促进对象目标之间的关系,从而引导被促进对象朝着立法政策预设的目标发展。

法律手段,是指通过运用法律规范和具有法律规范性质的各种行为规则进行管理的方法。法律手段具有指引性、可预测性、规范性、稳定性和强制性的特点,法律手段的运用,有利于稳定管理秩序、规范管理活动,并使之制度化。

在当前推进依法治理的背景下,上述三种手段的运用并非孤立或对立的,它们可以综合运用,尤其是应将行政手段与经济手段纳入法律手段中,从而提高三者之间的协动性与有效性运用。

2. 事前监管、事中监管与事后监管。这是从管理方式实施的途径所作的分类。

事前监管,是指管理部门为某项促进事项设定一定的条件,在被促进对象尚

未开展某项经营性活动时,监管部门就提前介入,给被促进对象以指导、引导、前置审查等。事前监管能起到防患于未然的作用,但这种监管由于针对各类具体的个体,需要有预见性、设定标准的一致性和强大的执行力才能发挥监管的整体效果。因而,事前监管途径,监管成本较大,且容易执法不一,影响监管的权威。

事中监管,是指行政管理部门根据相关法规,依法对被促进对象在事中活动过程中所实施监督检查的一种方式。事中监管往往具有执法过程跟踪的特点,对被监管者形成较强的威慑力,随着"一公开、二随机"监管手段在事中监管中的推进,事中监管具有投入监管资源少、获得监管效果明显的监管实效。

事后监管,是指对某种应予以管理的活动,在其结束之后监督管理部门所进行的监督。事后监管是"收场式"的监管,往往是在被监管对象出了事之后对其进行监管。事后监管虽具有监管数量比事前监管少,监管成本相对较低的特点,但其存在监管不到位、损失后修补往往造成社会资源浪费等监管弊端。

事前、事中、事后监管就其运行方式而言虽有差异,但都应当遵循依法、公开、公平、公正、便民、廉洁的基本原则。从近几年国家对市场监管方式改革总的推进走向分析,是推进以"宽进严管"为核心的从事前监管向事中、事后监管为主的监管方式的转型。

3. 宏观调控式管理、市场调节式管理、企业与行业自律式管理。这是从管理方式在我国企业管理的实践所作的分类。

宏观调控式管理,是指国家或政府为了促进某些事项的发展,运用政策、法规、计划等手段对该事项运行状态和经济关系进行必要的控制与干预,以保证该事项以持续、快速、协调、健康地发展。政府宏观调控是一项系统工程,它更多地运用对称型的政策工具。

市场调节式管理,是指运用市场配置资源、市场调节分配、市场信息指导决策的方式进行,从而使所促进的事项获得最佳效益。在市场经济条件下,国家出台中小企业促进政策,并不必然表明对所有中小企业都予以扶持。对哪些中小企业应给予必要的扶持,取决于该中小企业自身的成长能力,取决于优胜劣汰的市场判定,取决于该类中小企业与国家产业政策所倡导方向的对应性。因此,对中小企业的成长问题实施由市场调节式管理的做法,其实是对中小企业分类施策的体现。

企业与行业自律式管理，是指对某些促进事项采取让企业自己约束自己的方式加以实施，它包括两个方面，一方面是由企业自身对国家法律、法规和政策的遵守和贯彻，另一方面是让行业内部的行规行约制约成员企业的行为。企业与行业自律式管理具有较好的自我促进、自我保护、自我监督的内在机能，因而具有较强的内生性动力。

（二）宏观管理方式的观测点选取

我国于2002年制定的《中小企业促进法》是以改善中小企业经营环境，促进中小企业健康发展作为主要立法宗旨的。在该法的相关制度构建中，突出了资金支持、创业扶持、技术创新、市场开拓、社会服务等相关促进政策，其中涉及相关指导、协调、帮助、扶持、激励等手段的广泛运用。因而，在宏观调控管理方式的观测面上，可以将“指导”“协调”“扶持”“激励”等手段的运用作为观测点，以便窥见促进型立法政策全貌，在此基础上进行立法后评价。

另外，就企业与行业组织自律式管理方式而言，在立法后评价中，可以选取《中小企业促进法》中将中小企业是否自觉接受国家促进政策，行业组织是否通过加强自律行为，提升促进政策的执行力作为相关观测点，以便窥见中小企业对促进型立法政策的自觉性与自律性的回应，在此基础上进行立法后评价。

（三）宏观管理方式对中小企业促进行为的运行机理

1. 宏观管理方式影响中小企业的行为路径选择。中小企业成长就其途径而言可以有外生型途径、内生型途径或两种结合型途径选择。有研究认为，在国家对中小企业促进政策信号偏强的情形下，大多数中小企业会采取两种结合型途径以促进自身的成长发展，[1] 这意味着，管理方式对中小企业成长是产生直接影响的，它或多或少地会影响中小企业成长发展的行为选择，从而使国家对中小企业促进政策的引导效果得到实现。

2. 宏观管理方式影响中小企业的微观经营活动。国家为推动中小企业成长实施促进政策，在上述管理方式的基础上，综合选取“法律监管”“事中监管”“宏观调控”管理方式。这些管理方式对中小企业微观经营活动的影响是深远的。财税、金融、技术创新等政策工具的法治化推进影响着中小企业经营活动的决策

〔1〕 参见唐海滨：《企业成长的主要途径与方式》，载《企业活力》1992年第12期。

方向;事中监管方式的广泛应用影响着中小企业经营活动的规范化水平;宏观调控方式的实施影响着中小企业的经营决策能力。

3. 宏观管理方式影响中小企业促进法的实施成效。《中小企业促进法》的实施依赖于有效的宏观调控方式,《中小企业促进法》的实施过程也是宏观调控方式的实际运用过程。由此而论,对2002年制定的《中小企业促进法》的立法后评估,其实质是对中小企业促进法实施宏观管理方法的实效评价。评价的重点是如何将上述相关的管理方式的运用有机地联系起来。目前,事前监管、法律监管、宏观调控都是以各自的一个侧面出现在法条上,融合性的管理方式还未得到充分的呈现,需要在相关评价活动中找出问题的原点与症结所在。

## 第二节　管理体系的本国特色与运行成效

2002年制定的《中小企业促进法》是一部颇具我国特色的促进中小企业成长与发展的法律。该法在相关立法政策、管理机制以及具体制度构建上较好地回应与反映了我国中小企业成长发展的基本要求。由于管理体系最能反映法规的本土性特色,因此,从管理体系出发去总结与提炼该法的基本特色对于该法的评估与修订具有基础性的意义。

### 一、国家立法、地方立法并举的立法特色及其运行

#### (一)"一法一条例"的地方立法局面

自《中小企业促进法》颁布后,各省(自治区、直辖市)针对本地实践,颁布了地方性法规,形成了"一法一条例"的地方立法局面,见表4-1,进而呈现了全国性立法与地方法规配套良性互动的态势。截至2017年《中小企业促进法》修订之前,有25个省(自治区、直辖市)出台了促进中小企业发展的"条例"或"实施办法",另有24个省(自治区、直辖市)针对2012年的《国务院关于进一步支持小型微型企业健康发展的意见》(国发〔2012〕14号)发布了支持小微企业发展的"实施意见"。

**表4-1 “一法一条例”一览表**

| 序号 | 颁布部门 | 颁布/修订时间 | 条例名称 | 基本结构 | 地方立法补充性内容 |
|---|---|---|---|---|---|
| 1 | 天津市人民代表大会常务委员会 | 2005年9月8日通过 | 《天津市实施〈中华人民共和国中小企业促进法〉办法》[1] | 未分章,46条 | (1)加强对中小企业统计指标的采集和动态监测,全面准确反映本市中小企业发展情况,为政府决策和管理提供服务;(2)本市按照国家规定设立中小企业发展基金,用于促进中小企业发展的8类事项中;(3)注册成立公司制中小企业的,注册资本可以分期注入;注册资本中可以包括智力成果、人力资本等无智力成果、人力资本等无形资产并且可以参与分配,具体办法由企业依法自主决定;(4)对鼓励型小企业,设立时基本符合条件但注册资金尚有欠缺的,在企业创办人作出书面承诺后,工商行政管理部门可以颁发有效期为一年的营业执照;(5)具体规定了中小企业的固定资产折旧政策、税收政策 |
| 2 | 江苏省人民代表大会常务委员会 | 2005年12月1日通过,2009年5月20日修订 | 《江苏省中小企业促进条例》 | 由总则、创业扶持、创新推动、市场开拓、资金支持、服务指导、权益保护、附则8章组成,58条 | (1)增设权益保障专章;(2)中小企业可以依法通过招标、拍卖、挂牌或者协议的方式,取得国有土地使用权;通过与农村集体经济组织共同设立企业,由农村集体经济组织以土地使用权入股、联营,取得集体非农业建设用地使用权;(3)中小企业开发新技术、新产品、新工艺发生的研究开发费用,在计算应纳税所得额时,未形成无形资产计入当期损益的,在按照规定据实扣除的基础上,按照研究开发费用的50%加计扣除;形成无形资产的,按照无形资产成本的150%摊销;(4)中小企业与大企业建立以市场配置资源为基础的稳定的原材料供应、生产、销售、技术开发和技术改造等协作关系的,其项目可以享受贴息支持;(5)省中小企业发展专项资金主要用于8个方面的扶持中小企业的事项;(6)中小企业因自然灾害遭受重大损失时,政府以及有关部门应当给予适当救助 |

[1] 天津市于2005年由天津市人大常委会制定《天津市实施〈中华人民共和国中小企业促进法〉办法》,2014年又制定了《天津市促进中小企业发展条例》。

续表

| 序号 | 颁布部门 | 颁布/修订时间 | 条例名称 | 基本结构 | 地方立法补充性内容 |
| --- | --- | --- | --- | --- | --- |
| 3 | 湖北省人民代表大会常务委员会 | 2005年9月30日通过，2020年9月24日修订 | 《湖北省实施〈中华人民共和国中小企业促进法〉办法》 | 未分章,36条 | (1)鼓励政策性银行依托地方性商业银行等中小金融机构和担保机构,开展对中小企业的转贷款、担保贷款等业务。(2)鼓励典当业和融资租赁业的发展,为中小企业提供短期和中长期融资。(3)财政部门对承担中小企业职业技能培训的有关高校、技工学校和培训机构给予一定补贴。(4)鼓励和支持非公有制企业进入垄断行业、基础设施、公用事业、社会事业、金融服务业、国防科技工业以及法律法规未禁入的其他行业和领域,并与其他所有制企业享受同等待遇。(5)对初创小企业,可以按照行业特点降低注册资本限额,允许注册资金分期到位,减免登记注册费用。法律、法规另有规定的除外。(6)中小企业用于研究开发新产品、新技术、新工艺的各项费用不受比例限制,计入成本 |
| 4 | 浙江省人民代表大会常务委员会 | 2006年7月28日通过 | 《浙江省促进中小企业发展条例》 | 由总则、创业扶持、创新推动、市场开拓、资金支持、信用担保、员工培训、社会服务、权益保护、附则10章组成,58条 | (1)增设信用担保、员工培训、权益保护专章;(2)创业人员可以用货币出资,也可以依法用劳务或者实物、知识产权、土地使用权等非货币财产作价出资创办中小企业;(3)建立和完善产业损害预警机制,监测分析进出口异常情况,为中小企业及时运用贸易救济措施提供服务,保护产业安全;(4)鼓励企业资本、民间资本和境外资本多元投资建立多种形式的中小企业信用担保机构 |

续表

| 序号 | 颁布部门 | 颁布/修订时间 | 条例名称 | 基本结构 | 地方立法补充性内容 |
| --- | --- | --- | --- | --- | --- |
| 5 | 湖南省人民代表大会常务委员会 | 2006年7月31日通过，2020年11月27日修订 | 《湖南省实施〈中华人民共和国中小企业促进法〉办法》 | 未分章,36条 | (1)县级以上人民政府应当安排中小企业发展专项资金,并逐步扩大资金规模。县级以上人民政府可以根据实际情况设立中小企业发展基金。(2)县级以上人民政府应当协调金融监督管理机构落实国家支持小型微型企业融资政策,合理提高小型微型企业不良贷款容忍度,建立单独的小型微型企业信贷业务绩效考核机制。(3)县级以上人民政府应当定期向同级人民代表大会常务委员会报告促进中小企业发展情况 |
| 6 | 安徽省人民代表大会常务委员会 | 2006年8月25日通过 | 《安徽省中小企业促进条例》 | 由总则、资金支持、创业扶持、技术创新、市场开拓、社会服务、权益保护、附则8章组成,50条 | (1)增设立权益保护专章。(2)鼓励依法设立各类风险投资机构,开展中小企业风险投资业务。(3)外地人员在本省投资创办中小企业,其本人、配偶及子女可以在投资地落户。具体办法由设区的市人民政府制定。(4)农村集体经济组织兴办的中小企业,或者以农民集体所有建设用地使用权入股、联营等形式与其他单位或者个人共同创办的中小企业,可以依法取得农民集体所有建设用地使用权。(5)中小企业发生的技术开发费用,可以全额计入管理费用,并可以按照规定抵扣应纳税所得额。(6)以无形资产出资创办中小企业的,出资额占企业注册资本的比例可以由投资各方依法约定。(7)支持中小企业加强职工培训。中小企业按照员工工资总额2.5%以下的比例提取的教育培训经费,可以在税前列支 |

续表

| 序号 | 颁布部门 | 颁布/修订时间 | 条例名称 | 基本结构 | 地方立法补充性内容 |
|---|---|---|---|---|---|
| 7 | 新疆维吾尔自治区人民代表大会常务委员会 | 2006年9月29日通过 | 《新疆维吾尔自治区实施〈中华人民共和国中小企业促进法〉办法》 | 由总则、资金支持、创业扶持、技术创新、市场开拓、社会服务、权益保护、附则8章组成,52条 | (1)增设权益保护专章。(2)鼓励政策性银行依托地方性商业银行等金融机构和担保机构,开展对中小企业的转贷款、担保贷款等业务。鼓励典当业、融资租赁业发展,为中小企业提供短期和中长期融资。(3)鼓励中小企业组建互助担保机构,开展互助担保。(4)对不以营利为主要目的的中小企业信用担保和再担保机构从事担保业务的收入,按照国家有关规定享受税收减免政策。(5)中小企业在科技成果引进、转化及生产过程中,按照当年实际发生的技术开发费用的150%抵扣当年应纳税所得额,实际发生的技术开发费当年抵扣不足部分,可按税法规定,在5年内结转抵扣 |
| 8 | 山西省人民代表大会常务委员会 | 2006年11月30日通过 | 《山西省实施〈中华人民共和国中小企业促进法〉办法》 | 由总则、资金支持、创业扶持、技术创新、市场开拓、社会服务、权益保护与义务、附则8章组成,30条 | (1)增设权益保护与义务专章。(2)中小企业在科技成果引进、转化以及生产过程中,技术开发费用按照实际发生额计入管理费用。中小企业支付给从事技术开发和服务的科技人员的报酬,可以列入技术开发费用。(3)县级以上人民政府应当对在技术创新、争创名牌等方面取得显著成绩的中小企业给予表彰和奖励。(4)中小企业可以按照国家有关规定提取职工教育培训经费,在企业所得税税前扣除。(5)中小企业用于研究开发费用,可以加计抵扣企业所得税应纳税所得额 |

续表

| 序号 | 颁布部门 | 颁布/修订时间 | 条例名称 | 基本结构 | 地方立法补充性内容 |
| --- | --- | --- | --- | --- | --- |
| 9 | 重庆市人民代表大会常务委员会 | 2007年11月23日通过 | 《重庆市中小企业促进条例》 | 由总则、资金支持、创业扶持、技术创新、市场开拓、社会服务、权益保护、附则8章组成,40条 | (1)增设权益保障专章;(2)规定市中小企业发展基金用于扶持中小企业发展的5个方面事项;(3)农村集体经济组织兴办的中小企业,或者以农村集体所有建设用地使用权入股、联营等形式与其他单位或者个人共同创办的中小企业,可以依法取得农村集体所有建设用地使用权;(4)建立中小企业技术创新基地、产业化基地和科技企业孵化基地,营造有利于中小企业自主创新的环境;(5)中小企业在科技成果引进、科技成果转化、实施技术创新过程中发生的技术开发费用,按照规定可抵扣应纳税所得额;(6)建立和完善中小企业行业损害预警机制,监测分析中小企业发展的异常情况,及时提供相关信息,引导中小企业规避风险 |
| 10 | 广东省人民代表大会常务委员会 | 2007年9月30日通过 | 《广东省促进中小企业发展条例》 | 由总则、创业扶持、资金支持、技术创新、市场开拓、社会服务、权益保护、附则8章组成,44条 | (1)增设权益保护专章;(2)对6类符合国家和本省政策规定的中小企业,在税、费政策规定的期限内给予税、费优惠;(3)鼓励具备条件的中小企业成立担保机构和开展担保业务,依法、自愿开展多种形式的互助性融资担保。公民和社会组织可以出资组建中小企业互助性融资担保机构和商业性担保机构,为中小企业提供融资担保等服务 |

续表

| 序号 | 颁布部门 | 颁布/修订时间 | 条例名称 | 基本结构 | 地方立法补充性内容 |
| --- | --- | --- | --- | --- | --- |
| 11 | 河北省人民代表大会常务委员会 | 2007年5月24日通过 | 《河北省中小企业促进条例》 | 未分章,34条 | (1)鼓励企业、个人、社会团体等各类投资主体出资组建信用担保机构,鼓励中小企业组建互助担保机构,依法开展互助担保。(2)鼓励典当和融资租赁企业为中小企业提供短期和中长期融资。(3)鼓励社会各类投资主体建立中小企业创业辅导基地,为创业者提供优质服务。对创业辅导基地建设,县级以上人民政府给予支持。(4)各级人民政府及其相关部门引导以中小企业集聚为特征的产业集群发展,在共性技术和公共服务方面给予支持,提供发展条件 |
| 12 | 山东省人民代表大会常务委员会 | 2007年7月27日通过 | 《山东省中小企业促进条例》 | 由总则、创业扶持、技术创新、市场开拓、资金支持、信用担保、社会服务、权益保障、附则9章组成,38条 | (1)增设信用担保、权益保障专章。(2)以无形资产出资创办中小企业的,出资额占企业注册资本的比例,可以由投资各方协商约定。法律、法规另有规定的,依照其规定。(3)鼓励和引导民间资本和境外资本建立各类风险投资机构,为中小企业技术创新、科技成果转化提供资金支持。(4)鼓励民间资本和境外资本投资设立商业性信用担保机构和企业间互助性担保机构。中小企业信用担保、再担保机构从事中小企业信用担保业务的,享受有关扶持政策。(5)县级以上人民政府应当为建立区域性的中小企业经理人才测评与推荐机构创造便利条件,培育并完善中小企业职业经营者市场 |

续表

| 序号 | 颁布部门 | 颁布/修订时间 | 条例名称 | 基本结构 | 地方立法补充性内容 |
|---|---|---|---|---|---|
| 13 | 陕西省人民代表大会常务委员会 | 2007年3月31日通过，2021年5月27日修订 | 《陕西省实施〈中华人民共和国中小企业促进法〉办法》 | 由总则、资金支持、创业扶持、技术创新、市场开拓、社会服务、权益保护、附则8章组成，51条 | (1)增设权益保护专章；(2)鼓励典当业、融资租赁业为中小企业提供短期和中长期融资；(3)鼓励各类担保机构为中小企业提供信用担保，对不以营利为目的的中小企业信用担保机构和再担保机构从事担保业务的收入，按照国家规定享受有关税收减免政策；(4)中小企业与农村集体经济组织共同设立企业，农村集体经济组织可以以依法取得的非农业用地土地使用权入股、联营；(5)中小企业在科技成果引进、转化及生产过程中，技术开发费用按照实际发生额计入管理费用，不受比例限制 |
| 14 | 辽宁省人民代表大会常务委员会 | 2008年9月25日通过，2009年5月27日修订 | 《辽宁省促进中小企业发展条例》 | 由总则、资金支持、创业扶持、技术创新、市场开拓、服务措施、权益保护、附则8章组成，41条 | (1)增设权益保护专章；(2)城市商业银行、农村信用社应当积极开发适合中小企业的信贷产品，增加信贷投入，提高对中小企业的金融服务质量；(3)县以上人民政府应当制定和完善创业扶持的政策措施，引导创办符合国家产业政策的中小企业，重点扶持初创的、具有成长性的中小企业；(4)保险机构应当积极开发适合中小企业需求的保险业务，为中小企业提供财产、责任、人身意外以及信用保险等各类保险产品 |

续表

| 序号 | 颁布部门 | 颁布/修订时间 | 条例名称 | 基本结构 | 地方立法补充性内容 |
|---|---|---|---|---|---|
| 15 | 江西省人民代表大会常务委员会 | 2008年8月1日通过 | 《江西省中小企业促进条例》 | 由总则、创业扶持、技术创新、市场开拓、资金支持、社会服务、权益保护、附则8章组成，43条 | (1)增设权益保护专章；(2)农村集体经济组织可以将经依法批准取得的集体建设用地使用权以入股、联营等方式与其他单位或者个人共同设立中小企业；(3)中小企业应当加强职工培训和职业技能鉴定，除国务院财政、税务主管部门另有规定外，中小企业发生的职工教育经费支出，不超过工资薪金总额2.5%的部分，准予在企业所得税前扣除；超过部分，准予在以后纳税年度结转扣除；(4)鼓励各类担保机构扩大中小企业信用担保范围；以中小企业为服务对象的信用担保机构从事担保业务的收入，按照国家有关规定享受税收优惠政策 |
| 16 | 广西壮族自治区人民代表大会常务委员会 | 2008年9月27日通过 | 《广西壮族自治区私营企业条例》 | 由总则、鼓励和支持、权利与义务、监督和管理、法律责任、附则6章组成，20条 | 以私营企业作为立法调整对象 |
| 17 | 云南省人民代表大会常务委员会 | 2008年5月29日通过 | 《云南省中小企业促进条例》 | 由总则、资金支持、创业扶持、技术创新、市场开拓、社会服务、权益保障、附则8章组成，38条 | (1)增设权益保障专章；(2)农村集体经济组织经依法批准，可以使用符合乡(镇)土地利用总体规划确定的建设用地，兴办企业或者与其他单位、个人以土地使用权入股、联营等形式共同兴办中小企业；(3)政府资助的中小企业服务机构应当向中小企业提供免费或者低收费服务 |

续表

| 序号 | 颁布部门 | 颁布/修订时间 | 条例名称 | 基本结构 | 地方立法补充性内容 |
|---|---|---|---|---|---|
| 18 | 海南省人民代表大会常务委员会 | 2009年3月25日通过 | 《海南经济特区促进中小企业发展条例》 | 由总则、资金支持、创业扶持、创新推动、市场开拓、社会服务、权益保护、附则8章组成,56条 | (1)增设权益保护专章;(2)中小企业发展专项资金主要用于10个方面扶持中小企业发展事项;(3)县级以上人民政府对扶持中小企业发展做出突出贡献的金融机构,给予奖励;(4)鼓励、引导中小企业依法开展多种形式的互助性融资担保,对中小企业成立的互助担保机构,县级以上人民政府参照第本条例第17条的规定给予扶持;(5)工商行政管理部门对中小企业实行直接核准登记制,市、县、自治县工商行政部门可以委托辖区工商所核准登记,对符合注册条件的,工商行政管理部门应当自受理之日起5个工作日内核发营业执照;(6)设立的中小企业可以实行注册资本分期缴付制,注册登记后1个月内注入的首期出资应当不少于注册资本总额的10%,1年内注入的出资应当不少于注册资本总额的50%,最后一期出资应当在登记后的3年内注入,设立投资公司应当在登记后的5年内注入;(7)中小企业为开发新技术、新产品、新工艺发生的研究开发费用,未形成无形资产计入当期损益的,在按照《企业所得税法》及其实施细则规定据实扣除的基础上,按照研究开发费用的50%加计扣除;形成无形资产的,按照无形资产成本的150%摊销;(8)县级以上人民政府支持中小企业参与国有企业和集体企业的改组、改制、改造,对其可以采取不同方式给予适当补贴,对中小企业出资重组经营困难的国有企业或者购买国有企业产权,资金支付暂有困难的,经国有资产监督管理部门授权经营公司同意,可以分期支付,但首期支付金额不得低于收购总价的30%,分期支付的总期限不得超过3年,并按银行同期流动资金贷款利率在税后支付利息 |

续表

| 序号 | 颁布部门 | 颁布/修订时间 | 条例名称 | 基本结构 | 地方立法补充性内容 |
| --- | --- | --- | --- | --- | --- |
| 19 | 甘肃省人民代表大会常务委员会 | 2009年6月4日通过 | 《甘肃省促进中小企业发展条例》 | 由总则、资金支持、创业扶持、技术创新、市场开拓、社会服务、权益保护、附则8章组成,44条 | (1)增设权益保护专章;(2)鼓励典当业和融资租赁业为中小企业提供融资服务;(3)鼓励具备条件的中小企业成立担保机构和开展担保业务,依法、自愿开展多种形式的互助性融资担保;(4)个人和社会组织可以出资组建中小企业互助性融资担保机构和商业性担保机构,为中小企业提供融资担保等服务;对不以营利为主要目的的中小企业信用担保和再担保机构从事担保业务的收入,按照国家和省的有关规定享受税收优惠政策;(5)中小企业与大企业建立以市场配置资源为基础的、稳定的原材料供应、生产、销售、技术开发和技术改造等协作关系的,其项目可以享受贷款贴息支持;(6)鼓励中小企业通过农村集体用地使用权流转从事农业产业化经营;农村集体经济组织兴办的中小企业,或者以农村集体所有建设用地使用权入股、联营等形式与其他单位或者个人共同创办的中小企业,可以依法取得农村集体所有建设用地使用权;(7)中小企业购置并实际使用在目录规定的环境保护、节能节水、安全生产等专用设备的,该专用设备的投资额的10%可以从企业当年的应纳税额中抵免;当年不足抵免的,可以在以后5个纳税年度结转抵免 |

续表

| 序号 | 颁布部门 | 颁布/修订时间 | 条例名称 | 基本结构 | 地方立法补充性内容 |
|---|---|---|---|---|---|
| 20 | 贵州省人民代表大会常务委员会 | 2010年1月8日通过 | 《贵州省中小企业促进条例》 | 由总则、资金及信用支持、创业扶持、技术创新和技术改造、市场开拓与社会服务、权益保护6章组成,42条 | (1)增设立权益保护专章;(2)鼓励以知识产权等无形资产作价出资创办中小企业。以知识产权等无形资产出资创办中小企业的,出资额占企业注册资本(经营资金)的比例可以由投资各方协商约定,法律、法规另有规定的除外 |
| 21 | 宁夏回族自治区人民代表大会常务委员会 | 2010年7月30日通过 | 《宁夏回族自治区促进中小企业发展条例》 | 由总则、创业扶持、资金支持、技术创新、市场开拓、服务体系、权益保护、附则8章组成,52条 | (1)增设权益保护专章;(2)县级以上人民政府应当建立和完善鼓励支持中小企业创业发展的政策体系和服务体系;(3)鼓励和引导创办科技创新型、资源综合利用型、环保节能型等类型的中小企业;(4)农村集体经济组织可以以农村集体建设用地使用权入股、联营等形式与其他单位或者个人共同创办中小企业 |
| 22 | 上海市人民代表大会常务委员会 | 2011年4月12日通过 | 《上海市促进中小企业发展条例》 | 由总则、创业扶持、资金支持、创新推动、市场开拓、服务保障、权益保护、附则8章组成,47条 | (1)增设权益保障专章;(2)规定本市中小企业发展专项资金用于小企业的资金比例应当不低于1/3;本市支持企业发展的其他相关专项资金用于中小企业的资金比例原则上不低于1/3;(3)中小企业可以以动产、股权、仓单、应收账款和知识产权等设定担保 |

续表

| 序号 | 颁布部门 | 颁布/修订时间 | 条例名称 | 基本结构 | 地方立法补充性内容 |
| --- | --- | --- | --- | --- | --- |
| 23 | 黑龙江省人民代表大会常务委员会 | 2011年12月8日通过，2018年4月26日、2018年6月28日两次修订 | 《黑龙江省促进中小企业发展条例》 | 由总则、创业扶持、资金支持、创新推动、市场开拓、服务保障、权益保护、附则8章组成，52条 | (1)增设权益保护专章；(2)以知识产权等无形资产评估作价参与创办中小企业的，出资额占企业注册资本（经营资金）的比例可以由投资各方协商约定，法律、法规另有规定的除外；(3)创办小企业符合促进就业等规定的，可以向所在地人力资源和社会保障行政主管部门、财政部门申请一定额度的小额担保贷款资金和贴息；(4)中小企业由于生产特点或者工作特殊需要等原因，经与职工协商同意后可以向人力资源和社会保障行政主管部门申请实行不定时工作制或者综合计算工时制；(5)省、市级人民政府应当设立中小企业信用担保风险补偿资金，对为中小企业提供贷款担保的担保机构给予风险补偿；(6)支持中小企业通过发行集合债券、集合票据和采取集合信托等方式融资；县级以上财政部门对发行债券的试点企业可以给予适当补贴；(7)中小企业开发新技术、新产品、新工艺的研究开发费用，可以依法在计算应纳税所得额时加计扣除；(8)知识产权行政主管部门对中小企业知识产权保护提供指导和服务，依法保护中小企业的创新技术和品牌，对可以起到示范和引导作用的专利优势企业给予资金支持；(9)实行审批限时制，无法定理由在规定期限内未办结的，追究相关人员的责任 |

续表

| 序号 | 颁布部门 | 颁布/修订时间 | 条例名称 | 基本结构 | 地方立法补充性内容 |
| --- | --- | --- | --- | --- | --- |
| 24 | 北京市人民代表大会常务委员会 | 2013年12月27日通过 | 《北京市促进中小企业发展条例》 | 由总则、创业扶持、技术创新、资金支持、市场开拓、服务保障附则7章组成,43条 | (1)将中小企业划分为中型企业、小型企业和微型企业;(2)对中小企业发展基金用途作出明确规定 |
| 25 | 吉林省人民代表大会常务委员会 | 2017年12月1日通过 | 《吉林省促进中小企业发展条例》 | 由总则、财政支持、融资促进、创业扶持、创新支持、市场开拓、服务措施、权益保护、监督检查、附则10章组成,60条 | (1)明确中小企业含微型企业。(2)增设权益保护、监督检查专章。(3)省人民政府在本级预算中安排中小企业发展专项资金。中小企业发展专项资金向小型微型企业倾斜,资金管理使用坚持公开、透明的原则,实行预算绩效管理。(4)县级以上人民政府税务主管部门和有关部门落实小型微型企业减免税、降费等优惠政策。(5)建立政府重大投资项目银行信贷与中小企业信贷倾斜挂钩制度。(6)各级人民政府负有编制预算职责的部门,制定向中小企业采购的具体方案,统筹确定采购的项目。预留部门年度政府采购项目预算总额的30%以上,专门面向中小企业采购,其中,预留给小型微型企业的比例不低于60%。中小企业无法提供的商品和服务除外。(7)省人民政府建立对中小企业在本省生产的首台、首套、首批次重大技术装备、关键零部件和新材料实行认定奖励和保险补偿机制。(8)县级以上人民政府可以根据实际情况委托第三方机构开展中小企业发展环境评估 |

### (二)国家法统率下的地方立法特点

从对地方立法的比较分析中,可以概括出以下几个特点。

1. 在立法文件形式上,"实施办法"与"促进条例"并举。湖北、湖南、河南、四川、青海、陕西、新疆7个省份以"实施办法"的形式出台,法规名称为《××省(区)实施〈中华人民共和国中小企业促进法〉办法》,重庆、广东、浙江、山东等21个省(市)以"条例"的形式出台,法规名称为《××省(市、区)中小企业促进条例》;另外,山西和天津两个省、市既制定了条例,又出台了实施办法,而西藏、内蒙古两个自治区未出台上述两类地方性法规和规章。至今,全国共出台了43部地方性法规和规章(含较大市制定的地方性法规)。

2. 在立法内容上,对相关制度进行补充、细化与创新。各地在遵循《中小企业促进法》的立法思路,确保相关制度得以落实的基础上,针对本地实际,对相关制度有所补充、细化与创新。比如:(1)在资金支持上,《上海市促进中小企业发展条例》规定,上海市中小企业发展专项资金中用于小企业的资金比例不得低于1/3;上海市支持企业发展的其他相关专项资金也应当适当向中小企业倾斜,用于中小企业的资金比例原则上不得低于1/3。各地立法都鼓励、支持中小企业通过法律、行政法规允许的融资方式直接融资,提及的融资方式主要集中在股权融资、项目融资,以及典当业、融资租赁、发行债券等融资方面。(2)一些地方性法规新增创业扶持内容。在创业基地建设方面,《浙江省促进中小企业发展条例》要求政府支持小企业创业基地建设,扶持小企业创业。(3)细化科技创新政策措施。如《浙江省促进中小企业发展条例》第19条、《陕西省实施〈中华人民共和国中小企业促进法〉办法》第26条和第27条、《山西省实施〈中华人民共和国中小企业促进法〉办法》第17条规定,中小企业用于研究开发费用,可以按照国家有关规定加计抵扣企业所得税应纳税所得额。(4)不少地方的促进条例或实施办法增设"权益保护"专章,强调对中小企合法权益保护的重要性。

3. 在立法结构上,遵循《中小企业促进法》的章节体系并有所增设。除了湖南省、湖北省等少数省、市出台的条例中,条款设置未分章节之外,其他省(市、区)都基本遵循了《中小企业促进法》的章节设置的特点,均以总则、资金支持、创业扶持、技术创新、市场开拓、社会服务、附则7个章节设置内容,有些地方性法规增添了"权益保护"章节,广东省、浙江省等几个省份还增加设置了"信用担保”的章节。[1]

## 二、综合性法规与行政规章互动的法律实施方式及其运行

### (一)《中小企业促进法》实施中的政策推进

2003年2月19日,国家经济贸易委员会、国家发展计划委员会、财政部、国家统计局四部门联合颁发了《中小企业标准暂行规定》(国经贸中小企〔2003〕143号)。本规定分别从职工人数、销售额、资产总额几个方面对工业、建筑业、交通运输和邮政业、批发和零售业以及住宿和餐饮业中的中小企业标准作了详细的规定。这一标准的面世,对各地贯彻《中小企业促进法》,及时出台相应的配套政策奠定了良好基础,对做好中小企业促进工作具有重要意义。2011年6月,国家统计局、国家发展改革委、财政部、工业和信息化部联合印发了《关于印发中小企业划型标准规定的通知》(工信部联企业〔2011〕300号),再次对处于各行各业的中小企业制定了具体的划型标准。该项新标准充分考虑了中小企业所处的行业特点,有利于建立中小企业信息管理和统计制度,真实反映中小企业的经济运行状况,同时便于政府出台具有针对性的政策,加大针对中小企业的扶持力度,提高扶持的针对性和时效性。相较于2003年制定的标准,该标准较好地解决了原有标准存在的问题,对制定和实施中小企业相关政策,推动中小企业成长与发展具有重要意义。

2003年11月10日,中共十六届中央委员会作出《中共中央关于完善社会主义市场经济体制若干问题的决定》,明确鼓励、支持和引导非公有制经济发展,支持非公有制中小企业的发展,鼓励有条件的企业做强做大。这一涉及国家经济改革与发展的纲领性文件的出台,对我国中小企业的成长与发展产生了深远的影响。

2005年2月24日,国务院颁布了《国务院关于鼓励支持和引导个体私营等非公有制经济发展的若干意见》(国发〔2005〕3号,以下简称“非公经济36条”),这是改革开放27年来,国务院针对非公有制经济下发的第一个政策性文件,也是新中国成立以来第一部全面支持发展非公有制经济的国务院文件。各

〔1〕 参见谢婉瑶:《〈中小企业促进法〉实施情况研究》,载《知识经济》2017年第7期。

部门、各地区高度重视若干意见的贯彻落实工作。截至2005年12月,国务院有关部门相继出台了贯彻落实“非公经济36条”的具体措施和配套办法17件;各省、市累计出台贯彻落实“非公经济36条”的实施意见共计13件。

2006年11月23日,国务院办公厅转发国家发展改革委等部门制定的《关于加强中小企业信用担保体系建设的意见》(国办发〔2006〕90号),在该意见中,就建立健全担保机构的风险补偿机制、完善担保机构税收优惠等支持政策、推进担保机构与金融机构的互利合作、切实为担保机构开展业务创造有利条件、加强对担保机构的指导和服务等提出意见和工作部署。

2010年5月1日,国务院作出《国务院关于鼓励和引导民间投资健康发展的若干意见》(国发〔2010〕13号,以下简称“民间投资36条”),这是改革开放以来国务院出台的第一份专门针对民间投资发展、管理和调控的综合性政策文件。该意见就进一步拓宽民间投资的规模和范围、鼓励和引导民间资本进入基础产业和基础设施领域、鼓励和引导民间资本进入市政公用事业和政策性住宅建设领域、鼓励和引导民间资本进入社会事业领域、鼓励和引导民间资本重组参与国有企业改革等作出规定。

2011年12月31日,财政部、工信部等有关部门颁布《政府采购促进中小企业发展暂行办法》(财库〔2011〕181号),规定在满足机构自身运转和提供公共服务基本需求的前提下,应当预留本部门年度政府采购项目预算总额的30%以上,专门面向中小企业采购,其中,预留给小型和微型企业的比例不低于60%。在政府采购活动中给中小企业设定一定比例的采购份额,有利于促进中小企业在市场中的竞争力提升。

2012年4月19日,国务院作出《国务院关于进一步支持小型微型企业健康发展的意见》(国发〔2012〕14号),就进一步加大对小型微型企业的财税支持力度、缓解小型微型企业融资困难,推动小型微型企业创新发展与结构调整,加大支持小型微型企业开拓市场力度,切实帮助小型微型企业提高经营管理水平,促进小型微型企业集聚发展,加强对小型微型企业的公共服务作出指导性意见,这是自中、小、微型企业划分以来第一部针对小、微型企业的政府文件。

2014年10月31日,国务院作出《国务院关于扶持小型微型企业健康发展的意见》(国发〔2014〕52号),从10个方面就切实扶持小型微型企业(含个体工商户)健康发展提出政策意见。

2015年6月11日,国务院作出《国务院关于大力推进大众创业万众创新若干政策措施的意见》(国发〔2015〕32号),就推进大众创业万众创新提出总体思路和工作要求。

(二)《中小企业促进法》实施中的若干事件推动

2006年3月14日,第十届全国人大第四次会议表决通过《关于国民经济和社会发展第十一个五年规划纲要》。该纲要中明确提出要实施中小企业成长工程。国务院也将实施中小企业成长工程列入2006年的工作重点。

2006年9月14日,国务院在广州首次召开全国中小企业工作座谈会。全面总结了"十一五"期间中小企业改革发展的成绩和经验,精辟分析了我国中小企业面临的机遇和挑战,部署"十一五"期间中小企业发展的任务。这是改革开放以来研究部署中小企业发展工作的首次全国性会议。

2006年12月11日,中国中小企业协会成立大会在北京召开,宣告中国中小企业协会正式成立。中国中小企业协会是一个跨行业、跨所有制的全国性、综合性协会。作为一个主要为中小企业服务的社团组织,中国中小企业协会在增进交流沟通,发挥中小企业与政府间桥梁纽带的作用方面,在加强服务,帮助中小企业解决发展中遇到的困难问题方面,在搭建平台,促进中小企业对内对外开放方面起到了作用。

2002年始,中央财政依《中小企业促进法》的规定,设立了中小企业科目,安排中小企业专项资金。中小企业专项资金从2002年的9.8亿元增加到2014年的150亿元以上,重点支持中小企业科技创新、结构优化、信用担保、开拓国际市场和社会化服务体系建设;各省对应中央设立了中小企业专项资金,总规模突破60亿元;2015年中央财政安排600亿元设立国家中小企业发展基金;国家设立了中小企业国际市场开拓资金,先后与美国、欧盟等签署了十多个中小企业合作协议,将举办各种类型的国际性中小企业博览会经常化、制度化,支持内资中小企业参加境外展览会。

2003年始,服务中小企业的金融机构呈现多元化发展。大型商业银行设立了专门的中小企业信贷部;专门性、地方性支持中小企业发展的中小金融机构大规模成立;在国家和地方各种优惠政策扶持之下全国中小企业信用担保机构得到发展,信用担保体系更加完善,2003 年以来国家共计扶持 3400 家中小企业信用担保(再担保)机构,累计安排信用担保资金 60 多亿元,提供中小企业贷款担保业务 1.7 万余亿元。

2004 年,中小企业板在深圳证券交易所正式启动。中小企业板是专门面向广大中小企业提供直接融资的平台,2004 年 5 月 17 日,中国证监会发布《中小企业板实施细则》,同意深圳证券交易所在主板市场内设立中小企业板,并核准了中小企业板实施方案。2004 年 5 月 27 日,中小企业板在深圳证券交易所正式启动。截至 2019 年,深圳证券交易所中小企业板已经走过 15 个年头。这 15 年间,中小板上市企业从首批 8 家发展到 932 家,股票市值接近深沪两市总市值的 20%,业绩保持两位数复合增长。[1] 中小企业申请在中小企业板市场上市,有利于迅速扩大企业的规模,增强企业的实力;有利于建立归属清晰、流转顺畅的现代产权制度,增强企业创业和创新的动力;更有利于树立品牌,提高企业形象。在多层次资本市场的建设中,中小板培育了一大批细分行业的"隐形冠军"。

之后,中小企业板、创业板、全国中小企业股份转让系统("新三板")、地方区域性股权交易市场("四板")相继批准设立。2012 年全国中小企业股份转让系统运行,全国中小企业股份转让系统,是经国务院批准设立的全国性证券交易场所,全国中小企业股份转让系统有限责任公司为其运营管理机构。

2003 年,中小企业融资试点工作启动。2003 年 11 月 13 日,国家发展改革委中小企业司与广东发展银行在北京举行了支持中小企业融资发展计划试点工作启动会。双方在充分调研的基础上,形成了全面的合作框架,选择北京、上海、广州、深圳、大连等 10 个城市为中小企业融资试点城市。双方采取多种形式、多种措施联合推进,以保证融资发展计划取得实质性的效果。此项合作计划不仅是贯彻党的十六届三中全会关于"鼓励、支持和引导非公有制经济发展"的有力举措,同时也是政府支持金融机构加大对该类型企业支持力度的一个有效实现途径和方式,为中小企业的发展注入更强劲的动力。

2003 年以后,中小企业社会化服务体系建设取得阶段性成果。《中小企业促进法》实施初期,中小企业信息化建设处于萌芽阶段,到 2013 年年底已建立省

---

[1] 参见毕淑娟:《中小板 15 年》,载《中国联合商报》2019 年 6 月 3 日,第 4 版。

级认定的该类型企业公共服务平台达1600多个、国家认定该类型企业公共服务平台近310个,可供20个省搭建资源共享、互通互联的中小企业公共服务平台网,形成了一个国家总站、47个省市分站、950个二级分站组成的中小企业信息服务网络,奠定了未来经济增长和产业结构调整、转型的资讯由"信息驱动"的交流基础。2017年国家工信部以工信部企业〔2017〕304号文件发布了188家服务中小企业的公共服务平台名单。

(三)《中小企业促进法》实施与中小企业成长与发展

1. 中小企业数量得到较大发展。从2003年1月1日《中小企业促进法》实施到2017年修订,在此期间,中小企业的数量不断增加和壮大。据国家市场监督管理总局统计,截至2017年年底,全国实有各类市场主体共计9814.8万户,其中企业3033.7万户。根据中小企业划型标准和第三次经济普查数据测算,中小微企业的数量合计占企业总量的98%。

2. 中小企业面临的政策环境发生了重大变化。在此期间,修订或废除5000多项(件)限制中小企业、非公有制经济发展的地方政策和规范性文件,近百个配套文件也由相关部门及时出台。[1]

3. 中小企业成为国民经济的重要支柱。近年来,就总体而言,来自中小企业的税收占全国税收的50%以上,成为中国主要的税收主体;中小企业对GDP增长的贡献率在60%左右;中小企业提供了80%的城镇就业岗位,吸纳了70%以上的农村转移劳动力,容纳了90%的新增就业。中小企业成为吸纳就业的重要蓄水池。

4. 中小企业已经成为我国创新发展的重要力量。按照国家科技成果网统计,2018年度登记的57618项应用技术科技成果中,产业化应用的成果数达到31378项,其中由企业完成的科技成果占60.59%;小批量或小范围应用的成果数14531项,其中由企业完成的占42.83%;试用成果数6184项,其中由企业完成的占32.46%。中小企业成为技术创新的积极力量。我国70%的发明专利、75%以上的技术创新、80%以上的新产品是由中小企业完成的。

5. 中小企业成为我国经济新动能培育的重要源泉之一。近年来,在新经济、

---

〔1〕 参见陶清德:《论〈中小企业促进法〉的修订和完善》,载《甘肃理论学刊》2017年第2期。

新技术、新业态、新模式的推动下,国内又催生出了一大批中小企业。在很短的时间内,就成长为细分行业的"隐形冠军"。所谓隐形冠军企业,就是长期专注于某些特定细分产品市场,生产技术或工艺国际领先,单项产品在国内或国际市场上占据绝大部分份额,但社会知名度并不是很高的中小企业。中小企业正在成为经济结构优化升级的重要支撑,也是保障和改善民生的重要依托。

## 三、综合管理与分级管理相结合的管理体制及其运行

### (一)我国中小企业管理体制的历史沿变

改革开放初期,中小企业是单一型企业,只有国有企业和集体企业。此外,国家在当时对企业采取的是"抓大放小"的方针,中小企业没有得到有关部门的有效指导,国家也没有为中小企业设立相应的管理机构。

20 世纪 80 年代中期以后,随着乡镇企业的异军突起,国家开始重视中小企业管理机构的设置,中央和地方设立乡镇企业局,为中小企业提供指导与服务。1998 年,在原国家经贸委设立了中小企业司,直接负责中小企业的管理,并承担中小企业发展的宏观指导工作。

2001 年 4 月,国家工商行政管理局升格为国家工商行政管理总局,由个体私营经济监督管理部门直接管理私营企业的发展,实际上履行着对中小企业的部分管理职能。

2003 年,原国家经贸委设立的中小企业司整建制划转到国家发展改革委,并增加了非国有经济的管理职能。

2008 年,按照大部制改革要求,国家发展改革委下设的中小企业司又整建制地划转到工业和信息化部;2015 年,按照中央编办关于工业和信息化部职责和机构调整的批复,中小企业司更名为中小企业局。

目前,中小企业局主要承担中小企业发展的宏观指导工作,会同有关方面拟订促进中小企业发展和非国有经济发展的相关政策和措施,促进对外交流合作,推动建立完善服务体系,协调解决有关重大问题。中小企业局设局长 1 名,副局长 3 名。共设 6 个处室,分别为综合处、政策规划处、非国有经济处、融资和担保服务处、创业创新服务处,交流合作处。

此外,为了加强协调管理中小企业,中央政府还设立了全国的跨部门的促进

中小企业发展工作领导小组，该组织是由国家经济贸易委员会（后为国家发展和改革委员会）带头，科技部、财政部、中国人民银行和国家税务总局等部门参加，负责中小企业发展的规划和指导工作。[1]

在地方层面，目前，辽宁和天津成立了独立的正厅级中小企业管理机构；江苏、浙江、四川、云南和甘肃在经信委加挂中小企业局（正厅）牌子；山西、内蒙古、山东、河南、广东、重庆、贵州、陕西和宁夏设立了副厅级的中小企业局；其他省（自治区、直辖市）在工信部门设立了中小企业处室，专门负责中小企业工作。在5个计划单列市中，大连市在经信委加挂中小企业局牌子，青岛市和深圳市在经信部门设立相对独立的中小企业管理机构，宁波市和厦门市在经信委设立中小企业处。

（二）2002年《中小企业促进法》确认的管理体制

1. 主管与协管体制的确立

2002年颁布的《中小企业促进法》第4条第2、3、4款规定："国务院负责企业工作的部门组织实施国家中小企业政策和规划，对全国中小企业工作进行综合协调、指导和服务。国务院有关部门根据国家中小企业政策和统筹规划，在各自职责范围内对中小企业工作进行指导和服务。县级以上地方各级人民政府及其所属的负责企业工作的部门和其他有关部门在各自职责范围内对本行政区域内的中小企业进行指导和服务。"这一法律条款中并没有明确指出对中小企业进行管理的具体实施部门，但在2002年《中小企业促进法》制定之时，国务院负责企业工作的部门是原国家经贸委，在其下设立了中小企业司。以后，有关国务院负责企业工作的部门演变为国家发展改革委（2003年）、工业和信息化部（2008年）。

从管理体制看，我国涉及中小企业工作职能的政府部门职能部门较多，从"负责企业工作的部门"与"相关部门"并存的情况看，呈现出主管部门与协同部门的关系。

就我国现行行政管理体制而言，专门负责中小企业工作机构隶属于国家工信部，在工信部，内设中小企业司。协同部门相对较多，主要有：（1）农业农村

---

〔1〕 参见章文光、闫蓉：《基于政策文本计量的中国中小企业创新政策变迁研究》，载《湘潭大学学报（哲学社会科学版）》2017年第5期。

部，内设乡镇企业局，负责农村中小企业发展的指导工作；(2)科技部，指导科技型中小企业发展；(3)商务部，指导商贸流通领域中小企业、涉外企业和个体工商户发展；(4)住建部，指导建筑施工领域中小企业发展；(5)国家发展改革委，会同工信部指导中小企业的技术改造。中央财政扶持中小企业的资金，由工信部、科技部、国家发展改革委分别组织申报项目。

2. 综合协调体制的确立

多部门参与中小企业促进发展工作，如果职能分工缺乏明确法律规定，往往造成宏观管理缺乏统一和持续性，职能交叉，不利于促进政策的统一实施。

为加强对中小企业的综合协调工作，2009 年，国务院成立了促进中小企业发展工作领导小组，由时任国务院副总理张德江担任领导小组组长，工业和信息化部、国家发展改革委等 17 个部门的负责同志为成员。2013 年，新一届政府组建后，国务院决定继续保留领导小组并调整了组成人员，由马凯副总理担任组长，工信部部长、财政部部长、国务院副秘书长任副组长，新增加文化部为成员单位，成员单位增加到 18 个，领导小组办公室设在工业和信息化部。

3. 对现行管理体制的评价

确立主管与协管体制，既体现了我国中小企业管理的基本特点，也反映了我国中小企业管理中的行政管理现状。

首先，体现了我国中小企业管理的基本特点。我国中小企业具有数量庞大、行业分布面广泛的基本特点，这些特点决定了对中小企业的促进与发展需要有一个强有力的综合管理部门承担起这一职责，在这一管理部门尚未建立之前，采取主管与协管的管理体制不失为一种可运作的方案。

其次，反映了我国行政管理体制的基本实际。我国积极推进大部制改革，通过大部制改革，将相关管理职权进行归类和集中，从而达到简政提效的改革效果。但现行的管理机构中，具有一定综合管理职能的部门是国家发展改革委与国家工信部。国家发展改革委是综合研究拟订经济和社会发展政策，进行总量平衡，指导总体经济体制改革的宏观调控部门，其管理职能与中小企业发展并不直接相关，将中小企业管理放入国家发展改革委并不合适。国家工信部的主要职责为，拟订实施行业规划、产业政策和标准；监测工业行业的日常运行；推动重大技术装备发展和自主创新；管理通信业；指导推进信息化建设；协调维护国家信息安全等。作为行业管理部门，国家工信部主要是管规划、管政策、管标准，指导行业发展，但不干预企业的生产经营活动。因而将对中小企业的发展与促进工作放到工信部中，相关职能较为相近。

这一管理体制的可取性之处在于，在综合管理部门欠缺相对独立性、主管与协管并存管理的情形下，国家通过在更高层面设定协调机构，从而对中小企业的管理工作进行协调，能够改变现行管理机构设置与运行上的不足。

但这一管理体制在实践中也容易产生问题，主要问题有：一是主管与协管之间的职能分工缺乏明确法律规定，造成宏观管理职能交叉，缺乏统一和持续性，不利于政策的统一实施。二是工信部作为中小企业管理的主管部门，其作用发挥相对有限。工信部本身是工业制造业和信息产业的主管部门，工信部中小企业司的行政层级不高、行政力量薄弱（工作人员不到30人），统筹、协调、落实中小企业法律政策的工作难度较大。三是从中央到地方的中小企业管理体制不够通顺，尚未建立起从中央到地方的协调一致、运转高效的中小企业管理体系。

面对现行的管理体制安排，近年来，在学界与实务界，时有提出改革与完善现行管理体制的政策建议。希望合并有关部门管理中小企业的职能，从而组建综合协调能力较强的国家中小企业管理局，总体负责中小企业政策法律措施的制定，[1]并引导推动各地理顺中小企业的政府管理体制。

## 四、多方互动的执法督查机制及其运行

### （一）各级政府部门的执法互动机制的建立与运行

在《中小企业促进法》实施中，国务院和有关部门、各地政府制定和下发了多项涉及中小企业成长与发展的政策文件。工业和信息化部作为国家主管中小企业事务的部门，除单独制定和出台中小企业政策外，还协同其他相关部门联合制定、出台有关政策；国家发展改革委、财政部、中国人民银行、科技部、税务总局、市场监管总局、银保监会、证监会等相关部门也单独或者联合出台一些配套政策，形成了从中央政府层面到各部门的多方政策制定主体。

从政策的相关内容分析，国务院和国务院办公厅代表中央政府的意志，扮演

[1] 参见郑之杰、吴振国、刘学信：《中小企业法研究》，法律出版社2002年版，第413页。

着从国家层面确定基本方向、进行顶层设计、实施综合指导的角色,在推动政府各个部门共同促进中小企业发展中发挥领导作用。作为中小企业的主管部门,工业和信息化部起着主导者和协调者的重要作用,通过相关促进政策的合力推进,系统协调解决中小企业成长与发展过程中出现的重大问题。由于中小企业覆盖面广,涉及的相关扶持和配套政策复杂,仅靠工业和信息化部推进存在困难,为此,根据《中小企业促进法》的相关规定,国家发展改革委、财政部、人民银行、科技部、银保监会、证监会、市场监管总局、税务总局、国家统计局等也从各自的主管领域和职责范围关注中小企业的成长与发展,在财政支持、融资支持、企业创新、减税降费等方面积极行动,成为扶持和促进中小企业发展的重要政策主体。[1]

在《中小企业促进法》实施中,单靠政策文件的制定还不够,现实经济生活中那种摆样子、走过场的形式主义现象仍普遍存在,解决这一问题的有效途径是在立法中建立起政府追责与执法监督检查并重制度。

负责中小企业促进政策的执行是各级政府部门及相应的行业组织的职责,在该部法律中,对政府及其部门、中小企业的行业组织的工作提出了"应当""不得""可以"等法定要求。围绕这一法定要求,设定了相应的职权与职责。

与职责相对应,规定了政府及其部门对促进工作所负有的义务,其中包含积极义务与消极义务。在积极义务方面,要求政府及其部门对促进工作进行监督检查,开展中小企业发展的营商环境评价,对财政资金与专项基金的运行进行动态评估等。在消极义务方面,规定不得实施没有法律、法规依据的检查活动,不得强制或者变相强制中小企业参加考核、评比、表彰、培训等活动;不得实施没有法律法规依据的罚款;不得向中小企业摊派财物;不得向中小企业收取执行目录清单之外的行政事业性收费。不履行职责的应承担相应的法律责任。

在《中小企业促进法》中还规定了执法督查的相关途径,其中包括建立抽查制度与合并监督检查制度。近年来,各级人大加强对《中小企业促进法》的执法检查,检查工作围绕政府对相关促进政策的履行情况展开,收到了实际效果。

政府追责与执法督查并重,既推动了政府对中小企业促进工作的有效实施,

---

〔1〕 参见董涛:《改革开放40年中小企业快速健康发展的经验》,载《中国发展观察》2018年第12期。

又确保了《中小企业促进法》实施成效，双管齐下，合力推进，这一具有中国特色的互动型的法律执行机制，为促进政策法治化提供了强有力的保障。

（二）立法机关监督检查互动机制的建立与运行

中小企业促进工作首先应由政府及其工作部门、相关行业组织积极作为，但是，不可否认的问题是，随着政府机构改革和职能调整，政府部门中负责企业工作的部门较为分散，尤其是，越到基层，负责促进工作的政府职能部门越不清晰，实施措施也越发淡化。法律实施责任主体界定不清，易导致政策零散、职能弱化、交叉和缺位等问题。

为进一步推进《中小企业促进法》的有效实施，在立法机关督查方面，全国人大常委会十分重视中小企业发展促进工作，2009 年专门听取和审议了国务院关于促进中小企业发展情况的专项工作报告，2011 ~ 2012 年开展了中小企业促进法立法后评估工作，并实施修法工作。在 2015 ~ 2017 年修法过程中，法律委员会、法制工作委员会先后到浙江、北京、安徽、辽宁、山西、贵州、内蒙古等地就各地中小企业促进工作的有关情况进行实地考察，了解情况，并听取相关部门及部分中小企业对于修订草案的意见和建议。另外，法制工作委员会社会法室相关人员还就中小企业融资、信用体系建设和转型升级等问题到浙江温州、台州和广东东莞进行专题调研。

在地方人大层面，《中小企业促进法》实施期间，地方人大结合本地方贯彻、执行情况，组织执法督查。

湖北省人大常委会执法检查组于 2008 年开展检查中小企业促进法及本省实施办法执行情况，找出了法规实施中的一系列问题，要求相关政府部门作出改进。

湖南省人大常委会于 2008 年开展中小企业促进法执法检查，对 9 个方面的内容进行了重点检查：(1) 各级人民政府及中小企业行政主管部门、相关单位实施《中小企业促进法》及实施办法的基本情况；(2) 中小企业管理体制方面的现状及存在的问题；(3) 设立中小企业发展专项资金情况；(4) 落实财税、信贷、土地等优惠政策及措施情况；(5) 鼓励创业、创新和市场开拓等方面的情况；(6) 优化中小企业发展环境情况；(7) 维护中小企业合法权益情况；(8) 中小企业信用担保体系建设情况；(9) 中小企业服务平台、创业基地等建设情况。

贵州省人大常委会于2009年6~7月对全省贯彻实施《中小企业促进法》的情况进行了执法检查，查找出该法实施执行中的相关问题，并有针对性地提出解决意见。

北京市人大常委会财经办公室于2010年5月组织召开《中小企业促进法》执法检查组第一次全体会议，提出执法检查的相关重点，以此为契机，深入推进对该法的实施检查工作，收到了较好的督查效果。

在地方人大层面，实施执法督查工作的还有，天津市人大常委会和福建省人大常委会等。天津市人大常委会于2013年8月开展执法检查。福建省人大常委会于2011年对贯彻《中小企业促进法》进行检查。

政府推动与立法机关督查并重，既推动了政府工作的有效实施，又确保了《中小企业促进法》的实施成效，双管齐下，合力推进，对于促进型立法在全国的实施提供了宝贵的工作经验。

## 第三节　管理体系入法的国外实践述评

当我国于2002年制定《中小企业促进法》之时，距离被视为中小企业基本法先驱、由美国制定的《美国小企业法》已经过去将近半个世纪。针对中小企业的成长和发展问题，各国通行的做法是以立法予以促进与规范，并将中小企业的管理体系写入法规中。因此，对与中小企业促进相关的管理体系的国外立法实践进行梳理，并通过比较分析，去探寻立法促进中小企业的本质和内涵以及法治化促进的路径，无疑对我国具有借鉴与启示意义。

### 一、日本中小企业促进法确立的管理体系

#### （一）日本中小企业现状

日本是一个以其发达的中小企业著称的国家，从发展现状看，中小企业占国内企业总数的99%，对经济增长的贡献率为47%，占总就业人数的比重为70.2%。在世界上所有发达国家中，日本的中小企业拥有最为完善的立法、最为全面的政府扶持政策和最为完整的社会服务体系。正是这些特质使得日本在中小企业促进法领域位于世界前列。

日本中小企业在其发展过程中，呈现出以下几个方面的特点：

(1)对中小企业的划分标准具有复合性。日本对中小企业新的定义实际上是由职工人数和资本金双重标准另加行业分类进行的，和其他国家相比，日本对中小企业的划分标准具有复合性。1999年日本修订后的《中小企业基本法》对中小企业的定义见表4-2。

**表4-2 1999年日本修订后的《中小企业基本法》对中小企业的定义**

| 行业种类 | 中小企业的范围 |
| --- | --- |
| 制造业 | 资本金在3亿日元以下并且经常雇用的从业人员为300人以下的公司以及从业人员在300人以下的个人企业(1963年为1亿日元) |
| 批发业 | 资本金在1亿日元以下并且从业人员在100人以下的企业(1963年为3000万日元) |
| 零售业 | 资本金在5000万日元以下并且从业人员在50人以下的企业(1963年为100万日元) |
| 服务业 | 资本金在5000万日元以下并且从业人员在100人以下的企业(1963年为1000万日元，职工数50人以下) |

(2)采“环状结构”下的“链状结构”发展模式。在日本，大型企业具有相对稳定的环状结构，即由若干个生产、金融流通等领域的大型企业互相持股，从而形成企业联盟或企业集团，其在市场竞争中具有航空母舰般的优势。这个环状结构下的稳定链状结构则是由众多的中小企业完成的。[1] 在大企业龙头之下，以承包关系为纽带的众多中小企业群则像一条条的链子一环扣一环地依附在大企业之下。这意味着，在日本，中小企业是作为大企业的补充、辅助环节依存的，以此来支撑高效率的社会生产分工体制。日本的统计资料表明，大约有80%的中小型加工企业都与大型企业有着承包关系，如日本的六大知名企业集团(三井、三菱、三和、住友、芙蓉和第一劝业银行)总共拥有186户大型企业，且其下面的子企业、附属企业共计有11796户。[2] 日本企业，如生产马达的东芝电机公司和三菱电机公司、富士电机公司等厂家，厂内充其量只有设计和检查部门，其

[1] 参见奚欣华：《浅谈日本中小企业的管理体制》，载《中国改革》1995年第6期。

[2] 参见奚欣华：《浅谈日本中小企业的管理体制》，载《中国改革》1995年第6期。

他各道工序大多按生产程序分门别类地委托中小企业加工。当然，如果中小企业过分依附于大型企业而使自己丧失经济的独立性，那么一旦有经济动荡，中小企业将首当其冲受到冲击，成为大型企业的缓冲隔离带。

可以这样认为，日本中小企业得以成长与发展的鲜明特色之一就是其与大型企业的联合发展及其特有的成长发展模式。

(3)走联合化和专业化发展道路。中小企业规模小，资金不足，人才、技术、竞争力有限，这在日本也同样存在。如何有效地解决这一弱点，日本采取了走联合化、专业化发展道路的策略。通过与大企业的联合，使中小企业不仅能够发挥一技之长，还能扩大生产规模，提高竞争能力。走多角化经营的道路，有利于企业不断开拓革新，开发新产品，开拓新领域，从而在市场细分化中，以独具一格的产品赢得顾客，使企业能够永葆活力和拥有顽强的生命力。

在走联合化和专业化发展道路的基础上，日本中小企业坚持做精、做细、做专、做深这一具有本国特有的发展模式。在近半个世纪的发展中，日本强调技术创新，走科技创新发展道路。[1]

### (二)日本中小企业促进型立法概况

#### 1. 中小企业促进的基本法律体系

自1949年以来，日本已颁布了50多部中小企业法律法规。其中，主要以《中小企业协同组合法》《中小企业基本法》《中小企业现代化促进法》《中小企业振兴事业社团法》这4部法律为代表。

在这4部法律中，人们通常将1963年颁布的《中小企业基本法》视为日本中小企业发展的纲领性法规，认为其是整个日本中小企业法律体系的核心，被誉为“中小企业宪法”。[2]

《中小企业基本法》的内容中，除了通过立法明确了实现国家政策目标和为实现政策目标所实施的具体措施外，还专门规定了以下几个方面：(1)将中小企业和不同规模企业的定义和范围做了明确的阐释，并对不同规模企业实施相应

---

〔1〕 参见黄国建：《借鉴日本经验——对新形势下我国中小企业国际化问题的探讨》，载《江苏商论》2008年第4期。

〔2〕 参见李庆：《我国中小企业政府支持体系研究》，湖南农业大学2003年硕士学位论文，第23页。

的立法政策;(2)对中小企业的融资作出指导与规范,规定正规金融与非正规金融共同服务于中小企业;(3)明确规定了中央政府和地方政府对中小企业的管理职能。[1]

为了更好地实施《中小企业基本法》,日本又完善了原有的《中小企业指导法》《中小企业现代化促进法》《中小企业资金等资助法》等相关法律法规,新制定《中小企业防止破产共济法》和《承包中小企业振兴法》,形成了较为完善的法律体系以促进中小企业的成长和发展。

2. 中小企业促进立法的阶段性推进

日本中小企业法的立法是经过阶段性推进取得的。1949 年日本颁布了《中小企业协同组合法》以鼓励中小企业联合起来与大型企业抗衡和竞争。1950 年日本颁布了《防止不正当竞争法》以禁止企业之间进行不择手段的过度竞争来确保中小企业有更多的成长与发展机会。其后颁布了《中小企业信用保险法》和《信用保证协会法》。1963 年颁布《中小企业基本法》之后,又颁布了《中小企业现代化促进法》《中小企业指导法》《中小企业振兴事业团体法》等法规,综合性地促进中小企业的健康发展。

20 世纪 80 年代以来,日本经济持续衰退,中小企业也面临着各种困难。针对这一难题,日本自 1985 年开始颁布、修改并实施了一系列振兴中小企业的法律措施。例如,日本于 1985 年颁布了《中小企业技术开发促进临时措施法》和《特定中小企业者事业转换对策临时措施法》等法律措施,[2]其目的在于解决中小企业发展的困境。此后,日本还陆续制定了一些促进中小企业国际化的相关法律政策,以积极推动中小企业国际化经营步伐。

日本中小企业立法就其规范的内容与调整领域而言,主要在于以下几个方面。

其一,调整中小企业现代化问题。为了加快促进中小企业现代化的步伐,日本制定了《中小企业现代化促进法》。1999 年,在新经济形势的基础上,日本修订了《中小企业新领域准入保障法》,并在此基础上制定了《中小企业经营革新

[1] 参见姜昕、杨临宏主编:《产业政策法》,中国社会科学出版社 2008 年版,第 153 页。

[2] 参见李庆:《我国中小企业政府支持体系研究》,湖南农业大学 2003 年硕士学位论文,第 25 页。

支援法》,建立了相对完善的促进中小企业现代化的法律体系。通过立法,日本确定了中小企业的职业种类和推进计划,以推进日本中小企业的现代化,并从金融、财政等方面支持中小企业。

其二,调整中小企业组织化问题。为了引导中小企业之间的合作,避免中小企业间出现过度竞争现象,提高其在交易中对抗大型企业的能力,日本制定了《中小企业团体法》和《中小企业协同合作法》,通过立法加强中小企业之间的团结与合作,并确立了"反垄断法"在这种团结合作情形下的适用例外规则。

其三,调整中小企业承包关系。为了防止在承包关系中出现大型企业压迫中小企业的现象,同时加快完善承包企业体制的步伐,日本先后制定了《承包价款支付延迟等防止法》《承包中小企业振兴法》等法律措施作为中小企业基本法的专项实施法。通过立法与法规的实施,积极维持了大型企业与中小企业之间的正当承包关系,促进中小企业的正常发展。

其四,调整中小企业经营领域。为了确保中小企业在市场竞争中能够维持其应有的经营领域,在中小企业基本法的指导下,制定了《中小企业经营领域调整法》和《零售业调整特别措施法》。其中,《中小企业经营领域调整法》主要维护制造业和批发业的经营,《零售业调整特别措施法》则专门指向零售业。

其五,调整中小企业产业结构。日本中小企业现行政策的主要目的在于促进中小企业结构的不断调整,以促使中小企业能够较好地适应产业结构的变化。如1976年的《中小企业经营转换对策临时措施法》、1986年的《特定中小企业人经营转换对策等临时措施法》、1995年的《中小企业创造活动促进法》和1998年的《新事业创造促进法》。[1]

### (三)日本立法确立的中小企业管理体系

#### 1. 中小企业行政管理机构的设立

日本于1948年颁布《中小企业厅设置法》,并设立中小企业厅,中小企业厅是日本中央政府管理中小企业的最高专门行政机构,其下依次设有中小企业厅长官、中小企业厅次长、次长下属有厅长秘书处、商业环境部和商业支持部,见图

---

〔1〕 参见王作全:《对提升我国中小企业发展法治化水平的思考》,载《山东师范大学学报(人文社会科学版)》2013年第5期。

4－1。地方政府相应设置中小企业局以形成全国范围内的中小企业行政组织网。

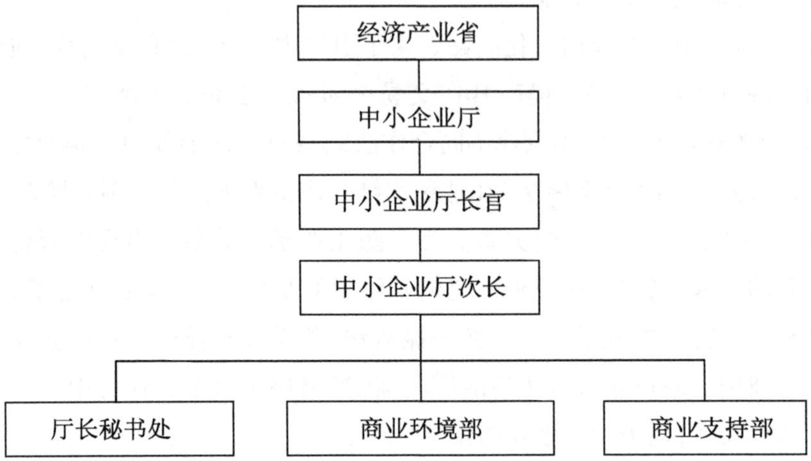


**图 4－1　日本中小企业厅部门架构示意图**〔1〕

日本中小企业厅的主要职能包括以下九个方面：第一，制定中小企业发展政策；第二，处理与中小企业发展的相关事务；第三，指导中小企业在新领域开展商业活动；第四，改进中小企业交易方式；第五，保障中小企业获得平等的商业机会；第六，为中小企业金融便利化提供服务；第七，为中小企业提供咨询等服务；第八，为中小企业提供充足的交流与合作机会；第九，处理相关的国际事务及法律事务。

日本中小企业厅于 2018 年发布《2017 年中小企业白皮书》，详细阐述了日本中小企业的发展状态，包括中小企业整体数量、就业人数、企业利润等；日本中小企业面临的发展环境及难题，包括人才短缺、管理人才老龄化、成本上升等；日本中小企业厅推行的措施，包括促进企业创新举措、提升企业管理水平举措、优化企业发展环境等。从 1963 年开始，日本中小企业厅连续 55 年发布《中小企业白皮书》，为政府决策、企业发展提供了主要的数据支撑，意义重大。

〔1〕 参见李命志、马向晖主编：《中华人民共和国中小企业促进法释义》，中国法制出版社 2017 年版，第 315 页。

2. 中小企业社会服务体系的建立

政府机构、金融机构、科研机构、行业组织、中小企业基金组织和其他社会中介机构分工合作、相互协调,构成了广泛的中小企业服务网络。

中小企业在这样的服务网络中,各种生产、经营的问题都能够找到相应的服务机构,不仅降低了办事成本,还能解决企业生存面临的资金、技术等关键问题。

3. 中小企业国际化政策体系的确立

综观日本的中小企业促进法的发展趋势,可以明显看到其与企业国际化有着紧密联系。自 20 世纪 90 年代以来,根据本国经济发展特点,日本中小企业经营者逐渐意识到,对于中小企业尤其是制造业领域的中小企业而言,实施国际化是制造业向海外转移的应对策略之一,也是中小企业顺应日本产业结构调整,满足消费者日益多样化的需求,以及发现新的市场需求的需要。[1]

日本促进中小企业国际化发展的主要做法有以下四个方面:第一,通过国内立法和政策调整以支持中小企业的创业发展;第二,建立专门机构以推进中小企业开拓国际市场;第三,完善社会服务以提供基础性支持;[2]第四,日本政府对中小企业开展海外业务提供大量支持,并形成了较为完整的国际化支援政策体系。

通过实施这些措施,中小企业不仅自身得以生存,而且能在国际竞争中谋得一席之地。

## 二、德国中小企业促进法确立的管理体系

### (一)德国中小企业概况

谈及德国企业,人们通常会更多地想到一些大型企业,如拜尔、西门子等。但在德国的经济发展中,中小企业对经济的贡献占比远超其他国家。德国经济被称为第二次世界大战后经济的"奇迹",这与国家大力倡导中小企业的发展是分不开的。[3] 目前,在德企业总数约 300 多万户,近 95% 为中小企业,它们贡献

〔1〕 参见苏杭:《日本中小企业的国际化——理论探讨与发展实践》,载《日本学刊》2006 年第 5 期。

〔2〕 参见焦方太:《日本中小企业国际化促进政策探析》,载《特区经济》2009 年第 4 期。

〔3〕 参见国家经贸委中小企业司、德国技术合作公司编:《德国中小企业促进政策学习与思考》,中国经济出版社 2002 年版,第 3 页。

了约54%的增加值,创造了57%的GDP,拉动了62%左右的就业,是德国经济的中坚力量,中小企业在很多领域成为“隐形冠军”,尤其是在制造业和汽车行业,在全球市场处于领先地位。[1] 可见,中小企业在德国企业中占有非常重要的地位。

德国对“中小企业”的划分主要是按雇员人数及企业营业额的多少进行的,通常情况下,若一个企业的年营业额在5000万欧元且雇员总数在500人以下则其被视为“中小企业”。德国政府又按相同的标准将其划分为中型和小型企业,以便企业享受到相应的优惠促进政策,[2]其划分标准见表4-3。

**表4-3　德国对于“中小企业”从规模上的划分**

| 企业类型 | 雇员人数 | 年营业额(欧元) |
|---|---|---|
| 小型企业 | 9人以下 | 100万以下 |
| 中型企业 | 10~499人 | 100~5000万 |

需要说明的是,德国虽属欧盟成员,但与欧盟所认定的“中小企业”的规模标准存在一定的差异。欧盟对于“中小企业”从规模上的划分见表4-4。

**表4-4　欧盟对于“中小企业”从规模上的划分**

| 企业类型 | 雇员人数 | 年营业额(欧元) |
|---|---|---|
| 微型企业 | 9人以下 | 200万以下 |
| 小型企业 | 10~49人 | 200~1000万 |
| 中型企业 | 50~249人 | 1000~5000万 |

德国中小企业成长与发展呈现出以下几个方面的特点:

(1)多为家族企业。受家族企业影响,他们往往更加看重独立自主的经营掌控权,不轻易举债,不接受合作伙伴,不追求上市融资,而是专心致志地搞经营,虽然规模不大,但经营灵活;尽管发展不快,却稳扎稳打。家族企业中具有百年历史的也不在少数,但部分企业面临着后继无人的窘境。

(2)业精于专。德国中小企业受规模和经营理念的影响,往往不搞多种经

[1] 参见欧阳峣:《中国支持中小企业发展的政策和服务体系研究》,中国社会科学出版社2009年版,第1页。

[2] 参见冯文青:《德国中小企业在华发展战略研究》,天津大学2008年硕士学位论文,第25页。

营,而是细分行业市场,专注于其中一点,将其精益求精,做大做强。通过几代人的不懈努力和技艺传承,逐渐发展成为本行业的主导者。

(3)用户至上。德国中小企业重视产品质量和技术创新,无论是产品还是技术,推崇以市场来检验,靠用户来评判。

(4)关怀员工。德国中小企业给予员工较高的社会地位,许多中小企业采用"劳(动)资(本)共决制",激励员工长期为企业服务,员工的流失率极低。这种以人为本的企业精神,让德国企业无论是在外部市场,还是内部环境,都具备很强的竞争力和凝聚力,更有助于培养和造就独特的企业文化。

在当前"工业4.0"及"互联网+"的时代背景下,一些传统行业已不适应新时代的发展需要,传统产业结构急待转型升级,部分中小企业也面临着行业转型的诸多困难。基于以上问题,德国政府积极采取相应措施来扶持和资助中小企业的发展。如给予财政援助和贴息贷款;视企业经营状况,适当减免税收;帮助企业培训员工,培训经费由政府承担等。

(二)德国中小企业促进型立法概况

1.经济立法涉及中小企业促进政策。德国是一个法律制度比较健全的国家,有着良好的法律传统。德国的民商立法、经济立法和社会保障立法都比较健全完整,《公司法》《破产法》《合同法》《担保法》《反限制竞争法》《劳动法》《社会保险法》等法律中对中小企业的规定较多,不仅为其提供了基本规范,还创建了比较公平的竞争机制,并以法律方式优化中小企业的外部环境。[1]

在竞争政策立法方面,为了缓解垄断和集中导致的不公平竞争,限制大型企业吞并中小企业,保护中小企业的利益,德国早在1957年便颁布了《反限制竞争法》,其作为德国的第一部反垄断法对德国产生深远影响,也是德国政府制定中小企业政策的纲领性法规,并被国家反垄断委员会广泛运用,至今仍然有效。1957年德国为解决资本过分集中问题而制定联合公司法律,其与《反限制竞争法》共同发挥作用,以减少不平等待遇,并避免了大型企业的吞并。[2]

在专门针对中小企业成长发展的立法方面,1967年颁布的《关于保持稳定和经济增长法令》和后来通过的《产业部门和区域经济政策原则》共同规范政府

---

〔1〕 参见耿军华:《国外发展中小企业的政策措施及启示》,载《现代商贸工业》2011年第19期。

〔2〕 参见方榕:《美、日、德支持中小企业技术自主创新的比较》,载《科技广场》2006年第9期。

行为，提供了多种多样的减免税办法。1967年通过的《中小企业结构政策的专项条例》和《关于提高中小企业的行动计划》确定从税收等方面来减轻负担。1974年以后，各州先后制定了《中小企业促进法》。

2. 采分散立法模式。德国的立法模式是分散立法，联邦政府没有中小企业的单行法规，只是联邦各州有自己专门的中小企业促进法。

在没有联邦法律的情况下，为了促进地区经济的发展，德国各个州都制定了各自的中小企业促进法，作为对上述法律的补充，其立法浪潮曾经在德国历史上出现过两次。第一次是在20世纪70年代，属于德国中小企业促进政策学习与思考时期，也即战后德国经济经历第一次增长衰退的时候。在这个时期，通过结构性的政策以改善经济结构，以此扶持中小企业的成长与发展。第二次浪潮出现在东、西德合并的过程之后。

(三)德国立法确立的中小企业管理体系

1. 中小企业管理机构的设立。德国专门负责中小企业管理事务的是中小企业局，其隶属经济和技术部。为解决融资问题，中小企业局下设融资处，同时与州政府一起提供“改善地区经济结构”的投资鼓励资金。[1]

德国联邦经济和技术部下属的中小企业政策局分为三个方面的处室：A1～A7处负责有关中小企业原则性问题、服务业、旅游业、贸易等方面；B1～B6处负责有关手工业经济、广告经济、职业培训和专业考试等方面；C1～C6处负责中小企业资金问题、企业资源计划(ERP)、国内信贷担保和世博会等方面。(见图4－2)[2]

德国中小企业政策局的主要职能包括以下五个方面：第一，研究中小企业(包括手工业、服务业、自由职业等)的方针策略；第二，对中小企业管理人员进行必要的培训；第三，监督法律和政策的实施；第四，为中小企业提供信息和资讯；第五，制止大型企业对中小企业的合并行为。[3]

---

〔1〕 参见耿军华：《国外发展中小企业的政策措施及启示》，载《现代商贸工业》2011年第19期。

〔2〕 参见李命志、马向晖主编：《中华人民共和国中小企业促进法释义》，中国法制出版社2017年版，第314页。

〔3〕 参见宋羽：《中小企业融资：现实与思考》，经济科学出版社2012年版，第32页。

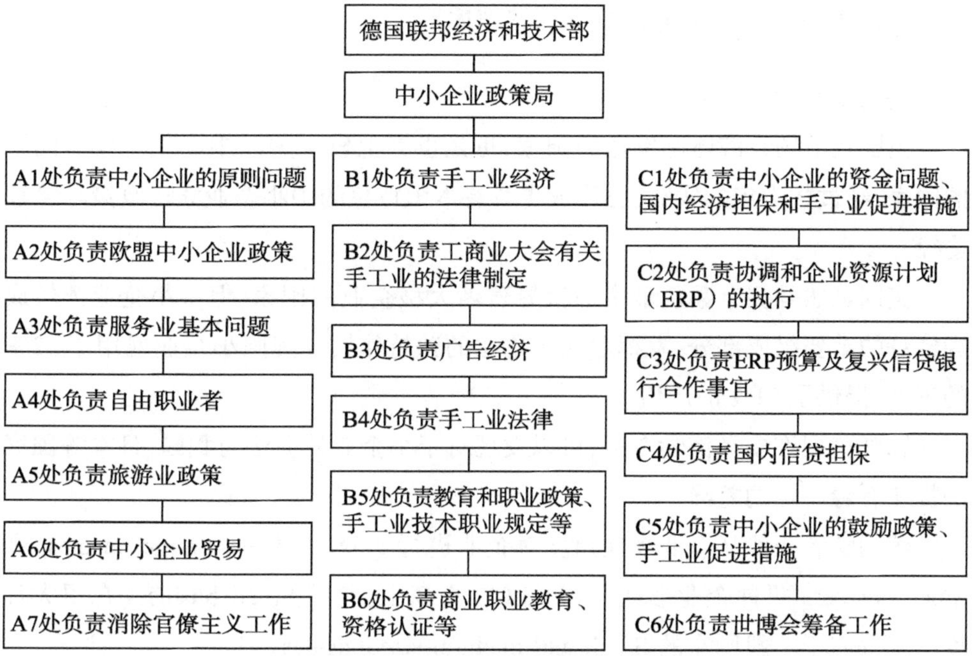


**图 4-2　德国中小企业管理机构设置**

2. 立法推动中小企业管理与服务体系。在社会服务体系方面，德国中小企业政策局积极提供信息指导。人们经常用“丛林”来描述德国中小企业促进项目涉及的范围。这是由于整个促进项目的网络非常复杂，以至于很多中小企业很难选择它们有资格申请或者是适合申请的项目。因此，政府正越来越多地向它们提供关于可供选择的项目信息。在各联邦州的层面上，为广大中小企业提供类似的信息介绍和指南。

在德国，没有专门针对中小企业的商会。商会只代表会员企业的共同利益，它不是中小企业的代表，但中小企业作为商会成员的多数派，出于自身利益的维护，商会不得不考虑中小企业的利益。为了代表自身的利益，除了商会之外，德国的中小企业还可以自由地参加其他特殊的协会。[1]

〔1〕 参见国家经贸委中小企业司、德国技术合作公司编：《德国中小企业促进政策学习与思考》，中国经济出版社 2002 年版，第 13 页。

## 三、美国中小企业促进法确立的管理体系

### (一)美国中小企业概况

美国是市场经济体制发达的国家,也是世界上较早关注中小企业发展问题的国家,经过数十年的实践,已形成了具有本国特色的中小企业立法政策与管理途径。

美国虽然是拥有数量最多的世界著名大型企业的国家,但中小企业依然成为经济的重要组成部分,发挥着无与伦比的独特作用。美国小企业雇用了52%的工人,提供了51%的产值。

综观美国许多经济学专著,可以发现对于小企业的提法与我国、日本等国家的提法有着一定的差异。

美国学者一般从企业规模角度对企业进行划分,大多分为 large business 和 Small business 两种企业形式。在 OECD 文献中,美国 Small business 在很大程度上就等同于一般国家的 Small and medium-sizedbusiness。[1]

对 Small business 的定义界定工作由美国小企业管理局进行。1953 年颁布的《小企业法》规定:凡是独立所有和经营并且在某一事业领域不占支配地位的企业均为小企业。在此基础之上,美国政府的其他职能部门又开展具体的阐述工作,认为只要在下列四个条件中符合两个条件的即为小企业:(1)企业的所有者是独立经营的企业的经营者;(2)企业资产被一个人或者少数几个人掌握;(3)产品销售的主要范围是当地;(4)从企业销售额和就业人数等方面来考察,小企业的规模比同行业的大型企业小。

美国在关注小企业发展问题上,在时间上领先世界上其他国家一步,早在1890 年就颁布了《反垄断法案》(《谢尔曼法》),其目的在于维护小企业利益。美国政府以该法案的实施为契机,制定并实施了其他大量反对垄断和不正当竞争的法律法规,采取了一系列保护小企业的行动。该举措不仅明令禁止市场经济领域中的不当垄断以减少大企业对小企业的过分吞并,而且还建立了维护小企业市场交易活动的公平交易法律制度,从而确保小企业参与公平竞争的营商环境。

[1] 参见韩娜:《论日本中小企业的界定标准》,载《前沿》2010 年第 8 期。

美国在小企业促进立法方面，积极制定政策法规创造良好的国内环境，促进小企业成长，鼓励小企业在世界市场上参与竞争，锻炼其市场竞争能力，为美国经济体系的繁荣打下了坚实的基础。

（二）美国小企业促进型立法特色

1. 单行性立法模式。美国在1953年就开始制定《小企业法》，后该法经多次修改。《美国小企业法》之所以被视为美国小企业的基本法，是因为其不仅强调了小企业开展自由竞争的必要性，奠定了小企业的法律地位，而且还规定了小企业管理局的基本职能并明确了政府与小企业之间的关系。《小企业法》的制定，标志着美国成为制定小企业基本法最早的国家。

在已制定小企业基本法的基础上，美国还制定了"一揽子"的法律法规，为小企业在市场经营、融资和竞争方面建立起完善的法律制度体系，[1]为小企业的发展创造良好的法律环境。

美国的单行立法模式决定了其主要制定专门单行法律，体现在其颁布"一揽子"的专门小企业单行性法律。这些规定虽涉及小企业行为的方方面面，但还没有形成体系，只是一些单行法规的罗列。[2]

此外，有关小企业的地方性法规不尽相同，充满了地方保护主义色彩，这不仅不利于小企业跨地区发展，而且从长远看势必影响小企业的成长发展环境。

2. 以阶段性推进为立法路径。19世纪晚期，美国工业托拉斯的大量出现导致大批小企业被兼并。在小企业、社会支持力量以及一些专家学者的呼吁和压力下，美国政府于1890年通过了第一个竞争法法令《谢尔曼法》，该法在规范竞争的同时，也有效地维护了小企业的利益。

从20世纪50年代开始，几乎每隔10年左右，美国都有涉及扶持与促进小企业的法令问世。1953年通过了《小企业法》，1964年通过了向小企业提供资金援助的《机会均等法》，1974年通过了以向小企业增进和开放政府采购项目为内容的《联邦政府采购政策法》，1980年通过了《小企业经济政策法》《小企业从业人员所有制法》《制度缓和法》《平等竞争法》《小企业资本形成法》等一系列法律规范，1982年通过了《就业培训合作法》，在就业培训计划的制订和管理方

---

〔1〕参见耿军华：《国外发展中小企业的政策措施及启示》，载《现代商贸工业》2011年第19期。

〔2〕参见耿军华：《国外发展中小企业的政策措施及启示》，载《现代商贸工业》2011年第19期。

面建立了一种政企合作伙伴关系，帮助小企业加强职工的职业培训。20 世纪 90 年代以来，在推动小企业国际化方面，美国又相继推出相应政策法规，积极应对国际化的潮流。这些法案都极大地促进了小企业的经营、创新和发展。

3. 以促进型立法推进小企业成长。小企业由于面临的竞争压力大，因此创新求存的动力也大，同时其组织结构安排灵活富有弹性，在创新效率和周期上明显优于大企业。在美国，中小企业是国家自主创新的主体。

为鼓励小企业创新，美国于 1982 年制定《小企业创新发展法》，在技术创新以及产品和服务的起步、研发等各个阶段提供财政支持、管理支持和科技支持，以鼓励小企业挖掘自身技术潜力，促进小企业技术创新。在 1983 年，美国政府为实施《小企业创新研究法》，当年就提供了 4500 多万美元的补助金。[1]

为便于小企业融资更加便捷，美国在 2012 年颁布了《工商初创企业促进法》（Jumpstart Our Business Startups Act，"JOBS 法案"），在其出台前，美国小企业发行融资制度存在监管合规成本高、相对交易成本高、IPO 抑价现象、经纪商不愿提供服务等问题。为改变这一现状，该法案除目前广受关注的第三部分"众筹"外，第一部分（向新兴成长型企业开放美国资本市场）、第二部分（创业者融资）和第四部分（小企业融资）同样修改了小企业证券发行制度，便于小企业融资。其主要改革措施是弱化信息披露标准、简化发行程序、允许一般性劝诱，并完善小额发行豁免制度。[2]

4. 注重对小企业技术创新的立法工作。为了激励小企业进行技术创新，美国政府于 1983 年开始提出要实施小企业创新研究计划，对年研发经费超过一定金额的，联邦机构要按照规定的特定比例向小企业发放经费，以支持小企业与非营利机构的技术转让项目。

促进小企业技术创新的有效途径是鼓励联合研究，1984 年通过的《国家合作研究法案》倡导大学和业界组成技术移转联盟，政府同时每年为其提供一定的经费补贴。在多项措施的支持下，一些小企业共同出资成立联合研究团体，有些小企业选择与大学进行深度合作，走产学研紧密结合的路线。

---

〔1〕 参见吴琼：《国外促进中小企业发展的政策法规与启示》，载《理论建设》2011 年第 4 期。

〔2〕 参见李金鹏：《美国〈工商初创企业促进法〉对我国中小企业融资改革的启示》，载《江西社会科学》2016 年第 12 期。

鼓励小企业技术创新,美国政府采用的主要措施是税收政策。1981 年颁布的《经济复兴法案》,其重大创新在于首次提出税收抵免政策,鼓励小企业加大科技研发的力度。也就是说,小企业的研发费用在税前直接扣除。1986 年的税制改革法案将比例调至 20%,并规定这个比例同样适用于小企业通过合同委托大学进行研究的费用。此外,为了鼓励小企业进行技术更新,还规定小企业在进行技术更新时必要的设备更换支出可以按照 10% 抵免税款。

《经济复兴法案》还缩短了小企业用于研究设备的折旧年限,将其规定为 3 年。这样的做法既减轻了小企业的税负负担,又在很大程度上带动小企业加快设备更新的速度。在《税制改革法案》中,还将所得税从五档简化为三档,最高税率从 46% 降至 34%。这一变革有助于推动小企业进行大幅度的投资活动。

1996 年,克林顿政府推出新的小企业研发费用税收抵免方法。即以企业前 4 年收入的均值为基准,根据企业当年研发投入超出基准的比例确定抵免比例。同时,克林顿政府还提出将小企业研究开发费用税收抵免永久化。2001 年,小布什政府推出"经济增长与减税协调法案",继续实行该政策。

(三)美国立法确认的小企业管理体系

1. 小企业管理局的组建。美国对小企业的管理机构,目前主要由两类部门组成:一是国会小企业委员会,分为参议院小企业委员会和众议院小企业委员会,主要负责审议和协调相关立法,监督相关政府部门的政策执行情况。二是联邦政府小企业管理局(The U. S. Small Business Administration, SBA)。SBA 于 1958 年被美国国会确定为"永久性联邦机构",其主要职责为帮助小企业获得贷款、对小企业提供咨询服务、帮助小企业获得政府采购合同、促进小企业的进出口贸易活动等。SBA 总部设在华盛顿,下设的区域办公室和地方办公室直接向小企业提供服务,特别是针对女性、退伍军人、少数族裔、残障人士、低收入人群等特殊群体创办的小企业提供支持和服务。

小企业管理局是美国主要的小企业管理机构,被视为小企业与其他机构进行合作的有效桥梁。它不直接提供贷款,而是通过由其提供担保服务来协助小企业从其他金融机构处获得贷款。此外,小企业管理局还提供政府补贴、帮助签订政府采购合同等服务。在上述措施得以充分作用的情形下,美国小企业发展情况良好。美国小企业管理局的基本架构如图 4－3 所示。[1]

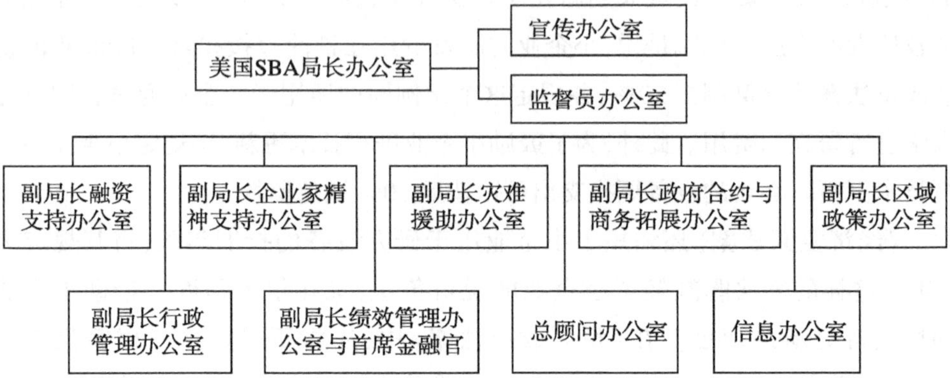


**图 4－3　美国小企业管理机构设置**

设立小企业管理局,为进而建立与完善小企业管理体系打下了良好的基础,也为小企业的生存和发展提供了良好的环境。[2]

2. 小企业管理和服务体系的建立与完善。美国有大量的民间组织和机构存在于小企业服务体系中,主要分为以下两大类:一类是民间机构,包括小企业投资公司、技术推广中心、退休经理服务团和在职经理服务团、专门的出口经营公司和出口贸易公司、多所高校成立的"小企业学院"和研究机构等,主要是民间自发成立的或者由政府支持和推动而成立的一些专门性的组织和机构,为小企业某一个方面的需求服务。另一类是专门协会,包括三种类型,即行业组织机构,由专业性的协作组织组成,包括技术协会、管理协会、信息协会和销售协会等,主要是在某一个方面发挥作用;行业型协会,主要是各个行业组成的协会,有些并不完全针对小企业,但那些小企业占优势的行业,其服务重点也主要是小企业;行业协会联合会,是各个行业协会的联合会。这些民间组织和机构共同为中小企业的管理和服务体系的建立与完善发挥着独特的作用。

〔1〕 参见李命志、马向晖主编:《中华人民共和国中小企业促进法释义》,中国法制出版社 2017 年版,第 317 页。

〔2〕 参见郑之杰、吴振国、刘学信:《中小企业法研究》,法律出版社 2002 年版,第 32 页。

## 四、国外立法确立的管理体系对我国的借鉴

### （一）立法体系与法规构造模式的比较及借鉴

通过上述对日本、德国和美国中小企业立法体系现法规构造比较，可以归纳出以下三种立法模式：

（1）日本的系统立法模式。虽然美国是制定小企业法最早的国家，但日本是中小企业法体系最为完备的国家。它除了1963年颁布的《中小企业基本法》外，还有一系列围绕基本法颁布的单项性政策措施法，目前已形成50多项中小企业法律法规群，分别调整着中小企业现代化问题、中小企业组织化问题、中小企业承包关系，以及中小企业产业结构。

（2）德国的分散立法模式。就联邦层面而言，没有促进中小企业的基本法，但不同时期联邦制定的《公司法》《破产法》《反对限制竞争法》《劳动法》等法律中，有诸多涉及中小企业的规定。与之相补充，联邦各州根据当地的情况制定自己专门的中小企业促进法。由地方各州制定中小企业法，其优点在于，可以因地制宜，地方性促进法具有针对性，但也存在一些问题，由于缺乏全国性立法，地方各地制定的中小企业法规可谓五花八门，系统性、体系化不强。

（3）美国的单行立法模式。美国于1953年制定的《小企业法》标志着美国成为世界上第一个制定中小企业基本法的国家。美国以此为基础，先后出台了“一揽子”的法律措施，为小企业在市场创立、经营和发展等方面建立起完整法律制度体系。但美国小企业立法数量多，系统性不是很强，在不同时期有不同的立法内容。比如，在里根执政时期（1981～1989年）、老布什执政时期（1989～1993年）、克林顿执政时期（1993～2001年）、小布什执政时期（2001～2009年）、奥巴马执政时期（2009～2017年）都建立了有所侧重与有所差异的小企业扶持与促进政策体系。

将上述国家的立法体系及法规构造模式与我国2002年制定的《中小企业促进法》的结构、体系进行比较，我们发现以下现象：

（1）从差异性中可以洞见诸多共同性之处。表现为：①除了制定基本法外，各国还根据自己的国情和企业发展的具体需要，制定了一些企业发展专门方面的专项法规，建立起了企业发展的促进体系，进而体现出各国制定的中小企业法

是中小企业促进法的基本特性。②根据自己国家对中小企业发展的基本国情制定与实施法规。这样做,既保障了各项中小企业的法规在本国得以有效实施,也较好地体现了中小企业法是国内法的基本特征;质言之,各国制定的中小企业促进法虽然可以相互借鉴,但中小企业法不具备走向国际化的基本条件。③中小企业法根据不同阶段予以制定。中小企业法立法至今只有近百年的历史,比较各国的立法实践可以发现,中小企业在不同发展阶段,其立法内容是有较大差异的,引发这种差异的根本原因在于,中小企业法是作为政策对策法而产生和运行的。这也正是中小企业法具有强大生命力与调整功效的最本质特征。

(2)从立法功能中可以洞见有一定差异性的立法政策。日本、德国和美国制定的中小企业促进法,其立法目标都是营造有利于中小企业成长与发展的宏观环境,但在立法功能上却有一定的差异。

《美国小企业法》主要是以规制大企业对小企业的垄断与不正当竞争作为立法功能展开的,因此,以竞争自由与反垄断作为《小企业法》立法的主要目标。在企业发展过程中,出现两个并不矛盾的趋势,即企业的大型化与企业的小型化,这是市场经济发展的客观要求。受到自身规模限制,小企业在管理、技术、资金、信息等方面与已经成长了的大企业相比,存在较大的差距和问题,这些问题直接导致了小企业在市场竞争中的弱势地位,也产生了小企业易被大企业兼并这一社会现象。由于美国实行市场主导型政策,政府并不直接干预企业的经营管理,而是以反垄断和扶持小企业为基础,《美国小企业法》引入了反垄断机制,以此营造适合小企业成长发展的公平型法律环境,通过立法创造机会平等、权利平等,将《小企业法》作为美国竞争政策与竞争法的有益补充,因此,《小企业法》具有较为明显的竞争法的特点。

而日本、德国的中小企业法在立法的功能上则更多的是对中小企业成长过程中自身所碰到的现实性问题进行立法,具有明显的“扶弱”特点。促进措施大体上分为两类:第一类为中小企业营造有利于成长的氛围,通过降低税率、减少管理和限制鼓励企业成长;第二类是通过直接向企业或企业主提供帮助。政府主要向企业提供融资、信息、咨询和培训等服务,并尽可能地和私有服务机构进行合作共同促进中小企业的健康发展。上述两大类措施并不是相互排斥的。[1]

与日本、德国、美国等市场经济发达国家对中小企业的立法相比，我国中小企业法立法时间较短，虽然已制定了《中小企业促进法》，各省（自治区、直辖市）也制定了相应的实施条例或实施办法，但总体而言，还欠缺中小企业法的系统性、科学性构建，可以借鉴、吸收国外法的一些成功经验。在中小企业促进立法上，直到目前，日本仍是最为完善、政府扶持手段最多的国家，德国是有着良好企业文化和法律传统的国家，美国是最早制定小企业促进基本法的国家。这些国家在其独自的立法过程中逐渐形成了自己独特的立法模式。在上述国家相关的立法实践上，虽然存在时间的先后差异，但各国都相继建立起较为完整的法律法规体系：从立法内容看，该法律法规体系主要由基本法和规范企业发展的某一专门方面的专项法规组成；从特征看，其促进法有着明显的政策性特征，也即中小企业促进的措施中，法律与政策相辅相成，各自发挥着对企业的独特作用。

（3）影响差异性立法政策的基础是各国市场经济政策模式上的差异。美国、日本、德国虽都为市场经济发达国家，但由于各国国情不同，在市场经济发展模式上存在一定的差异，美国推行市场主导型模式，日本推行政府主导型模式，而德国则推行均衡型模式，其长期发展结果势必影响对中小企业促进政策模式上的差异。有关促进中小企业成长发展政策模式的差异性评述，见表4－5。

**表4－5　促进中小企业成长发展的政策模式比较**

| 政策模式 | 代表国家 | 促进政策主张 | 市场特点 |
| --- | --- | --- | --- |
| 市场主导型 | 美国 | 强调扶持政策必须顺应市场经济规律；采取法律法规和宏观财政、金融等手段 | 市场机制完善和成熟；政府的经济职能范围较小；大企业和大公司较多；中小企业数量相对较少 |
| 政府主导型 | 日本 | 注重行政指导作用；中小企业法律法规详细复杂；发展规划和产业引导方针严密规范 | 经济起步时的市场机制不完善；政策力量相对强大；中小企业数量众多 |
| 两者均衡型 | 德国 | 注重市场竞争和政府调控相结合 | 市场成熟度介于上述二者之间；大企业发展较为落后，中小企业数量多 |

〔1〕参见刘庆飞：《经济转型背景下的中小企业促进法研究》，北京大学出版社2012年版，第221页。

### (二)管理机构设置模式的比较与借鉴

我们在比较中发现,中小企业管理机构的设置主要有两种,一种是以美国、日本为代表的综合管理型;另一种是以德国为代表的分散管理型。

1. 综合管理型体制。在美国,小企业管理局作为联邦政府的独立部门,是中小企业最高管理机构,其下设 10 个分局,分局下设 100 多个地方机构,遍布全美各地,是向小企业提供直接支持的基层组织。自 1940 年以来,美国已经开始建立官方机构以支持小企业,包括小企业委员会、小企业会议和联邦政府的小企业管理局,它们隶属于不同的组织,其中小企业管理局在三者当中起着重要的作用。小企业管理局的主要职能之一是为中小企业提供一系列融资服务,帮助它们解决资金不足的问题。通过各种服务机构实现对小企业的管理,确保自由竞争的市场环境。因此,美国的这一机构设置模式较好地适应了本国的国情与本国的经济体制。

日本中小企业厅设在经济产业省内,是独立的政府机构,[1]各地对应设有中小企业局,各都道府县设立相应的管理部门。由此建立了一套以中央政府为主导、地方政府为基础、民间社会为补充的中小企业管理和服务机构。

以美、日为代表的综合型管理体制,主要是设立专门机构来管理中小企业,职责较为集中。这有利于保障政策的统一和连续,但是不利于地方管理的自主发挥。随着发展地域经济重要性的提高,赋予地方政府的权力和作用将越来越大。

2. 分散管理型体制。典型代表是德国。德国没有专门的中小企业管理机构,联邦经济部所设的第二局、教育部和研究开发技术部有对中小企业实施行政管理与政策支持的职能,但中小企业管理职责分属于不同部门,需要构建管理权限明确,部门间具有良好沟通的协调机制。这种分散型管理体制虽然有一定的灵活性,但是这种管理体制如果未能建立起职责明确、运行协调良好的管理机制就难以将中小企业的促进政策得以有效的实施。

日、德、美三国设立的中小企业管理机构虽在运行方式、机构职能上有所差异,但是它们有一个共同性就是提供"3C"管理与服务,即资金提供(capital)、政

[1] 参见国务院发展研究中心课题组编著:《中小企业发展新环境新问题新对策》,中国发展出版社 2011 年版,第 11 页。

府采购合约(contracts)和咨询服务(counseling)。在这些国家中,中小企业管理机构的主要任务是政策宣传,反映中小企业的需要和愿望,并影响政府和议会的决定;具体执行各种小企业政策,并提供培训、咨询、技术服务。

在对中小企业管理机构的设置上,我国是有过阶段性演进的。目前我国建立的中小企业管理机构为主管与协管相结合的管理体系。

与美国相比,我国在促进中小企业发展方面投入的行政资源不够。以美国为例,美国国会早在1958年就将小企业管理局确定为"永久性联邦机构",并在各联邦政府部门中享有很高的地位,局长由总统亲自任命,总部设在华盛顿,在美国10大城市设有分局,分局下设100多个地方机构,员工总人数超过4000人。其主要职责是:负责向中小企业提供资金支持、技术援助、政府采购、紧急救助、市场开拓(特别是国际市场)等全方位、专业化的服务,是美国政府制定小企业政策的主要参谋和执行部门。一个市场经济高度发达的国家,在政府管理经济的职能相当弱化的情况下,却投入庞大的行政资源扶持中小企业发展,值得我国认真研究和借鉴。

与日本相比,日本中小企业厅与当时我国设在国家发展改革委的中小企业司类似,都是设在其他部门内,但日本中小企业厅依《中小企业基本法》而设立,其中立法明确规定了中小企业厅有协调中央层面的中小企业相关部门及地方政府的权力;并且在部门内设立专门负责协调的综合部门或职务,因此防止了权力滥用和职责不明现象出现。我国当年设在国家发展改革委的中小企业司或现今设在工信部的中小企业局,2002年的《中小企业促进法》并没有赋予中小企业局法定的协调职权,协调工作是由国务院设立的相应协调机构得以完成与实施的。

## 第四节　中小企业管理体系的立法完善

通过对2002年以来我国《中小企业促进法》所确立的管理体系的分析评价,以及对国外市场经济发达国家立法中对中小企业管理体系的比较考察,可以发现,2002年以来我国《中小企业促进法》所确立的法规构造模式、管理体系以及运行机制有本国特色,有实践成效,但也存在一些需要立法完善的问题,需要在立法修改中进行总结、检视与改进。

## 一、大部制改革背景下中小企业行政管理体制的构建

### (一)大部制改革对中小企业行政管理体制的影响

大部制改革是对政府原有设置的行政管理部门按照一定的原则,将职能相近或相似的部门整合在一起,以提升行政管理效能。

精简政府部门是我国推进大部制改革的直接原因。目前,我国国务院下设的机构包括国务院组成部委、国务院直属机构、国务院办事机构、国务院直属事业单位、各国务院部委管理的国家局。通过大部制改革,实现行政机构"精简"的目标。

解决机构设置中存在的职能分割、职责交叉等问题是推进大部制改革的目标追求。精简政府部门后,权力的分配和责任的划分会更加明确,机构重叠、政出多门现象得以纠正,许多原来经常推诿扯皮的事情会逐渐减少,有利于政府效能的推动和提高。[1]

大部制改革对中小企业管理体制的影响是深远的。

首先,大部制改革为中小企业管理体制的变革提供现实基础。新中国成立以来,对中小企业的管理经历了从计划经济下的管制模式(以对国有中小企业管理为主),到市场经济初期的管理模式(增加了对私营中小企业与乡镇企业管理内容),再到市场起决定作用的治理模式(对中小企业重新划型,不再划分所有制成分)。国家对中小企业划型,不是从行业、所有制进行,而是按规模大小、职工人员多少进行划分,这对综合管理体制的确立提出了新的要求。当前行政管理体系中大多具有一定的行业管理的特质,因而归入行业管理部门去管理中小企业,难以适应中小企业管理的基本要求。随着大部制改革的推进,综合管理部门在逐渐增多,行业管理部门得到了有效的整合。因此,大部制改革比较适应对中小企业的管理,大部制的推进有助于促进中小企业管理体制的深入变革。

其次,大部制改革为国家对中小企业管理职能的整合提供了客观条件。国家对中小企业管理是一项综合性的管理,综合性管理的难点在于它要穿透部门管理与行业管理,打破利益樊篱。借鉴国外经验,对中小企业管理应以综合经济

---

〔1〕 参见杨丞娟:《大部制改革对我国行政管理体制改革的影响》,载《学习学刊》2008 年第 8 期。

管理部门为主,而不应将其纳入某一行业管理部门。另外,综合管理与行业性的行政管理的不同点在于,行业性的行政管理惯于以行业规划,而综合性的行政管理则侧重于全局性的协调指导。综合性管理需要将对中小企业的管理职能予以集中归类,既要解决管理中的职能分割与职能交叉问题,又要解决政出多门问题。因此,大部制改革有助于深化中小企业管理职能的重构。

最后,大部制改革为国家对中小企业管理能力的提升创建宏观环境。大部制改革不仅仅是机构、职能的重整,其深层次的问题是要解决政府与市场二者的关系问题。大部制改革后,政府的管理职能与市场的调节机制之间的边界将得到进一步的明确,这对促进中小企业成长的新的宏观环境的形成产生重大影响,在新的环境下,对中小企业的管理能力将得到进一步的提升。

(二)相对独立型中小企业管理体制构想

1. 中小企业管理机构升格为国务院直属机构。在我国,政府机构设置的基本方法是"职能部门化",即按照不同的职能来划分不同的部门,比如农业农村部、民政部、交通部、文化和旅游部等,也就是我们常说的"块块"结构。立足我国国情和中小企业发展的需要,建议整合有关部门的管理职能和行政资源,设立部省级或副部级的国家中小企业管理总局,负责中小企业发展的统筹协调和法律政策落实工作,指导中小企业开展技术创新、转变发展方式、调整经济结构、走新型工业化道路,组织社会服务机构为中小企业创立、成长提供专业化的优质服务。

在大部制背景下,将中小企业管理机构升格为国务院直属机构有其现实意义。

其一,设立相对独立的国家中小企业管理总局有利于对中小企业促进工作的统一管理。其中包括促进规划的统一性,促进政策出台的统一性,促进工作监管的统一性,促进信息与数据管理的统一性等。

其二,设立相对独立的国家中小企业管理总局有利于构建起运行自如的管理机制。可以解决因部门分设、职能交叉重叠所带来的管理内耗性问题,也为地方设立相应机构提供指导性做法。

其三,设立相对独立的国家中小企业管理总局有利于对中小企业促进工作的国际交流。促进中小企业成长和发展,既具有本国性,也具有国际性,各国可以在符合本国国情前提下进行促进政策的交流与互鉴,有了一个相对独立的管理机构，可以更好地推动中小企业促进工作的国际合作和交流。

2. 科学划定国家中小企业管理总局的基本职能。根据中小企业宏观管理的管理属性，以及中小企业促进型立法的基本要求，在中央政府层面设置的中小企业管理总局的基本职能如下：

（1）政策制定职能。实施中小企业促进政策体系的谋划与制定工作，实施涉及中小企业成长与发展相关的国家经济发展专项规划的编制工作。

（2）指导服务职能。实施对中小企业的政策指导与公共服务，提升政府、社会组织、企业自律组织服务中小企业的能力。

（3）监管管理职能。实施对促进政策措施实施工作的监督检查，查处相关问题与案件，提升政府履职能力。

（4）信息统计职能。实施对中小企业的信息统计与数据分析，实施促进工作的阶段性评价。

（5）国际合作交流职能。开展中小企业促进的国际合作与交流，提升我国中小企业促进政策的国际影响力。

3. 继续保留国务院层面的中小企业协调机构。有了相对独立的中小企业管理机构，并不意味着原有的国务院层面的中小企业协调机构可以废止，相反应继续保留。这是因为，其一，一些政策的制定与出台需要各部门的协调合作。虽然大部制改革后，将部门间协调转变为部门内协调，但是协调问题并没有彻底解决，建立具有议事协调性质的领导小组，用于协调地方政府和部门之间的关系仍是必要的。其二，促进中小企业的政策工具具有多样性，相当数量的政策工具的制定是由中小企业管理部门与相关职能部门联合进行的，但政策工具的实施部门并非中小企业的管理机构，而是具体拥有政策工具执行权的相关部门。比如，对中小企业尤其是小微企业的税收政策，制定时应当是中小企业管理部门与国家财税局共同研究和谋划的，但实施活动则是由税务部门进行的，而实施政策的检查与评价又属于中小企业管理机构的主要工作，因而，通过设立更高层面的协调机构就能协调各项政策的综合运用，从而起到政策执行的实际效果。

## 二、“放管服”改革背景下中小企业行政管理职能优化

### （一）“放管服”改革概说

“放管服”改革是党的十八大以来促进简政放权、激发市场活力、提高国际

竞争力的重要战略部署。其基本含义是："放"即简政放权，降低准入门槛，下放手中权力；"管"即创新监管，促进公平竞争；"服"即优化服务，营造便利环境。"放管服"改革包括简政放权、放管结合、优化服务，它不是这三项改革的简单相加，各干各的，而是一个有机的整体，是放、管、服三管齐下、协同推进的一套改革"组合拳"。

"放管服"改革是全面深化改革的重要内容，也是重塑政府和市场关系、刀刃向内的政府自我革命，它事关发展环境的持续优化，市场活力的深度激发，政府职能的深刻转变，也事关国家治理体系和治理能力现代化的顺利实现。

"放管服"看似是新词，其内在逻辑与 30 多年来的改革路径一脉相承。其改革的内在逻辑是，政府从以微观管理、直接管理为主转向宏观管理、监督管理为主。为适应社会主义现代化建设与社会主义市场经济发展的需要，我国先后进行了 7 次行政制度改革，改革逐步深化。其中，在推进行政审批精简 6 年来，国务院部门行政审批事项削减 44%，非行政许可审批彻底终结，中央政府层面核准的企业投资项目减少 90%，行政审批中介服务事项压减 74%，职业资格许可和认定大幅减少。

### （二）"放管服"改革对中小企业管理职能的影响

"放管服"改革对中小企业行政管理职能产生的影响主要表现在以下几个方面：

（1）"放管服"改革影响中小企业的管理方式。国务院把简政放权、放管结合、优化服务改革作为一场重塑政府和市场关系、刀刃向内的政府自身革命，着力减少政府微观管理、直接干预的做法，激发了市场活力和社会创造力。这一管理方式极好地适应国家对中小企业宏观管理的特性与要求。国家对中小企业宏观管理就是要充分运用好这一管理手段。转变监管理念，创新监管方式，强化公正监管，维护公平竞争的市场秩序；强化服务意识、创新服务方式，优化办事流程，为广大中小企业提供高效便捷的政府服务。

（2）"放管服"改革影响政府对中小企业的管理能力。围绕"放管服"的相关内容，目前国家与各级地方政府对中小企业管理存在的问题是，一些该放的内容尚未全面放开，该管的领域尚未有效管理，在中央与地方层级对中小企业管理的改革筹划、推进、落实过程中，创新性举措还不多，抓落实的力度还不大。联管、信息共享等缺乏配套措施，一些互为前置的审批“连环套”依然无解，出现中梗阻。政务服务流程不够优化、审批权限有待进一步放开，离“一网、一门、一次”还存在一定差距，“最后一公里”问题在许多地区普遍存在。各部门尚未形成改革合力。因此，“放管服”三位一体的改革对中小企业管理而言，既是一场涉及理念、体制机制、工作方式的深刻变革，也必将是一次管理能力的提升。

(3)“放管服”改革影响中小企业的管理成效。中小企业是重要的市场主体，也是“放管服”改革的直接受益主体。中小企业在其成长过程中，需要政府提供公平型产业政策，需要政府提供公共服务，同时也希望政府减少行政性收费，提供便捷化的服务，归根结底，是通过简政放权、放管结合、优化服务，推动流程再造和机制再构，最大限度地降低中小企业成本、提高企业效率、激发中小企业活力。因此，“放管服”改革与中小企业管理成效之间具有正相关性。在对“放管服”改革成效的评估上必须把中小企业受益情况作为主要评估因素。

(三)“放管服”改革下的中小企业管理职能优化

国家或政府对中小企业管理职能的优化是一个全局性和系统的问题，就“放管服”改革的侧面而言，主要在于以下几个方面：

(1)对中小企业管理中“放与管”的界限设定与职能优化。放与管是一对矛盾体，从理论上讲该放的则放，该管的则管，但涉及相关制度设计时并没有那么简单和容易。放什么，管什么，应围绕中小企业的基本特点进行考量。我们认为，对影响中小企业微观性经营活动的政策应当放开，比如，中小企业的经营性计划，中小企业的产供销安排，中小企业的合作与联合等，而对于涉及中小企业的权益保护、促进政策的落实督查，政商关系的界定等，应当强化监管。

即使属于该管的领域与内容，也应因时制宜，因地制宜，应针对中小企业实际，必要时制定差异化的监管政策。针对金融机构开展的小型微型企业金融服务，采取合理提高小型微型企业不良贷款容忍度等措施，增加小型微型企业融资规模和比重，提高金融服务水平。

(2)对中小企业管理中“服与管”的界限与职能优化。服务与管理的关系实质上涉及对管理部门职能的定位性和识别性问题。它们两者并非对立，管理中应强化服务意识，服务中可以将管理理念予以融入。基于对中小企业的管理是综合性管理，因此，服务便成为管理的一个重要组成内容，其包括以下若干方面：

其一，深化对中小企业服务体系建设。对中小企业服务体系主要包含政策咨询服务、技术创新服务、融资担保服务、创业辅导服务、技能培训服务、管理咨询服务、法律维权服务等。应构建全方位的服务中小企业，促进中小企业成长的服务体系。

其二，深化对中小企业服务平台建设。服务需要借助于信息平台，以信息技术支撑服务平台的运转，这是服务平台运行的重要途径。近年来在国家政策扶持和地方政府的支持下，一些省、市以中小企业服务中心为骨干力量，探索建立了具有“服务超市”功能的公共服务平台。

其三，深化对中小企业服务能力的提升。加大对中小企业公共服务平台（服务中心）建设的扶持力度，使之成为能够延伸政府服务职能、承载各类服务机构的重要基地，成为聚集社会资源为中小企业提供集中、集约、集成服务的“配送中心”，成为中小企业社会化服务体系建设的关键节点，在促进中小企业科学发展中起到“四两拨千斤”的功效。

## 三、事权与财权统一背景下中小企业分级管理体系的构造

### （一）事权与财权概说

事权，就是政府的行政权力和责任；财权，就是各级政府处理财产的权力。

一般而言，事权、财权、财力三要素达到匹配才能使一级政府运转正常。相对于事权，财权和财力都是手段，是为履行特定事权服务的。

基层政府财力的多少，在很大程度上取决于地方经济的发展以及集权与分权的关系。集权和分权各有优点和缺点，集权有利于加强上级的权威和进行宏观调控，但有可能带来腐败和官僚主义；分权能更好地激发基层的积极性和责任心，更有效地提供公共产品和服务，但有可能产生“诸侯”经济、各自为政。关键是要处理好集权与分权的均衡关系，因时因事进行适当调整。我们认为，从目前财政体制的实际情况看，存在集中过度的现象，地方和基层自主权不够，普遍存在“跑部钱进”现象，这既不利于政府职能转变和防止腐败，也不符合我国市场化的改革方向，容易导致旧体制的复归。

### （二）分权财政体制对中小企业分级管理体制的影响

自 1994 年实行分税制财政体制以来，财政收入保持了较快的增长势头，为

经济社会发展奠定了良好的物质基础。然而，在财政收入快速增长的同时，体制方面的矛盾和问题也开始逐步暴露。特别是中央与地方、政府与企业以及政府各职能部门之间在财权和事权方面的不协调、不匹配，甚至错位，既影响了财政收入的使用效率，也引发了社会收入分配关系的公平性问题。近年来，中央在集中财权的同时，由于不断地下放事权，不断地出台增加地方财政负担的政策措施，使地方的财权与事权越来越不匹配与不适应。在中央与地方财政收支关系上，收入上地方占据半壁江山，约为50%权重，而支出上地方占比高达85%，造成基层政府财力无法满足自身大量事权支出的需要，不能完全履行提供公共物品的需求和责任。[1]

扶持中小企业成长与发展需要强大的财力作保障。这里涉及两大问题，一是对中小企业实施产业资金支持、担保补助资金支持、财政性质的产业基金设立、公共产品性质的中小企业公共服务支持等，均需要大量的财力支撑。这部分资金如何筹集、使用是财政政策需要思考的问题。二是对中小企业实施促进活动，系中央政府与各级地方政府共同实施的，而地方政府中存在“吃饭财政”，加上长期以来存在的财权与事权不匹配，实施中存在严重的资金不足甚至“断粮”问题。就一定意义而言，事权与财权相统一既是财政分权制度问题，也是管理体制问题，同样是完善中小企业管理体系中需要正视的问题。如果这一问题得不到有效解决，地方政府缺乏与事权相适应的资金来源，那么财政促进政策就无法在地方层面得到有效实施。

（三）分权财政体制下的中小企业分级管理体制构建

1.明确并合理划分中央与地方对中小企业促进的事权范围。划清事权和财权是建立科学、规范的财政制度的前提和基础。按照公共产品的层次性来合理划分各级政府的支出责任和范围，中央直接负责的全国性公共产品和事项（如国防、外交等），由中央财政负责；中央和地方共同承担的兼有全国性和地方性公共产品特征的事项（如跨地区大型基础设施、环境保护等），由中央和地方财政共同承担，并按具体项目确定分担的比例；中央负有直接或间接责任，但由地方政府负责提供更为高效的事项（如基础教育、计划生育、公共卫生等），主要应

---

〔1〕 参见贾康、张鹏、程瑜：《60年来中国财政发展历程与若干重要节点》，载《改革》（重庆）2009年第10期。

由中央财政通过转移支付的方式把相应的财力提供给地方来完成；其他属于区域内部的地方性公共产品和服务，则由地方财政负责。

遵循以上划分原则，在对中小企业促进工作中，涉及区域性的中小企业成长发展工作（如边远地区、民族地区），涉及全国示范性的中小企业创新工程，涉及中小企业面向国际化经营，涉及全国性的公共平台建设工程，应当由国家予以完成，其他的对于中小企业扶持和促进的事项主要应由地方财政予以完成，或由中央财政通过转移支付把相应的财力提供给地方来完成。

2. 完善地方税体系以促进中小企业成长与发展。按照适当集中、合理分权的原则，逐步扩大省一级地方政府的税收管理权限，将一些区域性强、不影响全局经济发展和分配格局的地方税种的管理权限下放给省级政府。在不影响中央宏观调控政策、不挤占中央税基、不妨碍周边地区经济发展的情况下，报经中央批准后，省级人大和政府可以决定征收或免征具有地方区域性特点的某项地方税。

对现有的地方税种进行整合，在简化政府层级基础上划分不同级次财政的税源，基层政府的税源重点应是营业税、财产税和资源税。通过完善地方税体系，保证地方财政收入的稳定性和可持续性。另外，进一步完善省级以下的分税制，赋予地方政府一定的税收权和发债权。通过上述财税体制改革，确保用于中小企业促进事项的地方财力得到切实的增强。

3. 加强财政预算硬约束。首先，用于中小企业促进事项的相关资金来源与使用应通过预算与决算程序。禁止随意安排中小企业发展资金，随意使用、截留、挤占中小企业发展资金。其次，严格区分中小企业发展资金与中小企业发展基金两者之间的区别。中小企业发展资金应以财政资金为表现形式，而中小企业发展基金除可以由财政出资一部分外，还可以借助市场力量筹集与使用。最后，应严肃财政纪律。实践中普遍存在财政资金用于中小企业各项补助时表面上用于补助，实际上被他人无故侵占；财政资金用于中小企业担保风险补助，表面上划到中小企业担保公司用于强化担保功能，实际上被一些担保公司挪作其他用途等情形较为严重，应严肃财政纪律，建立起“花钱必问效、无效必问责”的管理机制。

4. 建立和健全科学、规范的扶持中小企业的财政转移支付制度体系。现行的财政转移支付制度体系存在两大问题。一是中央对省级的财政转移支付制度上的问题。集中表现为:中央对各地税收返还额的确定方法缺乏科学依据、转移支付形式不规范、转移支付的随意性较大、对中小企业扶持的调节功能微弱、力度不大。二是省级以下各级政府间的财政转移支付不规范。主要表现在,发展和壮大中小企业具有强烈的地方竞争意识,地方政府并不愿意将自己口袋中的钱装到别人的口袋中去,造成省级以下地方政府之间很少有财政转移制度用于扶持中小企业事业。另外,对中小企业的专项补助透明度不高,也造成地方政府之间财政转移支付政策难以有效推行。

因此,应深入研究针对中小企业促进政策的财政转移制度的建立与实施问题。要以科学化、规范化、公正化和透明化为改革导向,重点是以用开列标准收支的“因素法”代替现存的“基数法”;同时,依据“标准收入”和“标准支出”的差额确定合理的转移支付,使困难地区有履行公共服务的基本财力,向公共财政过渡创造条件,并确保有一定比例的财政转移资金用于中小企业促进事业上。

5. 强化中小企业专项资金的实际使用效果。一是大力推进财政专项资金的清理整合,推动部门内部资金整合,试行跨部门资金整合,避免资金分散管理和政策“碎片化”;统一资金分配原则和管理要求,让“好钢”用在“刀刃”上;把投向一般竞争性领域的资金果断退出来,把小额分散的资金集中起来使用,把能下放的资金打捆下放,以提升财政资金的实际使用效果。二是将部分直接用于企业补助的资金调整用于创业补助、创新奖励、节能减排、化解产能过剩等重点领域和关键环节。三是由以往直接定项目向竞争性分配转变。在特色产业集群、自主创新资金等重大专项的分配上,改变过去层层按额度报项目、批项目的做法,采取竞争性分配机制,通过公开招标、专家评审,多中选好、好中选优,最大限度地增加公平性、减少随意性。四是由财政单一扶持向财银、财企合作扶持转变。对确属必要的投资发展类资金,采用贷款贴息、投资参股、风险补偿、以奖代补、政府购买服务等市场化手段,引导金融和社会资本投入,放大财政资金的乘数效应。

CHAPTER

第五章

# 《中小企业促进法》政策工具入法的运行实效评估

《中小企业促进法》的立法特质在于将促进型政策工具写入法规中，政策工具入法不仅要在法律制定时体现科学立法，而且要在颁布后接受实践的检验。从演进的视角观察，政策工具入法后的执行过程是一个尝试、纠偏与学习的交互过程，并需要一定阶段的实践进行检验。对政策工具入法的运行实效评估可以选取若干重要观测点进行。通过立法后评估活动用以评价、测定立法的调适能力，把握修改完善的重点以及政策工具入法的体系性设计要求。

## 第一节　政策工具入法运行与立法后评估

政策工具入法运行实效评估实际上是以入法后的相关政策工具为观测点，运用评估原理进行跟踪、评估，并给出结论与建议。在《中小企业促进法》立法后评估实践中，影响评估实效的因素相对较多，其中政策工具入法观测点的选取值得理论界与实务界关注。

## 一、政策工具入法及其入法后运行

### (一)政策工具入法的含义与作用机理

政策工具入法,是指将一些实施后经验证具有指引和规范性价值的政策措施上升为某一法规条文,并成为具有调整功能的法律制度内容,也称政策入法。

理解政策工具入法的相关意涵,需要厘清以下三个基本问题。

其一,政策工具入法是针对特定的法规而言的,它所研究的视域并非泛指的政策转化为法律的法理学问题。政策工具入法,在一些经济法或社会法的立法上时常采用。《中小企业促进法》作为促进型的经济法,政策工具入法也必然成为立法的一大特色。

长期以来,人们对中小企业促进政策的研究总是伴随着对概念本身的重新解读,以及对政策工具的不断认识而走向研究的深入。但不管在何种意义上定义中小企业促进政策,都免不了对中小企业促进法立法体系与中小企业促进政策关系的追问。在对《中小企业促进法》立法实效评价中,选取法规中的若干政策工具作为观测点,反思我国中小企业促进政策在《中小企业促进法》实践中的运用,具体包括中小企业促进政策写入促进法的可能性及其途径。

其二,政策工具入法是将政策语言转化为法条语言,从而成为该部法规的法条表达结构,这属于法技术构造所讨论的问题。

从严格意义上讲,政策就是政策,法律就是法律,国家政策不像严格的法律规范那样有严谨的表达结构,也不像法律规范那样会产生直接的拘束力。但是不容否认的是,一定数量和内容的经济政策一旦入法,政策文本结构转化为法规文本结构,其调整的功能得到了强化,对社会经济生活的约束力得到了提升。现代社会需要法律与政策的共同治理,政策有灵活和适应性的便利,同时也有稳定性不足、易于变动的弊端,通过一定途径转化为法律条文不仅是可能的,而且也是必要的。立法政策学理论认为,法律与政策是实现社会治理的两种非常重要的正式制度安排,也是对经济社会进行管理的两种基本手段。作为两种制度安排,政策和法律必须直面二者之间关系的协调与转换问题,需要摆正政策与法律的关系。[1]

其三,政策工具入法是政策与法律相互变迁过程中的一种伴生现象。在相互间的伴生关系中,两者呈现出以下发展的轨迹:一是促进中小企业成长的基本政策通过法的形式成为一个国家社会政治经济生活的政治期待,进而成为体现全民意志的为全国上下共同努力之目标;二是基于政策入法活动,才致使政策不再仅仅停留在政策层面而成为具有权利义务关系内涵和法律约束力的行为准则。

政策工具作为一种具体手段,它与其他手段的差异在于,政策工具具有明显的政策执行属性,但当政策工具一旦进入某一法规,就成为具有一定约束力的法律规范,其结构与体系也随之发生变化。

比如,在2002年颁布的《中小企业促进法》中,第12条规定:"国家设立中小企业发展基金。……"这是一个政策性条文,关于设立中小企业发展基金的政策早在2002年制定《中小企业促进法》之前已经以政策文件的形式发布实施。政策性条文转化为法规中的政策工具,需要对它的政策体系与政策制度进行法结构上的构建,从而确保政策工具得以切实运行。

探寻政策工具入法的作用机理,就政策目标而言主要有以下几个方面。

其一,使政策工具的实施更趋向制度化。比如,设立中小企业发展基金,需要解决基金的来源、基金的使用、基金的监管以及基金使用的绩效评价,入法后,国家相关部门就会有针对性地制定相关设立规则、运行规划、考核规则、奖惩规则,促使这一政策工具在法治化的规则体系下运行,这是单纯的政策工具所无法做到的。

其二,使政策工具的实施更具有执行力。执行力是通过强制手段予以确保的。政策工具入法与否,直接影响政策工具的生命力。这主要在于,不同的政策工具是由不同的行政部门把控和拥有的,政策工具入法,通过确立责任追责制度,确保政策工具落到实处,进而由不同部门所把控和拥有的政策工具上升为由代表国家意志的部门统一来实施,并接受立法机关的监督。

其三,使政策工具的实施更具有协调性。政策工具种类越多,实施过程中的

---

[1] 参见刘长秋:《当政策遇到法律》,载《大众日报》2014年12月3日,第2版。

协调性往往也就越差。2002 年的《中小企业促进法》中涉及的政策工具主要有财税政策、信贷政策、技术创新政策、市场开拓与服务政策等,通过法规中的专条规定,明确国务院负责制定中小企业政策,对全国中小企业的发展进行统筹规划,实践中,还专门成立了国务院层面的中小企业协调机构,以便较好地确保主管部门与协管部门的协调性以及各项政策工具运用中的协调性。可见,政策工具入法确保了各类政策工具的综合运用,提升了各类政策工具运用中的协调性。

(二)政策工具入法后运行实效评价制度

政策工具入法只是一种手段,其目的是通过入法,促进其运行,从而达到应有的运行效果。

政策工具入法后要对其成效进行评价,需要一定的时限性。通常情形下,运行 3~5 年以后,其科学性、合理性以及对社会关系的调整功能才能客观地被呈现出来。

政策工具入法后的实效评价,就是在经济法规制定出来并运行一段时间之后,由立法部门、执法部门以及社会公众、专家学者等对政策入法后的效果进行分析评价,针对法律法规创制过程中存在的自身缺陷提出矫正和修缮意见的过程性活动。

政策工具入法评价可以分为立法前评价与立法后评价两个方面。立法前评价主要评价政策入法的必要性、合法性、协调性与可操作性,而立法后评价则需要评价的是政策入法后是否达到了立法者在立法时的预期,以及立法在实施中所获得的效益与存在的问题,从而为该法的"改、废、存"提供依据。因此,政策工具入法后的评价属于《中小企业促进法》立法后评价的反思性机制。加入这种反思性的评价机制,是实现立法、执法与社会沟通的一种必要方式。

就全国层面而言,立法后评估作为一项制度安排是国务院在行政法规立法规划中率先提出来的,2004 年国务院发布《全面推进依法行政实施纲要》(国发〔2004〕10 号),其中第 17 条、第 18 条规定:"积极探索对政府立法项目尤其是经济立法项目的成本效益分析制度。政府立法不仅要考虑立法过程成本,还要研究其实施后的执行成本和社会成本。""建立和完善行政法规、规章修改、废止的工作制度和规章、规范性文件的定期清理制度。……规章、规范性文件施行后,制定机关、实施机关应当定期对其实施情况进行评估。……”基于这些规定，我国开始实施了全国性的行政立法后评估制度。

各地方的地方立法后评估工作和国务院的行政立法后评估工作，以及与之相对应的制度建设受到全国人大的关注。2008 年全国人大常委会将“立法后评估”写入了工作报告，在 2011 年全国人大常委会的工作报告中更是明确地提出“要把立法后评估作为加强和改进立法工作的一项新举措，在总结试点经验的基础上有序推进，通过各种形式，对法律制度的科学性、法律规定的可操作性、法律执行的有效性等作出客观评价，为修改完善法律、改进立法工作提供依据”。2010 年全国人大常委会首次开展了对立法后评估的试点工作，对《科学技术进步法》《农业机械化促进法》的有关制度执行情况进行立法后评估论证。〔1〕

但由于经济法立法后评估在我国起步相对较迟，至今尚未制定一部经济法立法后评估的规范性文件，导致立法后评估的制度化建设相对滞后；在一些地方层面，立法机关或政府部门临时性地挑选某一部地方性法规或规范性文件作为立法后评估的“试检”，长效性常态性的立法后评估制度尚未建立与完善。

值得关注的是，上述立法后评估仅仅表现为法规自身，尚未深化到某项入法后的政策工具层面。

（三）政策工具入法后运行实效评价目标

1. 评价政策工具入法的立法水平。在我国当下，经济立法工作从数量型立法已向质量型立法转化，从粗放型立法向精细化立法提升。在这一转化、提升过程中，法律的作用机制实际上连接着立法与修法的两个节点。《中小企业促进法》也是如此。对该法涉及的政策工具在立法前进行评估，评价某项政策工具所设立的制度规则对中小企业促进的影响性评估，是立法预期，是法律通过后期望达到的目标。但立法预期并不等于立法实践，考量立法实践是否实现了立法预期目标，需要通过立法后评估才能得出结论。政策工具入法的立法后评估，需要汇集来自司法、执法过程中的法律信息，而这些法律信息则成为对某个政策工具事后查漏补缺的重要途径与做法，通过评价可以比较客观地反映政策工具入

〔1〕 参见陈书全：《论立法后评估常态化启动机制的构建》，载《现代法学》2012 年第 2 期。

法的立法水平。

2. 评价入法后政策工具的调整功能。政策工具入法是一种立法行为，其目的是通过政策工具的法治化运行，增强政策工具的调整功能。先哲亚里士多德曾说过，法治应当包括两重意义：已成立的法律获得普遍的服从，而大家所服从的法律又应该本身是制定得良好的法律。[1] 入法的政策工具有较强的时代性特征，随着立法背景时过境迁和法律实施外部条件的不断嬗变，政策工具中的不少问题与不足在长期的法治实践中必然会暴露出来。《中小企业促进法》中所采用的一些政策工具也是如此，这就需要适时调整政策工具，并适时进行修订与补充，通过对入法后的政策工具进行评价，可以为《中小企业促进法》的立、改、废提供实践依据，并对现有的政策工具是否合法合理、是否产生了应有效益、是否已经过时失效、是否需要废除抑或继续保留、完善之类的问题作出回答，从而提升政策工具的调整功能。

3. 评价入法后政策工具的实现机制。入法后的政策工具是如何运行的，其运行成效直接影响政策工具作用力的发挥。包括《中小企业促进法》在内，我国目前普遍存在的问题是，在政策工具入法后，由于没有形成立法机关和社会互动的格局，因此造成了有些政策工具脱离社会实践，不具有可操作性，难以被有效实施。通过对政策工具入法评价，尤其是在评价中对相关利害关系人的调查，以及对评估结果的公开，可以促使更多的人关注立法，积极参与立法，从而在立法机关和社会之间形成良性互动。

## 二、《中小企业促进法》修订前政策工具观览与评估内容

### （一）2002 年《中小企业促进法》入法的政策工具观览

在 2002 年制定的《中小企业促进法》中，涉及入法的政策工具主要有财税政策、融资政策、技术创新支持政策、市场开拓政策等。相关政策工具清单如表 5－1 所示。

---

[1] 参见［古希腊］亚里士多德：《政治学》，吴寿彭译，商务印书馆 1965 年版，第 199 页。

**表 5－1 中小企业政策工具清单**

| 政策工具目录 | 政策工具子目录 | 政策工具运用行为 | 政策工具目标 | 政策工具提供者 |
|---|---|---|---|---|
| 财税政策工具 | 专项基金 | 引导基金、种子基金等 | 支持初创中小企业；<br>支持成长性好的中小企业 | 基金管理机构 |
| | 专项资金 | 贷款补助、各类补助、奖励、贷款贴息专项资金、小微企业融资担保贷款风险补偿资金 | 支持初创中小企业；<br>支持成长性好的中小企业 | 资金管理机构 |
| | 政府采购 | 设定采购比例、设定采购形式 | 支持各类中小企业 | 政府 |
| | 税收优惠 | 缓征税、减征税、免征税 | 支持小微企业；<br>支持高、精、尖、边远山区中小企业 | 政府<br>税收部门 |
| | 行政收费减免 | 行政费取消、行政费减收 | 支持初创中小企业；<br>支持高新中小企业 | 政府 |
| 金融政策工具 | 普惠金融体系 | 推动政策性银行、中小银行、非银行放贷机构发展 | 支持小微企业；<br>支持高、精、尖、边远山区中小企业 | 政府<br>金融机构 |
| | 差异化的金融监管 | 提高不良贷款容忍度，完善针对性的考核标准体系 | 支持小微企业；<br>支持高、精、尖、边远山区中小企业 | 政府<br>金融机构 |
| | 针对性的金融产品与服务 | 确立差异化贷款品种、差异化利率政策 | 支持小微企业；<br>支持高、精、尖、边远山区中小企业 | 政府<br>金融机构 |

续表

| 政策工具目录 | 政策工具子目录 | 政策工具运用行为 | 政策工具目标 | 政策工具提供者 |
|---|---|---|---|---|
| 金融政策工具 | 贴息扶持 | 贴息贷款 | 支持小微企业；<br>支持高、精、尖、边远山区中小企业；<br>支持成长性好的中小企业 | 政府<br>金融机构<br>财政部门 |
| | 信用融资与担保融资 | 融资业务 | 支持小微企业；<br>支持高、精、尖、边远山区中小企业 | 政府<br>金融机构<br>政府性担保机构 |
| | 政策性信用担保 | 融资业务 | 支持小微企业；<br>支持高、精、尖、边远山区中小企业 | 政府<br>政府性担保机构 |
| | 贷款信用保险 | 保险新产品 | 支持小微企业；<br>支持成长性好的中小企业 | 政府<br>保险机构 |
| | 信用评级 | 信用评价、信用评级服务 | 支持各类中小企业 | 政府<br>征信机构 |
| | 融资服务 | 中小企业板、新三板融资服务 | 支持成长性好的中小企业；<br>支持科创型中小企业 | 政府<br>证券机构 |

续表

| 政策工具目录 | 政策工具子目录 | 政策工具运用行为 | 政策工具目标 | 政策工具提供者 |
| --- | --- | --- | --- | --- |
| 技术创新政策工具 | 创业孵化基地建设 | 技术创新项目或产品 | 支持初创中小企业；<br>支持成长性好的中小企业 | 政府<br>产业组织 |
| | 加速折旧 | 技术创新项目或产品 | 支持成长性好的中小企业；<br>支持科创型中小企业 | 财税部门 |
| | 校研企合作 | 技术创新项目或产品 | 支持成长性好的中小企业；<br>支持科创型中小企业 | 政府<br>社会组织 |
| | 研发费加计扣除 | 技术创新项目或产品 | 支持科创型中小企业 | 财税部门 |
| | 知识产权保护 | 推动技术、产品创新 | 支持科创型中小企业 | 政府<br>知识产权机构 |
| | 公平研发信息平台建设 | 技术创新项目或产品 | 支持成长性好的中小企业；<br>支持科创型中小企业 | 政府<br>公益性组织 |
| | 技术服务体系 | 技术创新项目或产品 | 支持科创型中小企业 | 政府<br>技术管理部门 |

续表

| 政策工具目录 | 政策工具子目录 | 政策工具运用行为 | 政策工具目标 | 政策工具提供者 |
|---|---|---|---|---|
| 市场开拓工具 | 大中小企业间合作 | 市场业务 | 提升中小企业市场竞争能力 | 政府<br>产业组织 |
| | 公开发布政府采购信息 | 市场业务 | 提升中小企业市场竞争能力 | 政府<br>社会公益组织 |
| | 提供指导帮助 | 市场业务 | 提升中小企业市场竞争能力 | 政府<br>社会公益组织 |
| | 建立公共服务平台 | 市场业务 | 提升中小企业市场竞争能力 | 政府<br>社会公益组织 |
| 社会服务工具 | 公益性服务 | 企业管理业务 | 提升中小企业经营管理能力 | 政府<br>社会公益组织 |
| | 政府信息服务 | 企业管理业务 | 提升中小企业经营管理能力 | 政府<br>社会公益组织 |
| | 人员培训 | 企业管理业务 | 提升中小企业经营管理能力 | 政府<br>社会公益组织 |
| | 创新人才服务 | 企业管理业务 | 提升中小企业经营管理能力 | 政府<br>社会公益组织 |

### (二)2002 年入法的政策工具观测内容

1. 中小企业促进政策工具的科学性。对政策进行实效性评估,需要关注的是对政策工具的实效性评估。政策与政策工具两者的差异在于,政策有时具有宣示性和原则性,它不具有可以转化为权利与义务关系的基本结构。如在《中小企业促进法》中,有关宣示性的政策也并不少见,如 2017 年修订前的第 3 条、第 27 条等。而政策工具则是以一定的政策目标为指导,构成政策系统的政策内容,具有较强的可操作性。比如,在 2017 年修订前的《中小企业促进法》中,能构成政策工具体系的主要是财税政策、金融政策、科技创新政策、市场开拓与服务政策等。

对政策进行实效性评估,应当关注政策工具体系的科学性设计。比如,在我国对《中小企业促进法》进行财税政策工具入法后的实效性评估时，我们所关注的是，其一，财税政策工具作为一项财政与税收相结合的组合性工具，它自身所应具有的协调性问题；其二，财税政策工具是由多项政策共同作用的工具束，它自身所具有的协调性问题；其三，财税政策工具是经济杠杆手段，入法运用后对中小企业行为的诱导效果及其正反面影响问题。

2. 中小企业促进政策工具的可操作性。政策工具设计得再好，但无法在社会经济生活中得到实际应用，那么，这样的政策工具只能是一纸空文。作为立法后评估，评估工作侧重的是政策工具的可适用性。即政策工具入法后，在对中小企业促进事项中，它是否具有实际应用性，通过对它可适用性的评价，从而达到评估立法制度的科学性，以及立法是否修订的社会需求程度。

3. 中小企业促进政策工具的贯彻性。立法中将某项政策工具写入法条，但并不意味着它已在现实社会经济生活得到切实遵行。入法的政策工具是否为广大中小企业欢迎，是否具有实际使用效果，是否得以遵行和贯彻，便成为立法后评估的一项基本内容。

在考察政策工具的贯彻性时，需要分析执行主体与接受主体的互动机制，即政策工具是需要通过执行主体（政府部门、行业组织、负有促进职责的相关机构）的推动与接受主体（中小企业）的积极配合才能收到实效。因此，在立法后评估中，应充分观察各项政策工具在实施中的推动性与配合性问题，以便评价政策工具的实际运行能力。

### 三、政策工具入法后实效评估应关注的问题

#### （一）政策转化为法律的时限性

政策工具入法后的运行实效是一个持续呈现的过程，它需要时空检验。对一部新颁行的法律，它对社会经济生活的调整功能是否得到发挥，不能只看颁行后的1～2年，应给予更长的时间检验。就《中小企业促进法》而言，从2002年颁布、2003年实施到2017年修法活动，历经14年的法的实施过程，因此，已具备进行评估的时空条件。

#### （二）评估工作安排的科学性

对《中小企业促进法》的政策工具入法后的实效性评估是一个系统性的工

程,系由评估主体、评估对象、评估内容、评估反馈等若干系统要素有机构成。

政策工具入法后的实效性评估的基本内容实际上是要回答立法后评估标准及其相应的评估指标设计问题。

目前在理论界与实务界,针对中小企业促进政策工具入法后的实效性评估内容并无太多的涉及,但对包括经济法在内的一般意义上的立法后评估,近几年还是有一些讨论的。有学者认为,评估标准直接决定着评估的方向和评估结论是否正确、科学和符合实际,因而,立法后评估标准应当强调合法性、针对性和可操作性;有学者提出立法后评估还应注重立法的协调性;也有学者认为,制定立法后评估标准主要应考虑五个基本方面:一是合法性标准,二是合理性标准,三是协调性标准,四是时效性标准,五是技术性标准。[1]

结合上述学者的观点,同时考虑经济法的基本特点,我们主张对2002年颁布的《中小企业促进法》的立法后评估,就政策工具入法后的评估内容可以概括为以下四个方面:

(1)实施绩效。主要包括政策工具入法后实施的基本情况(宣传贯彻情况、配套性的规范文件制定情况等);政策工具入法后的执行情况;政策工具入法后施行以来所取得的社会和经济效益。

(2)立法内容。主要包括政策工具入法后所进行的各项制度设计和程序规定是否具有合理性、可操作性;有关监督检查的规定是否合理、得当、可行,是否需要进一步完善等。

(3)立法盲点。主要包括政策工具入法后有无出现立法规制的空白,以及急切需要作补充规定的情况。

(4)立法技术。主要包括政策工具入法后相关概念的界定是否明确、条文表述是否简洁、逻辑结构是否严密,表述是否准确,执法中有无歧义。

(三)政策工具入法后实效评估的实施

1. 立法机关实施立法后评估。我国的立法后评估的主体应为立法机关。一般由有立法权的人大牵头(其常委会、负责统一审议的专门委员会、与需要评价

〔1〕 上述学者的观点可参见丁贤、张明君:《立法后评估理论与实践初论》,载《政治与法律》2008年第1期;沈国明、张明君:《在实践中完善立法后评估制度》,载《中国人大》2008年第8期;俞荣根:《立法后评估:法律体系形成后的一项重要工作》,载《西南政法大学学报》2011年第1期。

的法规相关的专门委员会、常委会的工作机构等均可),并由法规的执行部门、行政相对人、专家学者共同参与。这是当前对某一经济法进行立法后评估的主要做法,《中小企业促进法》涉及政策工具入法的评估也可以采取这一途径。

2. 独立第三方实施立法后评估。立法机关也可以委托独立的第三方实施对某一经济法的立法后评估。通常情况下,独立的第三方一般是专门从事经济法研究的科研机构与法学研究院所。由具有专业评估水准的专门机构进行立法评估,可以提高立法评估的水准,从而提供具有更高评估水平的评估报告。涉及《中小企业促进法》入法的政策工具具有较强的专业性,第三人作出的中立、客观、专业评估可以作为今后主要的工作方向。

3. 专家学者实施立法后评估。专家学者往往对某一领域的法律有较好的理论与学术造诣,且专家学者一直在跟踪相关法规的发展动态与执法、司法效果,专家学者还具有较好的国际化视野,由专家学者对法规实施后进行立法评估,能收到较好的评估效果。专家学者实施立法后评估就广义而言也属于独立第三方评估,在对《中小企业促进法》入法的政策工具进行评估时,可以在独立第三方评估中邀请专家学者共同参与的做法。

(四)政策工具入法后实效评估的基本程序

1. 评估工作的启动和准备。这一阶段首先要确定评估的目标和标准;其次是确定评估的方法和评估方案;再次是确定评估的内容并制作评估问卷和调查图表;最后是确定参加评估或者数据采集的对象。

2. 评估的实施。根据评估方案具体对一项或多项入法后的政策工具实施评估工作,进行数据采集和开展有关调查,召开有关专家、执法机关、群众代表参加的座谈会、研讨会,必要时可针对典型案例进行解剖,寻找问题的焦点与关键点。

3. 评估数据的采集和整理。运用科学的分析方法对数据进行调查与采集,对调查数据进行比较分析和评估,形成评估结论。

4. 评估结论与建议。根据评估结论,进一步建议设置新的政策工具、修改或废止现有的政策工具。

## 第二节 财税支持政策入法后实施效果评估

财税支持是一种最为直接的资金援助方式,它具有促进目的明确、针对性强等特点,是促进型政策中运用得较为普遍的一种政策工具。2002年《中小企业促进法》颁行以来,国家与政府部门通过运用财税政策,对促进中小企业成长与发展收到了较好的成效,但这一政策工具在实施中也存在一些深层次的问题。

## 一、财政支持政策的具体执行情况

### (一)财政支持政策的内容

对于我国的中小企业而言,能否获取充分的资金保障,是促进中小企业发展的关键。[1] 从发达国家的以往经验看,中小企业资金来源,部分也可来自政府支持资金。各国政府对中小企业的资金援助方式主要包括财政补贴、税收优惠、政府采购等。我国《中小企业促进法》对中小企业的财政支持政策由财政补贴、财政专项基金、财政投融资、政府采购等政策工具组成。

1. 关于财政补贴

根据财政学原理,财政补贴本质上是基于公共政策的考量,政府转移支付财政资金给某特定对象的一种财政行为,属于转移性支出的范畴。政府以保护产业、促进地区发展为目的,将通过财政手段集中的一定社会资金转移给特定主体,受补贴的主体可以支配使用该项资金。补贴形式包含价格补贴、亏损补贴、生活补贴、出口补贴、财政贴息等。适当的财政补贴对弥补市场失灵,缩小分配差距,增进社会福利具有重要作用。[2]

对中小企业的补贴,主要通过以下途径进行,其一,就业补贴政策。其主要目的就是增加就业,缓解就业压力,可以直接对中小企业进行补贴,如企业员工的上岗培训补贴,录用新员工的安置补贴,失业者的自主创业补贴等。[3] 其二,设置专项基金。鼓励中小企业开展技术创新提供的研发补贴。其三,出口补贴政策,用以促进中小企业产品出口。

财政补贴既可以直接到补贴对象,也可以间接给补贴对象以利益,如中小企业银行贷款的贴息补贴。

---

〔1〕 参见马建华:《完善我国〈中小企业促进法〉的几点建议》,载《沿海企业与科技》2012年第6期。

〔2〕 参见施正文:《财政补贴与市场公平竞争》,载《中国工商管理研究》2014年第9期。

〔3〕 参见杨婷、白崭:《中小企业发展的财政金融扶持政策体系构建探讨》,载《经贸实践》2016年第16期。

2. 关于财政专项资金

根据《中小企业促进法》的相关规定，从 2003 年起，中央财政预算增设了中小企业科目，同时增加设立了中小企业发展专项资金以及中小企业服务体系专项补助资金。2004 ~ 2013 年确立了专项资金，累计安排 87 亿元，用于支持中小企业技术进步、结构调整、专业化发展，改善中小企业服务环境等。

根据 2002 年颁布的《中小企业促进法》第 12 条“国家设立中小企业发展基金”的规定，各地方政府亦被允许设立中小企业发展基金。根据本地区的财政状况，地方政府从每年地方一般预算财政收入中安排相应比例的资金，作为中小企业发展专项资金，并依据该地区的财政收入增长情况适当增长，[1] 例如广东、江苏、浙江、云南、宁夏、深圳等省、市都安排了较大数目的资金用于支持中小企业发展。中小企业发展专项资金应专款专用，仅用作扶持中小企业的发展。

然而，各地区的中小企业数量众多，财政专项资金数量有限，如果像天女散花式进行，既无法满足中小企业的实际需求，也无法达到预设的目标，故在贯彻实施《中小企业促进法》时，主要集中支持了以下几类企业：(1) 产业集聚区的中小企业，尤其是加强扶持具有较高科技含量和较高附加值产品、节能环保型的高新技术企业。(2) 解决弱势群体就业的中小企业。特别是加大扶持少数民族、残疾人以及其他在竞争中处于不利地位的主体所办的小企业或吸收这类人员就业的企业。(3) 具备广阔市场前景和发展潜力、成长性强、特色鲜明的中小企业。(4) 社区型中小企业。即以就近解决就业，方便人民生活，完善社区功能为目的设立的小微企业。[2]

2014 年，根据党的十八届三中全会决定精神和规范中央对地方专项转移支付的要求，财政部将中小企业信用担保资金、地方特色产业中小企业发展资金、西藏及四川、云南、甘肃、青海四省藏区中小企业发展创业基金、科技型中小企业技术创新基金、科技型中小企业创业投资引导基金、中欧中小企业节能减排科研合作资金等统一整合纳入中小企业发展专项资金，并制定了《中小企业发展专项资金管理暂行办法》(财企〔2014〕38 号)。当年下达专项资金预算 116 亿元，用于支持中小企业进行创新科技、改善中小企业融资环境、完善中小企业服务体

〔1〕 参见柳飞红：《〈中小企业促进法〉地方配套规章研究》，天津大学 2006 年硕士学位论文，第 10 页。
〔2〕 参见柳飞红：《〈中小企业促进法〉地方配套规章研究》，天津大学 2006 年硕士学位论文，第 12 页。

系、加强国际合作等。

2015 年,财政部以 2014 年专项资金整合为前提对专项资金进行了改革,修订并发布了《中小企业发展专项资金管理暂行办法》(财建〔2015〕458 号),集中资金支持开展"小微企业创新基地城市示范"工作,将"对个别企业、个别项目的点对点直接支持"改为"对示范城市集体支持",将"分部门、分行业专项推进"改为"财政、工信、科技、商务、工商五部门联合实施",2015 年中央财政安排专项资金 117 亿元。2016 年,在财政收支压力较大的情况下,中央财政安排专项资金 87 亿元。2019 年中央财政安排中小企业发展专项资金预算 72 亿元,主要用于支持中小企业公共服务体系和融资服务体系建设。其中,安排 42 亿元用于支持中小企业公共服务体系建设。

3. 关于中小企业发展基金

2015 年 9 月 1 日,国务院决定设立总规模达 600 亿元的国家中小企业发展基金。其中中央财政出资 150 亿元,通过发挥杠杆作用和乘数效应,吸引民营和国有企业、金融机构、地方政府共同参与,用市场化的办法重点支持种子阶段、初创阶段成长型中小企业发展。2015 年 12 月,国家中小企业发展基金首个实体基金——中小企业发展基金(深圳有限合伙)在广东深圳完成注册登记。之后,财政部、工信部、科技部、国家发展改革委、工商总局五部委继续推进后续 4 只子基金的设立工作。至 2017 年上半年,共有 4 只实体基金投入运营,共完成初创期中小企业项目 60 项,投资金额超过 15 亿元。

4. 关于政府采购

2011 年财政部制定了《政府采购促进中小企业发展暂行办法》(财库〔2011〕181 号),进一步细化政府采购促进中小企业发展相关扶持政策,增强可操作性。2016 年,政府采购合同给予中小微企业的总采购额为 24036.2 亿元,占全国政府采购规模的 77.3%,其中,给予小型微型企业的采购额为 10193.9 亿元,占给予中小微企业总采购额的 42.4%。政府采购促进中小企业发展,虽然起步较晚,但对支持中小企业成长和发展起到了较好的推动作用。

(二)税费支持政策的具体执行情况

1. 对小微企业的税收优惠

2008 年实施的《企业所得税法》明确提出以 20% 税率向小型微利企业减征

收企业所得税。2011 年国务院通过支持小型微型企业发展的 9 条政策措施，进而完善相关税收优惠政策，加大税收扶持力度，制定实施了包括大幅提高增值税和营业税起征点，扩大小型微型企业减半征收企业所得税的范围，以及引导金融企业为小型微型企业提供贷款担保和融资服务的税收扶持政策等。2013 年开始试行优惠政策，暂免征收一部分小型微型企业增值税和营业税。2014 年持续扩大对于小型微型企业减半征收企业所得税的范围。2015 年在企业所得税、增值税、营业税等方面继续加大对小型微型企业的减税力度。

在所得税方面，主要是通过逐渐降低门槛，并不断扩大政策适用范围，逐渐提升减半征收企业所得税的小微企业年应纳税所得额上限，从最初的 3 万元到之后的 6 万元、10 万元、20 万元、30 万元，直至 2017 年的 50 万元。通过降低应纳税所得额和适用税率这两个方面，使适用小微企业的税率从法律规定的 25% 降低为实质上的 10%，与 25% 的正常税率相比，降低了 60%，可见扶持力度之大。[1]

在增值税方面，伴随“营改增”工作的全面推进，属于增值税小规模纳税人的小微企业，由原来的按月申报更改成按季申报，这种申报方式既减少了纳税人的申报次数，又给予纳税人税收实质上的优惠，缓解了纳税人的纳税负担。

2. 对小微企业行政收费的减免

为缓解小微企业负担，国务院相继颁布了专门针对小型微型的行政事业性收费优惠政策。从 2012 年 1 月 1 日至 2014 年 12 月 31 日，对此类企业免征管理类、登记类、证照类行政事业收费，具体包括企业注册登记费、税务发票工本费、海关监管手续费、货物原产地证明书费、农机监理费等 22 项收费；财税〔2014〕78 号文件规定：“自 2014 年 11 月 1 日起至 2017 年 12 月 31 日止，对金融机构与小型、微型企业签订的借款合同免征印花税。”自 2015 年 1 月 1 日起，对此类企业（含个体工商户）免征涉及国土资源、住房城乡建设、交通运输、农林业、食品药品监督和质量监督检验检疫、新闻出版、环保和旅游等 42 个中央和地方的行政事业性收费。对小微企业实行税收优惠相关文件见表 5－2。

---

〔1〕 参见孙健、张文军：《促进小微企业发展的税收优惠政策落实情况分析》，载《北方经济》2017 年第 11 期。

**表 5－2　对小微企业实行税收优惠相关文件一览表**

| 序号 | 文件名称 | 发文日期 | 主要内容 |
|---|---|---|---|
| 1 | 财政部、国家税务总局《关于小型微利企业有关企业所得税政策的通知》(财税〔2009〕133 号) | 2009 年 12 月 2 日 | 年应纳税所得额低于 3 万元(含 3 万元)的小型微利企业，其所得减按 50% 计入应纳税所得额，按 20% 的税率缴纳企业所得税 |
| 2 | 财政部、国家税务总局《关于小型微利企业所得税优惠政策有关问题的通知》(财税〔2011〕117 号) | 2011 年 11 月 29 日 | 年应纳税所得额低于 6 万元(含 6 万元)的小型微利企业，其所得减按 50% 计入应纳税所得额，按 20% 的税率缴纳企业所得税 |
| 3 | 财政部、国家税务总局《关于小型微利企业所得税优惠政策有关问题的通知》(财税〔2014〕34 号) | 2014 年 4 月 8 日 | 年应纳税所得额低于 10 万元(含 10 万元)的小型微利企业，其所得减按 50% 计入应纳税所得额，按 20% 的税率缴纳企业所得税 |
| 4 | 财政部、国家税务总局《关于金融机构与小型微型企业签订借款合同免征印花税的通知》(财税〔2014〕78 号) | 2014 年 10 月 24 日 | 自 2014 年 11 月 1 日起至 2017 年 12 月 31 日止，对金融机构与小型、微型企业签订的借款合同免征印花税 |
| 5 | 财政部、国家税务总局《关于小型微利企业所得税优惠政策的通知》(财税〔2015〕34 号) | 2015 年 3 月 13 日 | 年应纳税所得额低于 20 万元(含 20 万元)的小型微利企业，其所得减按 50% 计入应纳税所得额，按 20% 的税率缴纳企业所得税 |
| 6 | 财政部、国家税务总局《关于进一步扩大小型微利企业所得税优惠政策范围的通知》(财税〔2015〕99 号) | 2015 年 9 月 2 日 | 年应纳税所得额低于 20 万元到 30 万元(含 30 万元)的小型微利企业，其所得减按 50% 计入应纳税所得额，按 20% 的税率缴纳企业所得税 |
| 7 | 财政部、国家税务总局《关于暂免征收部分小型企业增值税和营业税的通知》(财税〔2013〕52 号) | 2013 年 7 月 29 日 | 增值税小规模纳税人(营业税纳税人)中月销售额(营业额)不超过 2 万元的企业或非企业性单位，暂免征收增值税(营业税) |

续表

| 序号 | 文件名称 | 发文日期 | 主要内容 |
|---|---|---|---|
| 8 | 财政部、国家税务总局《关于进一步支持小型企业增值税和营业税政策的通知》(财税〔2014〕71号) | 2014年9月25日 | 月销售额(营业额)2万元(含本数,下同)至3万元的增值税小规模纳税人(营业税纳税人)免征收增值税(营业税) |
| 9 | 财政部、国家税务总局《关于全面推开营业税改征增值税试点实施办法》(财税〔2016〕36号) | 2016年3月23日 | 对增值税小规模纳税人中月销售额未达到2万元的企业或非企业性单位,免征增值税。2017年12月31日前,对月销售额2万元(含本数)至3万元的增值税小规模纳税人免征增值税 |

3. 对科技型中小企业研发费用加计扣除政策

2017年4月19日国务院常务会议决定,进一步提高科技型中小企业研发费用税前加计扣除的比例。从2017年1月1日至2019年12月31日,在企业所得税税前加计扣除此类企业开发新技术、新产品、新工艺实际发生的研发费用比例从50%提高到75%。财政部、税务总局、科技部颁发了相应通知,即《关于提高科技型中小企业研究开发费用税前加计扣除比例的通知》(财税〔2017〕34号),进一步明确了该政策内容,以支持中小企业的技术创新。

## 二、财税支持政策的实施效果

### (一)财政支持政策的实施效果

从实践情况看,我国财政安排的有关专项资金已取消了对所有制和企业规模的限制,符合要求的中小企业、民营企业均可同等享受。[1] 同时,地方各级财政部门亦认识到中小企业的重要性,加大了对中小企业的支持力度,中小企业获得的财政专项资金数量有所增加。

以2012年为例,全国政府采购金额约13900亿元,政府采购授予中小企业的总采购额为10830亿元,占采购总额度的77.5%,其中授予小型和微型企业的采购额为5800多亿元,占授予中小企业采购额的54%;中央财政安排中小企业

〔1〕 参见朱志刚:《健全促进中小企业发展的财政政策体系》,载《中国科技投资》2006年第12期。

信用担保资金14亿元，支持了565家担保机构开展的4437亿元中小企业融资担保业务，受益中小企业17万户，其中小型微型企业超过12万户；中央财政安排支持中小企业发展的各项专项资金141.7亿元，与上年相比增长了10%，主要用于：一是支持中小企业进行技术创新活动，鼓励公共技术服务机构围绕此类企业开展创新资源共享、专业技术及技术转移等服务，引导创业投资企业向初创期科技型中小企业投资。二是推动中小企业结构调整、专业化发展、协作配套生产、节能减排及稳定就业，支持电子信息、生物技术等新兴产业初创期企业的建立和发展，对中小企业创业公共服务配套设施、物流服务条件等进行改善。三是鼓励各地充分利用地区和资源的比较优势，发展特色产业集群，完善服务功能，引导中小企业集聚发展、集约经营，提高专业化协作水平。四是支持藏区中小企业技术进步、节能减排、发展优势特色产业，鼓励创业和扩大就业。五是支持中小企业努力开拓国际和国内市场，提高市场占有率。[1]

2006~2014年，中央财政资金支持再担保机构业务补助项目34项，补助金额2.18亿元，资本金注入项目5项，金额11.05亿元，两项合计占总支持项目数和资金额的比重分别为0.8%和11.37%。对单个机构的支持则补充了机构的风险准备金，对提高再担保机构抗风险能力发挥了一定补充作用。

（二）税收支持政策的实施效果

中小企业税收负担有所减轻。在税收方面，中小企业，尤其是小型微利企业不仅享有大企业所享有的税收优惠，同时还享有作为中小企业，尤其是小型微利企业所独有的税收优惠。在现行的税种中，此类企业享受的税种主要集中在增值税和企业所得税上。这些税收政策直接针对此类企业，旨在减轻中小企业税收负担，给予其实质性的优惠。可见，中小企业尤其是小型微利企业的税收负担得到减轻。

由于税收优惠政策还涉及科技型中小企业，2017年，全国共8.4万户科技型中小企业享受研发投入加计扣除政策，当年减免企业所得税369亿元。

---

〔1〕 参见《财政支持中小企业发展情况》，载财政部网站，http://www.mof.gov.cn/zhuantihuigu/czjbqk1/czzc/201405/t20140507_1076121.html，2016年7月25日最后访问。

## 三、财税支持政策实施中存在的不足

### (一)财政支持政策实施中存在的不足

1. 财政支持资金规模偏小,手段单一。中央财政支持中小企业发展的总体资金规模偏小,每年安排100亿元左右,且调整后主要用于"小微企业创新基地城市示范"工作,覆盖面不广,很难适应当今中小企业发展的现实需求。此外,政府支持此类企业的财政政策手段比较单一,用得最多的一般还是财政补贴,使得财政资金支持此类企业发展的效果不甚明显。

2. 财政支持中小企业的拨付渠道不够顺畅。在利用财政支持政策处理此类企业融资难问题上,政府的通常做法是采用财政贴息方式,但在实际操作过程中,政策受惠企业真正取得的优惠却很少。另外,具体的财政资金分配制度也不完善,缺乏明确而具体的分配模式和管理方法,特别是在财政资金的具体分配环节中由于监管缺失,在实施过程中缺乏透明性与公开性,容易导致腐败现象,近几年涉及财政资金使用方面的投诉、举报案件有所增多。

3. 政府采购活动中中小企业缺位问题依然存在。《中小企业促进法》实施之后,尤其是《政府采购法》作出"政府采购必须向中小企业倾斜,优先安排采购"的规定后,中小企业参与政府采购项目的比例较立法前有较大的提升,但在政府采购的实际工作中,由于中小企业本身的规模小和产品质量约束,加之采购活动中人为地对中小企业的排挤与歧视,导致一些中小企业无法纳入政府采购目录计划中。近年来,从中小企业参与政府采购、投标、中标和签订合同情况来看,政府采购向中小企业倾斜的落实效果还不尽如人意,政府采购中,中小企业缺位的问题依然突出。

### (二)税收支持政策实施中存在的不足

2014年2月,《中小企业促进法》修改起草小组通过网络向社会公开征集该部法律修改的意见与建议,共收到1618份网络调查问卷,其中有16%的受访者反映了税收负担问题。[1] 集中体现在以下问题上。

1. 税费种类繁杂,导致中小企业负担较重。据了解,目前有18个部门向中

---

〔1〕 参见李命志、马向晖主编:《中华人民共和国中小企业促进法释义》,中国法制出版社2017年版,第291页。

小企业征收行政性收费，收费项目分为69个大类。一家广东企业表示，他们每年缴纳各种税费共600多万元，但净利润才不到100万元，导致企业自我发展能力有限。有些收费项目虽合规，但不是很合理，不应成为企业义务，如防洪基金、残疾人就业保障金等。

2. 税收优惠政策覆盖面窄。如对小微企业，主要是以就业促进为主要贡献，应通过相关规定进行大幅度减免。

3. 中小企业税收优惠政策亟须完善。各国为了促进中小企业的成长和发展，普遍制定了针对此类企业的税收优惠政策，在企业的不同发展阶段规定不同的税收支持方式和力度。[1] 我国尚未建立起体系化的中小企业税法税则，导致中小企业在税收优惠执行上"乱象丛生"，其直接后果是造成一些中小企业为享受优惠政策而进行弄虚作假，从而极大地影响了中小企业税收优惠政策的执行目标和效果。

4. 中小企业的税收负担仍相对较重。2012年我国中小企业缴纳税款占营业收入的税收负担率为6.81%，高于全国各类企业6.65%的平均水平；缴纳税款占总利润的119.6%，高于全国99.9%的平均水平；缴纳税款占资产总额的税收负担率为4.9%，高于全国1.91%的平均水平。2007年颁布的《企业所得税法》第28条规定："符合条件的小型微利企业，减按20%的税率征收企业所得税。国家需要重点扶持的高新技术类企业，减按15%的税率征收企业所得税。"根据我国新《企业所得税法》的规定，虽然小型微利企业按照20%的优惠税率进行征税，但新《企业所得税法》对该条款从从业人数、资产总额、应纳所得税额三个方面设定了限制条件，造成大多数中小企业难以享受优惠，因此并没有实际减轻小微企业的缴税负担。[2]

## 第三节　金融支持政策入法后实施效果评估

金融支持政策入法后，一方面推动了金融支持的法治化运行，另一方面也为

[1] 参见刘大洪、潘晓生：《中小企业立法比较研究》，载《湖北民族学院学报（哲学社会科学版）》2004年第4期。

[2] 参见钱宇丹：《中小企业营业权研究》，吉林大学2013年硕士学位论文，第6页。

金融促进政策的立法后评价提供了现实基础。2002 年制定的《中小企业促进法》是以“资金支持”章的形式将相关金融政策工具写入法条的,在评估中应关注因立法对金融政策工具展开不充分而对实施效果的影响问题。

## 一、金融支持政策的实施状况

### (一)配套政策的颁布与实施

为使《中小企业促进法》有关资金支持政策落到实处,近 10 年来,从中央到地方政府,实施了一系列的配套政策措施,引导金融机构改善对中小企业的金融支持,改进金融服务及提高服务质量。

2009 年,国务院发布了《国务院关于进一步促进中小企业发展的若干意见》(国发〔2009〕36 号),明确了缓解中小企业“融资难”的 5 条政策要求。2012 年,国务院发布了《国务院关于进一步支持小型微型企业健康发展的意见》(国发〔2012〕14 号),从落实支持小微企业金融政策、加快发展小型金融机构、拓宽融资渠道、加强信用担保服务、规范对小微企业的融资服务等方面作出了进一步细化政策的要求。

2010 年 3 月,中国人民银行会同银监会、证监会、保监会发布了《关于进一步做好中小企业金融服务工作的若干意见》(银发〔2010〕193 号),督促金融机构创新产品、加强服务,提出各银行业金融机构对小企业的贷款投放增速高于全部贷款增速,增量应当高于上年同期的要求。不仅如此,人民银行综合采取存款准备金率、再贷款、再贴现等多种货币政策工具,引导金融机构加大对中小企业的贷款投放。

2011 年,银监委在《关于支持商业银行进一步改进小型微型企业金融服务的补充通知》(银监发〔2011〕94 号)中规定:“一、进一步明确改进小型微型企业金融服务的工作目标。(一)商业银行应加大对小型微型企业的贷款投放,努力实现小型微型企业贷款增速不低于全部贷款平均增速,增量高于上年同期水平,并重点加大对单户授信总额 500 万元(含)以下小型微型企业的信贷支持。”

2015 年 3 月,中国银监会发布《关于 2015 年小型微型企业金融服务工作的指导意见》(银监督发〔2015〕8 号),引导银行业金融机构在经济新常态下进一步做好小型微型企业金融服务工作。将银行业小型微型企业金融服务工作目标由贷款增速和增量“两个不低于”调整为“三个不抵于”，即在有效增加贷款增量基础上，尽可能实现小型微型企业贷款增速不低于各项贷款平均增速，小型微型企业贷款数量不低于上年同期，小型微型企业申贷获得率不低于上年同期水平。同时，还从信贷计划、机构建设、尽职免责、内部考核、金融创新、规范收费、风险防控、监管激励约束、深化服务环境等方面，对小型微型企业金融服务工作提出了具体要求。

国务院有关部门也陆续颁发与《中小企业促进法》相关的配套政策措施，积极探索多途径支持中小企业融资方式。2010 年 2 月，工信部颁发了《关于做好中小企业金融服务合作工作的通知》（工信部企业〔2010〕86 号），2010 年 8 月，工信部、财政部等六部门联合作出《关于加强知识产权质押融资与评估管理支持中小企业发展的通知》（财企〔2010〕199 号），2011 年 10 月，国家科技部、财政部等八个部门联合作出《关于促进科技和金融结合加快实施自主创新战略的若干意见》（国科发财〔2011〕540 号）。

原银监会作为银行业金融机构及其业务活动的监督管理机构，在《中小企业促进法》实施之后，亦先后出台了相应政策性文件，如《小企业贷款风险分类办法（试行）》（银监发〔2007〕63 号）、《关于银行建立小企业金融服务专营机构的指导意见》（银监发〔2008〕82 号）、《关于支持商业银行进一步改进小企业金融服务的通知》（银监发〔2011〕59 号）等政策性文件，引导金融机构改进对中小企业信贷服务。

（二）中小企业信贷环境的营造与改善

随着金融支持配套政策的颁布，中小企业信贷环境得到改善。

2011 年以来，银监会通过完善“利率风险定价、独立核算、高效审批、激励约束、专业人员培训和违约信息通报”6 项机制，鼓励金融机构积极开展对中小企业放贷工作。银监会还推出了多项差异化的监管政策，包括鼓励银行业把机构向下延伸，服务到社区、服务到小微企业、往县域发展，还有允许符合条件的银行发行小微企业专项金融债，增加对小微企业的支持。[1] 银监会对金融机构实施的差异化监管政策落实了单笔 500 万元（含）以下的小微企业贷款。《关于整治

〔1〕 参见马莉莉、张露：《破解小微企业融资难题的思考——以工行新疆分行营业部小微企业服务为例》，载《中国金融家》2012 年第 12 期。

银行业金融机构不规范经营的通知》(银监发〔2012〕3号)中“七不准”和“四公开”的规定,一定程度上改善了中小企业的信贷环境。

与此同时,金融机构努力改善信贷管理,扩展服务领域,开发适应中小企业成长与发展的金融产品,调整信贷结构,为中小企业提供信贷、结算、财务咨询、投资管理等方面的服务。近年来,商业银行积极调整方针,从过去以大企业、大集团作为信贷服务的重点,转变为将中小企业纳入其经营关注范围,并根据中小企业融资特点调整金融服务方式,改变信贷结构,重点在于建立中小企业金融服务专营机构,创新中小企业金融服务产品及提升中小企业融资服务效率。

国家政策性金融机构亦在其业务经营范围内,采取多种形式,为中小企业提供金融服务。中国农业发展银行继续加强对企业农贷力度,以满足农、林、牧、副、渔业小企业生产经营的资金需求。中国进出口银行为中小企业“走出去”提供融资服务,根据国内外经济形势和出口型中小企业的难题,在技术升级、产品更新、出口贸易融资等方面提供融资支持。国家开发银行也积极实施对中小企业的信贷支持力度,2011年年末,国家开发银行针对小微企业贷款余额达到1.47万亿元。[1]

福建省有关部门及时修正完善2010年制定的《小企业贷款风险补偿暂行管理办法》,组织进行政策实施效果评估活动,引导金融机构加强对中小企业的贷款力度。山东省政府2009年出台《进一步促进中小企业发展的实施意见》,2010年省财政安排小企业贷款风险奖励资金5000万元,补偿奖励省内24家银行业金融机构的小企业贷款业务,提高金融机构对小企业贷款投放的积极性。2011年山东省小企业贷款余额为7130亿元,与年初相比增长了18.7%。

## 二、金融支持政策的实施效果

### (一)金融机构对中小企业的信贷支持

随着专利权质押贷款的推行,2011年也成为中小企业通过质押贷款方式缓解“融资难”效果较好的一年,在这一年中全国实现专利权质押3300多件,质押

---

〔1〕 参见《全国人民代表大会常务委员会法制工作委员会关于〈中华人民共和国中小企业促进法〉有关制度立法后评估工作情况的报告——2012年12月24日在第十一届全国人民代表大会常务委员会第三十次会议上》,载《中华人民共和国全国人民代表大会常务委员会公报》2013年第1期。

金额300多亿元,促进了中小企业质押贷款融资。

近年来,金融机构小企业贷款增速相比于平均贷款增速明显较快。据银监会统计,2011年,银行业金融机构小企业贷款余额达10.8万亿元,与2010年和2009年相比分别增加了1.9万亿元和4.98万亿元,同比分别增长25.8%和85.6%。小企业贷款增速明显高于全部贷款平均增速,2011年与2010年、2009年相比,小企业贷款增速分别增长25.8%、31.7%。结合小企业贷款和个人经营性贷款,2011年年末全国小型微型企业贷款余额达15万亿元,占全部贷款余额的27.3%。直至2012年9月底,中小企业贷款余额27.19万亿元,比年初增加了3.27万亿元。根据全国人大法制工作委员会2012年的工作报告可知,3/4的金融机构对小微企业贷款余额占全部人民币贷款余额的比例超过15%。其中,31.5%的金融机构对小微企业贷款余额占全部人民币贷款余额的比例超过50%。[1] 到2017年年末,银行业金融机构对小微企业贷款已占金融机构总贷款余额的25%。

(二)各类中小金融机构的设立与发展

中小金融机构主要指城市商业银行、城市信用社、农村信用社、村镇银行、小额贷款公司等,这类金融机构具有经营机制较为灵活,服务对象以区域中小企业为主的特点。

以村镇银行为例,据统计,截至2017年年末,村镇银行机构组建数量已达1601家,其中中西部地区机构占比65%;已覆盖全国31个省的1247个县(市、旗),县域覆盖率为68%。同时,村镇银行坚持专注"存贷汇"等基础金融服务,近60%的资产为贷款,近90%的负债为存款,吸收资金主要用于本地;持续加大涉农和小微企业贷款的投放力度,农户和小微企业贷款合计占比92%,坚持按照小额分散原则开展信贷业务。[2]

(三)"一体两翼"中小企业信用担保体系的形成与发展

信用担保机构和再担保机构是中小企业间接融资服务体系的重要组成部

---

〔1〕 参见《全国人民代表大会常务委员会法制工作委员会关于〈中华人民共和国中小企业促进法〉有关制度立法后评估工作情况的报告——2012年12月24日在第十一届全国人民代表大会常务委员会第三十次会议上》,载《中华人民共和国全国人民代表大会常务委员会公报》2013年第1期。

〔2〕 参见欧阳剑环:《银保监会:2017年末村镇银行数量逾1600家》,载《中国证券报》2018年7月2日,第2版。

分,也是解决中小企业“融资难”的关键环节。近年来,中小企业信用担保机构通过不断规范担保行为,服务体系日趋完善,信用再担保能力也相应提升。截至2011年年末,全国各类担保机构逾5547户,共筹集担保资金3389亿元,累计受保企业112万户,累计担保总额逾25052亿元,2017年融资性担保机构数量为8025户,信用担保在缓解中小企业特别是小企业“贷款难”“担保难”方面发挥了重要作用。

我国目前已初步形成“一体两翼”的中小企业信用担保体系,“一体”是指国家、省、城市三级中小企业信用担保体系,国家和省级中小企业信用担保机构从事再担保义务,城市中小企业担保机构从事再担保和授信担保义务;“两翼”是指互助性担保机构和商业性担保机构,直接从事中小企业直接担保业务,依照国家规定和协议约定,享受国家、省、城市三级中小企业信用担保机构提供的再担保服务和风险分担。〔1〕

## 三、金融支持政策执行中的不足与问题

### (一)金融政策工具精细化构建存在的问题

2002年制定的《中小企业促进法》在第二章仅以“资金支持”进行设计,未划分金融政策工具与非金融政策工具,一定程度上影响了对金融政策工具的精细化构建。因而,融资难与融资贵在相关政策促进下虽得到一定程度的改善,但尚未从根本上解决问题。具体表现在以下几个方面:

(1)服务于中小企业的金融机构差异化发展仍需加强。村镇银行、农村信用社、企业贷款公司等中小金融机构区别于商业银行,其自身性质、经营理念等决定了主要客户是中小微企业,可以为中小微企业提供更为方便快捷的金融服务。但目前,这类金融机构存在数量少、可贷资金不足、无法参与银行拆借、结算方式不完善等问题,其发展受到一定制约。根据调查结果,一些县域、乡镇,中小金融机构仍处于空白状态,尤其突出的是中西部地区小金融机构发展不足的问题,大量小微企业难以得到相应的金融服务。正规渠道供给受限,致使很多小微企业转向民间借贷,年化利率高达20% ~30%,小微企业经营不堪重负。

〔1〕 参见胡淑欣、李元:《我国中小企业信用担保体系发展现状分析》,载《甘肃科技》2012年第4期。

(2)金融部门与中小企业仍然存在信息不对称的问题。与大企业相比，中小企业治理结构不健全、对外财务信息披露不规范、经营历史短、信誉积累不足，也缺乏品牌及信用历史所发挥的间接传递信号的作用，导致中小企业在融资过程中银行和企业的信息不对称。[1] 而中小企业对可选择的金融产品知之甚少，金融机构针对中小企业需求开发的金融产品相对较少，而且金融机构对中小企业信贷支持的信息透明度也不高。广东省、山东省实地调研反映，金融机构缺乏公开信贷总量中投放中小企业贷款比例的指标、中小企业贷款增量与机构增设的配比关系等信息。此外，一些地方金融监督机构针对中小企业贷款评价和量化考核也未建立相应制度和标准。

(3)直接融资门槛偏高现象仍客观存在。截至2017年，中小企业板于2004年启动以来，共有719家上市公司，创业板于2009年10月开板以来共有370家上市公司，新三板挂牌700多家，三个板块合计不到2000家，相对于我国1000多万户中小企业(不包括4400多万户个体工商户)来说，几乎万里挑一。从发债情况看，中小企业特别是民营中小企业仍然受到歧视，中期票据、公司债和短期融资券发行多以国有企业为主、民营企业发行额占比不到5%，企业债中民营企业发行额占比不到10%，且为大中型民营企业。

### (二)中小企业融资“难”与“贵”的困局与破解

《中小企业促进法》实施后，小企业贷款增速明显高于全部贷款平均增速，然而中小企业信贷增长与中小企业的实际需求两者之间还存在较大差距，中小企业“融资难”“融资贵”问题依然严峻。[2]

2014年2月，《中小企业促进法》修改起草小组通过网络向社会公开征集法律修改的意见与建议，共收到1618份网络调查问卷，其中有43%的受访者反映了融资问题。这说明，金融扶持政策在实施中存在一定的问题。[3]

---

[1] 参见柳飞红:《〈中小企业促进法〉地方配套规章研究》，天津大学2006年硕士学位论文，第12页。

[2] 参见《全国人民代表大会常务委员会法制工作委员会关于〈中华人民共和国中小企业促进法〉有关制度立法后评估工作情况的报告——2012年12月24日在第十一届全国人民代表大会常务委员会第三十次会议上》，载《中华人民共和国全国人民代表大会常务委员会公报》2013年第1期。

[3] 参见李命志、马向晖主编:《中华人民共和国中小企业促进法释义》，中国法制出版社2017年版，第290页。

自2015年8月开始，受原国家工商行政管理总局委托，中国个体劳动者协会连续开展了14次针对14万户小微企业的抽样调查。根据调查，全国百县万家新设小微企业周年活跃度为71.1%，当中高活跃度和中活跃度占比为43.0%，户均吸纳就业人员7.50人。实现营收占比为81%，盈利企业占比为22.70%，大致持平占比为43.3%，亏损占比为33.90%，不活跃度占比为28.9%。不活跃的主要原因是各项成本过高、融资难、融资贵，行业竞争激烈导致企业利润被挤压。[1]

融资难、融资贵具体表现在以下几个方面：

(1)金融机构的间接融资数额仍难以解决中小企业的资金需求。在江西省，根据该省中小企业局的统计，全省约有上千户中小企业具有融资规模为300亿~400亿元的融资需求，大多数企业的资金要求在1000万元以内，而其中一些企业仅仅需要100万元以内的融资，以免于企业破产倒闭；在深圳，《深圳市中小企业发展情况报告》的调查显示，约有75%的中小企业存在融资困难，资金缺口达5700亿元；在浙江省温州市，温州经信委监测报告称，约有一半的中小企业面临资金短缺的状况，在银行信贷无法满足中小企业融资需求的情况下，民间借贷和内部集资的融资方式仍然占有很大比例，主要集中在一些小型民营企业和农场小企业中。[2]

(2)中小企业"融资贵"现象依旧存在。由于贷款利率上浮，加上担保费、抵押登记评估费、融资顾问费等，综合贷款成本超过10%。

产生上述问题是有深刻的社会原因的，经分析主要有以下方面：

其一，银行向中小企业发放贷款所面临的风险与管理成本客观存在。中小企业由于自身存在缺陷，例如规模小、经营风险大、管理不完善以及缺乏不动产抵押物等，难以取得银行的信任，进而，难以从银行获得稳定的贷款。再加上银行对中小企业融资会产生相对较高的管理成本，据估算，银行为中小企业融资服务的成本通常是大中型企业融资的服务成本的5倍多。由此产生对中小企业的"惜贷"与"拒贷"现象。[3]

---

〔1〕 参见方光华、张卫平、张欣：《改革开放40年我国中小企业与非公经济发展面临的现状经验问题及建议》，载《经济界》2019年第1期。

〔2〕 参见钱宇丹：《中小企业营业权研究》，吉林大学2013年硕士学位论文，第9页。

〔3〕 参见金耀斌：《完善我国中小企业融资制度的思考——基于〈中华人民共和国中小企业促进法〉的修订与完善》，载《沿海企业与科技》2012年第4期。

其二,信用担保法律体系建设不够完善。信用担保制度是中小企业融资的重要内容,[1]目前我国规定中小企业担保制度的法律主要是《民法典》,但该法仅对一般担保设定作出规定,民事担保与商事担保未作出严格划分,更没有对担保公司的法律地位、业务范围、转担保行为、企业在建工程抵押、企业账款担保等相关问题作出规定,致使为中小企业融资的担保组织、新型的担保业务的功能与作用未能有效发挥。

## 第四节　技术创新扶持政策入法后实施效果评估

技术创新是中小企业生存和发展的灵魂,是中小企业提升竞争力的不变主题。[2] 在2002年颁布的《中小企业促进法》中,要求各级政府部门通过技术创新扶持政策,提高中小企业的技术创新能力。这一政策工具入法具有战略意义,它推动了一大批中小企业成为当前我国企业的创新主体。

### 一、技术创新扶持政策的执行情况

#### (一)技术创新扶持政策的内容

中小企业在运用技术创新时,在人均技术创新数量、创新效率、创新费用、创新周期和速度等方面比大企业更具活力,但由于企业发展战略意识不强,职工科技人才欠缺等与大企业相比也存有诸多劣势。2002年颁布的《中小企业促进法》关于技术创新政策的规定主要在于,国家通过贷款贴息政策、规划与用地政策、财政政策、推进技术服务政策、鼓励合作政策等引导和鼓励技术创新。

在贷款贴息政策方面,国家出台政策鼓励中小企业按照市场需要开发新产品,通过采用先进的技术、生产工艺和设备,提高产品质量,实现技术进步。中小企业技术创新项目以及为大企业产品配套的技术改造项目,可以享受贷款贴息政策。

---

[1] 参见马建华:《完善我国〈中小企业促进法〉的几点建议》,载《沿海企业与科技》2012年第6期。

[2] 参见肖智润:《完善中小企业发展政策支持体系研究》,载《现代经济(现代物业下半月刊)》2007年第3期。

在推动技术服务政策方面，国家支持中小企业技术改造和技术创新，推进中小企业知识产权工程，支持建设面向中小企业的技术创新服务平台，促进产学研合作，加强质量和标准化工作。

在鼓励合作政策方面，国家鼓励中小企业与研究机构、大专院校开展技术合作、开发与交流，促进科技成果产业化，积极发展科技型中小企业。

（二）中小企业知识产权工程的实施现状

自2009年以来，在全国32个中小企业集聚区，工信部、国家知识产局共同开展中小企业知识产权战略推进工程，增强中小企业自身创新发展能力。自实施以来，集聚区中小企业的数量以每年20%的速度不断增长，中小企业的专利申请数量以每年平均53.8%的速度上升，专利授权的增速超过30%，平均每个集聚区有专利申请的中小企业占企业总数的比例为43.5%。[1]

2016年12月，国家知识产权局、工信部联合发布《关于全面组织实施中小企业知识产权战略推进工程的指导意见》（国知发管字〔2016〕101号），提出推进中小企业知识产权保护和运营能力的7大重要任务。

（三）中小企业知识产权保险业务的实施现状

2015年，国家知识产权局颁发《关于进一步推动知识产权金融服务工作的意见》（国知管函字〔2015〕38号），重点推进专利执行保险、侵犯专利权责任保险、知识产权质押融资保险、知识产权综合责任保险等业务运营。

自2017年8月起，国家知识产权局在广州等72个地区和单位开展为期3年的专利质押融资、专利保险试点示范工作。

## 二、技术创新扶持政策的实施效果评析

（一）对中小企业技术创新能力的影响性评价

2010年我国年专利申请量达到122.2万件，是1998年的10倍；2010年我国国际专利申请量接近1.3万件，位居世界第四。[2] 2019年，我国发明专利申

〔1〕 参见《创新时代》编辑部：《国家知识产权局〈关于知识产权支持小微企业发展的若干意见〉有关问题的解读》，载《创新时代》2014年第11期。

〔2〕 参见蒋传华：《促进企业自主创新的政策法律问题研究》，载《安徽大学法律评论》2014年第1辑。

请量为140.1万件。共授权发明专利45.3万件，其中，国内发明专利授权36.1万件。[1] 这些授权专利中，中小企业约占86%，中小企业的专利申请量得到明显提升，表明技术创新扶持政策实施效果明显。

（二）对中小企业技术创新政策的实益性评价

《中小企业促进法》实施以来，我国政府制定的明确针对扶持中小企业技术创新的政策措施，主要有星火计划、火炬计划、建设生产力促进中心、技术市场和中小企业孵化器、科技型中小企业技术创新基金、建设中小企业信用担保机构等。我国支持中小企业技术创新的政策呈现出多样性和体系化的特点，并不断取得巨大的成效。[2] 数据显示，2012年全国生产力促进中心总数为2281家，2015年科技孵化器企业1600多家，国家大学科技园115家，在孵企业8万多家。

（三）对技术市场发展的影响力评价

至2017年，全国各类技术交易市场超过1000家，当年成交合同36万多份，成交额达到1.34万亿元人民币，同比增长17.7%，催生出大量新产品、新产业和新的商业模式，形成推动经济高质量发展的强大动能。

## 三、技术创新扶持政策实施中存在的问题

（一）政府对技术创新政策工具投放力评价

《中小企业促进法》实施以来，各级政府虽然加大了对企业研发新产品、新技术的政策、资金支持力度，但由于政府财力有限，多为支持国有大中型企业，中小企业特别是民营中小企业获利较少。中小企业在自主创新方面对资金的需求量大，为此，有人提出应该通过财政资金引导等方式促进风险投资基金和风险投资公司的形成，加快风险投资业的发展，满足中小企业自主创新的资金需求。[3]

（二）社会对创新氛围与创新环境营造能力的评价

评价的主要内容为：全社会尚未形成崇尚技术创新、尊重他人知识产权的社

---

〔1〕 参见中商产业研究院：《2019年我国三大专利申请量统计》，载中商情报网站，https://www.askci.com/news/chanye/20200601/1751011161239.shtml，2021年1月10日最后访问。

〔2〕 参见柳飞红：《〈中小企业促进法〉地方配套规章研究》，天津大学2006年硕士学位论文，第11页。

〔3〕 参见杨平主编：《创新与企业竞争力》，广东经济出版社2010年版，第193～194页。

会氛围与创新环境。在这种社会环境下，一些中小企业自主创新的主动性不强，不愿意冒创新风险，假冒伪劣现象得不到有效遏制，知识产权得不到有效保护，导致“劣币驱逐良币”的不良社会后果。

在知识产权保护中，现行的法律制度尚未形成有效的保护机制。普遍存在申请知识产权保护的程序复杂，针对知识产权保护的司法救济既费时又费力，保护知识产权的执法力度不强，存在执法不严，处罚偏轻等问题。在知识产权诉讼中往往造成受损企业因举证困难而难以胜诉，胜诉了很难获得赔偿。客观上助长了“山寨”行为，导致企业不愿增加自主创新投入。

（三）中小企业自身创新能力评价

大多数中小企业对研发重视程度不够，发展目光短浅，研发投入不足。因此导致中小企业的自主创新能力低下，缺少具有自主知识产权的产品和技术。加之，企业自主研发活动风险投资大、见效慢的特点也导致一些中小企业放弃研发投入，从而限制了自主创新能力的提升。

由于对科技创新缺乏信心和热情，致使一些中小企业与研发机构之间没有形成紧密的产学研一体化关系，科技成果转化率低下。从我国科技成果转化情况看，科技成果转化为产品并取得规模效益的比例为10% ~15%，远远低于发达国家60% ~80%的水平。[1]

## 第五节 市场开拓与社会服务扶持政策入法后实施效果评估

在当今激烈的市场竞争中，如何支持中小企业开拓国内外市场，政府部门如何建立社会服务体系，促进中小企业的成长和发展？这是促进中小企业发展的又一关键所在。2002年颁布的《中小企业促进法》将此内容相关的扶持政策写入法条中，在实际执行中取得了良好的效果，但也存在问题，需要对政策工具入法实施效果作出客观的评析。

[1] 参见蒋传华：《促进企业自主创新的政策法律问题研究》，载《安徽大学法律评论》2014年第1辑。

## 一、市场开拓与社会服务扶持政策的基本内容

### (一)市场开拓扶持政策的内容

根据2002年颁布的《中小企业促进法》第五章"市场开拓"的有关规定,国家与政府应支持中小企业在市场开拓方面的发展,鼓励大企业与中小企业合作、鼓励中小企业进行资产重组,鼓励政府采购优先考虑中小企业,鼓励中小企业参与国际竞争。围绕《中小企业促进法》的这些规定,在2017年修法前的14年里,国家与政府细化了政策工具的实施内容,主要开展了以下工作。

在鼓励大企业与中小企业协作政策方面,2009年9月19日,国务院发布了《国务院关于进一步促进中小企业发展的若干意见》(国发〔2009〕36号),在该意见中提到,加快中小企业的技术进步和结构调整,应提高企业协作配套水平。中小企业与大企业专业化协作可以采用多种形式,如开展多种形式的经济技术合作;建立稳定的供应、生产、销售等供应链上的各环节上的协作关系;通过专业分工、服务外包、订单生产等方式,加强配套协作,积极向中小企业提供技术、人才、设备、资金支持,及时支付货款和服务费用。

在政府采购政策方面,为落实政府采购促进中小企业发展政策,2005年颁发《国务院关于鼓励支持和引导个体私营等非公有制经济发展的若干意见》(国发〔2005〕3号),与2009年《国务院关于进一步促进中小企业发展的若干意见》相比,进一步强调了逐步完善政府采购以支持中小企业的相关制度。财政部发布了《财政部关于开展政府采购信用担保试点工作的通知》(财库〔2011〕124号),并将信用担保作为政府采购领域的政策工具,支持中小企业的发展。

在鼓励中小企业参与国际竞争方面,国家工信部发布《促进中小企业发展规划(2016~2020)》(工信部规〔2016〕223号),提出在"十三五"期间将继续引导中小企业开拓市场,支持中小企业"走出去"和"引进来",促进中小企业对外贸易的拓展、投资的广度和深度,融入全球产业链和价值链。此外,国家工信部还制定了《促进中小企业国际化发展五年行动计划(2016~2020年)》(工信部企业函〔2016〕314号),和中国银行共同开展"促进中小企业国际化发展五年行动计划(2016~2020)",支持中小企业利用全球要素,优化资源配置,促进中小企业转型升级和技术创新。

(二)社会服务扶持政策的内容

2002年《中小企业促进法》第六章“社会服务”中的有关条款规定,国家和政府鼓励利用社会力量为中小企业提供服务,加强扶持建立中小企业服务机构,提供优质服务,鼓励各类中介机构为中小企业提供服务,鼓励有关机构、院校提供培训服务,要求行业协会组织为中小企业提供服务。在实际执行中,已取得较好的成效。

1. 以社会力量为中小企业提供服务以及服务平台的政策文件较为全面。在国家鼓励以社会力量为中小企业提供服务以及服务平台建设方面,国务院陆续颁布《国务院关于鼓励支持和引导个体私营等非公有制经济发展的若干意见》(国发〔2005〕3号)、《国务院关于进一步促进中小企业发展的若干意见》(国发〔2009〕36号)、《国务院关于鼓励和引导民间投资健康发展的若干意见》(国发〔2010〕13号)、《国务院关于进一步支持小型微型企业健康发展的意见》(国发〔2012〕14号)、《国务院关于扶持小型微型企业健康发展的意见》(国发〔2014〕52号),在这些规范性文件中,都涉及鼓励社会力量为中小企业提供服务的内容。

为贯彻国务院有关文件精神,完善中小企业服务体系,促进中小企业公共服务机构的发展,工信部联合其他有关部门出台了一系列文件,如2010年,颁布《关于促进中小企业公共服务平台建设的指导意见》(工信部联企〔2010〕175号)、《国家中小企业公共服务示范平台管理暂行办法》(工信部企业〔2010〕240号);2012年1月,作出《2011年中小企业服务体系发展专项资金项目申报指南的通知》,启动了择优支持有条件的省(自治区、直辖市)统筹建设中小企业公共服务平台的网络项目。

为贯彻落实国务院等相关文件精神,各地政府也纷纷出台了一系列政策文件。据不完全统计,“十二五”期间,各地政府共发布了142个文件,支持中小企业服务体系建设,内容涉及公共服务平台、小企业创业基地和服务体系建设等,有效促进了各地中小企业服务体系的发展。

政府部门以“政府引导,市场运作和社会化运作”为原则,为鼓励中小企业服务机构发展采取了一系列措施。同时,鼓励行业组织建立中小企业信息网络,充分利用现代信息工具,建立企业购销信息库以收集、储存、分析、处理企业和市场状况的相关信息，帮助中小企业最大限度地了解市场信息，防止市场开拓的盲目性。

2. 以社会力量为中小企业提供服务以及服务平台建设取得长足进步。2002年颁布的《中小企业促进法》规定，国家应当扶持中小企业服务机构，鼓励社会其他机构提供相关服务。中小企业服务机构可以为中小企业提供创业咨询、创业辅导、企业诊断、信息咨询、市场营销、投资融资、贷款担保、产权交易、技术支持、人才引进、人员培养、对外合作、展览展销和法律咨询等各项服务。

根据《中小企业促进法》第38条、第39条的规定，国家鼓励社会各方面力量，建立健全中小企业服务体系；政府根据实际需要扶持建立的中小企业服务机构应当为中小企业提供优质服务。通过支持建立中小企业服务机构，与现有的行业性服务机构、社会性服务机构以及社会团体、中介机构相联系，形成多主体、多层次、全方位的中小企业社会化服务体系。

为推动《国务院关于进一步支持小型微型企业健康发展的意见》（国发〔2012〕14号）的贯彻落实，工信部、财政部、国家税务总局、银监会等多个部门在2013年相继出台了多项措施，以“扶助小微、转型成长”为主题在全国组织开展了“扶助小微企业专项行动”，提出推动“三型”小微企业（创新型小微企业、创业型小微企业和劳动密集型小微企业）的发展，为加快中小企业服务体系建设，实施暂免征收部分小微企业增值税等措施。除此之外，政府及其他有关部门支持中小企业服务机构、行业协会和各类中介机构为中小企业提供的服务，如创业咨询、创业辅导、企业诊断、信息咨询、市场营销、投资融资、贷款担保、产权交易、技术支持、人才引进、人员培训、对外合作、展览展销和法律咨询等服务。

为建立信息化服务系统，2002年《中小企业促进法》第39条规定：“中小企业服务机构应当充分利用计算机网络等先进技术手段，逐步建立健全向全社会开放的信息服务系统”。2011年9月23日，国家工信部总工程师朱宏任在第八届中博会亚欧中小企业发展研讨会上表示，我国计划将在未来5年支持建立和完善4000个中小企业公共服务平台，重点培育500个国家中小企业公共服务示范平台，基本形成以资源共享和服务协同为主要特点的中小企业公共服务平台网络覆盖80%以上的省级地区。

鼓励和支持机构、院校为中小企业培训人员，根据2002年颁布的《中小企业促进法》第41条的规定,国家鼓励有关机构、大专院校培训中小企业经营管理及生产技术等方面人员,提高中小企业营销、管理和技术水平。

鼓励行业组织、自律性组织为中小企业服务,根据《中小企业促进法》第42条、第43条的规定,有关政府部门应当支持中小企业行业协会的建立和自律管理,不断提高中小企业行业协会的提供信息的能力、市场引导能力和维权能力等。行业协会和自律性组织可以予以协调或者代为办理中小企业需要的内外贸易培训服务、技术交流等相关事项。截至2015年12月底,全国35个省、市共有905个平台(含省平台和窗口平台)参与平台网络建设,累计完成建设投资总计54.77亿元。[1]

## 二、市场开拓与社会服务扶持政策实施效果评析

### (一)市场开拓扶持政策实施效果评析

1. 大企业与中小企业协作成效明显。与大企业配套协作已成为中小企业技术进步、良性发展的一种重要模式。各地方政府也在积极鼓励推行这种模式。有学者在对江苏省大企业对中小企业的帮助情况调查中发现,大企业对中小企业在技术、资金、培训和管理方面的帮助呈现出来的是一种近似正态分布的形状,说明大企业对其配套企业在技术、资金、培训和管理方面确实提供了一定的帮助。这种帮助一方面来源于大企业的主动提供,另一方面则是中小企业在为大企业做配套生产的过程中自觉接受的。[2]

江苏省中小企业调研数据显示,同时为三家以上的大企业配套生产服务的企业中,有88户中小企业(占调研企业总数的77.3%)。这类中小企业根据协作模式分类应属于独立的小型卫星工厂;而只为一家大企业配套的中小企业只有16户(13.3%)。山东省济宁市鼓励中小微企业"攀高附强",与大企业、大集团完善产业链条开展协作配套,打造优势产业集群。济宁市拥有中小企业产业集群33个,其中市级23个、省级6个,形成了金乡大蒜、汶上服装、梁山专用车、

[1] 参见李命志、马向晖主编:《中华人民共和国中小企业促进法释义》,中国法制出版社2017年版,第329页。

[2] 参见梅强、席国萍:《江苏省大中小企业专业化协作现状及发展对策研究》,载《科技管理研究》2011年第20期。

泗水食品等一批产业特色鲜明、比较优势突出的集群品牌。[1]

2. 中小企业服务组织体系逐步完善。就全国而言，在政府搭台、社会组织助力下，一大批服务中小企业的组织破土而出，呈现出服务组织类型多样、营利性组织与非营利性组织并举、服务组织体系化的特点；就区域而言，服务中小企业的区域性服务组织比较注重区域经济发展实际，因地制宜，比较好地起到了服务中小企业成长发展的实际效果。以山东省济宁市为例，自 2014 年 9 月 3 日，济宁市中小企业公共服务平台正式启动至 2017 年，已吸纳入驻各类社会化服务机构 170 余家，与 60 多家国际国内顶尖服务机构及知名院校建立战略合作伙伴关系。不仅如此，该平台还创新推出创业辅导、管理升级、技术创新、融资服务、上市导航、素质提升六大系列产品，预计每年可为 12000 余户中小企业提供服务。该平台设立了信息服务平台，为全市中小企业提供综合性信息查询服务和融资、技术、人才、培训等各类专业信息查询服务，提升网络信息覆盖率，实现信息资源共享。通过济宁市中小企业服务网、专家资源库、服务机构库、企业数据库为内容的"一网三库"建设，积极推动各类社会化服务机构协调联动，推进国家、省、市、县、园区及中小企业产业集群技术服务平台纵向贯通，形成互联互通、资源共享的公共服务网络。另外，服务平台开发了微信公众号、微信企业号以及官方网站，及时向济宁市各服务机构及各中小企业发布最新的有关中小企业服务政策信息，与此同时，服务平台与用友致远合作上线了协同办公系统，实现入驻服务机构与平台的互联互通。该平台引进了高校、职业学院和专业培训机构，为企业经营者、专业技术人员和员工提供各类培训，进一步放大公益培训服务功能，力促中小企业素质的提升。已为 12000 多户企业开展过现场招聘；协同服务机构成功举办各类高端培训 9 期，累计培训企业人员 8000 余人次。

3. 中小企业迈出开拓国际市场步伐。2007 年 10 月底，第一届亚欧会议中小企业部长级会议在北京召开，会议通过了《加强亚欧会议成员间中小企业合作的北京宣言》。在亚欧会议的框架下，中国政府为了促进亚欧中小企业间的交流，自 2008 年第五届中博会开始，在中博会设立了"亚欧中小企业合作交流

---

〔1〕 参见刘敦亚：《济宁市鼓励中小微企业发展建 13 个公共服务平台》，载齐鲁网站，http://jining.iqilu.com/caijing/2014/1215/2247775.shtml，2015 年 1 月 21 日最后访问。

馆”,为每个亚欧会议成员提供20个免费展位。2013年11月26日,在罗马尼亚布加勒斯特举行了中国—中东欧国家领导人会晤。围绕“合作共赢,共同发展”的主题,各方共同制定和发表《中国—中东欧国家合作布加勒斯特纲要》。在亚欧会议的中国—中东欧国家之间合作框架下,中国政府进一步加强中国—中东欧中小企业间的交流,自2014年第十一届中博会开始,根据需求情况为每个中东欧国家提供20个免费展位。通过以上措施,进一步促进各国中小企业间的交流与合作,实现各国间的互补互惠、合作共赢。

(二)社会服务扶持政策成效评析

1. 中小企业享受融资担保的概率得到增加。《中小企业促进法》实施至2017年修订的14年间,随着融资性与非融资性担保机构数量的增加,中小企业享受融资担保的概率也在增加。担保机构为中小企业提供信贷融资担保的同时,也为中小企业开展投资项目提供担保服务。中小企业在收购国有企业产权、股权转让、土地使用权及厂房设备出让、技术转让等方面得到担保机构的帮助,从而使中小企业在市场竞争力获得更加有利的竞争能力。[1]

2. 中小企业得到公益服务的机会有所增多。以公益性服务机构、专业性服务机构以及商业服务机构为主要载体,向社会提供各类咨询服务、培训服务、辅导服务,这是《中小企业促进法》自2003年实施至2017年修订14年来呈现出的一大特色。

向中小企业开展创业意识培训,举行项目推介向有创业意向的群体提供创业项目,有利于促进创业氛围的形成;向中小企业创业者提供策划咨询、政务代理、人员培训,解决了创建初期阶段的突出困难;坚持以人为本,通过国家的引导和社会力量的广泛参与,多层次、多渠道、多形式、大规模地开展培训,使广大中小企业的经营管理人员普遍受到培训与相关服务,使中小企业形成自主培训、终身学习的企业文化。[2]

在中央财政支持下,截至2013年全国26个省(区、市)及5个计划单列市启

[1] 参见柳飞红:《〈中小企业促进法〉地方配套规章研究》,天津大学2006年硕士学位论文,第12页。

[2] 参见柳飞红:《〈中小企业促进法〉地方配套规章研究》,天津大学2006年硕士学位论文,第12页。

动了中小企业公共服务平台建设,年服务中小企业124万户。[1]

3. 行业组织提供的便捷性服务使中小企业获得实益。中小企业规模小,单一企业的市场竞争能力弱,但中小企业可以利用行业组织实现战略联盟和地域集群,提升整体的市场竞争力。行业组织对中小企业的扶持帮助,有利于提升企业市场竞争力,使中小企业做大做强。

行业组织通过信息咨询、资信评估、价格协调等,能克服中小企业信息的不充分和不对称,有效地帮助中小企业节约交易成本;行业组织通过承办一些展览会,帮助中小企业了解国际国内市场经济信息,开拓国际国内市场;行业组织通过认真的调查研究,建立信息共享平台,为中小企业提供信息服务,降低中小企业的信息成本;行业组织通过提供培训、辅导服务,使中小企业员工技能知识不断更新,以此提升企业产品技术含量,增强企业的技术创新能力,提高企业的经济活动能力。

## 三、市场开拓与社会服务扶持政策实施中的问题

### (一)市场开拓扶持政策实施中的不足

1. 对大企业的过度依赖影响了中小企业的成长能力。一方面,中小企业自身存在资金、技术、管理、市场等方面的弱势,其在协作过程中往往容易形成过度依赖大企业业务订单的现象,如果大企业经营不善、业务量锐减就会直接影响中小企业的订单量,若只与一家大企业有协作关系,那“多米诺骨牌”效应发生的概率就会增加;另一方面,由于配套的中小企业不直接面对最终市场消费者开展经营活动,其经营销售等能力会随之逐渐下降,无法对市场的需求进行准确定位,难以生产产销对路的产品,从而其经营情况愈加艰难。与此同时,由于协作双方地位不平等,大企业在选择中小企业做配套产品时有更多的优先选择权,在价格的制定上有明显优势,因此大企业通常会单方制定低价高质的标准,而中小企业除了接受别无他法。由此,中小企业为大企业生产的配套产品价格过低,导致利润率不尽如人意,根据对江苏省中小企业的配套情况调查结果可知,有

---

〔1〕 参见朱宏任:《第十一届中博会中小企业发展国际研讨会暨2014驻穗总领事圆桌会议致辞》,载中国社会科学网,http://www.cssn.cn/gd/gd_rwhn/gd_zxjl/201410/t20141016_1366063.shtml,2015年2月1日最后访问。

55.8%的中小企业存在这种问题。

2.政府采购条件的设定未充分考虑中小企业的特点。供应商参加政府采购活动应当具备的6个条件,在《政府采购法》第22条中就有规定,其中“具有独立承担民事责任的能力”的规定,限制了个体户和合伙性质的中小企业参加政府采购。“具有良好的商业信誉”的规定,实际上限制了非商业中小企业(如纯生产企业,加工企业等未进行商业经营)参加政府采购。非商业中小企业无法达到具有“良好商业信誉”的要求。[1] “有依法缴纳税收和社会保障资金的良好记录”的规定,限制了免税中小企业参与政府采购活动。比如社会福利、节能环保、残疾人等中小企业。“参加政府采购活动前三年内,在经营活动中没有重大违法记录”的规定,实际意味着一个前提,即参加政府采购的供应商需是成立三年以上的企业,这就限制了刚成立的中小企业参与政府采购活动。[2]

3.工业用地“瓶颈”制约实体型中小企业的设立与发展。实体型中小企业的设立与扩大需要使用相应的土地,但近几年受国家宏观用地政策的限制,工业用地总量与工业增长速度不相适应,实体型中小企业用地形势严峻,使中小企业的创建和扩大生产规模受到用地“瓶颈”的制约,在一定程度上影响了中小企业的发展。[3] 一些中小企业在用地上存在未批先用的现象,致使土地使用权和厂房产权难以得到解决。针对这一问题可以采取一些灵活的土地政策,如工业用地土地使用权实行一次性出让分期交付,或一次性租赁分期使用的政策得到解决。

4.国际市场开拓缺乏相应要素。中小企业尽管有开拓国际市场的意愿,但是资金、人才的不足、对国外的法律与金融政策认识的缺乏以及对海外市场的信息未能充分的了解,这也给企业开拓国际市场带来了一定的难度。中小企业的出口贸易无论在产品、价格、分销促销方面,还是在产品品牌开发与宣传,以及整个营销战略的规模和管理方面仍处于较低级的经营阶段。[4]

---

[1] 参见沈德能:《适时完善法律 力促中小企业发展》,载《政府采购信息报》2014年8月4日。

[2] 参见万玉涛:《政采应做创新型中小企业的孵化器》,载《政府采购信息报》2011年3月9日。

[3] 参见郑道溪:《福建省人大常委会执法检查组关于〈中华人民共和国中小企业促进法〉实施情况的检查报告》,载《福建省人民代表大会常务委员会公报》2011年第5期。

[4] 参见柳飞红:《〈中小企业促进法〉地方配套规章研究》,天津大学2006年硕士学位论文,第20页。

(二)社会服务扶持政策实施中的不足

1. 社会化服务体系有待提高。虽然我国的社会化服务机构在中小企业的成长与发展中发挥了不可替代的作用,但是社会化服务体系在整体上仍有所欠缺。主要问题有,供需未有效对接,为中小企业提供人才培训、管理咨询、市场营销、技术开发及法律援助等各类优质的专业服务机构在市场上比较缺乏;服务机构良莠不齐,有待规范。政府对服务市场的监管乏力,价格管理、市场监管制度尚不健全,以致服务市场中存在不利于有序竞争的行为,如恶意竞争、缺乏诚信、行政垄断和利用职权有偿服务。

2. 财政支持中小企业服务体系建设的投入不足。目前来看,我国对中小企业的社会化服务体系建设的投入是不够的,信息不对称、服务质量低、中介机构收费高等问题在中小企业的社会化服务中是存在的。工信部在2011年发布的《"十二五"中小企业成长规划》中,在大力培育中小企业服务机构、建立和完善中小企业公共服务平台、优化服务布局等方面提出了完善中小企业服务体系建设,但该国家级专项规划的落实,特别是中小服务体系的完善所需要资金的投入,以及财政如何支持中小服务体系建设等,都是今后亟待解决的重大难题。事实上,中小企业服务体系的建设投入方面更需要财政给予政策倾斜。[1]

3. 政府未赋予社会中介结构应有的地位。法律上没有明确规定中介服务机构如行业协会等的性质、地位、职能、监管;在实践中,许多具有较强行政隶属关系的中介机构成为"二政府"和离退干部的二次就业场所。随着时间的推移,这些中介机构的主要职责就会逐渐偏离为中小企业服务的初衷。

各类协会组织未充分发挥维护中小企业权益、反映中小企业诉求的作用。

4. 公共服务机构作用难以充分发挥。如政府推动成立的中小企业服务中心、生产力促进中心、技术创新中心等公共服务机构,面临着定位难、"失灵"问题,难以发挥有效作用。

5. 行政机关的行政性事务与乱收费、摊派现象在一定程度上仍旧存在。一些中小企业反映,近年来,随着简政放权,行政机关的行政性事务量比以往有所

---

〔1〕 参见肖念涛、谢赤:《构建和完善中小企业财政支持政策体系》,载《求索》2012年第2期。

减少，但政府组织的各类检查、评比多，培训、调研、会议多的现象仍然存在。另外，政府与行业组织乱收费、摊派现象还未得到有效遏制。江西一家起重机生产企业反映，有政府部门向企业进行摊派，如每年强制企业订阅几千元的报刊费；吉林一家企业反映，企业要通过年审，就不得不购买税务部门推荐的税控机（价格比市场高几倍）等设备。四川一家食品加工企业反映，以举办文化节、博览会、展览会、学习等名义向企业软性摊派赞助费、活动费等较多，各种协会、商会等会议费、活动费较多。青海一家氟化铝生产企业反映各个行政部门检查过多，如“职业病防治”“清洁生产”“环境监理”等，公司为此需设置专门人员应付检查，同时，很多资质审验往往要求企业到指定机构花钱出具一份报告，企业感觉是流于形式，未解决实际问题但增加了负担。内蒙古一家化妆品生产企业反映，仪器检验检测收费项目多，存在不检验只收费，收费标准可商量等不规范现象。[1]

〔1〕 参见李命志、马向晖主编：《中华人民共和国中小企业促进法释义》，中国法制出版社2017年版，第292页。

CHAPTER

# 第六章

# 《中小企业促进法》修订后调整能力评估

2002 年颁布的《中小企业促进法》是我国首部促进中小企业成长发展的经济法律。从 2003 年实施时届 14 年后,即 2017 年,全国人民代表大会常务委员会将此法进行修订,修订后的法律于 2018 年 1 月 1 日实施。修法只是手段,其目的是通过修法活动,实现法律内容的科学化构建,从而提升法律对社会行为的调控能力。修订前后的《中小企业促进法》发生了什么样的变化,本次修订所遵循的修法原则和思路是什么,它对该法的施行产生哪些影响,本章旨想通过修法前后相关对照的比较分析,评估《中小企业促进法》修法后的调整能力问题。

## 第一节　修订后立法结构与章节变动对调整能力的影响

立法结构与章节构成法律的基本架构,也是法技术构造的基本图谱,通过促进法修订前后的法条结构与章节的变动情况的比较分析,可以窥见立法者修法目的与修法目标,也可以从整体上把握法律修改的总貌,进而评价修法后对调整能力的影响。

## 一、修订前后立法结构与章节比较

### (一)修订前后立法结构观览

修订后的《中小企业促进法》,从原来的7章增至10章,修订后的体例结构发生了较大的变化,见表6-1。

表6-1 修订前后《中小企业促进法》结构

| 修订前 | 修订后 |
| --- | --- |
| 目录 | 目录 |
| 第一章 总则 | 第一章 总则 |
| 第二章 资金支持 | 第二章 财税支持 |
| | 第三章 融资促进 |
| 第三章 创业扶持 | 第四章 创业扶持 |
| 第四章 技术创新 | 第五章 创新支持 |
| 第五章 市场开拓 | 第六章 市场开拓 |
| 第六章 社会服务 | 第七章 服务措施 |
| | 第八章 权益保护 |
| | 第九章 监督检查 |
| 第七章 附则 | 第十章 附则 |

### (二)修改后法律内容变动的主要方面

1.把"资金支持"章拆分为"财税支持"与"融资促进"两章。原来的法律对其融资方面的支持规定较为原则,未对中小企业从财税支持与金融融资两大资金取得的途径进行差异化的规定,资金支持政策缺乏可操作性。修订后的法律,从金融服务中小企业和实体经济,推进普惠服务,完善组织体系,构建专门化经营和差别化考核体系,开创新的服务和担保形式、努力开发直接融资和多规模资本市场、建设征信信息征集与评价体系等角度作出细致的规定,加强对中小企业尤其是小微企业的融资支持。新增加的主要规定如下。

(1)突出财税部门与金融机构服务实体经济的要求。要求财税部门、金融机构发挥服务实体经济的功能,高效、公平地服务中小企业。

(2)突出金融机构服务小型微型企业的要求。中国人民银行应当综合运用货币政策工具,鼓励和引导金融机构加大对小型微型企业的信贷支持,改善小型微型企业融资环境。进一步提出国务院银行业监督管理机构对金融机构开展小型微型企业金融服务应当制定差异化监管政策,采取合理提高小型微型企业不良贷款容忍度等措施,引导金融机构增加小型微型企业融资规模和比重。

(3)突出推进和支持普惠金融体系建设的要求。推动中小银行、非存款类放贷机构和互联网金融有序健康发展,引导银行业金融机构向县域和乡镇等小型微型企业金融服务薄弱地区延伸网点和业务。

(4)突出促进中小企业利用多种方式融资的要求。提出健全多层次资本市场体系,多渠道推动股权融资,发展并规范债券市场。完善担保融资制度,支持金融机构为中小企业提供以应收账款、知识产权、存货、机器设备等为担保品的担保融资,进一步明确提出中小企业以应收账款申请担保融资时,其应收账款的付款方,应当及时确认债权债务关系,支持中小企业融资。同时在政策性信用担保体系、贷款保证保险和信用保险、征信评级等方面也作出相关规定。

2. 增设"权益保护章"。规定国家保护中小企业及其出资人的财产权和其他合法权益,设立拖欠货款解决条款,保护中小企业的合法权益,规定国家机关、事业单位和大型企业不得违约拖欠中小企业的货物、工程、服务款项。中小企业有权要求拖欠方支付拖欠款并要求对拖欠造成的损失进行赔偿。修订后的法律还将现行的规范涉企收费、监督检查机制等相关政策上升为法律。

3. 增设"监督检查章"。明确县级以上人民政府应当定期组织对中小企业促进工作情况的监督检查,国务院负责中小企业促进工作综合管理的部门应当委托第三方机构定期开展中小企业发展环境评估,并向社会公布。对县级以上人民政府及有关部门在中小企业发展专项资金、中小企业发展基金管理和使用情况的评估和监督作出了规定。对强制或者变相强制中小企业参加考核,评比、表彰、培训等活动的行为以及违法向中小企业收费、罚款、摊派财物等行为的查处作出了相关规定。

## 二、修订前后立法结构与章节差异性评述

### (一)扶持中小企业与维护市场公平立法原则之衡平

对中小企业实行促进型立法政策,涉及政府与市场、国家与企业关系的处

理,涉及扶持与规范发展中小企业关系的处理,还涉及公平竞争与产业政策如何适用于企业的问题。

修订后的《中小企业促进法》第 1 条修订为:“为了改善中小企业经营环境,保障中小企业公平参与市场竞争,维护中小企业合法权益,支持中小企业创业创新,促进中小企业健康发展,扩大城乡就业,发挥中小企业在国民经济和社会发展中的重要作用,制定本法。”该条在原法第 1 条基础上进行了补充和修改,增加了“保障中小企业公平参与市场竞争、维护中小企业合法权益、支持中小企业创业创新”等内容。

在立法修订中,较好地处理了以下方面的关系:

1. 在对中小企业概念方面,本法对企业的所有制和形式不予限制。无论是国有企业、私营企业、集体企业,还是公司制企业、合伙企业、个人独资企业,抑或中资企业、合资企业、外资企业,只要符合中小企业的标准,都在本法调整范围之内,这是中小企业平等促进立法理念的体现。

2. 在中小企业平等权落实方面,着力处理各类企业平等(权利平等、机会平等、规则平等)与国家对中小企业扶持政策的关系。

权利平等指每一个市场主体在行使或享有法律、法规赋予权利和利益上是平等的,具有同等资质的市场主体,都应有参与同样的市场经营活动的权利。权利平等是权利公平的前提,权利公平是公平正义的最为基础和最为核心的内容。

机会平等也称作起跑点的公平,指各类市场主体获得各种资源的可能性,处于同一条起跑线上,使所有参与者在撇去实力差异的情况下,胜负的概率相等。

规则平等也称作程序公平,指市场主体都必须遵守法律、法规,所有市场经营行为都必须受到法律的约束。如果说机会平等是起跑点的公平,那么,规则平等则是指在起跑以后人们在竞争过程中处于平等的地位。

三种平等观反映了理解平等与公平的三种向度,强调了平等观的三个不同方面,三者虽然各有侧重点,但它们所体现的基本原则是一致的。三种平等互相包含、相互联系。如果违反了一个方面的平等原则,也必然会违背另一个方面的平等原则。由于机会是由规则来配置和赋予的,规则的平等对于机会的平等就具有决定性的意义,不平等的规则必然破坏机会的平等。就此而论,规则的平等是形成和保障机会平等的关键,也是实现权利平等的保障。

3. 在维持市场公平与国家扶持方面，坚持以机会平等为基础。中小企业在实际运行中基于自身的特点，如何与大型企业在竞争中从形式上的平等走向实质意义上的平等，这是立法需要考虑的问题。2017 年修订后的《中小企业促进法》注重厘定国家扶持的角色，发挥市场决定性作用，强化政府扶持力度。侧重在环境上提供公平竞争的条件来扶持中小企业，而不是通过取消竞争来实行扶持，尽量减少对具体的中小企业实行点对点补贴等措施。

（二）法规的针对性和可操作性之强化

1. 2017 年修订以实施中存在的问题为导向。自 2002 年《中小企业促进法》制定并于 2003 年实施以来，我国中小企业在新的发展阶段面临新问题。这些新问题中，有些是原《中小企业促进法》制定之时所不曾面临的问题，如中小企业管理创新与模式创新、中小企业转型升级、实业型中小企业智能制造等；有些是原《中小企业促进法》制定之时已面临的问题，但实施中尚未得到有效解决的难题，如中小企业融资“难与贵”，多数中小企业面临税费负担重、受到不公平待遇，中小企业合法权益时有受到侵害等。本次修订强化了问题意识，旨在通过修法行为，使相关问题得到正视，相关难题得以破解。

2. 2017 年修订以强化制度的执行性为重点。针对中小企业特别是小型微型企业在市场竞争中的困难和问题，进行针对性施策，相关政策工具的引入与适用更加具体且有针对性。原《中小企业促进法》中的扶持政策不够具体、可操作性不强等问题，在本次修订中有针对性地对相关制度进行修改完善；本次修订将微型企业从小型企业中单列出来，有针对性地对微型企业进行立法扶持，提升了对微型企业进行立法促进的精准性；本次修订在简政放权，特别是规范行政许可事项、实现行政许可便捷、减轻企业负担、简化小型微型企业税收征管程序和注销登记程序等方面作了明确规定，为中小企业发展创造了良好环境。

（三）促进和服务立法理念之构建

为中小企业营造良好的经营环境是《中小企业促进法》立法与修订的目的所在。

营造良好的经营环境需要有促进政策，也需要有服务政策，促进与服务共施既是促进中小企业成长和发展的重要途径，也是当前推进“放管服”改革，深化国家行政管理体制改革的必然走向。

在《中小企业促进法》的修订过程中,有关注重促进与服务中小企业成长与发展的规定能具体的就尽量具体,既立足于解决中小企业面临的各种困难问题,也充分考虑促进与服务制度建设在推动中小企业成长与发展中的重要意义。由于促进与服务建设涉及政府的多个部门和社会诸多领域,在2017年修法中,涉及这方面的内容不仅条文数量多,而且内容也比较丰富,从支持、服务、保障多方面为中小企业提供宽松的营商环境。

## 三、立法结构与章节变动对法规调整能力的影响

### (一)政策工具增加对调整能力的影响

2017年修订后的《中小企业促进法》增加了相关政策工具,主要有:(1)增加了与融资促进相关的政策工具。如货币政策工具、差异化信贷服务政策工具、普惠金融政策工具、股权融资政策工具、应收账款融资政策工具、政策性信用担保政策工具等。(2)增加了与创业扶持相关的政策工具。如公共服务政策工具、税收减免政策工具、第三方平台服务政策工具、退市便利化政策工具。(3)增加了与创新支持相关的政策工具。如加速折旧政策工具、研究开发费用加计扣除政策工具、参与标准制定政策工具、参与项目合作政策工具等。(4)增加了市场开拓与服务措施支持相关的政策工具。如产业合作政策工具、中小企业政府采购政策工具、专项资金培训政策工具等。修订后的《中小企业促进法》在政策工具设定上与修订前相比,不仅政策工具数量增加了,而且政策工具的针对性、实用性和透明性也提高了。

政策工具适量增加对该项法律调整能力的影响表现在以下几个方面:

(1)调控手段更加多样。对中小企业采取促进政策,在制度层面需要提供相应调控手段。政策工具是重要的调控手段,政策工具越多,调控手段也就越多,调控手段也就越具有可选择性。在2002年制定的《中小企业促进法》中,针对中小企业融资的政策工具比较单一,主要是借贷与风险投资政策工具,此次修法后,对中小企业的融资政策工具区分了内源性融资政策工具与外源性融资政策工具,并增加了包括股权融资与资本市场融资在内的内源性融资的相关政策工具。针对不同类型的中小企业,国家为之打造了适应性的融资政策工具,既便利中小企业融资,又增加政策工具的适用性。

(2)调控体系更加完善。对中小企业采取促进政策,不仅需要有一定数量的调控手段,而且还需要将这些手段进行体系化设计,从而提升调控能力。政策工具的系统化设计与提供,将大幅提高促进手段的多样性与系统化,这是确保法律调控能力的重要保障。

2017 年修法过程中增补的政策工具,在多数情况下起到了拾遗补阙功能。比如,担保政策工具中,增加政策性信用担保政策工具,应收账款抵押担保政策工具,使得对中小企业担保体系(社会信用担保、政策性信用担保、企业自身担保)的构建更加完备;再如,在人员培训政策工具中,原《中小企业促进法》已经规定了社会中介机构组织培训、高等院校参与培训等政策工具,在此次修订时又增加了县级以上政府部门安排专项资金培训这一政策工具。

(3)政策工具运用中的协同性得到提升。分散的政策工具,如何有机地予以运用,是需要设定运用规则的。2017 年修法,在这方面取得了较大的进展。比如,在修订后的法条中,对支持中小微企业采取的是从定向降准到降费减税,再到完善金融机构对小微贷款投放的差异性,具有较强的政策协同性。"定向降准"旨在确保金融机构服务小微企业时有足够的流动性,"小微企业贷款利息收入免征增值税"解决的是金融机构服务小微企业的收益问题,"强化金融机构小微贷款投放考核"则是聚焦金融机构服务小微的激励机制。三大举措并行,金融与税务两类政策工具协同进行,基本构建起金融机构服务小微企业的顶层架构。[1]

(二)立法内容充实对调整能力的影响

立法内容的充实与变化不仅表现为法条的增多(原法 45 条,修订后的法律为 61 条),更主要的是对立法功能、结构与体系的进一步调整,从而提升立法的调控能力,这才是立法修订的关键所在。

在 2017 年《中小企业促进法》修订中,一个深层次思考的问题是,修法旨在想解决原法律中哪些尚未得到很好解决的现实性问题?在我们对全国人大修法前开展的调研活动获取的相关数据材料的梳理中,我们认为,主要是要解决以下问题:一是促进动能不足问题,二是促进政策工具的协调性不强问题,三是促进

〔1〕 参见冯瑶:《小微金融:分类施策方可精准发力》,载《金融时报》2018 年 11 月 27 日,第 1 版。

政策执行保障力软弱问题。这些不足与问题的深层次根源在于促进政策欠缺体系化构建。比如,修订前的立法只提及技术体系创新,而未涉及包括商业模式在内的企业创新体系,这样,顾及了部分实业型的中小企业,而未能顾及商业性的中小企业,政策工具的促进面受到了限制。

再如,中小企业融资难、融资贵是困扰中小企业成长和发展的老问题,之所以始终难以解决,根本原因还在于原法对解决此类问题的促进政策工具的种类不足,实际运用中造成欠缺系统化解决的实际效果。在中小企业初创期,由于风险偏大,商业银行通常难以介入,投资者运用直接股权融资政策工具有较好的适用性;在中小企业成长期,信贷融资政策工具有较好的适用性,可以运用差别化的信贷融资工具支持中小企业解决经营资金困难;在中小企业盛年期与稳定期,针对成长性较好的中小企业,运用资本市场直接融资工具有较好的适用性,可以通过完善股票发行、债券发行支持符合条件的中小企业扩大直接融资比例。在此次修法时,增加了上述政策工具内容,使政策工具对中小企业促进的能动性与适用性得到了进一步的增强。

(三)增设实施措施对调整能力的影响

2017 年修订后的《中小企业促进法》新设“监督检查”专章,其实质意义是增加相关实施措施,它对该法的调控能力的影响也是深远的。

1. 通过修法,使立法、执法、守法三者的关系得到了增强。按法理学,单行法律对社会关系的调整主要是通过以下机理发挥作用的。首先,将主体的一定行为和一定事实与相应的法律关系的发生、变更、消灭联系起来,引导主体实施法规所倡导的行为;其次,规定主体在具体法律关系中的权利义务,为主体在具体社会关系中可以实施的行为和应当实施的行为划定法律评价的范围;最后,将主体在具体法律关系中违反义务的行为与一定的法律责任联系起来,指明主体所实施行为的后果。而法律对上述社会关系的调整是需要通过法律的生效阶段、执行与实施阶段予以完成的。修订后的《中小企业促进法》新设“监督检查”专章,增加相关实施措施,将主体在具体法律关系中的行为与一定的法律后果联系起来,使广大中小企业能够预测其行为的后果,修法后增加了法规的实施能力。

2. 通过修法,充实相关实施措施,使实施过程中对相关主体的追责具有法规依据。通过修法前后的比较可以发现,在充实相关实施措施方面的主要变化有:

其一,监督检查职责进一步明确,具体包括行使主体、行使方式、行使要求诸方面规定得更加具体明确;其二,监督检查内容进一步具体,包括在监督检查中可为行为与不可为行为作出了具体明确规定;其三,对不作为行为追责更加规范,具体包括对机构组织、成员、责任类型作出了明确的规定。修法所进行的上述相关实施措施的充实,对于推进法规的执行力将起到重要的作用。

## 第二节 修订后促进对象分类施策对调整能力的影响

中小企业占企业总数的98%,这意味着《中小企业促进法》面对的企业主体具有普遍性,但中小企业的基本特点决定了许多中小企业比较后进且寿命较短,难以长久地成长和发展。立法促进政策如果不计后果地一味去扶持所有中小企业,就不符合择优汰劣的经济规则,因此,如何分类施策是本次立法修订的一个重点。

### 一、促进功能界定与中小企业分类施策

#### (一)促进功能界定与分类方法划定

近年来,我国在对中小企业进行政策促进的改革实践表明,不能准确界定中小企业存设的功能价值,就难以解决促进中小企业的使命共识,也就难以协调“社会效益与经济效益孰重”“政府调控与市场调节孰重”在中小企业促进中的价值目标冲突。

功能价值是通过功能界定得以实现的。中小企业数量众多,立法要促进其成长与发展,这是问题的一个方面,另一个方面是,对于落后的中小企业,通过促进政策仍旧难以改变其生产工艺、经营模式或管理方式的,难道也让其生存下来而不予淘汰?显然,我国《中小企业促进法》并不是基于这样一种立法意图。

这就提出了一个深刻而又尖锐的问题:促进中小企业成长与发展的功能如何界定?哪些中小企业是需要通过立法明确给予促进的,哪些中小企业是不应进入促进政策视野的。如果我们在对中小企业的促进政策中,不注重对中小企业的功能界定和分类,就不能区别促进重点;没有清晰的功能分类,就难以实现有针对性的考核和激励,也难以利用市场的手段进行资源优化配置。因此,对中

小企业的促进政策采取分类施策，是进一步推进中小企业促进政策有效实施的前提和基础，也是改革进入“深水区”的方略创新和突破。

促进功能界定是中小企业分类施策的前提与基础性工作。每一个中小企业都有其存在的合理性和自身的功能。但就全社会而言，我们看待每一个中小企业是否给予特定的促进政策是需要确定其全社会的功能价值与功能意义的。

对中小企业促进政策的功能界定应建立在影响功能界定的分类方法上。依我们的研究所得，在分类方法确定上，主要是基于四个方面考虑：(1)充分考虑中小企业的功能作用和发展方向；(2)充分考虑中小企业经营中的创新性，包括技术创新与经营体系创新；(3)充分考虑中小企业所属行业特点和实际情况，在服务就业与方便居民生活中的作用因素；(4)充分考虑各地不同发展实际，在遵循统一分类原则的前提下，结合地方实际，因地制宜，并可以动态调整。

(二)《中小企业促进法》中的分类施策

2017 年修订后的《中小企业促进法》对于中小企业采取促进政策的企业分类着重于以下几类：

(1)对小型微型企业分类施策。小型微型企业，尤其是微型企业在服务就业与方便居民生活方面具有重要作用，这是此次修法中明确的重点。对此分类的影响性问题，在以下章节中会作进一步的展开性评析。

(2)对成长性较好的中小企业分类施策。成长性较好主要体现为该中小企业有较好的市场发展前景，较高的企业管理水平，较强的内生发展潜力。通过促进政策可以更好地推进该类企业在国际、国内的竞争能力。我们通常所讲的各地评选出的“单打冠军型企业”就是此类企业。[1]

(3)对创新型中小企业分类施策。创新型中小企业一般是指具有较健全的创新机制，以技术创新、经营模式创新为核心，形成以技术、品牌、制度、经营方式等全面而持续的创新能力，并借此获取超额利润的中小企业。通过促进政策促使创新型中小企业有更好的成长性，符合我国产业政策发展的基本要求。

(4)对边老地区、民族地区中小企业分类施策。这是由我国幅员辽阔，各地

[1] 制造业单打冠军型企业，是指长期专注于制造业某些特定细分产品市场，生产技术或工艺国际领先，单项产品市场占有率位居全球前列的企业。这一概念提出见之于 2016 年国家工信部颁布的《制造业单项冠军企业培育提升专项行动实施方案》。

中小企业发展水平不够均衡这一特点决定的,发展边老地区、民族地区中小企业意义深远,立法促进法采取倾斜型的促进政策,有助于此类地区的中小企业得以成长与发展。

## 二、中小微企业分类施策的国外实践

### (一)中小企业划型的定量界定

划型的定量界定是指划型的"数量"标准。"数量"标准指划分标准主要以雇员人数,资本金额,销售额,资产数量,市场份额等。"数量"标准为大多数国家所采用。

1. 雇员人数标准

该标准从企业雇用人数的角度反映企业的规模。例如,在德国,人口少于500人,年产值不到1亿欧元的企业被归类为中小型企业。在智利,中小企业的界定是员工少于200人,资产总额小于100万美元。[1] 1996年4月,欧盟委员会建议各成员采取欧盟的统一标准来划分中小型企业。这个标准将欧盟的企业规模分为五类:第一类是无雇用员工的企业;第二类是"非常小的企业",雇员人数在1~9人;第三类是"小企业",雇员人数在10~49人;第四类是"中型企业",雇员人数在50~249人;第五类是"大型企业",雇员人数在250人以上。这一分类标准基本上反映出欧盟中小企业的共同特征,因而得到欧盟成员国的普遍认同。[2]

2. 资产(资本)额标准

该标准从资产(资本)要素的角度反映公司在价值或物理形式方面的规模,且常被金融部门采用。与雇员数量相比,该标准在适用上存在一定的困难。在家庭作坊型小微企业中,难以析分出企业资产和家庭资产;当无形资产进入总资产或存在技术持股时,评价的技术适用性较低;在信息不均衡和信息不对称的情况下,一些人可能隐藏其资产金额,以便加入中小企业的行列。

3. 营业额标准

该标准从管理水平的视角反映企业的规模,该标准通常成为财政和税务部

---

〔1〕 参见林汉川、魏中奇:《中小企业的界定与评价》,载《中国工业经济》2000年第7期。

〔2〕 张彬、熊小宇:《欧盟中小企业发展政策》,载《长江论坛》2001年第5期。

门考核企业的第一选择。这主要是因为,企业的营业额是一个不稳定的数额,通常会受到通货膨胀、商业信贷水平和国际汇率等因素的影响。营业额是税务部门确定征税企业税率以及决定是否给予优惠的重要参照。

4. 其他数量标准

一些国家还采用了一些非主流的标准,如产品增加值、运输工具数量、旅馆房间数、机器的总马力等都有可能被确定为界定标准。

(二)中小企业划型的定性界定

定性界定也被称为地位界定,[1]主要指企业所有权集中度,自我管理程度,管理方法及企业在行业中的地位。由于缺乏数量确定性,该标准很少用于促进中小企业的立法中。

根据学者林汉川的研究,在44个研究样本中,使用该定义的样本总数仅为13.64%,主要在欧洲和美国、加拿大。[2] 定性界定最主要的标准有三项,分别是独立所有、自主经营和较小的市场支配性。质言之,划分企业规模大小的标准被设定为企业是否具有独立性、企业自身竞争力如何,以及企业在市场上是否具有一定的市场地位。按照这一标准,中小企业被确定为独立的法律实体,不在其行业或市场中占据垄断地位。

罗森勃格(Roger Rosenberger)曾系美国中小企业管理局的一位负责官员,他明确承认这一定性标准有其一定的意义,他认为,在确定"小企业"与"大企业"的界限时,有许多确定标准,但这些标准都有一定的任意性。

每个国家因社会形态、经济发展水平、产业结构所处的阶段性、产业规模形态各异,致使每个国家没有(也不可能)确定一个完全相同的标准,因此,中小企业标准的划分只具有相对意义,经济发达程度不同的国家在中小企业上限方面有明显差别。但从各国对中小企业标准界定的趋势来看主要呈现以下特点。其一,在相关企业划型标准的确定上,发达国家中小企业的标准上限不断提高。如日本1940~1999年共5次修改中小企业标准,单个中小企业的雇员规模从100人提高到300人,制造业的资本额由1亿日元提高到3亿日元。生产力自身发展的结果是造成中小企业标准上限提高的原因。其二,企业划分的标准往往由

---

[1] 参见林汉川主编:《中国中小企业发展机制研究》,商务印书馆2003年版,第8页。

[2] 参见林汉川主编:《中国中小企业发展机制研究》,商务印书馆2003年版,第10页。

单一标准向复合标准转换。从开始更偏爱采用单一标准而逐渐转向复合标准。单一标准一般是从雇用人数、营业额(或销售额)、注册资本数量等几个指标中选取单一指标界定企业的规模,而复合标准却是根据几个指标定性和定量综合判断企业的规模。其三,行业的特性越来越受到重视。不同的行业中相同的产值所雇用的劳动力数量和质量、利润率及技术水平方面的差异很大,需要根据行业的特点对企业的规模进行区分。[1]

借鉴国外经验,我们认为,在《中小企业促进法》中,应当主要采取包括资本额、销售额、企业员工人数等在内的定量标准,并对各项指标的具体数量作出明确规定。同时,还应结合定性标准,评价某企业在特定市场上的地位,如占据的市场份额,或考察该企业的组织结构与经营决策的特点,以全面衡量、评价企业的运行现状。通过定量与定性的结合,科学界定中小微企业,并以此对是否纳入扶持范围给予科学、客观的判定。

## 三、我国对中小微企业分类施策的实践演进

### (一)中小企业划型标准的阶段性演变

新中国成立以来,我国的企业规模划分及与此相联系的中小企业划型标准经历了 8 次主要的阶段性演变。

第一阶段,20 世纪 50 年代。以企业职工人数作为划分的首要标准。即大型企业要有 3000 人以上,中型企业要有 500 ~3000 人,小型企业则少于 500 人。

第二阶段,20 世纪 60 年代。1962 年,以固定资产价值数量作为企业规模划分的主要标准。

第三阶段,20 世纪 70 年代。1978 年,国家计委发布《关于基本建设项目和大中型企业划分标准的规定》,把企业规模划分的标准修改为“年综合生产能力”,按照产量和加工对象来划分工业企业;1984 年,国务院发布《国营企业第二步利改税试行办法》,按照固定资产原值和生产经营能力划分大小型企业。

第四阶段,20 世纪 80 年代。1988 年,国家经委、国家计委、国家统计局等部门颁发《大中小型工业企业划分标准》,规定企业规模划分的标准主要依照劳动

---

〔1〕 参见尚永会:《关于当前我国中小企业界定标准的探讨》,载《郑州大学学报(哲学社会科学版)》2011 年第 1 期。

力、劳动手段、劳动对象和产品在企业的集中程度，以此划分为特大型企业、大型（细分为大一、大二两档）企业、中型（细分为中一、中二两档）企业和小型企业。

第五阶段，20世纪90年代初。1992年，国务院经贸办等单位颁布《〈大中小型工业企业划分标准〉的补充标准》，在1988年划分标准的基础上，对轻工业、建材工业、机械工业、电子工业、医药工业、市政公用工业等相关行业企业的划分标准作了补充。商业企业则按照1997年国内贸易部制定发布的《关于颁布〈商业、粮食非工业企业大、中、小型规模界限〉的通知》执行。〔1〕

第六阶段，20世纪90年代末。1999年，我国对原标准《大中小型工业企业划分标准》再次修改，将销售收入和资产总额作为主要考察指标，分为特大型企业、大型企业、中型企业、小型企业4类。其中，两个指标均超过50亿元为特大企业，均超过5亿元为大企业，均超过5000万元为中型企业，其余为小企业。

第七阶段，21世纪初年。为贯彻落实2002年颁布的《中小企业促进法》，2003年2月，原国家经贸委等部门制定了《中小企业标准暂行规定》，2003年5月，国家统计局发布了《统计上大中小型企业划分办法（暂行）》，这两项规定对工业、建筑业、批发业、零售业、交通运输业、邮政业和住宿、餐饮业7个行业的企业依据从业人员数、销售额、资产总额这三项指标划分为大型、中型、小型三类。2003年11月，发布《部分非工企业大中小型划分补充标准（草案）》，对农林牧渔、仓储、房地产、金融、地质勘查和水利环境管理、文体和娱乐、信息传输、计算机服务及软件、租赁、商务及科技服务、居民服务、其他这12个行业的企业依据从业人员数、销售额、（净）资产总额三项指标中的两个指标划分为大型企业、中型企业、小型企业三类。《中小企业标准暂行规定》的出台，增强了《中小企业促进法》的可操作性，为中小企业自身定位与发展提供了标准依据。

第八阶段，21世纪初叶。2011年，根据国务院下发的《国务院关于进一步促进中小企业发展的若干意见》（国发〔2009〕36号），由国家工信部、国家发展改革委、统计局、财政部以及银监会联合发布《关于印发中小企业划型标准规定的

〔1〕 参见郑之杰、吴振国、刘学信：《中小企业法研究》，法律出版社2002年版，第21页。

通知》(工信部联企业〔2011〕300 号)。该通知在指标选取方面,针对不同行业,按照从业人员、营业收入和资产总额 3 个指标中单个或两个组合的方法,对 16 类行业企业规模进行划分,区分出了中小微企业。其中,农、林、牧、渔业采用营业收入单个指标,工业、仓储和邮政业、住宿和餐饮业等 8 个行业采用从业人员和营业收入两个指标,建筑业、房地产开发经营业采用营业收入和资产总额两个指标,租赁和商务服务业采用资产总额和从业人员两个指标,居民服务、文化体育和娱乐业以及其他服务业等采用从业人员单项指标。

(二)2011 年中小企业划型标准介评

2011 年 6 月,国家发展改革委、工业和信息化部、财政部、国家统计局发布了划型标准,对中小企业重新进行了分类。中小企业划分为中型企业、小型企业、微型企业三种类型,且将小微企业单列。具体标准根据企业从业人员、营业收入、资产总额等指标,结合行业特点制定,形成了国家扶持中小微企业成长和发展的政策基础。新制定的中小企业划型标准特点与具体分型如表 6－2、表 6－3 所示。

**表 6－2 新制定的中小企业划型标准特点**

| 新划型标准特点 | 内容 |
|---|---|
| 划型标准门槛提高 | 对于大型工业企业营业收入标准由原标准 3 亿元提高到 4 亿元,人数指标由原标准的 2000 人下降到 1000 人 |
| 囊括行业更广泛 | 除《国民经济行业分类》中金融业、教育、卫生、公共管理和社会组织、国际组织等以外行业均有涉及。涉及 84 个行业大类,362 个行业中类和 859 个行业小类。新增了农、林、牧、渔业;仓储业、信息传输业(包括电信、互联网和相关服务)、软件和信息技术服务业、房地产开发经营、物业管理、租赁和商务服务业 |
| 增加微型企业标准 | 根据行业特点,有针对性地对微型企业作出界定 |
| 划分标准指标简化 | 从原标准的 3 个简化为 2 个或 1 个,采用了营业收入、从业人员与营业收入、从业人员与资产总额三项指标 |
| 将个体工商户纳入中小企业范围 | 个体工商户并不是企业类型,但为促进其发展,新标准将个体工商户纳入标准范围,参照新标准执行 |

资料来源:根据《中小企业划型标准规定》整理。

**表 6-3 新制定的中小企业划型标准对大、中、小、微企业界定一览表**

| 行业名称 | 指标名称 | 计量单位 | 大型企业 | 中型企业 | 小型企业 | 微型企业 |
|---|---|---|---|---|---|---|
| 农、林、牧、渔业 | 营业收入(Y) | 万元 | Y≥20000 | 500≤Y<20000 | 50≤Y<500 | Y<50 |
| 工业 | 从业人员(X)<br>营业收入(Y) | 人<br>万元 | X≥1000<br>Y≥40000 | 300≤X<1000<br>2000≤Y<40000 | 20≤X<300<br>300≤Y<2000 | X<20<br>Y<300 |
| 建筑业 | 营业收入(Y)<br>资产总额(Z) | 万元<br>万元 | Y≥80000<br>Z≥80000 | 6000≤Y<80000<br>5000≤Z<80000 | 300≤Y<6000<br>300≤Z<5000 | Y<300<br>Z<300 |
| 批发业 | 从业人员(X)<br>营业收入(Y) | 人<br>万元 | X≥200<br>Y≥40000 | 20≤X<200<br>5000≤Y<40000 | 5≤X<20<br>1000≤Y<5000 | X<5<br>Y<1000 |
| 零售业 | 从业人员(X)<br>营业收入(Y) | 人<br>万元 | X≥300<br>Y≥20000 | 50≤X<300<br>500≤Y<20000 | 10≤X<50<br>100≤Y<500 | X<10<br>Y<100 |
| 交通运输业 | 从业人员(X)<br>营业收入(Y) | 人<br>万元 | X≥1000<br>Y≥30000 | 300≤X<1000<br>3000≤Y<30000 | 20≤X<300<br>200≤Y<3000 | X<20<br>Y<200 |
| 仓储业 | 从业人员(X)<br>营业收入(Y) | 人<br>万元 | X≥200<br>Y≥30000 | 100≤X<200<br>1000≤Y<30000 | 20≤X<100<br>100≤Y<1000 | X<20<br>Y<100 |
| 邮政业 | 从业人员(X)<br>营业收入(Y) | 人<br>万元 | X≥1000<br>Y≥30000 | 300≤X<1000<br>2000≤Y<30000 | 20≤X<300<br>100≤Y<2000 | X<20<br>Y<100 |
| 住宿业 | 从业人员(X)<br>营业收入(Y) | 人<br>万元 | X≥300<br>Y≥10000 | 100≤X<300<br>2000≤Y<10000 | 10≤X<100<br>100≤Y<2000 | X<10<br>Y<100 |

续表

| 行业名称 | 指标名称 | 计量单位 | 大型企业 | 中型企业 | 小型企业 | 微型企业 |
|---|---|---|---|---|---|---|
| 餐饮业 | 从业人员(X)<br>营业收入(Y) | 人<br>万元 | X≥300<br>Y≥10000 | 100≤X<300<br>2000≤Y<10000 | 10≤X<100<br>100≤Y<2000 | X<10<br>Y<100 |
| 信息传输业 | 从业人员(X)<br>营业收入(Y) | 人<br>万元 | X≥2000<br>Y≥100000 | 100≤X<2000<br>1000≤Y<100000 | 10≤X<100<br>100≤Y<1000 | X<10<br>Y<100 |
| 软件和信息安全服务业 | 从业人员(X)<br>营业收入(Y) | 人<br>万元 | X≥300<br>Y≥10000 | 100≤X<300<br>1000≤Y<10000 | 10≤X<100<br>50≤Y<1000 | X<10<br>Y<50 |
| 房地产开发经营 | 营业收入(Y)<br>资产总额(Z) | 万元<br>万元 | Y≥200000<br>Z≥10000 | 1000≤Y<200000<br>5000≤Z<10000 | 100≤Y<1000<br>2000≤Z<5000 | Y<100<br>Z<2000 |
| 物业管理 | 从业人员(X)<br>营业收入(Y) | 人<br>万元 | X≥1000<br>Y≥5000 | 300≤X<1000<br>1000≤Y<5000 | 100≤X<300<br>500≤Y<1000 | X<100<br>Y<500 |
| 租赁和商务服务业 | 从业人员(X)<br>资产总额(Z) | 人<br>万元 | X≥300<br>Z≥120000 | 100≤X<300<br>8000≤Z<120000 | 10≤X<100<br>100≤Z<8000 | X<10<br>Z<100 |
| 其他未列明行业 | 从业人员(X) | 人 | X≥300 | 100≤X<300 | 10≤X<100 | X<10 |

资料来源:根据《中小企业划型标准规定》整理。

根据 2011 年《中小企业划型标准规定》,“本规定适用于在中华人民共和国境内依法设立的各类所有制和各种组织形式的企业”。“国务院有关部门据此进行相关数据分析,不得制定与本规定不一致的企业划型标准。”但是在实际执行中仍存在一些问题:

(1)划型标准的覆盖面过大。由于中小企业占企业总数的 98%,在有些县区,几乎所有的企业都是中小企业,因此,在中与小之间应当体现差异性,促进政策的重点以小型与微型企业为主。

(2)划型标准没有考虑经济发展的地域差异。我国幅员辽阔,区域发展并不平衡,因而将东部和西部地区的中小企业的划型标准不作区分对待,是不公平的。另外,该标准对于企业分支机构、分公司、子公司等特殊经济组织未作明确规定。由大公司控股的中小企业可能在规模上比较小,人员数量不多,但是因为有大公司做后盾,相比其他中小企业更具有市场竞争力,发展条件也更为优越,因此这样的企业不应该被纳入促进法的对象范围。

(3)划型结果差异性较大。由于中小企业划型工作由各部门自行开展,因而,理解程度和掌握尺度不同,划型结果也不甚相同。例如,依《企业所得税法》第 28 条以及《企业所得税法实施条例》第 92 条的规定,符合条件的小型微利企业为:对于工业,从业人数少于 100 人,年度应纳税所得额小于 30 万元,资产总额小于 3000 万元;对于其他企业,从业人数少于 80 人,年度应纳税所得额小于 30 万元,资产总额小于 1000 万元。新修订的《企业所得税法》规定法人企业所得税税率为 25%,小型微利企业为 20%。在《关于促进劳动密集型中小企业健康发展的指导意见》(工信部联企业〔2013〕542 号)中,把轻工、纺织、机械、电子、批发和零售业、住宿和餐饮业、居民服务业、养老服务业以及现代服务业等行业中百万元固定资产就业人数 13 人(含)以上、人均年营业收入 45 万元(含)以下的中小企业作为引导扶持的重点。在科技部、财政部、国家税务总局制定的《科技型中小企业评价办法》(国科发政〔2017〕115 号)中提出,科技型中小企业须同时满足职工总数不超过 500 人、年销售收入不超过 2 亿元、资产总额不超过 2 亿元的条件。[1]

## 四、小型与微型企业在修法后的法条表述与立法政策

### (一)对小型与微型企业的法条表述

2017 年对《中小企业促进法》进行修订,以立法的形式对小微企业从小型企业中单列出来。修法后一个比较大的亮点是在法条中列出了小微企业。据统计,明确列出小微企业的法条共有 10 条,如表 6－4 所示。

〔1〕 参见苏宗国、谢俊:《中小企业划型标准研究——基于新〈中小企业促进法〉实施之际的思考》,载《调研世界》2018 年第 1 期。

**表 6－4 《中小企业促进法》涉及小微企业的法条**

| 序号 | 法条内容 | 法条所在章节 |
| --- | --- | --- |
| 1 | 第 2 条　本法所称中小企业，是指在中华人民共和国境内依法设立的，人员规模、经营规模相对较小的企业，包括中型企业、小型企业和微型企业。<br>中型企业、小型企业和微型企业划分标准由国务院负责中小企业促进工作综合管理的部门会同国务院有关部门，根据企业从业人员、营业收入、资产总额等指标，结合行业特点制定，报国务院批准 | 第一章　总则 |
| 2 | 第 9 条　中小企业发展专项资金通过资助、购买服务、奖励等方式，重点用于支持中小企业公共服务体系和融资服务体系建设。<br>中小企业发展专项资金向小型微型企业倾斜，资金管理使用坚持公开、透明的原则，实行预算绩效管理 | 第二章　财税支持 |
| 3 | 第 11 条　国家实行有利于小型微型企业发展的税收政策，对符合条件的小型微型企业按照规定实行缓征、减征、免征企业所得税、增值税等措施，简化税收征管程序，减轻小型微型企业税收负担 | |
| 4 | 第 12 条　国家对小型微型企业行政事业性收费实行减免等优惠政策，减轻小型微型企业负担 | |
| 5 | 第 14 条　中国人民银行应当综合运用货币政策工具，鼓励和引导金融机构加大对小型微型企业的信贷支持，改善小型微型企业融资环境 | 第三章　融资促进 |
| 6 | 第 15 条　国务院银行业监督管理机构对金融机构开展小型微型企业金融服务应当制定差异化监管政策，采取合理提高小型微型企业不良贷款容忍度等措施，引导金融机构增加小型微型企业融资规模和比重，提高金融服务水平 | |
| 7 | 第 17 条　国家推进和支持普惠金融体系建设，推动中小银行、非存款类放贷机构和互联网金融有序健康发展，引导银行业金融机构向县域和乡镇等小型微型企业金融服务薄弱地区延伸网点和业务。<br>国有大型商业银行应当设立普惠金融机构，为小型微型企业提高金融服务。国家推动其他银行业金融机构设立小型微型企业金融服务专营机构。<br>地区性中小银行应当积极为其所在地的小型微型企业提供金融服务，促进实体经济发展 | |

续表

<table>
<tr><th>序号</th><th>法条内容</th><th>法条所在章节</th></tr>
<tr><td>8</td><td>第 25 条　高等学校毕业生、退役军人和失业人员、残疾人员等创办小型微型企业的，按照国家规定享受税收优惠和收费减免</td><td rowspan="2">第四章　创业扶持</td></tr>
<tr><td>9</td><td>第 28 条　国家鼓励建设和创办小型微型企业创业基地、孵化基地，为小型微型企业提供生产经营场地和服务。<br>第 29 条　地方各级人民政府应当根据中小企业发展的需要，在城乡规划中安排必要的用地和设施，为中小企业获得生产经营场所提供便利。<br>国家支持利用闲置的商业用房、工业厂房、企业库房和物流设施等，为创业者提供低成本生产经营场所</td></tr>
<tr><td>10</td><td>第 40 条　国务院有关部门应当制定中小企业政府采购的相关优惠政策，通过制定采购需求标准、预留采购份额、价格评审优惠、优先采购等措施，提高中小企业在政府采购中的份额。<br>向中小企业预留的采购份额应当占本部门年度政府采购项目预算总额的百分之三十以上；其中，预留给小型微型企业的比例不低于百分之六十。中小企业无法提供的商品和服务除外。<br>政府采购不得在企业股权结构、经营年限、经营规模和财务指标等方面对中小企业实行差别待遇或者歧视待遇。<br>政府采购部门应当在政府采购监督管理部门指定的媒体上及时向社会公开发布采购信息，为中小企业获得政府采购合同提供指导和服务</td><td>第六章　市场开拓</td></tr>
</table>

### （二）小型微型企业的立法政策考量

修法将小微企业从中小企业中单列，主要是基于以下方面的立法政策考量。

其一，小微企业是企业群体中的弱势群体，是最需要政府扶持的群体。根据我们对宁波市宁海县的调研，2018 年全县拥有小微企业 13460 家，占民营企业总数的 94% 。但是，因为小微企业的“微小”特征，使得其在成长和发展过程中产生了许多问题，尤其是小微企业用地难、融资难问题相互交织，给小微企业健康成长带来一定困难。

其二，小微企业是社会就业的重要渠道。在万众创业浪潮中，选择创业的企业载体多为微型企业，它们是社会就业的重要途径。

其三，划分小型微型企业有利于分类指导，增加政策的针对性和有效性。中型企业与小型微型企业在经营规模上是有区别的,因此,对于中型企业的促进措施不一定对小型微型企业适用。比如在《中小企业促进法》第五章“创新支持”中,在6个法条中均未提及小微企业,而泛指以“中小企业”代替。在第二章“财税支持”、第三章“融资促进”、第四章“创业扶持”中则以专条列出。

其四,单列小微企业有助于与国际比较。标准细化不仅益于分类统计管理,也益于使我国对中小微企业划分更加完善。有学者做过统计,从国外经验看,在西方发达国家,每千人中拥有企业数量在45个左右,发展中国家也在20~30个,而我国却不足10个,说明我国的微型企业发展潜力还很巨大,能够解决的就业机会还很多。

对于个体工商户的实施,主要考虑的是个体工商户不是企业,具有特殊性。它适用于《个体工商户管理条例》(2011年国务院令第596号,2016年修订),但考虑到个体工商户在政策促进上应划入微型企业,且数量多,就业人数多,参照微型企业以促进其发展。

这一中小企业划型标准的变化,为当前中小企业成长性带来的信号是国家继续强化对中小企业,尤其是微型企业的扶持力度;这一扶持政策会根据划型标准有所差异,而小微企业会是日后政策帮助的重要关注点;国家重点关注小微企业的发展环境,推动普惠性的政策措施的颁布,在优化服务等方面增加帮扶力度。

## 五、促进对象分类施策对调整能力的影响

### (一)分类施策与调控目标的精准性

在2017年修订后的《中小企业促进法》中,立法对各类中小企业的分类施策主要表现为区分不同类型中小企业在国民经济中的功能定位并进行分类,而此类划分是以国家对不同中小企业发展的战略定位和发展目标为基础的,从而形成差异化发展路径,激发中小企业的活力与内在驱动力。

从《中小企业促进法》的相关规定看,划分为以下类型企业:一是微型企业,二是成长性好的中小企业,三是创新型中小企业,四是边老地区、民族地区的中小企业,五是以接纳就业为主要目的的新设型中小企业。

对中小企业强化分类施策,有其深刻的社会意义。

其一，有利于对中小企业设定精确的调控目标。在一国中小企业促进政策中，一方面，应当顾及中小企业的实际，让所有中小企业在促进政策中得到实益；另一方面，国家运用促进政策的相关资源毕竟有限，对中小企业一概而论，不加区分地推行促进政策，将会“眉毛胡子一把抓”，使促进政策措施缺乏针对性，实施效果也会大打折扣。只有针对性、目标性地分类施策，才有可能达到调控目标的精准性，也才有可能取得较好的调控预期目标。

其二，有利于体现政府调控与市场调节二者之间的关系。中小企业成长与发展主要应依其内生性力量，在激烈竞争的市场面前，体现着适者生存的生物性规则，我们不曾希望，通过中小企业促进法的阳光普照，所有中小企业都能够健康成长，这只是人们的良好愿望或理想状态，现实生活中并不能完全做到。分类施策的意义就在于，给那些内生性较好的中小企业以外力促进，使之更好地成长与发展，从而实现一国内的中小企业的成长有一个良好的成长环境与良好的成长机制。

（二）分类施策与调控运行的科学性

对中小企业进行功能界定与分类后，可以推进分类监管、分类考核，增强监管针对性和实效性，从而增强监管的科学性。

分类施策的重点是界定、理顺并建立三类政策体系，即普惠性政策、分层性政策、特殊性政策。普惠性政策面对全体中小企业；分层性政策面对不同类型的中小企业；特殊性政策则面对一些边老地区、民族地区具有特殊需求的企业群体。因此，在精准识别的基础上，有的放矢、精准推进、分类施策。

对中小企业的功能界定与分类工作，已成为全面深化企业改革的基本前提和基础条件，是一道“绕不过去的坎”。如何在改革实践中落实到位和体现实效，主要是把握好分类的实施主体和程序、动态调整等具体问题。在顶层设计下，充分运用政策工具，社会各界和企业内外期待已久的中小企业分类施策所达到的促进成效一定不会无功而返。

（三）分类施策与促进政策的目的性

分类施策是为促进政策所设立的预期目的服务的。改革有更明确的目标和指向，根据不同类型的企业特点有针对性地推进改革，是中小企业功能界定与分类的基本前提与重要基础。

在2017年《中小企业促进法》修法中，立法者注意到了对中小企业分类施策的意义，并制定相对应的促进政策，它有利于促进政策目的的实现。分类施策，对于促进政策目的实现的作用意义如下。

首先，分类施策，会使中小企业的促进政策有更清晰的内容和路径。不同类型的企业战略定位不同，发展目的和发展路径不同，应当有差异化要求。分类施策正是对各类中小企业实施差异化管理的重要举措。

其次，分类施策，会使对中小企业的促进政策落实有更加明确的针对性和有效性。促进政策工具重点在于在实践中运用，有些政策工具是适用于所有中小企业的，而有些政策工具是针对特定类的中小企业的，如针对小微型企业的政策工具、针对创新型中小企业的政策工具等。立法中已经设定了专门性的政策工具，就需要通过法的实施来落实政策工具的实际运用。

最后，分类施策，会使对中小企业的考核更加精准并体现导向作用。明确不同类型中小企业在成长发展中的社会责任与角色担当，按照中小企业的功能和业务特点确立有针对性的考核标准，有利于发挥考核手段的导向作用。

## 第三节　修订后促进手段体系化构建对调整能力的影响

《中小企业促进法》规定了诸多促进手段，为促进功能的实现提供了重要方法。但是，不同类型的促进手段，有其自身的功能性特点，也有差异化的作用机理，立法中如何将促进手段予以综合化、体系化运用，是需要正视的问题，这既反映了法规的立法质量，也反映了法规对社会关系的调整能力。

### 一、促进手段在修订后法律中的表述

立法内容是通过相关条文呈现出来的。2017年修订后的《中小企业促进法》，条文由45条增加到61条，变化很大，几乎变动了每个法条。

按促进手段的一般含义理解，促进手段应包括鼓励型促进手段、扶持型促进手段、推进型促进手段，支持型促进手段、建立与设立型促进手段、保障型促进手段等，这些促进手段在修订后的《中小企业促进法》中均得到了较好的体现，见表6－5。

**表 6－5 各类促进型手段在《中小企业促进法》中的法条表述**

| 序号 | 促进手段类型 | 法条表述 |
|---|---|---|
| 1 | 鼓励与扶持型手段的运用 | 第 16 条第 1 款 国家鼓励各类金融机构开发和提供适合中小企业特点的金融产品和服务 |
| | | 第 20 条第 2 款 国家鼓励中小企业及付款方通过应收账款融资服务平台确认债权债务关系，提高融资效率，降低融资成本 |
| | | 第 21 条 县级以上人民政府应当建立中小企业政策性信用担保体系，鼓励各类社会担保机构为中小企业提供信用担保 |
| | | 第 28 条 国家鼓励建设和创办小型微型企业创业基地、孵化基地，为小型微型企业提供生产经营场地和服务 |
| | | 第 29 条第 1 款 地方各级人民政府应当根据中小企业发展的需要，在城乡规划中安排必要的用地和设施，为中小企业获得生产经营场所提供便利 |
| | | 第 30 条 国家鼓励互联网平台向中小企业开放技术、开发、营销、推广等资源，加强资源共享与合作，为中小企业创业提供服务 |
| | | 第 32 条 国家鼓励中小企业按照市场需求，推进技术、产品、管理模式、商业模式等创新。<br>中小企业的固定资产由于技术进步等原因，确需加速折旧的，可以依法缩短折旧年限或者采取加速折旧方法。<br>国家完善中小企业研究开发费用加计扣除政策，支持中小企业技术创新 |
| | | 第 34 条第 1 款 国家鼓励中小企业参与产业关键共性技术研究开发和利用财政资金设立的科研项目实施 |
| | | 第 35 条 国家鼓励中小企业研究开发拥有自主知识产权的技术和产品，规范内部知识产权管理，提升保护和运用知识产权的能力；鼓励中小企业投保知识产权保险，减轻中小企业申请和维持知识产权的费用等负担 |
| | | 第 36 条 县级以上人民政府有关部门应当在规划、用地、财政等方面提供支持，推进建立和发展各类创新服务机构。<br>国家鼓励各类创新服务机构为中小企业提供技术信息、研发设计与应用、质量标准、实验试验、检验检测、技术转让、技术培训等服务，促进科技成果转化，推动企业技术、产品升级 |

续表

| 序号 | 促进手段类型 | 法条表述 |
| --- | --- | --- |
| 1 | 鼓励与扶持型手段的运用 | 第37条　县级以上人民政府有关部门应当拓宽渠道，采取补贴、培训等措施，引导高等学校毕业生到中小企业就业，帮助中小企业引进创新人才。<br>国家鼓励科研机构、高等学校和大型企业等创造条件向中小企业开放试验设施，开展技术研发与合作，帮助中小企业开发新产品，培养专业人才。<br>国家鼓励科研机构、高等学校支持本单位的科技人员以兼职、挂职、参与项目合作等形式到中小企业从事产学研合作和科技成果转化活动，并按照国家有关规定取得相应报酬 |
| | | 第46条　国家鼓励各类服务机构为中小企业提供创业培训与辅导、知识产权保护、管理咨询、信息咨询、信用服务、市场营销、项目开发、投资融资、财会税务、产权交易、技术支持、人才引进、对外合作、展览展销、法律咨询等服务 |
| 2 | 推进与支持型手段的运用 | 第7条　国家推进中小企业信用制度建设，建立社会化的信用信息征集与评价体系，实现中小企业信用信息查询、交流和共享的社会化 |
| | | 第17条第1款　国家推进和支持普惠金融体系建设，推动中小银行、非存款类放贷机构和互联网金融有序健康发展，引导银行业金融机构向县域和乡镇等小型微型企业金融服务薄弱地区延伸网点和业务 |
| | | 第22条　国家推动保险机构开展中小企业贷款保证保险和信用保险业务，开发适应中小企业分散风险，补偿损失需求的保险产品 |
| | | 第23条第1款　国家支持征信机构发展针对中小企业融资的征信产品和服务，依法向政府有关部门、公用事业单位和商业机构采集信息 |
| | | 第26条　国家采取措施支持社会资金参与投资中小企业。创业投资企业和个人投资者投资初创期科技创新企业的，按照国家规定享受税收优惠 |
| | | 第29条第2款　国家支持利用闲置的商业用房、工业厂房、企业库房和物流设施等，为创业者提供低成本生产经营场所 |
| | | 第33条　国家支持中小企业在研发设计、生产制造、运营管理等环节应用互联网、云计算、大数据、人工智能等现代技术手段，创新生产方式，提高生产经营效率 |
| | | 第34条第3款　国家支持中小企业及中小企业的有关行业组织参与标准的制定 |

续表

| 序号 | 促进手段类型 | 法条表述 |
|---|---|---|
| 3 | 建立与设立型手段的运用 | 第6条　国家建立中小企业统计监测制度。统计部门应当加强对中小企业的统计调查和监测分析,定期发布有关信息 |
| | | 第10条　国家设立中小企业发展基金。国家中小企业发展基金应当遵循政策性导向和市场化运作原则,主要用于引导和带动社会资金支持初创期中小企业,促进创业创新。<br>县级以上地方各级人民政府可以设立中小企业发展基金。<br>中小企业发展基金的设立和使用管理办法由国务院规定 |
| 4 | 保障型手段运用 | 第11条　国家实行有利于小型微型企业发展的税收政策,对符合条件的小型微型企业按照规定实行缓征、减征、免征企业所得税、增值税等措施,简化税收征管程序,减轻小型微型企业税收负担 |
| | | 第50条　国家保护中小企业及其出资人的财产权和其他合法权益。任何单位和个人不得侵犯中小企业财产及其合法收益 |
| | | 第53条　国家机关、事业单位和大型企业不得违约拖欠中小企业的货物、工程、服务款项。<br>中小企业有权要求拖欠方支付拖欠款并要求对拖欠造成的损失进行赔偿 |
| | | 第54条　任何单位不得违反法律、法规向中小企业收取费用,不得实施没有法律、法规依据的罚款,不得向中小企业摊派财物。中小企业对违反上述规定的行为有权拒绝和举报、控告 |
| | | 第55条第2款　任何单位不得对中小企业执行目录清单之外的行政事业性收费,不得对中小企业擅自提高收费标准、扩大收费范围;严禁以各种方式强制中小企业赞助捐赠、订购报刊、加入社团、接受指定服务;严禁行业组织依靠代行政府职能或者利用行政资源擅自设立收费项目、提高收费标准 |

## 二、修订后促进手段的体系化构建

### (一)对专项资金和发展基金制度的修订

中小企业发展专项资金是指中央和县级以上地方政府财政预算支出中用于改善中小企业发展环境、扶持中小企业发展的资金。在2002年《中小企业促进法》制定之时,立法虽然对中小企业专项资金作出了规定,但当时全国并无多少在这一方面的实践。在 2017 年修订后的《中小企业促进法》中，规定中央财政应当在本级预算中设立中小企业科目，安排中小企业发展专项资金，体现一级政府一级预算的原则。

县级以上地方政府可以作为中小企业发展基金的设立主体，但立法并不强制要求，地方政府可根据本地中小企业创业创新发展的实际投资需要和财力状况决定是否设立中小企业发展基金，目的是通过地方政府引导基金的公信力和示范效应，扶持初创期中小企业，推动“大众创业、万众创新”，实现地区经济结构调整和产业升级。据我们对宁波市财政部门的了解，宁波市虽然尚未设立中小企业发展基金，但是设立了重点面向中小企业的市天使投资引导基金和市创业投资引导基金。其中，在全国率先成立政府出资、市场化运作的天使投资引导基金。截至 2017 年年底，投资科技创新项目 190 余个，项目总投资额近 1.7 亿元，放大倍数达 11.5 倍；创业投资引导基金参股基金累计投资总额 23.95 亿元、跟进投资总额 9160 万元。

2017 年修订后的《中小企业促进法》在总结近年来国家设立中小企业发展专项资金实践经验的基础上，进一步规范了专项资金与发展基金的管理和使用要求。

在中小企业发展专项资金的使用原则上，明确了专项资金重点用于支持中小企业公共服务体系和融资服务体系建设，专项资金向小型微型企业倾斜，资金管理使用坚持公开、透明的原则，实行预算绩效管理。

在中小企业专项资金的重点支出方向上，明确了使用重点为：一是支持公共服务体系建设，为中小企业提供创业辅导、管理咨询、信息咨询、信用服务等公益性服务；二是支持中小企业融资服务体系建设，发挥专项资金杠杆作用，引导商业贷款、创业投资、民间资本等各种社会资本投向中小企业，更好服务实体经济。

在中小企业专项资金使用方式上，包括资助、购买服务、奖励等。

在中小企业专项资金设立层级上，进一步明确了地方人民政府的层级范围是指县级以上各级人民政府，不再笼统要求提供财政支持，而是明确规定应当根据实际情况在本级财政预算中安排中小企业发展专项资金。

修订后的《中小企业促进法》在总结近年来国家设立中小企业发展基金实践经验的基础上，进一步规范了中小企业发展基金的管理和使用要求。

在中小企业发展基金的运作上,规定应当遵循政策性导向和市场化运作原则,主要用于引导和带动社会资金支持初创期中小企业,促进创业创新。同时,规定县级以上地方人民政府可以设立中小企业发展基金,为各地设立中小企业发展基金提供法律上的依据。

(二)对税费优惠措施的修订

税收政策是促进中小企业发展的重要手段。2000 年国务院转发国家外经贸委《关于鼓励和促进中小企业发展的若干政策意见》(国办发〔2000〕59 号),首次提出在税收政策方面促进中小企业发展。2002 年制定的《中小企业促进法》中规定国家利用税收政策支持鼓励中小企业的设立和发展。2009 年国务院颁布《国务院关于进一步促进中小企业发展的若干意见》(国发〔2009〕36 号),加大对中小企业的财税支持力度。近年来,国务院及有关部门根据企业所得税法等有关法律、行政法规的规定,在降低小微企业税收负担方面出台了一系列税收优惠政策,重点包括小型微型企业减半征收企业所得税政策,研究开发费用加计扣除政策,科技成果转移转化税收优惠政策,创新型固定资产加速折旧政策等。通过我们对宁波市的调研了解到,宁波市在 2017 年财政、国税和地税部门涉企减负 395 亿元,比 2016 年增加 77.9 亿元,增长 24.6%,其中,税收减免338.7亿元,这从一个侧面表明地方政府在落实《中小企业促进法》中加大了税收扶持中小企业成长与发展的力度。

在 2017 年修法中,进一步突出增强对中小企业的资金支持导向,修订后的《中小企业促进法》将原法第二章"资金支持"拆分为"财税支持"和"融资促进"两章,改进和创新资金支持方式,明确支持领域,发挥财政资金的引导和带动作用,有效支持中小企业持续健康发展。修订后的《中小企业促进法》财税支持内容包括第二章第 8 ~ 11 条,重点对中小企业发展专项资金、中小企业发展基金、税收优惠政策和税费减免等方面作出规定,主要有以下内容:

(1)强化对小型微型企业税收支持政策。这是在总结近年来中小企业特别是小型微型企业税收扶持政策实践经验的基础上新增加的内容。适用对象是小型微型企业,涉及小微企业的税种主要包括增值税、营业税、企业所得税、消费税、关税、印花税等。国家减轻小微企业税收负担的主要方式是按照规定实行缓征、减征、免征企业所得税、增值税等措施。

(2)简化税收征管程序,减轻中小企业税收负担。明确了简化税收征管程序的相关规定。

(3)对特定人群开办的中小微企业采取特殊的税收政策。对高等学校毕业学生、退役军人和失业人员、残疾人员等创办小型微型企业、创业投资企业和个人投资者投资初创期科技创新企业的税收优惠作出规定。

(4)对中小企业固定资产折旧、研发费用加计扣除等作出规定。

(5)对行政事业性收费减免优惠、减轻中小企业申请和维持知识产权的费用等负担作出规定。

(三)对创业创新和市场开拓措施的修订

在2002年制定的《中小企业促进法》中,对支持中小企业创业创新和市场开拓方面规定得比较原则,缺乏细化规定。

2017年在《中小企业促进法》修订时,对创业创新和市场开拓措施的补充与完善主要呈现在以下若干个方面:

其一,国家改善企业创业环境,优化审批流程,推进中小企业行政许可便捷化,降低中小企业设立成本。

其二,地方各级人民政府应当根据中小企业发展的需要,在城乡规划中安排必要的用地和设施,为中小企业获得生产经营场所提供便利。

其三,国家鼓励互联网平台向中小企业开放技术、开发、营销、推广等资源,加强资源共享与合作,为中小企业创业提供服务。

其四,国家鼓励中小企业参与产业关键共性技术研究开发和利用财政资金设立的科研项目实施,支持中小企业参与国防科研和生产活动。

其五,国家鼓励中小企业研究开发拥有自主知识产权的技术和产品,鼓励中小企业投保知识产权保险。

其六,国家鼓励各类创新服务机构为中小企业提供各类服务。

其七,国家鼓励科研机构、高等学校支持本单位的科技人员以兼职、挂职、参与项目合作等形式到中小企业从事产学研合作和科技成果转化活动,并按照国家有关规定取得相应报酬。

其八,将现行的政府采购促进中小企业发展相关政策上升到法律,规定国务院有关部门应当制定中小企业政府采购的相关优惠政策。

(四)对服务措施的修订

2002 年《中小企业促进法》颁布后,各级人民政府强化了对中小企业的服务措施,但随着产业信息化与全球化浪潮的到来,也暴露出政府在服务中小企业方面存在的问题。

中小企业普遍反映的问题主要集中在:政府公共服务和社会化服务体系和机制不健全,支持服务体系建设的政策措施不完善;专业服务机构发展滞后,缺乏为中小企业提供服务的各类优质专业机构;为中小企业提供信息服务与基础性服务的能力与水平不高,不能满足中小企业成长与发展的需要。

为此,2017 年修订后的《中小企业促进法》规定,国家建立健全社会化的中小企业公共服务体系,为中小企业提供服务。县级以上地方各级人民政府应当根据实际需要建立和完善中小企业公共服务机构,为中小企业提供公益性服务。国家鼓励各类服务机构为中小企业提供创业培训与辅导、知识产权保护、管理咨询、信息咨询、信用服务、市场营销、项目开发、投资融资、财会税务、产权交易、技术支持、人才引进、对外合作、展览展销、法律咨询等服务。

为解决中小企业普遍反映的各级各类政府部门服务信息零散、庞杂,信息化服务水平不高的问题,修订后的《中小企业促进法》还规定,县级以上人民政府负责中小企业促进工作综合管理的部门应当建立跨部门的政策信息互联网发布平台,及时汇集涉及中小企业的法律法规、创业、创新、金融、市场、权益保护等各类政府服务信息,为中小企业提供便捷无偿服务。同时,修订后的《中小企业促进法》还从创业扶持的角度,规定县级以上人民政府及其有关部门应当通过政府网站、宣传资料等形式,为创业人员免费提供工商、财税、金融、环境保护、安全生产、劳动用工、社会保障等方面的法律政策咨询和公共信息服务。

## 三、促进手段体系化构建对调整能力的影响

(一)促进手段多元化对调整能力的影响

鼓励与扶持型手段、推进与支持型手段、建立与设立型手段、保障型手段都有其自身的特点,各种手段具有无法替代的作用机理。比如,鼓励与扶持型手段,主要是以促动中小企业实施一定行为为目标指向,如该法第 32 条规定,“国家鼓励中小企业按照市场需求,推进技术、产品、管理模式、商业模式等创新”;

推进与支持型手段主要以推进中小企业政策支持体系为目标指向。如该法第17条规定,“国家推进和支持普惠金融体系建设,推动中小银行、非存款类放贷机构和互联网金融有序健康发展”;建立与设立型手段主要以推进中小企业某项制度建设为目标指向。如该法第6条规定,“国家建立中小企业统计监测制度”,第10条规定,“国家设立中小企业发展基金”;而保障型手段则主要确定一些不得作为行为,以确保促进政策的贯彻与落实为目标指向。如该法第50条规定:“国家保护中小企业及其出资人的财产权和其他合法权益。任何单位和个人不得侵犯中小企业财产及其合法收益。”

这种多元化的促进手段在立法上的呈现,一方面反映了立法者对促进行为基于目标上的差异性与矢量性的基本认识,另一方面也体现了立法对促进行为采取精准化调整的要求。

(二)促进手段有机整合对调整能力的影响

经过40年的理论与实践探索,尤其是2017年的修法工作,我国中小企业促进政策的市场化、精准化、体系化水平显著提升,形成了供给管理与需求管理并行的系统性政策体系,产业政策与竞争政策协同发挥作用的理念逐渐成熟,促进型的政策工具种类较多,促进手段日益丰富,各类促进政策的协调配合不断加强,成为推进中小企业转型发展的重要组成部分。

促进政策质量通常被视为影响政策执行的重要因素,其质量的评价可以从政策的明晰性、合理性和协调性等方面体现出来,也可以从政策所赋予的实施手段的体系化构建能力中得到反映。《中小企业促进法》在修法中对促进手段的体系化构建作了不少尝试。目前已基本具备了体系化的基本框架。体系化构建的最大功效是对调整手段的有机整合。

促进手段的体系化构建,对调整能力的影响在于整合了调整力量,形成各促进手段之间相互补充的一股合力。鼓励与扶持型手段、推进与支持型手段、建立与设立型手段、保障型手段各有其自身的特点与运行空间,分散运用与整合性运行相互作用,提升了解决问题的针对性,也减少了制度运行中的内耗现象。

## 第四节　修订后保障措施构建对调整能力的影响

《中小企业促进法》具有软法属性,但软法同样应具有可执行性。与修订前的原法相比,2017 年修订通过设置保障型规范,使法律的调整能力得到了进一步的强化。

## 一、保障型规范在修法中的增设与运用

### (一)保障型规范在修法中的增设

在 2017 年修法中,专章规定了中小企业的权益保护,相关内容有以下几个方面。

其一,明确规定国家保护中小企业及其出资人的财产权和其他合法权益。任何单位和个人不得侵犯中小企业财产及其合法收益。

其二,规定县级以上人民政府负责中小企业促进工作综合管理的部门应当建立专门渠道,听取中小企业对政府相关管理工作的意见和建议,并及时向有关部门反馈,督促改进。

其三,规定地方各级人民政府应当依法实施行政许可,依法开展管理工作,不得实施没有法律、法规依据的检查,不得强制或者变相强制中小企业参加考核、评比、表彰、培训等活动。

其四,规定任何单位不得违反法律、法规向中小企业收取费用,不得实施没有法律、法规依据的罚款,不得向中小企业摊派财物。中小企业对违反上述规定的行为有权拒绝和举报、控告等。

其五,针对一些政府部门和大型企业拖欠中小企业资金这一突出问题,修订后的《中小企业促进法》进一步明确,国家机关、事业单位和大型企业不得违约拖欠中小企业的货物、工程、服务款项,中小企业有权要求拖欠方支付拖欠款并要求对拖欠造成的损失进行赔偿。

其六,国家建立和实施涉企行政事业性收费目录清单并将其实施情况向社会公开,接受社会监督。

### (二)保障型规范在修法中的运用

1. 设定中小企业保障型规范为政府部门制定行政性规定划定了框架与基础。针对 2017 年修订后的《中小企业促进法》第 53 条有关国家机关、事业单位和大型企业不得违约拖欠中小企业货物、工程、服务款项的规定,国务院于 2020 年 7 月制定了《保障中小企业款项支付条例》(国务院令〔2020〕第 728 号),在该

条例中规定，中小企业与机关、事业单位、大型企业订立合同时，应当主动告知其属于中小企业；有关行业协会、商会禁止本行业大型企业利用优势地位拒绝或者迟延支付中小企业款项；机关、事业单位和大型企业不得要求中小企业接受不合理的付款期限、方式、条件和违约责任等交易条件，不得违约拖欠中小企业的货物、工程、服务款项；政府投资项目所需资金应当按照国家有关规定确保落实到位，不得由施工单位垫资建设；机关、事业单位从中小企业采购货物、工程、服务，应当自货物、工程、服务交付之日起30日内支付款项；合同另有约定的，付款期限最长不得超过60日；机关、事业单位和大型企业使用商业汇票等非现金支付方式支付中小企业款项的，应当在合同中作出明确、合理约定，不得利用商业汇票等非现金支付方式变相延长付款期限；机关、事业单位和国有大型企业不得强制要求以审计机关的审计结果作为结算依据，但合同另有约定或者法律、行政法规另有规定的除外；除依法设立的投标保证金、履约保证金、工程质量保证金、农民工工资保证金外，工程建设中不得收取其他保证金。保证金的收取比例应当符合国家有关规定。这些规定具有很强的可操作性与可执行性。

2. 设定中小企业保障型规范为立法规定"监督检查"专章打下基础。《中小企业促进法》设置"权益保障"专章，除了从实然性上为保障中小企业权益设定权益内容外，其意义还在于为专章规定"监督检查"打下基础。促进法具有软法属性，解决促进法的软法现象，一个刚性手段是监督检查。然而监督什么、检查什么则需要有立法的明文规定。因此，保障型规范条款的设定以及后续的"监督检查"专章的前后联结性构建，有效地提升了促进法的刚度，确保了促进手段的效用。

3. 设定中小企业保障型规范为各级政府及其相关部门履行职责设定制度要求。一方面，各级政府及其相关部门以及相关行业组织是中小企业权益的维护者；另一方面，有些地方政府及其部门以及相关行业组织往往又是中小企业权益的侵害者。在对中小企业权益受损的相关案例收集与分析中，我们发现，中小企业权益受损害，除了受到大型企业、事业单位的加害外，相当数量的损害来自地方政府及其部门以及行业组织。因此，在《中小企业促进法》修订中增加对中小企业保障型规范，为政府部门更好地履行职责设定了制度要求，具有必要性与现实紧迫性。

4. 设定中小企业保障型规范为中小企业维权提供制度保障。当中小企业权益受到损害时,维权是途径,也是手段。但如何维权需要法规指引,在合法与非法界限并不清晰的情形下,势必给中小企业的维权带来困难。根据中国中小企业协会2015年的一项调查,“不明确的法律规则”是中小企业促进中的共性问题。比如,在以往政府部门、行业组织举行的评比、检查以及收取费用之行为是合法还是违法,立法并没有对其作出明确的界定;国有大型企业、事业单位、政府部门以需要工程审计为由拖欠工程款项之行为是合法还是违法,立法对此也没有一个清晰的界定。《中小企业促进法》修订后明晰了界限,即将上位法没有明确要求的、强制而非自愿的评比、检查、收费、欠费行为均认定为违法。这为中小企业维权提供了强有力的制度保障。

## 二、监管制度在修法中的设定与运用

### (一)法律责任主体的设定与运用

2002年颁布的《中小企业促进法》规定由国务院负责企业工作的部门对全国中小企业工作进行综合协调、指导和服务。修订后为“国务院负责中小企业促进工作综合管理的部门组织实施促进中小企业发展政策,对中小企业促进工作进行宏观指导、综合协调和监督检查”,在地方层面规定“县级以上地方各级人民政府根据实际情况建立中小企业促进工作协调机制,明确相应的负责中小企业促进工作综合管理的部门,负责本行政区域内的中小企业促进工作”。

2017年修订后的《中小企业促进法》为切实维护中小企业的合法权益,对相关主体明确了应该追究的责任。

其一,县级以上政府定期安排对促进工作的监督检查;对违法行为及时纠正,并对主管人员和其他直接责任人按照法律进行处罚。

其二,具有促进工作综合管理职责的国务院部门,应当委托第三方机构定期开展其发展环境评估,并向社会公布。

其三,在职责范围内县级以上政府有关部门,对其发展专项资金、发展基金的管理和使用情况进行依法监督,对违法行为依照法律查处。

其四,县级以上政府有关部门在职责范围内,对侵犯其合法权益的行为进行处理,并对直接负责的主管人员和直接责任人员依照法律给予处分等。

### (二)可执行性条款的设定与运用

修订后的《中小企业促进法》增加了权利保护,融资促进,创业创新和服务措施等方面的新内容,并对相关规定进行了细化、补充和完善,以提高法律的可操作性。例如,特殊基金安排,中小企业发展基金的使用,融资促进,创业创新支持和服务措施等政策的实施主要针对小微企业,并进突出了支持的关键点。

修订后的《中小企业促进法》增加了"监督检查"专章,明确了定期对其促进工作进行监督检查,对其权益的违法违规行为进行严格的处理。

其一,各级政府定期组织对该等企业的监督检查;应当及时纠正违反本法的行为,对直接责任人员和其他人员依照法律给予纪律处分。

其二,各级政府应定期组织对其发展专项资金、发展基金使用效果的企业评价,社会评价的资金使用动态评估。评价和评估将及时向公众公布,并接受社会监督。

其三,政府有关部门在各自职责范围内,监督其发展专项资金、发展基金的管理和使用,对其发展及发展资金的拦截,占用、挪用专项资金的行为,依照法律进行处罚。对直接责任人员和其他人员依法给予纪律处分;构成犯罪的,依照法律追究刑事责任。

其四,各级政府有关部门在各自职责范围内,对强制或变相强制中小企业参加评估,考核,表彰,培训等活动,对非法收费,罚款和摊派财物以及其他侵犯中小企业合法权益的行为进行处罚,对直接负责的人员和其他人员,依法给予纪律处分。

任何制度的有效实施都需要一个支持性的监督检查机制。2017 年修法后,设定监督检查机制必将为各级政府发挥警示作用,为新法的落实奠定坚实的基础。

## 三、修订后保障措施构建对调整能力的作用机理

### (一)保障措施在提升法规调整能力上的作用机理

保障措施构成政策执行的重要途径,促进政策的实施如果没有相应的保障措施,就难以起到实际效果。这是因为,中小企业在市场竞争中处于弱小的地位,促进政策虽然表明了扶持、帮助、促进的目标指向,但要实现它还需要强有力

的保障措施予以配合与跟进。

分析我国《中小企业促进法》对保障措施在法规调整中的作用机理，可以归纳为以下要点。

其一，以约束对象的多元性来推进保障措施的有效性。在《中小企业促进法》中，不仅对大企业提出了要求，而且对运行政策工具的相关部门（如金融机构）、行业组织、中介服务机构、政府行政部门也提出了要求。

对大企业提出的要求，可以参见2017年修订的《中小企业促进法》第53条的相关规定。基本要求是，不得以强欺弱、以大欺小，大型企业不得违约拖欠中小企业的货物、工程、服务款项。不得违法向中小企业收取费用。

对运行政策工具部门提出的要求，可以参见2017年修订的《中小企业促进法》第40条、第55条的相关规定。基本要求是，对政府实施采购行为，应为中小企业尤其是小微企业留出一定比例。任何单位不得对中小企业执行目录清单之外的行政性收费，或擅自提高收费标准，扩大收费范围，严禁强制赞助。

对行业组织与中介服务机构提出的要求，可以参见2017年修订的《中小企业促进法》第49条、第54条、第55条的相关规定。基本要求是，中小企业的有关行业组织应当依法维护会员的合法权益，反映会员诉求，加强自律管理；不得违法向中小企业收取费用或摊派财物；严禁行业组织依靠代行政职能或者利用行政资源擅自设立收费项目、提高收费标准。

对政府行政部门提出的要求，可以参见2017年修订的《中小企业促进法》第52条、第54条的相关规定。基本要求是，地方各级人民政府应当依法实施行政许可，依法开展管理工作，对中小企业实施监督检查应当依法进行，建立随机抽查机制。不得实施没有法律、法规依据的检查，不得强制或者变相强制中小企业参加考核、评比、表彰、培训等活动，不得违反法律、法规向中小企业收取费用，不得实施没有法律、法规依据的罚款，不得向中小企业摊派财物。

这些规定的意义在于通过对多元化手段与多元化约束对象的规定，充分发挥各级促进中小企业发展相关部门的作用，加强职能联动，确保中小企业权益保障的相关条款落实到实处，从而更有效地维护中小企业的合法权益。

其二，以保障措施的系统性推进保障措施的有效性。以对创新体系的保障措施为例，《中小企业促进法》在这一方面设定的措施有：（1）保护创新者的合法权益,打击与制止侵权行为;(2)建立创新成果的产权交易机制;(3)建立中小企业与科研院校的合作交流平台;(4)完善创新成果向经济利益转化机制。

(二)应否设立法律责任章的争议及对调整能力的影响

在《中小企业促进法》修订之时,一些全国人大代表、理论界与实务界人士提出,《中小企业促进法》虽是促进型法律,其内容多为鼓励性与促进性的规定,但对违反相关规定的也应绳之以法,没有法律责任的法律是不长牙齿的法律。建议以专章或者专门条款明确法律责任和救济途径。

在我国目前颁布的促进型法律中,就全国层面而言,没有法律责任章的法律并不多见,在分析法学中,《中小企业促进法》可能成为一部常被谈及的法律。

没有"法律责任"编章究竟对法律的调整能力影响如何,便成为我们分析问题的一个原点。通过对该法修订前后的相关立法与执法实践的跟踪分析,我们的基本观点如下:

(1)没有"法律责任"编章并不意味着没有法律责任规定。①《中小企业促进法》在体例中没有规定"法律责任"专章,但它专门规定了"权益保护"章与"监督检查"章,在"权益保护"章与"监督检查"章中,对约束主体规定了相关的法律责任内容。②一部法律涉及的法律责任如没有规定,取决于该项法律责任是否需要在该法律中作有针对性的规定,如果属于非特别性的法律责任,可以援引其他法律的规定,并不一定非要在该部法律中重复作出规定。在《中小企业促进法》修订之时,与我国的社会主义市场经济体制相适应的法律部门已经形成,相关民事责任、行政责任、刑事责任已在部门法和相关法律中作出了较为全面的规定,每一部法律在制定时并不一定非要设定专章加以规定,如果没有特别的规定,可以通过援引性规范得以解决,这是立法的进步。

(2)促进型法律对社会经济生活的调整能力主要在于监督检查制度的强化方面。促进型立法主要是构建促进型政策工具法治化,并通过管理体制与运行机制法治化予以贯彻实施。从这个意义上讲,立法重在构建监督检查制度。《中小企业促进法》作为一部具有代表性的促进型法律,在相关法律条文设计上,主要不是以民法上的权利与义务为主要内容去构建请求权制度,而是以促进型政策工具的设计与运用为主要内容去构建激励保障制度,对于激励保障制度的实现途径是以中小企业的合法权益受到损害时,以权利人的申告途径、政府部门的监督途径、政府部门的执法检查途径加以解决。只要程序构建正义,保障措施多样,就不会影响本法有关规定的落实。另外,《中小企业促进法》虽没有相关诉讼制度的规定,但是立法并不禁止对于中小企业受到乱收费、乱罚款、乱摊派等不公平待遇时,相关当事人可以通过行使相关诉权得以实现。

(3)对法律调整能力的评价应是系统性的而不是局部性的。一部法律对社会经济生活的调整能力如何,是一个由诸多因素共同作用的过程与结果,其中包含法律中法条设计的针对性与调适性、法律制度构建的完整性与系统性、法律实施措施的有效性、法律责任体系的可执行性等。法律责任制度只是其中一个组成项。

依此而论,分析的结论是,法律责任是否专章作出规定,对于促进型立法而言,并不影响对该法律调整能力的评价。

CHAPTER

# 第七章

# 促进中小企业成长与发展的产业政策检视及立法修订

中小企业成长与发展是在一国的产业政策体系下进行的，从产业组织形态的角度理解我国经济发展方式的转变，实际上就是我国经济的长期增长从过去更多依靠大企业扩张转向更多依靠中小微企业“量”的扩张与“质”的提升。我国经济增长方式转变和产业转型升级，主要就是广大中小企业转变发展方式和转型升级的问题。[1] 这就给理论研究提出了一个问题，即产业政策在制定和实施过程中如何不挤占中小企业的发展空间？如何构建真正体现公平的市场竞争环境？从一定意义上讲，制定促进中小企业成长与发展的产业政策以及有效执行的制度安排，是实现中小企业更好、更快成长与发展的关键。

## 第一节　探究中小企业成长与发展问题的另一种视域：产业政策

探究中小企业成长与发展问题，可以从不同视域聚焦同一个视点。如果从

〔1〕 参见贺俊：《当前我国中小企业促进政策的缺陷与调整方向》，载《中州学刊》2016 年第 10 期。

产业政策视域出发,可以窥见一些本质性的问题,从而更有助于我们对相关问题的思考。

## 一、研究现状回顾

我国自2008年起,以民间借贷资金链断裂从而影响中小企业生存为主要特征的区域性民间金融危机在一些地方曾此起彼伏,尤其在2011年前后,在浙江、福建、江苏、内蒙古等地较为严重。在当前经济增速进入新常态形势下,反思其引发的诱因,从而为防范再次引发此类危机提供对策已成为需要研究的现实课题。

诱因是一种外部刺激,或产生、引起某种行为或事件的外部条件。按哲学理论,在原因包含了事物发生的全部根据,但并不全部包含事物发生的条件时,就需要借助一定的诱因促使事物的发生。[1] 关于区域性民间金融危机引发的诱因问题,近年来众多学者从不同学科领域、运用不同分析工具对此作了较为深入地思考。总结其观点,主要是将诱因集中在对金融组织与金融体系的相关性问题的分析上,多数学者认为,现有的金融组织与金融体系难以满足中小企业对信贷资金的需求,进而认为区域性金融危机的爆发,大多与地区性的投机性资本过度膨胀、地下融资以及非法借贷盛行有关。应当认为,学者们从区域金融组织与区域金融体系的视角来探讨与研判民间金融危机发生的机理,从而进行相应对策设计是有现实意义的。

但是,研究表明,凡是引发区域性民间金融"重灾区"的地方,多是些中小企业比较发达的地区,当地的金融组织体系相对还是比较健全与发达的,从区域金融满足度上寻求问题的症结只是找准问题的一个方面,可能还存在其他因素。以浙江省温州为代表的区域性民间金融危机爆发以后,经过近几年的努力,金融组织及金融体系已得到了一定的改善,但不能说引发区域民间金融危机的条件已经从根本上清除。比如,近年来,一些地方法院受理的民间借贷纠纷案件仍居高不下,2011年,浙江全省法院受理的民间借贷案件数量约占全国总数的15%。[2]

---

〔1〕 参见胡敏中:《论诱因》,载《学术论坛》1993年第3期。

〔2〕 参见浙江省高级人民法院:《浙江法院民间借贷审判报告(2008.01~2012.06)》,载人民网,http://finance.people.com.cn/n/2012/0711/c70846-18492675.html,2015年12月3日最后访问。

这说明，区域民间金融危机引发的诱因是多因素的，因此对它的治理也是长期的，多层面的，应从诸种诱因的共同作用中寻找解决问题的对策。

研究中我们发现，温州从最初的民间借贷资金链断裂，到中小企业的大规模倒闭，反映了金融危机之前中小企业生存的现状，倒闭的中小企业基本上都是一些从事实体经济的企业类型，而在借贷资金供应的主体中相当部分是放弃实业去“炒钱”的一些商人群体。实际上，在这场区域性的民间金融危机的前前后后，倒下的是众多实业型的中小企业，那些之前放弃实业去“炒钱”的中小企业则是先倒下了的企业，因此，我们不得不把研究的目光投向产业政策的诱因上。对此问题，学者们则鲜有涉及。在现有的一些研究文献中，通常以“宏观经济形势造成企业经营困难，偿债能力降低”来表述区域性民间金融危机的诱因性问题，但“宏观经济形势”是指什么，是否包含产业政策上的问题则语焉不详。我们认为，中小企业因产业政策导向上的问题，或是比较盲目的产业政策导向，或是去实体化的产业政策导向，或是对中小企业竞争不利的产业竞争政策都会成为引发区域金融危机的诱因。

## 二、产业政策对中小企业成长与发展的相关性分析

### （一）产业政策界说

产业政策通常是指中央政府或地方政府为了实现一定的产业发展目标而对产业进行相关干预的政策总和。在日本，将产业政策表述为，国家和政府为了实现某种经济和社会的目的，通过对产业的保护、扶持、调整和完善，积极或者消极参与企业或者产业的生产、经营、交易活动，以及直接或者间接干预商品、服务、金融等市场的形成和市场机制的政策的总和。[1] 在美国学者的表述中，产业政策是政府为了取得全球竞争力而在国内发展或者限制各种产业的有关活动的总的概括。它是货币政策和财政政策的补充，是经济政策三角形的第三条边。

产业政策是宏观经济政策的重要组成部分，在国民经济宏观管理由直接干预转向间接调控的情况下，产业政策成为指导产业发展和结构调整的主要手段。产业政策的实质是政府对经济活动的一种自觉干预，以实现特定的政策目标，包

〔1〕 参见[日]下河边淳、管家茂：《日本现代经济事典》，中国社会科学出版社1982年版，第192页。

括实现经济振兴与赶超、结构调整与转换,以及保持经济领先地位与维持经济增长势头等。这里的“干预”应该是一个广义上的概念,包括规划、引导、调整、保护、扶持、限制等方面的含义。

从体系上划分,产业政策可分为产业结构政策、产业组织政策、产业技术政策以及产业布局政策。以上四类产业政策之间相互作用,从而实现产业结构的合理化和高级化。

任何政策的制定或调整都应该是顺势进行的,产业政策也是如此,产业政策应符合时代性、合理化与高级性的要求。从历史的发展过程看,产业政策在不同发展阶段、不同国家所采取的措施与手段也有所不同。但大多以计划进行结构调整,以补救性措施进行事后干预,并与货币政策、财政政策、贸易政策、竞争政策进行政策间的对接与互动。

(二)产业政策与产业模式

产业政策与产业模式具有相关性。不同的产业模式需要由具有针对性的产业政策予以引导与支持。

有学者曾对代表我国不同发展模式的四大产业模式,即温州模式(典型的“内源性”经济模式)、[1]东莞模式(典型的“两头在外”出口加工型的“外源性”经济模式)、苏州模式(典型的以外资企业加工再出口为主的“外源性”经济模式)、泉州模式(介于“外源性”和“内源性”之间的“中间路线”模式)进行比较,并对金融危机中的影响作了分析,得出的结论是:由于温州实施的主要是采用本土民营企业以低价、低成本的比较优势将产品打入国际市场的“贸易导向型”模式,它不同于其他三个地区的经济模式在于,此种模式对本土金融资金的需求量最大,产业对本地资金供给的依赖性也最大。当经济环境发生变化(如外部市场低迷、人民币升值、原材料价格上涨、劳动力成本上升等)时,上述模式潜在的弊端会使该地区的大多数企业遭到致命的打击。[2] 因此,地方政府在制定产业政策时应当充分注意到这一模式的特点。

---

〔1〕 当时在区域商品经济发展中,曾形成温州模式和苏州模式。温州模式是指以家庭工业和专业化市场的方式发展非农产业,从而形成小商品、大市场的发展格局。苏州模式则是政府超强干预模式,以集体所有制形式发展非农经济,尤其是发展农村工业。

〔2〕 参见黄建忠、毛恩荣:《金融危机与区域经济发展模式的转变——以沿海四大区域经济模式为例》,载《国际贸易问题》2009 年第 8 期。

2011年前后所引发的区域性民间金融危机，其原因比较复杂，综合分析，主要有以下方面：

(1)经营性借贷在民间借贷中占据主要地位，中小微企业有深度的参与。一旦企业的经济效益难以保持持续稳定的增长，企业将失去有效的偿债能力，极容易导致企业资金链断裂。

(2)民间借贷利率高而引发信用风险。温州民间借贷综合利率平均水平为21.58%，实业型的中小企业本来利润空间就不大，难以承受高额的利息负担。一旦企业盈利不佳或难以承受过高的利息负担，就会引发企业资金链断裂而倒闭。

(3)职业化、中介化、组织化的新特征开始显现。各个金融中介服务机构也有不同程度的参与，如投资公司、典当行等。在职业放贷人和民间食利阶层涌现的同时，金融机构的从业人员为获取高额的代理费，经常在民间借贷双方进行“资金掮客”，在信贷资金流入民间信贷市场的时间差上进行操作，以谋取非法收益。

(4)引发刑事案件的发生，为社会埋下了不稳定因素。根据估算，2011年发生的温州区域性民间金融危机未偿贷款总量高达8000亿元左右，有10%～15%的未偿贷款将会变成坏账，出借方在出借款项难以收回时，往往以诈骗为由进行报案，要求对借款人追究刑事责任。

如此重大的信贷危机事件让人们开始反思是什么原因将昔日风光的温州经营模式变成了区域性民间金融的“重灾区”。此次温州民间金融危机的爆发，显示出来的不仅是温州企业的经营模式、思维模式存在的问题，也折射出温州在产业政策，乃至全国性的产业政策方面存在的问题。

### (三)产业政策与企业组织结构

在将政府在一定时期内的产业政策与对中小企业的促进政策进行比较分析后我们发现，产业政策的良、劣性对一国中小企业的成长与发展所产生的影响是明显的。总体而言，产业政策是一种外因性的力量，但是对企业经营目标与经营方式的选定则具有重大的影响。当产业政策最终转化成企业的内生性力量时，对企业经营组织行为的影响尤为重大。

中小企业规模小，资产相对较少，经不起大风大浪，因此，准确的产业定位和产业选择是中小企业得以生存和发展必须予以关注的重要问题。以迈克尔·波特(Porter,1998)为代表的竞争优势理论认为,企业竞争优势源于所涉及产业的发展前景、企业在本行业中的优势地位以及能否占有较大的市场份额,决定着企业的未来发展前景。

国家产业政策对中小企业在产业上的引导与关注,应当结合中小企业的产业发展实际合理谋划,精准施策。在产业维度上主要考虑行业发展的前景性与可持续性、市场波动的可适应性,以及产业结构的多元性等因素。

中小企业应关注本行业的发展空间及产业特性,做到及时发现及时调整。但在调整过程中,一定要准确定位自身的比较优势,选择与企业自身资源、能力相匹配的产业环节,注意产业特性与中小企业自身的企业特性的一致性,与整合的社会各类资源的和谐性。

## 第二节　产业政策失偏对中小企业成长与发展的影响

产业政策失偏通常是指一国的产业政策在制定与实施过程中欠缺相应的理性与公平性,从而导致产业政策失误而造成一定影响的现象。产业政策存在传导上的敏感性,其失偏现象会对广大中小企业造成诸多影响,并直接影响一国中小企业的成长与发展。

### 一、实业扶持政策失偏对中小企业成长与发展的影响

#### (一)浙江温州现象评述

温州位于浙江省南部沿海,是一个民营经济比较发达的区域,在 20 世纪 80 年代温州模式在全国产生较大的影响。到 20 世纪 90 年代中期之后,温州突破了以家庭工厂、家庭经营的限制,逐步走向利用本土中小企业,以低价、低成本的比较优势将产品打入国际市场的“贸易导向型”模式。由于这一模式在一定发展阶段激发出的后发优势,温州地区形成了服装、鞋类、低压电器、眼镜、打火机等 10 多个产业集群,一度成为具有区域产业优势的重要地区,享有“服装之都”“鞋具之都”“打火机之都”“合成革之都”等美誉。

温州在发展实体型产业及产业集群建设红红火火的背后潜伏着危机。由于

众多的实体型企业大多是以依靠土地、水电、劳力等要素投入驱动规模扩张，增长方式一直沿袭粗放式增长模式，暴露出来的“三低一少”（低科技、低附加值、低市价，少科技投入）的现实问题成为温州产业梯度发展上的缺陷，近年来越来越多的温州中小企业与全国一样，遇到了“融资难、用工贵、材料涨价、土地涨价、人民币升值”等一系列发展压力，再加上国内外市场需求冷淡、订单萎缩的严峻形势，在温州做实业，大部分中小企业的毛利润最高不会超过10%。微薄的利润和过高的经营风险使得中小企业家们不敢再继续投资实业与发展实业。

在投资实业疑无路径，急需全国性或区域性的产业政策予以指点迷津和扶持政策推动时，却少有接地气的相关产业政策出台。相反，在近10年时期里，为做强第三产业或虚拟经济，国家或地方却出台了一系列的鼓励虚拟经济、贸易经济发展的政策措施。一正一反，政策产生的效应让精明的温州商人看到了发展虚拟经济、贸易经济的活力，从而选择了放弃实业或将实业迁出本地的做法，一部分温州商人将企业外迁。相关资料显示，2006～2010年，温州本土的工业投资1300亿元，但温州资本在全国各地的实业投资达3000亿元，设立工厂数3.5万家，金融危机发生前后几年，每年以大约1000家企业外迁的数量增长。[1] 而另一部分温州商人则干脆从实业中退下阵来，将资金用于炒“钱”、炒“地”、炒“房”、炒“股”、炒“油”、炒“煤”、炒“棉”、炒“期货”等。实际上，炒“钱”（从事高息借贷）只是从实业经济转身虚拟经济的一个侧面。

温州民间金融危机爆发后，中国人民银行温州支行曾发布过《温州民间借贷市场报告》，报告显示，在温州市场上，大约有89%的家庭与个人以及59.67%的企业参与了民间借贷，占用的社会资本约为40%。与此同时，大约有20%的资本投入房地产行业，而用于实业本身的资本仅占35%。这些数据都显示了社会资本对于虚拟投资的偏爱几乎是实业的2倍，温州实体经济出现空壳化现象。引发的效应是温州的实业型企业急剧下降，以打火机行业为例，一度占据全国产量90%以上、占有全球打火机市场份额80%以上的金属打火机行业，面临全行业萎缩。2008年以前，温州有打火机企业有500家以上，如今剩下不足百家，且专心经营的也仅剩1/3。

---

〔1〕 参见隋慧杰：《实体经济空心化的成因与对策分析——基于温州民间借贷风波的思考》，载《经济师》2012年第8期。

温州商人在实体型企业中撤资是在二极矛盾运行下的结果。一方面,随着各类生产成本的上升,主业经营利润减少,相当一部分温州商人无力也无心再去守护那份步履艰难的实业天地;另一方面,当那些从实业中撤资的温州商人在面临将该资金用作"炒股""炒房""炒油"等多种投资选择时,为确保投资的高额回报,又不愿仅仅以产业利润率或基准银行利率为限将资金用于对其他实业企业的扶持上,于是,呈现出温州民间借贷市场的特殊性一面,即从实业中撤资,又将撤资后的产业资本用作高利率的民间信贷资金,这是温州现象最本质的问题。

(二)浙江温州现象引发的思考

温州现象从表面上看是利息高利贷化引发区域民间金融危机,本质上却暴露出我国实体经济"空心化"所业已存在的问题。[1]

自20世纪期末以来,无论是在全国还是在地方层面,在产业政策上对发展实业型经济政策的推进力度不强,且相关政策举措不够接地气,以及过分追求虚拟经济、贸易经济的发展,这是加剧实体产业空壳化现象的原因之一,也是引发区域民间金融危机的诱因所在。

虚拟经济是与实体经济相对应的一种经济活动模式,是虚拟资本以金融平台为主要依托所进行的与循环运动有关的经济活动。[2] 近10年来,为提升虚拟经济发展,我国出台了一系列相应产业政策,例如"4万亿"的投资计划、"国10条"等均含有发展虚拟经济的内容。

社会本身存在集聚效应和追随动机。现实中虚拟经济在与实体经济保持一定的发展比例与一定的范围之内,可以发挥虚拟经济对实体经济的促进作用。[3] 但过分追求虚拟经济的产业政策导向会打击社会投资者对于投资实体经济的信心,加剧对实业资本的恐慌性逃离,长此以往,势必导致实体经济的空壳化。

从全国而论,以制造业、建筑业和交通运输行业为代表的第二产业是实体经济的主要构成,而房地产融资和证券金融等行业则是虚拟经济的代表。从《中

---

[1] 参见辜胜阻:《谨防实业经济"空心化"》,载《中国人大》2014年第15期。

[2] 参见成思危:《虚拟经济的基本理论及研究方法》,载《管理评论》2009年第1期。

[3] 参见张娟:《浙江省民间资本加归实业的实现机制和路径选择——基于Brusselator模型》,载《知识经济》2014年第1期。

国统计年鉴》公布的数据看，实体经济部门在2006年创造了95804.48亿元人民币的GDP，占当年国内生产总值的44.29%，到了2010年实体经济部门虽创造了163380.4亿元人民币的GDP，但比重却下降到40.72%，相应地，虚拟经济部门则从2006年的8.54%上升至2010年的10.79%。一升一降体现的是资本的流向和企业投资者的投向转型。就行业平均利润率而言，工业行业平均销售收入利润率偏低，长期在6%～7%低位徘徊，近两年进一步下滑至6%以下。[1]银行业在2011年的营业利润率在39%左右，是工业行业的6倍左右。另外，具有投机性质的地产和金融的回报率更高，甚至可以达到50%以上，为工业行业的10倍以上。可见，巨大的利润差正在动摇着那些辛辛苦苦从事实体经济经营的创业者们，巨大的落差和比较差距更是影响了商人们的投资选择。特别是在温州地区，虚拟经济的"短平快"的特征促使相当部分原来从事实业型的企业主投向实业经济之外的投资热点。2000年前后开始，温州商人在全国上演了"炒房"大战；2008年在全国主要采煤区兴起"炒煤"高峰；2009年又在海南"国际旅游岛""炒"起房地产；在房地产受到国家宏观调控，煤矿开采业受到政府整治后，温州商人开始疯狂"炒钱"。因此，实业经济"空心化"现象的出现，既与资本的逐利行为有关，也与实业经济扶持政策失偏有密切的关系。

## 二、产业引导政策失偏对中小企业成长与发展的影响

### （一）产业引导政策的激励效应

自1986年全国人大通过的《国民经济和社会发展第七个五年计划》中正式引入产业政策这一概念以来，产业政策的法律法规及部门规章初见端倪，所调整的对象基本上涵盖了我国的所有产业。

2005年，国家发展和改革委员会发布了《产业结构调整指导目录（2005年本）》（部令〔2005〕第40号），2011年、2013年、2016年在不断调整的基础上分别颁布了《产业结构调整指导目录（2011年本）》《产业结构调整指导目录（2013年本）》《产业结构调整指导目录（2016年本）》。自产业结构调整政策实施以来，总体上取得了较好的效果，对加强和改善宏观调控，引导社会投资方向，指导

〔1〕 参见苗圩：《打造新常态下工业升级版》，载《市场观察》2015年第2期。

政府管理投资项目,促进产业结构调整和优化升级发挥了重要作用。随着国内外产业发展环境的深刻变化,世界范围内新一轮科技革命和产业变革加速演进,全球经济格局将被重塑,以及我国经济已由高速增长阶段转向高质量发展阶段,开启新一轮经济转型,加快产业结构调整和优化升级便成为推动经济高质量发展的主要途径和重要任务。在这一背景下,国家发展改革委于2019年颁布了《产业结构调整指导目录(修订)》(部令〔2019〕第29号),通过明确行业领域的鼓励类、限制类、淘汰类条目,以指明行业的转型升级方向,提高限制和淘汰标准,大力破除无效供给,为增加有效供给腾出空间,提高供给体系质量和效率。2019年的《产业结构调整指导目录(修订)》把制造业高质量发展放到更加突出的位置,一方面促进加快传统产业的升级改造,另一方面加大力度培育发展新兴产业。

在宏观调控手段上,我国产业政策运用最多、最频繁的仍然是行政手段。成功的产业引导政策实践一般是在立足市场机制的基础性作用的前提下,强调政府在产业结构升级和产业国际竞争力提高中的主导作用,并且在实施产业引导政策的同时,充分运用其他政策工具,促使政策更加有效地发挥作用。

就理论分析而言,以《产业结构调整指导目录》为基础的产业引导政策具有正向或负向激励效应。产业引导政策在制定时遵循了产业发展规律,准确地把握了产业发展的基本方向与阶段性产业发展的目标层次,产业政策对各类产业组织具有正向激励效应。相反,如果产业引导政策未能客观地反映市场经济发展对产业发展的基本要求,随意性地设定产业发展计划,将会给产业组织带来消极与负面的激励效应。

### (二)产业引导政策失偏例证:2009年的船舶产业政策

产业引导政策失偏,对中小企业造成冲击性打击,在浙江沿海,波及面较广的是造船企业。2010年以后,众多造船企业倒闭和破产,整个浙江沿海地区成为一个"重灾区"。

受2008年以来全球金融危机、运力过剩以及我国船企近年来盲目大幅扩张的双重影响,我国航运和造船业快速从高速发展跌到低谷,大量民营造船企业因负债过重频发资金链断裂。以船舶抵押合同纠纷为代表的船舶金融类诉讼案件数量从2011年开始明显增多。以浙江省为例,2010年开始,10余家浙江船舶企业与造船企业相继宣告破产,曾经创造过在英国短期上市辉煌的温州东方船厂因盲目扩张、拖欠近10亿元银行贷款而濒临破产边缘。以宁波海事法院受案为例，以船舶抵押合同纠纷为代表的船舶金融类案件数量从2011年开始明显增多。根据统计，宁波海事法院2011年度一年的收案标的额接近前三年总和的1.5倍，而2012年仅在上半年，收案数量和标的额均已超出之前4年，标的额更是接近2008～2010年三年总金额的2倍。到2013年，几乎所有船企的负责人都认为造船产业存在“小船厂不支倒地，大船厂勉力苦撑”的局面。

导致沿海地区造船业从一时的风光走向极度的低谷的主要原因是订单荒、融资难和成本上升，这是压在造船企业身上的“三座大山”。

企业投资经营行为当应遵循市场法则，经营责任理应由企业自负，但我们不得不审视全国或地方上的相关的船舶工业发展的引导政策中存在的失偏性问题。

在2009年6月工业和信息化部颁布《船舶工业调整和振兴规划细则》之时，正值我国于2008年面临全球金融危机之际，出台产业政策的出发点是通过产业引导，刺激投资，从而起到“保增长、扩内需、调结构”的实际效果，船舶工业发展规划是作为当时我国十大产业规划之一出台的。在此之前，浙江省也于2005年发布《浙江省船舶工业产业布局规划》，温州市曾于2009年发布了《温州市船舶工业发展规划（2008～2020）》。

面对全国层面与地方层面鼓励发展船舶产业的产业政策，地方政府和银行积极响应，对民营造船企业大开绿灯，因为企业会交税，这有利于地方政绩。

但是当时出台船舶产业政策却脱离了全球航运业实际，是不切实际的。政府出台船舶工业产业政策至少欠缺考虑以下两个问题，一是航运业是典型的周期性行业，经济下行对其影响显著；二是深受国际金融危机的影响，以及我国经济可能进入重化工业阶段的下半场，其潜在需求也在下降。行业产能过剩与政府盲目而为的产业政策有着一定的关联，因为“政策只见振兴不见规划与调控”。

## 三、产业组织政策失偏对中小企业成长与发展的影响

### （一）产业组织政策失偏现象

产业组织政策是产业组织结构政策与竞争政策的综合。产业组织政策的核

心是,一方面根据产业演进趋势,规划产业组织在不同产业之间的资源要素流动,从而形成虚拟性产业与实业性产业、三大产业之间的合理化结构,同时通过引入竞争政策,促进产业组织在大、中、小之间形成合理的分布体系;另一方面出于对决策者的水平限制和国际经济环境的不稳定性等方面的考虑,通过建立富有活力的企业制度和具有灵活性的市场结构来弥补产业组织结构政策的缺陷,促进产业结构自我调整功能的形成。

产业组织政策在制定与实施中最易引发的问题是政策失偏性问题。其主要表现为:其一,虚拟性产业与实业性产业之间结构不合理,导致大量实体资本流向虚拟性产业,实业经济得不到有效发展,实业性产业呈现“空壳化”;其二,产业组织体系不合理,集中和垄断,在创造大企业规模经济效率的同时,使广大中小企业在数量与质量上得不到有效的发展;其三,传统产业与创新型产业得不到合理配置,以广开就业与万众创业为逻辑起点的产业政策的制定与实施,其结果难免会形成对落后产能予以保护主义倾向。

产业组织政策是以产业保护与扶植政策为重点的。在特定发展阶段,在制定产业组织政策时,应该保护和扶植哪些产业,且如何保护与扶植这些产业,这既是政策筛选问题,也是政策对产业组织是否起到有效保障需要进行比较和分析的问题。

(二)产业组织政策失偏例证:温州实业企业虚化现象

以浙江省为例,在2017年,浙江省有中小企业72万户(不含个体工商户),影响中小企业融资难、融资贵一直是浙江中小企业面临的最大难题。其中产业资本与金融资本对接难则制约着中小企业发展与转型升级。

来自温州市金融办的数据显示,2010~2012年,温州全部的融资量在1万亿元左右,其中间接融资占80%,通过国有资本市场进行直接融资的比例还不到总融资量的5%。[1] 这样的比率,跟全国平均水平接近10%相比是偏低的。由于企业上市融资、股权融资、债权融资等融资模式发展不快,企业直接融资比重偏低,区域资本市场发育滞后,其结果是高度依赖间接融资。

在温州,区域性民间金融危机发生之前,上市公司数量小,中小企业板上市、

---

〔1〕 参见温州财经网,http://finance.66wz.com/system/2012/11/22/103436445_02.shtml,2014年1月3日最后访问。

三板上市的数量也不多，大多数中小企业在小型化的家族企业环境下生存，成长性较弱，因而失去了通过资本市场融资的机会。数据显示，截至2017年年底，温州全市境内外上市公司累计达到23家，而此时杭州超过160家，宁波超过140家，绍兴超过70家。在区域性民间金融危机发生的2011年之前，温州的上市企业不超过10家，而毗邻的杭州有70多家上市公司，宁波有40多家上市公司，绍兴有30多家上市公司，温州上市企业总体上低于省内同一经济规模城市的上市数量，也少于省内发达地区一个县的上市企业数量。温州民营企业对股市的疏远，一度被讥讽为"股冷淡"，证券化水平偏低在一定程度上制约了一些成长性较好的中小企业进一步做大做强。

在间接融资中，由于中小企业可以抵押的实物资产有限，少有银行愿意接受中小企业知识产权质押、应收账款质押、股权质押，中小企业一直缺少利用金融杠杆做大做强的平台。

地方政府对中小企业的产业组织发展政策引导不力，其结果是实业型企业直接融资不畅，间接融资的结果既引发民间金融的供需度，又引发企业经营的高成本，成为产生温州区域民间金融危机的诱因。

在经历了金融危机的阵痛之后，温州市政府加强了股改的力度。2012年11月，温州市政府颁布了《关于加快建立现代企业制度推进区域资本市场建设的指导意见》，纠正对中小企业的产业组织发展政策引导不力现状，计划到"十二五"末，实现股份制改造规范企业200家，进场托管登记企业150家，争取挂牌交易企业30家以上。市府办还发布《温州市企业上市五年行动计划(2011～2015年)》，循此路线图，资本市场上将有望崛起"温州板块"。

## 四、公平型产业政策失偏对中小企业成长与发展的影响

### (一)公平型产业政策失偏现象

在2011年区域性金融危机爆发之前，正是我国以"4万亿投资计划"和"10万亿银行信贷政策"实施之时，这一被人们称为"国进民退"的产业政策对众多民营中小企业发展产生了较大的影响。虽然从政策内容看，反映不出不公平问题，但是，在整个实施过程中存在一些产业政策公平性失偏现象。

1. 民营中小企业在市场准入方面存在障碍。虽然国务院于2005年颁布了

《国务院关于鼓励支持和引导个体私营等非公有制经济发展的若干意见》（国发〔2005〕3 号），允许民营资本进入自然垄断产业领域，但相关的政策措施未能有效的配套。在“4 万亿投资计划”和“10 万亿银行信贷政策”实施之时，在实际操作层面，民营资本仍然很难进入诸如石化、金融等领域。其结果是产业政策的实施，强大了国有企业，却在一定程度上挤压了民营中小企业，给民营中小企业的发展环境带来了不利的影响。[1]

2. 民营中小企业在获得经营要素方面存在困难。在“10 万亿银行信贷政策”出台之时正值金融危机阴影笼罩，国有银行更倾向于将资金投向央企和地方国企等融资风险更易控制的企业，而规模较小、抵御风险能力弱的民营中小企业则较难获得贷款。正是由于巨量资金的介入，央企和地方国企开始了新一轮的整合并购和市场扩张运作，使得一部分民营中小企业不得不接受并购或者退出市场。拥有规模、资金、政策和技术优势的大型国有企业的扩张，挤压了一般民营中小企业的生存空间。这种挤压不仅仅是在石油、钢铁、电信、航空等自然垄断产业，而且发生在更多的一般性产业领域。

3. 普惠性与普适性扶持工具的弱化影响市场竞争的公平性。在 2009 年先后颁布的十大产业政策中，对于国企的重组并购和扩大规模，国家的支持力度较大。比如，在船舶工业规划中提出要重点建设“中国船舶”和“中船重工”两大龙头企业，在钢铁业振兴计划中写入推进重点钢铁企业的联合与重组，鼓励国企形成“巨无霸”，鼓励资源的进一步集中。中小实业型企业较难在产业政策中获得普惠性与普适性扶持工具的支持。

（二）公平型产业政策失偏例证：山西煤矿整合事件

在公平型产业政策失偏中，对浙江中小企业冲击最为明显的案例就是温州民营资本在山西煤矿整合的浪潮中被强硬淘汰，损失巨大。

2009 年 4 月，山西省政府下发关于加快推进煤矿企业兼并重组整合有关文件，将矿井数量控制目标由 1500 座下调到 1000 座，并将矿井年产规模由 30 万吨上调到 90 万吨。温州中小企业在山西的煤矿产业因此被整合，由于收购价格的原因，受到影响的资金总额高达上百亿元。遭受损失的温州商人由于担忧再

---

〔1〕 参见邓荣霖：《民营企业与公平竞争环境》，载《人民论坛》2011 年第 1 期。

次成为“国进民退”浪潮中的牺牲品而拒绝再将资本投入实体行业，进而转向虚拟经济。因而，那种无须到外地分担经营环境风险即在温州当地熟人社会中放贷“炒钱”，就可获得超过产业平均利润好几倍的民间借贷由此被大规模、无限地发展起来。

## 第三节 产业政策在《中小企业促进法》中的表达与评析

就严格意义而言，《中小企业促进法》是一部产业政策法。因此，在《中小企业促进法》中会涉及大量的产业政策的立法表述以及产业政策的法治化推行问题。梳理《中小企业促进法》中相关产业政策条款，并对修订前后的立法状况进行比较、评析将会更加清晰产业政策走向法治化的基本轮廓。

### 一、产业政策在《中小企业促进法》中的表达

#### （一）法条表达

2017 年修订的《中小企业促进法》并没有列专章对产业政策作出规定。有关涉及产业政策的条款主要在第 3 条、第 34 条、第 38 条、第 39 条、第 42 条中，见表 7－1。

**表 7－1 《中小企业促进法》中涉及产业政策的相关章节与条款一览表**

| 序号 | 相关条款 | 相应章节 |
|---|---|---|
| 1 | 第 3 条 国家将促进中小企业发展作为长期发展战略，坚持各类企业权利平等、机会平等、规则平等，对中小企业特别是其中的小型微型企业实行积极扶持、加强引导、完善服务、依法规范、保障权益的方针，为中小企业创立和发展创造有利的环境。 | 第一章 总则 |
| 2 | 第 34 条 国家鼓励中小企业参与产业关键共性技术研究开发和利用财政资金设立的科研项目实施。<br>国家推动军民融合深度发展，支持中小企业参与国防科研和生产活动。<br>国家支持中小企业及中小企业的有关行业组织参与标准的制定。 | 第五章 创新支持 |

续表

| 序号 | 相关条款 | 相应章节 |
|---|---|---|
| 3 | 第 38 条　国家完善市场体系,实行统一的市场准入和市场监管制度,反对垄断和不正当竞争,营造中小企业公平参与竞争的市场环境。 | 第六章　市场开拓 |
| 4 | 第 39 条　国家支持大型企业与中小企业建立以市场配置资源为基础的、稳定的原材料供应、生产、销售、服务外包、技术开发和技术改造等方面的协作关系,带动和促进中小企业发展。 | 第六章　市场开拓 |
| 5 | 第 42 条　县级以上人民政府有关部门应当为中小企业提供用汇、人员出入境等方面的便利,支持中小企业到境外投资,开拓国际市场。 | 第六章　市场开拓 |

### (二)法条呈现的立法精神

上述法条体现出以下在促进中小企业成长与发展中的产业政策要求:

(1)追求实质公平型的产业政策。统一规范市场准入门槛,强化对市场的事中事后监管,严格限制大型企业的垄断竞争和市场主体的不正当竞争,从而创造公平的营商环境,让各类企业权利平等、机会平等、规则平等,这是公平型产业政策的内容与着力点,也是发展市场经济的本质要求。但是,中小企业尤其是小微型企业与大企业相比,无论是在资金、技术、人才还是在信息方面都存在很大的差距,很难在同一起跑线上进行公平竞争,特别是作为民营企业占主体的中小企业,在参与市场竞争时,与国有企业、大企业竞争存在天然的劣势。因此,在面对不同市场主体时,立法仅仅要求自由竞争或形式意义上的公平竞争是不够的,需要从实质公平出发,对小型、微型企业加以扶持。实质公平的产业政策的目的是,让广大中小企业,特别是非公有制经济中的中小企业,与国有企业公平竞争,形成各种所有制经济主体平等竞争、相互促进的局面,以落实扶持中小企业发展的政策措施,真正实现上述“三个平等”。《中小企业促进法》的相关法条贯彻并体现了这一产业政策要求。

(2)建立优胜劣汰的产业政策机制。实质公平型的产业政策并不是去保护中小微企业的落后产业与落后产能,由于中小微企业自身原因,在竞争中无法生存与成长,最终被市场出局,立法对此也予以肯定。在《中小企业促进法》第 4

条中要求中小企业依法经营,规范内部管理,提高经营管理水平。

(3)促进大中小企业融通发展政策。熊彼特的创新理论启示我们,不同类型的企业都有各自的独特优势,大企业因其雄厚的资本拥有较高的创新优势和技术优势,而小企业在创新中更具灵活性。在产业发展融通中,既要发挥大企业规模大、实力强,作为产业技术进步策源地的重要作用,又要充分认识到中小企业具有体制灵活和"专精特新"的发展优势。通过大企业与中小企业在产业领域的合理分工,建立协作关系,带动和促进中小企业的发展。大企业与中小企业可以优势互补,取长补短,从而实现共同发展。国务院印发的《中国制造2025》明确提出,推动大中小企业之间的协调性发展,建立一批高水平的集约化的产业群。

## 二、对《中小企业促进法》中产业政策的评析

### (一)中小企业保护型产业政策的公平性问题

在一国的产业政策中,对中小企业尤其是小微企业究竟采取何种产业政策,以及产业政策与竞争政策之间如何协调,这是《中小企业促进法》在制定和修订过程中需要面对的问题,也是需要从立法层面作出回答的问题。

在《中小企业促进法》的制定和修订过程中,立法界质疑较大的问题集中在对于中小企业给予保护型产业政策的公平性问题。

对此问题的讨论,我们认为有必要明确以下两个基本前提。

其一,对中小企业的产业政策属于扶持型产业政策而非特殊保护政策。目前在理论与实务中有一种较为流行的观点是,一提到中小企业,就将其作为弱势群体,就马上与消费者群体予以等同,将《中小企业促进法》理解为"中小企业权益保护法"。其实,这一理解是错误的。综观我国《中小企业促进法》全文及立法精神,并没有将中小企业作为一个弱势群体加以特殊保护,而是将中小企业作为应当予以扶持的企业予以促进型的立法政策保护。

其二,给中小企业予以扶持型产业政策是需要的。产业政策理论揭示了"中小企业利益—社会福利—产业政策"之间的关系,事后的法律维权和反垄断、反不正当竞争措施是必要的,更需借助市场监管的手段对相关的市场主体进行事前预防。基于此,产业政策制定之时,应综合评估政策的实施对中小企业以

及社会所带来的利弊,从而使主观意愿更加符合客观需求。

从我国实施产业政策的实践来看,如果产业政策只是单纯地并且过于主观地从经济整体利益出发,并未充分考虑其所面对的各类市场主体不同的利益取向,是无法达到产业政策所预期的目标的。

(二)产业政策与竞争政策的协调问题

在我国,对于产业政策与竞争政策的关系问题一直存在分歧与争论,而且这种分歧和争论自2017年后更加激烈,竞争政策与产业政策的孰优孰劣是其争论的焦点。

对于产业政策与竞争政策的关系进而对中小企业立法政策的影响性问题,可以从以下方面进行认识:

(1)二者之间的差异性以及对中小企业立法政策的影响性问题。产业政策与竞争政策在对中小企业成长与发展的引导功能上是有差异的。这种差异主要体现在以下几个方面:其一,效率差异。竞争性政策应公平地适用所有行业和所有企业,也应关注最终是否使消费者受益,这样的政策具有长期性与公平性;而产业政策则更加关注特定产业的优先发展或抑制发展问题,具有阶段性与多变性的特点。其二,资源配置方式差异。竞争政策着眼提高全体企业竞争力,政府并不直接干预经济运行;产业政策关注点在具体产业或企业,通过扶持特定产业发展带动经济发展,并促进相关联的中小企业成长与发展,也可能通过抑制过剩产业,实现社会资本流动,清除一部分经营不善或结构性亏损的市场主体。其三,目标手段差异。竞争政策目标是维护竞争,通过禁止反不正当竞争行为与垄断行为维持竞争秩序;产业政策重在产业发展或调整,其采取的手段主要在于直接管制或鼓励兼并等。[1]

(2)二者的协调性以及对中小企业立法政策的影响性问题。产业政策与竞争政策并不存在绝对的非此即彼的选择。产业政策与竞争政策既可以站在对立的角度上加以考虑,也可以考虑另一种路径,即根据产业发展的需要综合运用上述两项政策以弥补仅仅依靠某个政策本身所引发的缺陷。比如,站在考察竞争政策的角度上,彻底地通过市场竞争的方式实现优胜劣汰,由于市场信息的不对

〔1〕 参见明丰:《产业政策与竞争政策逻辑分析、优先适用及现实选择路径》,载《发展研究》2018年第12期。

称,必然导致许多中小企业大幅减少,导致失业人口数量的激增。[1] 其结果是没有充分的市场主体作为有效竞争的基础,其竞争的公平性与效率性值得怀疑,可见,有效的竞争政策少不了积极的产业政策作为补充。

(3)二者的优先适用性以及对中小企业立法政策的影响性问题。产业政策与竞争政策可能存在对立情况,必须选择何者应予以优先适用。从国外发达国家的立法态度看,基本坚持竞争政策应予优先适用原则。

在我国,近年来,随着产业政策纳入公平性审查,竞争政策的基础性地位逐渐确立起来,就两类政策的今后发展方向而言,当两类政策在实施中产生冲突时,应当优先适用竞争政策。但是,它必须建立在公平性的竞争政策之上,体现竞争中的规则公平、机会公平、程序公平,如果一味追求无公平规则下的竞争政策的优先适用,去抑制产业政策,只会导致大型企业滥用一些市场支配力量,趋向庞大,而中小企业经营则更加困难。

在上述产业政策与竞争政策的具体运行中,应处理好两个问题。一是要划清政府与市场的界限,真正做到在经济平稳发展中做到不越位,在经济波动中做到不缺位,灵活地运用政府这只"有形之手",制定并协调好产业政策和竞争政策。二是要厘清与科学划分竞争性与非竞争性领域,建立相机决策机制,分类实施产业政策。按照产业领域划分,可将所有产业大致分为三类:(1)成熟型产业,该行业已经形成完备的市场体系,应减少对其不当的干预,运用行业本身的动能带动产业升级;(2)成长中产业,对于该种类型的行业既需要竞争政策又需要产业政策,但优先适用竞争政策,从而释放市场活力,推动产业更长远发展;(3)新兴产业,应着重产业政策的扶持。

目前,我国中小企业中既有从事于成熟产业,又有从事于成长中产业和新兴产业的企业,按照产业政策的分类施策,对成长中产业和新兴产业给予一定的产业政策扶持是符合世界各国产业政策通行做法的。而对从事于成熟产业的中小企业,通过实施反垄断法的具体内容,为中小企业构建公平竞争的营商环境。从反垄断法的相关规定与执行效果来看,其对企业合并的控制,对滥用市场支配地位行为的禁止,对限制竞争协议的规制,以及其他一些反垄断法规范无一不对中

---

〔1〕 参见于良春:《中国的竞争政策与产业政策:作用、关系与协调机制》,载《经济与管理研究》2018 年第 10 期。

小企业的发展起着直接或间接的作用。

## 第四节　立法修订的体系化思考:追求产业政策的科学化构建

在《中小企业促进法》制定和修订过程中,将产业政策入法,深层次问题不在于产业政策如何依赖法律予以强制实施,而在于如何通过入法使产业政策能更好地与竞争政策相协调,更加科学地以法治化的方式予以推行与实施。

### 一、以公平竞争为基础的公平型产业政策构建

#### (一)部分垄断领域开放与竞争机制的引入

垄断领域的存在有历史原因与现实原因的双重作用,随着社会主义市场经济的发展,打破垄断是时代要求,深化垄断行业改革已是实现科学发展的攻坚任务。

在竞争领域,在国有企业面临战略性、计划性退出时,需要让市场机制在一般性竞争行业中发挥更好的作用,[1]让更多的民营中小企业在竞争领域中获得成长与发展。

在一些基础设施建设、政府提供公共产品领域,可以实施公私合营的 PPP 模式(Public-Private-Partnership),特许权经营方式引入民营资本参与竞争与合作,让民营中小企业在这些非竞争领域得到长足进驻,并获得成长与发展。

基于我国的社会历史背景以及现有的经济制度,国有企业与政府之间有着天然的关系,这也就导致国有企业在市场竞争中具有明显的优势,要营造公平公正的市场氛围,就必须从市场准入、市场运行、市场退出等各个环节入手,建设公平公正的市场环境。在政府采购、基础建设、金融等领域不再设有针对性门槛,让国企、民企、外企站在同一条起跑线上竞争,让政府回归裁判员的角色定位,真正打破各种"玻璃门",实现国企、民企平权。[2]

#### (二)产业政策制定权与实施权的界定与分野

1. 界定产业政策的制定权主体。产业政策事关市场主体的市场准入,制定

---

〔1〕 参见张旻:《"国进民退"现象及其经济后果》,湖南大学 2010 年硕士学位论文,第 5 页。

〔2〕 参见沈彬:《实现国企民企公平竞争》,载东方财富网,http://finance.eastmoney.com/news/1371,20130123269868281.html,2014 年 3 月 5 日最后访问。

主体应当相对集中,主要应由中央人民政府及其发展规划部门制定,不能政出多门。对于制定部门而言,应加强“正面清单”建设,做到法无授权不可为;对于中小企业而言,应更好地实行“负面清单”管理,做到法无规定即可为。

2. 明确产业政策的执行主体。制定主体与执行主体应当分野,这有利于保障政策执行的严肃性与有效性。中小企业产业政策的执行权主体主要为各级政府中履行对中小企业直接管理职能的相关部门,省级以下地方人民政府也应当成为产业政策的执行主体。

3. 加强产业政策的有效落实。无论是产业政策的制定还是实施,应结合简政放权、放管结合、优化服务改革,进一步减少产业政策中的“红头文件”,提升规章性法律文件的数量;在产业政策制定与实施中,减少前置审批,加强事中、事后监督,加快重大创新政策法治化步伐;根据社会经济形势的变化,应及时清理产业政策,以提升国家或地方产业政策对中小企业促进目标的调适性。

### (三)公平竞争审查制度的建立与推行

各项产业政策的出台都应经过一定的法定程序,着力减少从政府到市场、企业的单向“线性化”决策,让市场、企业和社会各相关方更多参与政策制定过程。自2016年7月始,我国开始实行公平竞争审查制度。政府部门在制定相关政策措施时,比如市场进入、产业发展、招商引资、招标投标、政府采购、经营行为规范等,要进行排除、限制市场竞争的公平竞争审查。这一政策的出台,建立起了竞争政策与其他经济政策,尤其是产业政策的协调机制。这对减弱产业政策的行政化色彩,避免“冲动”决策具有重要意义。

为推进公平竞争审查制度的深化,应建立事前审查、事后评价的审查机制,强化审查的程序性与科学性;应强化第三方的外部监督机制以及责任人员错误追究机制。同时,应有效地开展政策定期评估,建立动态调整机制,根据评估结果进行动态调整。

## 二、产业政策决策机制与执行评估制度的科学构建

### (一)产业政策的针对性选用

产业政策区分为功能性产业政策与选择性产业政策。功能性产业政策,是指通过政府的引导和投入,以提高企业自身的生产经营管理能力。一般不会指

向特定的产业领域;选择性产业政策,是指在各类产业发展中具有产业替代性,可以选择发展前景较好的产业,比如新能源产业、人工智能产业,以实现相关的政策目标。一般而言,功能性产业政策着眼于整体与长远,选择性产业政策着眼于局部与当前,应慎用选择性产业政策。

能否有针对性地选用产业政策,以及选用产业政策后能否达到政府宏观调控的目标,这是产业政策适用的科学性与效率性问题,考量政府及其相关部门的执政能力,立法应就产业政策的适用目标、程序、考核等作出规定。

(二)产业政策决策机制的建立与完善

完善产业政策的决策机制对于防范危机发生具有意义。对失偏的产业政策要进行纠偏,首先应分析产业政策失偏的症结所在。

在现行的产业政策的制定与实施中,存在的主要问题是,一是产业政策制定权限名不副实。在制度层面,产业政策属于国家的经济政策范畴,其制定权应在于国务院,但在现实情形下,各级地方政府都能动用巨大的资源,事实上都在制定不同层面的产业政策。二是产业政策审议制度未予落实。在相关产业政策的制定过程中,利益相关方并没有实质性地参与到产业政策的决策过程中来。三是产业政策执行评估工作没有跟进。由于缺少对产业政策实施后的考核与反馈机制,因而未能对产业政策的制定与实施过程产生有效的约束。[1]

解决这些问题的重点就是要建立产业政策决策机制,做到决策职权法定、决策程序法定、决策纠错机制法定、决策评价与考核法定。

(三)产业政策执行评估制度的建立与完善

对产业政策执行进行评估,并不仅仅是为了满足产业政策的实施效果的评价,而是为了更好地对产业政策作出适时的调整,推进产业政策的及时更新,以适应中小企业的成长与发展。

推进产业政策执行评估制度,重点在于确立产业政策执行评估主体,建立评估体系。基于独立、公正客观原则要求,对产业政策进行执行评估的主体应是具有独立的、专业性的履行公共管理职能的审计部门;在此基础上应建立起一套评估、评价、反馈相适应的评估体系以及责任追究制度。

---

〔1〕 参见叶卫平:《产业政策法治化再思考》,载《法商研究》2013年第3期。

## 三、引导实业资本回归的产业政策构建

### (一)实业资本回归与做强实体经济

引导实业资本回归,其含义有两个:一是协调好虚拟经济与实体经济的比例关系,解决实业经济的"空心化"问题;二是有效遏止实体企业外迁问题,促进实业资本回流,解决当地实业经济"空壳化"问题。

要从全局和战略的高度审视实业经济,尤其是工业经济在现代化进程中的重要地位和作用,做大做强实体经济,推动我国经济加快转型升级。[1]

实业资本回归是做强实体经济的最基本要素保障。引导实体资本回归,涉及多种因素,也涉及多种政策工具的综合性运用。

### (二)实业资本回归与产业政策构建

引导实业资本回归需要进行产业政策的系统化设计,相关的产业政策构建主要应从以下方面着手。

(1)将产业发展专项资金与产业发展基金更多地投向实业型企业。通过产业促进措施鼓励社会将更多生产要素投入实体经济,建立企业对于发展实业的信心和动力是当前政策设计的重点。[2] 政府需要对税收制度的内部结构进行优化,完善和落实结构性减税政策,增强实体企业的自我发展能力。

(2)以规划引领,引导产业向更加长远的方向发展。首先,本土化产业具有更好的根植性,能更切实地带动地区经济的发展,因此,地方在引入外资时,应注重其相关产业的配套发展,使整个产业在当地形成更强的依托和根植性;其次,专业化产业有利于做大做强主业,有利于形成自主品牌和核心价值,因此,企业应立足于主业,在专业优势地位巩固的基础上,再向产业链两端延伸,进而向其他多元领域拓展;最后,产业的市场路径应是在扩大国内、国际市场的基础上,形成多元化与国际化。要引导产业向本土化、专业化、多元化、国际化发展,应充分重视产业集群的整体发展,以产业集群的理念考虑产业的地区布局,促进专业化

---

〔1〕 参见王阳春:《我国实体经济中存在的问题与对策研究》,载《现代经济信息》2016 年第 17 期。

〔2〕 参见范建军:《我国民间借贷危机形成的原因和对策》,载《经济纵横》2012 年第 4 期。

分工和相关企业在地域的相对集中。[1]

(3)推进产业园与产业经济带建设,为产业转型升级提供发展空间。前几年温州企业外迁的原因,除了全国各地为吸引温州商人,提供优惠的招商引资环境和条件外,最重要的是温州自身的发展条件并不能留住大量温商,区位条件和资源条件也不具备比较优势。[2] 因此,在政府实施实业资本回归工程政策中,从建设适宜于实业资本回归的产业园与产业带建设着手,具备进得来、留得住的经济条件,这一举措无疑是正确的。

(4)规范虚拟经济,促进虚拟经济与实体经济的协调发展。对虚拟经济领域,无论是房地产业、股市还是民间金融市场,应当从体制上、监管措施上进行引导与规范。对于那些严重脱离实际、脱离社会平均利润水平、具有引发不健康发展的市场行为,应当通过法治化管理手段进行必要的干预;对于那些可以为实业经济发展提供工具功能的虚拟经济,应当积极引导其发展,促进实体经济与虚拟经济协调发展是确保经济又好又快发展的关键所在。

## 四、产业转型升级与产业政策构建

### (一)中小企业专注产业的引导政策与构建

实业经济走出困境的最根本途径就是转型升级。要实现实业强本固基,必须使制造业由大变强,改变"一流企业做金融,二流企业做房产,三流企业做市场,四流企业做实业"的局面。因此,应着力强化产业转型升级的政策构建。

调研中我们发现,广大中小企业的优势在于传统的轻工产品的制造上,产业转型升级对于绝大部分中小企业而言还是应在坚守主业的基础上,对传统产业进行改造升级,通过政策引导,鼓励广大中小企业投向高效、环保、低耗的产业,引导实业型中小企业专注产业,做强、做精、做优。

鼓励中小企业专注产业,需要出台相关产业政策,扶持中小企业在细分市场上做出"精、专、尖"的产业特色来,涌现一大批"单打冠军"。

鼓励中小企业专注产业,需要出台相关产业政策,鼓励中小企业积极推进智

---

〔1〕 参见王梦奎:《中国中长期发展的重要问题:2006—2020》,中国发展出版社 2005 年版,第 179 页。

〔2〕 参见李伊琳:《温州政府号召温商总部回迁资金回流》,载《今日中国论坛》2012 年第 4 期。

能制造，以降低生产成本，提升产品竞争力。

鼓励中小企业专注产业，在当前形势下，就是要出台相关产业政策鼓励中小企业积极参与国内、国外双循环的经济运行体系，将产品瞄准国际、国内两大市场，在产业升级、优质服务上提升竞争能力。

（二）以技术创新推动转型升级的引导政策与构建

科技创新不足是转型升级的最大制约，从发达国家的经验来看，在21世纪初期，科技成果转化率高达40%～50%，但我国科技成果转化率还不足10%，真正实现产业化的不到5%。[1] 到2020年，发达国家的科技成果转化率高达60%～70%，而我国仅为30%。造成这一问题的深层次原因是我国现行体制缺乏保护企业家和科技人员创造利润的规则机制，应建立多元主体协同创新互动体系，强化企业在技术创新体系建设中的主体作用，形成小微企业、大中企业、科研院所共同构成的“多级火箭助推机制”。要加强对主业的研发投入，在推动产业转型升级的基础上，继续大力发展传统工业产业，增加产业科技含量，提升产品附加值。[2]

（三）“治理产能过剩”的产业政策与构建

目前，为数不少的中小企业存在产能过剩问题。产能过剩，是指实际生产能力超过了市场需求、超过了正常期望水平的状态，其中又可以划分为周期性产能过剩和非周期性产能过剩之情形。周期性产能过剩，是指随着经济的衰退，部分行业由于需求萎缩而表现出产能的相对增加，但是随着经济的复苏，由于需求量逐渐增加而造成产能的相对减少；非周期性产能过剩，是指受经济周期以外其他因素影响的产能过剩，其中又可分为供给结构与需求结构不匹配时造成的结构性产能过剩和受体制及政策影响扭曲市场供求关系时的体制性产能过剩。

引发产能过剩的原因，有些是某些产业制定的产品标准过低导致不能适应市场的需要所引起，有些则是产能过于分散造成产量偏大所形成。在产业政策引领的基础上，推进“治理产能过剩”应有综合规划及相关实施方案，采取的方式可以通过国际合作转移产能，通过兼并重组调整产能，也可以通过提升产品品

---

〔1〕 参见苗圩：《着力解决工业转型升级中的几个重大问题》，载《行政管理改革》2013年第10期。

〔2〕 参见浙江省发改委调研组：《出口退税政策调整对外贸出口的影响》，载《浙江经济》2007年第14期。

质释放产能的途径进行，所有这些都需要在法治化推行下，加大中小企业加快淘汰或转型的力度。

## 五、专项发展资金与产业发展基金法治化运行的制度构建

### （一）专项发展资金法治化运行的制度构建

中小企业专项发展资金是财政资金，受国家宏观调控政策影响大，又牵涉部门利益，其制度化、法律化过程遭遇的阻力较大，如何将其纳入法治化运行的轨道，除了在《中小企业促进法》中有了法条表述外，还需要完善相关运行制度。要真正发挥专项资金对中小企业的促进作用，应当制定和完善关于专项资金的拨付、管理、使用与考核的一系列制度，形成一整套规范化和标准化的制度体系，确保专项资金专款专用并产生实际绩效。

首先，要改变专项资金使用、管理制度的“碎片化”与部门化现象。专项资金使用、管理制度应进行顶层设计，保持相对稳定，不能被一个个年度“暂行办法”取代，更不能在每年根据国家政策“碎片化”跟进，使用范围一年一调整。

其次，应做好相关部门的协调工作。不能各自为政，由每个部门自己制定相关规范化文件，而应由多部门联合颁发，联合推进，联合考评。

### （二）产业发展基金法治化运行的制度构建

通过设立中小企业产业发展基金并进行市场化、公开化运作是一项新生事物。各地方筹建中小企业产业发展基金有利于促进创新型经济、实业型经济发展；有利于推动财政资金由行政性分配向市场化转型，进一步提升公共资源配置效率；有利于带动更多的社会资本投向政府鼓励发展的产业领域，扶持重点产业、创新型产业发展，其意义深远。但在相关制度构建层面，需要重点解决以下问题。

首先，积极引导将地方政府的财政专项资金向“产业发展基金”转变，中小企业产业发展基金运作在原则把握与管理体制上，可以按照“政府引导、市场运作、统筹使用、先行试点”的要求，建立起政府战略决策，专家项目评估和机构市场运作相分离的管理体制。

其次，中小企业产业发展基金在具体运作层面，应明确设立人、代表人、使用人之间的权义关系。产业发展基金由地方政府设立，由地方财政行政主管部门

代表地方政府履行出资人职责,资金可由地方政府财政统筹安排,主要来源为各部门的存量财政专项资金转化和地方财政通过盘活存量资金进行的安排。在产业基金投向上应优先投向对本地区产业升级和经济转型影响大的中小企业群体,包括对具有技术创新的民营实业型中小企业的扶持。

再次,在产业发展基金监管层面,应解决好退出、绩效考核相关问题。应建立产业基金退出管理机制,强化对产业基金的本金与收益管理,强化对产业基金的绩效考核,将产业发展基金纳入公共财政监督考核和绩效评价体系。

最后,应处理好与其他产业基金的关系。中小企业产业发展基金只是产业基金中的一个类型,一些地方除了设立中小企业产业基金外,还设立了为扶持本地特色产业发展的产业基金类型。由于地方财政资金投入产业基金中的量毕竟有限,应处理好中小企业产业基金与其他产业基金投入量的比例关系,不能以其他产业基金挤占中小企业产业基金,应强化财政预算约束,做到专款专用。

## 六、构建大中小企业协作配套的产业运行体系

### (一)大中小企业的竞争与合作

回顾市场经济的发展历程可以看出,经济持续稳定增长的关键在于处理好大企业与中小之间的竞争合作关系。在当代市场经济条件下,各个产业发展分工更加细化,完整的产业链由大、中、小企业协作配套完成,不仅可以建立起中小企业和大企业的共生关系,优化可持续的有规模的产业组织形式,同时也为政府推动部分产业转型升级找到切入点。

与美、日等国企业相比,我国“全能型”企业的比重较大,大多数企业倾向于朝着“大而全”的方向发展,缺少与上下游产业链之间的协作。在目前产业中,大企业与中小企业之间业务趋同、缺乏协作成为常态,这不仅造成了社会资源的浪费,同时也将中小企业推向了与大企业竞争的对立面。国家的经济活力既需要具有雄厚经济实力以及全球竞争力的大企业作为基础,也需要大量具有创新能力的中小企业为我国经济注入活力,应着力解决我国企业中的“大而全,小而粗”的不合理现状。[1] 因此,应当重视多而不同、避免同质化的企业组织形式与

---

〔1〕 参见田伟、田红云、颜有明:《中小企业与大企业协作配套关系研究》,载《现代管理科学》2018年第12期。

经营形式的构建，中小企业应加强与大企业进行产业协作，构建上下游产业链连结、产品协作配套的产业合作体系。

（二）大中小企业协作配套与产业政策引导

在推动中小企业与大企业协作配套的产业政策构建上，重点做好以下几个方面的工作。

1. 选定制造业作为大、中小企业协作配套的重点行业。这是因为，中小企业与大企业协作配套生产体系有其特定的产业适用条件，并非所有产业都适合采用这种配套生产方式，无论是美国还是日本，中小企业与大企业协作配套生产体系主要存在于产业链较长的产业，特别是制造业、建筑业和部分服务业。我国作为一个制造大国，以制造业为重点，兼顾建筑业以及部分服务业，大力推进中小企业与大企业的协作配套体系完全符合我国当前经济发展的特点和需要。

2. 设定合作方式，处理好合作各方的利益关系。影响大、中、小企业协作的因素主要源于大企业的信誉、产品的技术含量、生产配套产品的利润等。配套产品利润太低是当前中小企业不愿意与大企业进行协作配套的最主要问题。这可能与中小企业在配套业务的价格谈判中处于劣势有关，相比中小企业而言，大企业往往利用其业务量的优势掌握了产品定价的主导权。也与国家定价政策有关，应通过相关产业促进立法，改变这一现象。

3. 以产业集群为依托，培育专业化分工协作机制。产业集群，是指在特定的区域范围内，生产相似的产品或存在上下游的联系，通过企业的聚集拥有比较高的竞争优势，产业布局上拥有较高的集中度的企业分布形态。[1] 目前我国各类产业集群数量众多，主要分布在化纤纺织、丝绸纺织、制衣、制鞋、电子、信息、医药、塑料、汽摩配件、精细化工、五金制品等行业。

在我国当前的经济条件下，推进中小企业与大企业的协作配套必须要依托已有的产业集群，从横向一体化分工的集群逐步向具有横向和纵向混合型分工的产业集群转变。

4. 积极引导、重点支持中心大企业走协作发展之路。利用大企业集团的模

---

〔1〕 参见费梦楚、胡琛琪、莫洪苗：《基于产业集群的宁波市中小企业创新能力评价研究》，载《中国商论》2018 年第 16 期。

式使中小企业与大企业的产业链之间密切分工与协商合作。前瞻性的有计划地引导大企业走创新协同发展模式,在有些领域可以推动企业间横向兼并,组建一批综合实力强的大企业集团,形成大企业主导下的各个中小企业协同发展的网络体系。在处理各方关系的同时,还应保护好合作中的知识产权。

CHAPTER

# 第八章

## 促进中小企业成长与发展的财税政策检视及立法修订

中小企业财税支持政策是各国扶持中小企业成长与发展的系列政策中最具有针对性，也是最具市场化特色的政策工具，在整个促进中小企业成长与发展的“一揽子”政策体系中具有重要地位。但财税政策在实践中往往存在工具运用单一、政策针对性不强、政策供给不足、政策的范式转移受人为影响较大等问题，需要在强化依法运行的基础上科学决策、精准施策。

### 第一节　财税政策对中小企业成长与发展的作用机理

财税政策通常包括国家预算、财政补贴、财政投资、税收减免和税收优惠等政策工具，其作用机理是通过宏观调控性政策因子，即财税调控中的减免、优惠、补贴手段，对不同类企业施以不同的幅度和方式，从而影响中小企业的经营、投资和研发行为，进而对企业的成长与发展进程产生影响。

## 一、税收优惠政策对中小企业盈利能力的影响

### (一)税收优惠政策对中小企业盈利能力影响的定量认识

在国家干预经济的手段中,税收优惠政策为最直接的资金援助方式,其实质是利用税收制度,按照预定的目的,减轻某些纳税人应履行的纳税义务。

税收优惠政策主要包括降低税率、减免税收、特定的税收优惠三种。

税收优惠政策对中小企业成长的作用机理,可以从定量与定性两个层面进行认识。

目前在定量研究上,学者对税收优惠政策在促进企业成长方面是否具有效果进行过一些分析,并有一些研究成果问世,但尚未有明确的结论,无法全面反映税收激励与企业成长能力之间的关联性。学者 Davide Fiaschi、[1] Peter Nijkamp、[2] Jacques Poot 和 Silvia Ardagna[3] 通过研究认为财税政策是通过对整个经济和劳动市场产生影响,进而对企业的成长产生间接影响。[4] 国内学者对这一问题的研究集中于以下几种观点:一是认为在税收制度上,增值税优惠有助于提高中小企业的成长能力;二是认为所得税税负与中小企业成长能力的负相关性不强;[5] 三是认为由于流转税税负与所得税税负对企业成长的影响是不同的,所以,在制定税收政策时,需要认真考虑协同效应,避免因政策效应的相互抵销而无法达到预期的效果。[6]

### (二)税收优惠政策对中小企业盈利能力影响的定性分析

就定性而言,税收政策对中小企业成长的作用机理在于以下方面:

---

[1] See Davide Fiaschi, *Growth and inequality in an endogenous fiscal policy model with taxes on labor and capita*, European Journal of Political Economy, 1999, Vol. 15, p. 727 - 746.

[2] See Davide Fiaschi, *Growth and inequality in an endogenous fiscal policy model with taxes on labor and capital*, European Journal of Political Economy, 1999, Vol. 15, p. 727 - 746.

[3] See Peter Nijkamp, Jacques Poot, *Meta-analysis of the effect of fiscal policies on long-run growth*, European Journal of Political Economy, 2004, Vol. 20, p. 91 - 124.

[4] 参见王玉娥:《政府扶持政策对科技型中小企业成长影响的研究述评》,载《改革与开放》2018年第1期。

[5] 参见李旭红:《中小企业税收负担与企业成长性实证研究——基于创业板公司数据的分析》,载《国际税收》2016年第2期。

[6] 参见李旭红:《中小企业税收负担与企业成长性实证研究——基于创业板公司数据的分析》,载《国际税收》2016年第2期。

(1)税收优惠政策能够降低中小企业的经营成本。企业成本是企业的各种投入(包括人力、资金、设备等)的总和。税收可视作经营费用,是企业纯利润的减项,企业在不违法的前提下不纳税或少纳税,就意味着减少费用获得同样的法律认可和国家法律保护的营业收入或企业最终所得。

(2)税收优惠政策能够提高中小企业的预期收益。企业经营决策者往往是将税收作为一个重要条件进行比较分析的,在精心比较后择优选择。在既定的风险条件下,人们往往追求较高的期望报酬率。如果部分经营风险或经营损失在税前能够扣除或者按一定比例能够减免,将减少企业战略风险,企业就会积极进行战略创新,并且有向风险大的战略创新投资转移的倾向。

(3)中小企业实际享受到的税收优惠有助于提升企业的成长能力。所得税与增值税在税收优惠方面对中小企业发展能力的影响存在差异性。例如,企业所得税应纳税所得基于利润总额进行纳税而形成,企业只有实现了盈利才需要缴税,而流转税(主要是增值税)的应税部分为企业的增值额,与是否盈利没有直接关联。又如,企业所得税将研发投入记为成本,降低了企业所得税的应纳税额,为企业提供了一定的技术创新激励,而流转税则缺乏这种驱动力。[1] 再如,对中小企业实施增值税优惠政策,则企业所生产产品的附加值越高,其获得的增值税优惠额也有可能越高,从而获得更多的资金以促进企业生产规模的扩大。由于企业通常会按照税后利润的一定比例进行研发投资,因此所得税优惠能够对企业的研发投资起到较为直接的促进作用。[2]

## 二、财政支持政策对中小企业成长与发展的作用机理

### (一)财政补贴对中小企业资金使用量的影响

财政补贴的实质是减少中小企业的资金使用量,在我国,财政补贴以就业补贴、研发补贴与出口补贴为主要手段,因此,财政补贴主要影响中小企业在就业、研发和出口方面的资金使用,进而降低中小企业的经营成本。

---

[1] 参见李旭红:《中小企业税收负担与企业成长性实证研究——基于创业板公司数据的分析》,载《国际税收》2016 年第 2 期。

[2] 参见李旭红、马雯:《税收优惠与中小企业成长能力的实证分析》,载《税务研究》2014 年第 8 期。

以补贴方式激励中小企业扩增就业岗位,尤其是吸引高素质人才就业,可以帮助中小企业降低人才引进成本,从而促进中小企业转型升级。通过研发补贴,可以有效鼓励中小企业从事研发,减少研发成本支出,通过技术创新增强中小企业的成长能力。通过出口补贴,可以减少出口成本,从而激发中小企业参与国际市场的热情,并增强国际市场的竞争能力。

(二)财政投融资对中小企业经营能力的影响

财政投融资采用贷款贴息、优惠贷款、信用担保、政府产业基金等政策工具对中小企业的成长与发展施以影响。

1. 贷款贴息

中小企业在银行融资时,由于缺乏可供抵押的财产,因此难以满足银行机构提出的财产抵押的要求。在此情形下,中小企业获得的贷款往往是在有抵押的贷款利率的基础上上浮一定比例,从而产生中小企业额外的利息成本支出。政府运用财政资金,补贴那些利率超出市场平均水平的贷款利息,或者针对长期性的贷款予以贴息,推动中小企业获得平等甚至是优惠的融资权。

2. 直接提供优惠贷款

建立专门的政策性融资机构,给予中小企业一定数量的低利息的优惠贷款,或者通过优惠利率的途径使财政资金以金融机构为媒介进入中小企业。由于政策性融资机构仅限于国家开发银行等4家政策性银行,对中小企业以低息优惠贷款的发放量有限,我国的主要做法是,通过财政资金给商业银行补助,由商业银行以优惠利率的方式提供融资服务。

3. 信用担保

政府建立中小企业担保公司,通过信用担保帮助中小企业取得商业银行的贷款。由于有融资性担保公司的运作,商业银行对中小企业的放贷风险得到了缓和,更加愿意为中小企业提供贷款。

4. 中小企业发展资金

从中央政府到地方政府,目前,都设立了一定用途的中小企业发展基金,支持特定类型的中小企业成长与发展。中小企业发展基金的投放与使用,对中小企业成长与发展虽然不具有普惠性,但对中小企业会产生明确的政策导向作用。

5. 政府产业基金

设立中央与地方的中小企业发展基金，形成中央与地方中小企业发展基金上下协同、联动发展的局面。政府产业基金具有较强的杠杆撬动效应，它重点关注尚处于种子期、初创期且成长型较好的中小企业，以便有效提升中小企业的创新发展力度。

（三）政府采购对中小企业生产经营能力的影响

政府采购可以间接促进中小企业的生产经营能力，它通过以下三种途径得以运作：

（1）单独配给使中小企业获得采购的机会。政府既可以向大企业采购，也可以向中小企业采购，就一定程度而言，向大企业采购更为简单，产品与服务的质量也更能获得保障。但《政府采购法》与《中小企业促进法》规定对中小企业单独配给，且规定不得小于一定比例，其政策导向十分明显，即把部分订单单独分配给中小企业，帮助中小企业拓展社会需求，扩大企业的生产经营规模。

（2）联合配给使中小企业获得采购优势。由于中小企业自身的原因，其所提供商品的数量、成本和质量在某些方面难以与大企业相敌，有时也难以获得招标部门对产品数量与质量的满意。为给予中小企业更多的采购优势，《政府采购法》与《中小企业促进法》规定可以采取联合配给方式，政府帮助广大中小企业联合签订采购合同，克服个体面临的采购难以单独完成的困难。

（3）方便配给使中小企业减少采购成本。在中小企业具备与政府订立采购合同的相应能力时，政府通常会采取一些鼓励中小企业采购的举措，如组织培训，传递有关信息等增强采购的针对性与便捷性，从而减少中小企业的采购成本，推动中小企业成长与发展。

## 第二节　对各国中小企业财税支持政策的观览与借鉴

近30年来，世界各国的中小企业获得了较快、较好的成长与发展，它们与大企业一道成为国家经济发展快车上两个不可缺少的车轮。基于中小企业在国民经济和社会发展中的特殊地位及自身特点，世界各国普遍对中小企业的生存和发展给予高度重视，制定了适应不同时期的包括财税政策在内的各类扶持政策。[1] 这些财税扶持政策对我国具有一定的借鉴意义。

## 一、对各国中小企业财税支持政策的观览

### (一)财税支持政策的立法推动

依法扶持中小企业成长与发展，是世界各国既定的政策目标。为实现这一政策目标，各国根据本国实际，通过立法当局制定相关法律，将财税优惠政策法律化，力求政策的连续性、稳定性和协调性，以期从法律上保障中小企业的税收扶持政策的有效实施。

美国为鼓励风险投资，在 1958 年通过了《小企业投资法》，1981 年为实现在 1980 年全美中小企业大会上提出的政府在财政、金融、经营管理、创新、信息和市场等方面给小企业更大扶持的 6 大目标，修订了《经济复兴税法》，1997 年通过了《纳税人免税法》，1998 年又制定了《国税局调整与改革法》，这些立法的目的是通过减轻小企业的税收负担，支持小企业技术创新，扶持小企业成长与发展。美国还将政府采购制度用于小企业，给予小企业一定量的采购订单，以扶持小企业的发展。1990 年美国联邦政府的 1912 亿美元的定货合同中，有 32. 19% 是与小企业签订的。

日本于 1963 年颁布了《中小企业基本法》。为了更好地执行《中小企业基本法》，使相关财税支持政策与资金扶持政策落到实处，日本制定了《中小企业资金资助法》。

德国于 1967 年颁布了《关于保持稳定和经济增长的法令》，其中对中小企业的支持与扶持政策中就包含了财税政策。

法国 1995 年颁布了《振兴中小企业计划》，该计划系统地确定了各阶段中小企业政策的基本方向和包括税收在内的扶持措施，将中小企业利润税率从 33% 降到 19%；对新建企业可免 3 年所得税；根据中小企业提供就业机会的多少给予中小企业财政补贴。

意大利对手工业企业实行减税政策。1956 年意大利颁布了《手工业法》，在

---

〔1〕 参见黄爱玲：《发达国家促进中小企业发展的财税政策及借鉴》，载《税务与经济（长春税务学院学报）》2004 年第 5 期。

动产税方面，政府规定凡属资本和劳动所得及独立劳动所得给予减税或免税，这对于促进工艺性手工业的发展起到了很大的促进作用，这也是意大利的手工艺品之所以能够在世界上占有一席之地的重要原因。

韩国自20世纪90年代实行“新经济政策”以来，先后制定了《租税特例限制法》《中小企业创业支援法》《技术开发促进法》《鼓励外资法》等，形成了较为系统的税收优惠体系。

英国1983年颁布了《企业扩展计划》，系统地确定了各阶段中小企业政策的基本方向和包括税收在内的扶持措施，使中小企业的创立、发展和终止的全过程都在法律的规范下进行，以更好地维护中小企业的利益。

税收优惠与财政支持是政府对中小企业政策目标的风向标，通过法律法规制定优惠政策，表明一个国家政府实行相应政策的严肃性，也增强了促进政策的刚性，有利于实现政策目标。

（二）财税支持政策的针对性与时宜性

针对中小企业竞争力弱、管理成本高、融资难等问题，一些市场经济发达国家在政策中，采取了减免税收、优惠税率、提高税收起征点、加速折旧、再投资税收减免、费用扣除、盈亏相抵等多种方式，各项政策措施几乎贯穿了中小企业创办、发展、转让、对外投资诸环节，并涉及流转税、所得税、财产税、投资收益所得税等多个税种。

美国于1981年制定的《经济复兴税法》对以往的税法作了修订，其中涉及小企业的个人所得税率下调了25%。规定雇员在25人以下的企业，依照个人所得税税率缴纳，不是按公司所得税税率纳税。把资本收益税的最高税率从28%降至20%，后又对创新型小企业降至14%，刺激资本流向小企业。在1993～1994年度向小企业提供120亿美元的税额减免，通过1997年《纳税人免税法》，在10年内为小企业提供几十亿美元的税额减免，并减少资本收益税。凡新购买的设备，若法定使用年限在5年以上者，其购入价格的10%可直接抵扣当年的应付税款；若法定使用年限为3年者，抵免额为购入价格的6%。小型企业的应纳税款如果少于2500美元，这部分应纳税款可百分之百用于投资抵免。

英国企业税收一般要占到企业增加值的40%～50%。为减轻中小企业税负，英国于1999年3月把中小企业的公司所得税税率从原来的30%削减为

20%，2000 年 4 月，又将中小企业利润的纳税起征点由原来的 4 万英镑提高到 5 万英镑，税率则再次下调至 10%，并提高固定资产折旧率，使中小企业税负水平相当于大企业的一半。从 20 世纪 80 年代初开始，英国政府规定金融机构对小企业贷款的 80% 由政府担保。随着小企业实力的壮大，这一比例逐渐降为 70%。为帮助失业者自谋职业，英国政府鼓励失业者开办小企业，并制定了财政补贴计划。规定对自主开业的失业者，每周补贴 40 英镑。到 20 世纪 80 年代中期，已有 3 万多个企业得到补贴，帮助 616 万名失业者就业。

德国于 1984 年开始实行对中小企业的特别优惠措施，目前对中小企业税收优惠政策主要有：对大部分中小手工业企业免征营业税；中小企业营业税起征点从 2.5 万马克提高到 3.25 万马克，对统一后的德国东部地区营业税的起征点更是从 15 万马克提高到 100 万马克；提高中小企业设备折旧率，从 10% 提高到 20%；所得税下限降低到 19%。德国通过各种税收优惠，一般可减少中小企业一半以上的税收，使它们的税赋水平由占企业增加值的 30% 降到 15% 左右，年利润在 200 万马克以内的中小企业缴纳的税金，平均只有大企业的 50%。

法国 1995 年颁布《振兴中小企业计划》，把中小企业的利润税率由 33% 降为 19%，中小企业以专利、可获专利的发明或工业生产方法等无形资产投资所获利润的增值部分可以推迟 5 年纳税。在财政帮扶方面，为中小企业发展设有共同风险投资基金、职工基金、保障基金等；对遇到困难的中小企业创办者和经营者进行重点资助；除对正常经营的中小企业实行简单贷款外，还帮助负债过重的中小企业设立再投资特别贷款；鼓励中小企业吸纳就业与改进技术，政府采取的财政补贴政策为，中小企业每新增一个就业机会，政府给予 2 万 ~4 万法郎的财政补贴，对中小企业的研究开发经费可补贴其投资的 25%。

日本对中小企业的税收优惠政策比较全面。对经济实力较弱的小企业只按 28% 的较低税率征收法人税，而利润较大的企业，则按 37.5% 征收法人税；对进行新技术和设备投资以节约、回收利用能源的中小企业，在税制和设备折旧方面给予优惠。中小企业进行设备现代化改造，可实行特别折旧，第一年可提 30%，对新兴产业的设备使用期限缩短到 4 ~5 年。日本通过财税工具鼓励中小企业进行联合，降低联合体的税率，中小企业组成的各种合作组织，则按 27% 的优惠税率征税。

加拿大规定，由加拿大公民控制的资产低于1500万加元的中小企业，其第一个20万加元所得，公司所得税税率由28%降为12%；从2001年起，中小企业所得在20万~30万加元的，公司所得税税率由28%降为21%。

韩国规定，在农渔业区的中小企业可享受所得50%免税的优惠，但这只适用于制造业、矿业、有线电视广播、废物处理、电脑通信业、货运业等；另外，从事技术密集且位于市区外的中小企业，产生所得后的4年内，对其所得的50%可免税，其后两年可享受30%的免税优惠。

（三）财税支持政策的导向性与目标性

各国对中小企业实行财税扶持措施，除了普适性的按类型划分属于中小企业或小企业范围内须给予优惠待遇外，主要的实施对象是面向技术创新型、风险投资型以及吸纳就业型的中小企业。

1. 有关技术创新的财税促进政策

税收优惠是激励中小企业技术开发与创新的最有效方式之一。多数国家对技术转让和研究开发活动的鼓励采用的是将企业的“研究开发投入”直接“打入成本”以及加快研发固定资产折旧的方法；允许盈亏相抵以降低高新技术中小企业的投资风险。

在日本，为促进中小企业增加科技开发投入，规定对中小企业的试验费减征6%的法人税或所得税。

意大利规定，中小企业将部分利润进行研究开发投资的，可享受免税优惠，免税额相当于用于研究开发投资额的30%，但每个企业享受的此项优惠总额不得超过5亿里拉。

2. 有关再投资与风险投资的财税促进政策

美国鼓励向小企业投资，对投资企业降低投资所得税率。对投入符合一定条件的小企业的股本获得的资本收益实行为期至少5年的5%税收豁免。对收入不足500万美元的小企业实行长期投资税减免。对投资500万美元以下的小企业永久性减免投资税。对跨国公司的研究开发型的小企业，在税制上采取优惠措施，对风险投资收益的60%予以免税。

法国规定，风险投资公司从持股中获得的资本收益可免除部分所得税，免税金额最高可达收益的1/3；中小企业在创办当年及随后4年，可从其应纳税所得额中扣除占其1/3的费用(1982年提高到50%),或者可在创办当年及随后2年,对再用于经营的利润全部或部分免税。

英国政府在20世纪80年代,制订了专门的企业发展计划,如英国"企业投资法案"规定,个人年度投资在15万英镑以内的资本享受20%所得税税收优惠;投资期满5年后,任何处置企业投资后的资本利润得都免交所得税;在允许期内的收入和资本利润还可以弥补以前年度的亏损。风险资本信用制度(VCT)规定,在由私人持有普通股的风险投资中,限额在每年10万英镑以下,可享受20%的收入税减免优惠等。政府对投资者的优惠为小企业融资增加了吸引力,也使中小企业在一定程度上减少了融资成本,促使每年多达3.5万的私人投资者将2亿英镑以上的资金投入小企业。

法国规定,中小企业如用一部分所得作为资本再投资,该部分所得将按降低的税率(19%)征收公司所得税。韩国从金大中政府开始,全力扶持中小企业特别是风险投资企业的发展。其规定,技术密集型中小企业,从获得收益日起算,前3年免征50%的所得税,此后2年内再减征30%。

3. 有关吸纳就业与提升人力资源的财税促进政策

意大利对科技型中小企业聘请博士后两年以上者,每个合同提供1500万~6000万里拉的税收信用额度;对企业委托培养的博士生,再提供相当于奖学金60%的支持;对于提高生产效率,引进技术和开发市场而购买的劳务可享受40%或50%的减税,优惠额上限为8000万里拉。

英国在激励中小企业管理人员为发展企业做出更大贡献方面,通过税制改革以增加企业职工在本企业拥有股份的权利,规定凡持有企业股份3年以上的职工可享受大额免税的优惠。英国政府还考虑提高他们享有可以免税的分红持股的限额。

韩国鼓励企业进行企业发展与人力资源发展的研究,尤其是制造业、采矿业、工程服务业等特别产业,政府都为其进行这方面的研究提供税收优惠。为防止因中小企业同大企业间工资和福利待遇差距拉大,而导致中小企业人才向大企业流失,使中小企业用工难问题加重,政府引入连带工资政策,即对过高增加工资或接收中小企业现职职工的大企业征收一定金额的补偿金,用于中小企业福利基金。

法国政府为了鼓励中小企业创造更多的就业机会，规定每创造一个就业机会，减免 1 万法郎所得税，最高减免 50 万法郎。为促进失业人员创业，法国政府规定创办工商企业可以享受 2 年免征所得税，以后 3 年对企业的盈利分别减征 75%、50% 和 25% 的所得税优惠。为加速企业主继承，规定企业主在 65 岁之前交班、交出企业，继承税减免 50%；65 ~ 75 岁交出，减免 30%；75 岁以上交出则不再减免所得税。

4. 有关大中小企业联合与协作的财税促进政策

日本对中小企业组成的各种合作组织，按 27% 的优惠税率征税。这一政策促进的效果较为明显，目前，日本有 60% 的中小企业加入了大企业与中小企业的分工协作体系。其他国家都远低于这一水平，一般西方国家为大企业配套的中小企业数仅占中小企业总数的 30% 左右，我国为 20% 左右。

5. 有关对经济落后地区中小企业发展的财税促进政策

出于发展地区经济的需要，美、日、德、意、韩等国注重实行区域性税收优惠以吸引投资，尤其是对经济落后地区的中小企业发展采取相应的财税优惠政策。

美国为南部、西部和山地各州等经济欠发达地区实行税收倾斜政策，并且各州政府还拥有比其他地区更高的税收豁免权，其税率明显低于东北部和五大湖地区，从而鼓励资本向欠发达地区流动。1993 年联邦政府颁布《联邦受援区和受援社区特别法案》，拨款 25 亿美元用于受援地区税收优惠，对中小企业投资税进行长期减免。康涅狄格州还规定对贫困地区的企业投资减免 5 年所得税。

英国政府规定，前往自然条件比较差、经济基础相对薄弱的苏格兰、威尔士和北爱尔兰等地区投资的中小企业，可享受政府提供的赠款或地区发展补贴、免税 3 年、产品进出口不受政策限制等优惠政策。

德国联邦政府规定在经济落后地区新建中小企业，可以 5 年免交营业税；消耗的动产投资，免交 50% 所得税；对中小企业使用内部留存资金进行投资的部分免交财产税。

意大利比较注重对制造业型中小企业的发展及扶持，这与其着力解决南部相对落后地区的经济发展，增加该地区的经济活力和“造血”功能有直接关系。对在南部地区和西西里岛地区的中小企业，免除 10 年的动产税、地区税，降低交易税等。

日本于1950年通过了《北海道开发法》，并在中央政府内设置了北海道开发厅，北海道开发厅制定了一系列的特殊政策，鼓励北海道地区中小企业的开发和发展。日本政府制定的减免税政策主要包括减轻中小法人的法人税率、中小法人债务准备金的特别处理以及固定资产税的特别处理等。

（四）财税支持政策对小企业的扶持作用

为提高中小企业竞争力，减少政府干预，多数国家通过立法采取简化中小企业的征管程序和纳税办法，提供税收服务，减轻税收处罚和缩短税务检查时间，以降低纳税人的经营成本，提高税收征管效率。

如美国专门设立针对小企业的管理机构，即小企业管理局（The U. S. Small Business Administration，SBA）。在帮助中小企业融资方面，小企业管理局经国会授权拨款，可以向中小企业提供贷款。其形式有三种：一是直接贷款，由中小企业管理局直接拨付，但比重很小；二是协调贷款，由地方发展公司、金融机构协会提供；三是担保贷款，由中小企业管理局向放款机构担保，逾期不还，由中小企业管理局负责归还所欠部分的90%。1998年制定的《国税局调整与改革法》对国税局进行了较大的改革。针对小企业，国税局的改革主要表现在两个方面：一是每年税款小于20万美元的纳税人不再通过联邦税收电子支付系统预缴税金，二是从1998年开始，提高了每年4次预缴税款的最小数量，从500美元提高到1000美元。为此，大约有300万名中小企业雇主将不支付雇用税定金。此外，长期以来中小企业主对每次纳税需要填写的大量的恼人的表单和资料甚为不满，1999年国会参议院中小企业委员会通知美国国税局，要求将有关纳税表单发布在美国国税局网站，明确填写要求与时间，供中小企业主网上申报。

英国为提高中小企业的竞争力，也作为政府减少行政干预和转变官僚作风的一项措施，从2004年1月1日起，提高企业年度审计的起点，使更多中小企业免于年度审计。根据新规定，年营业额在560万英镑以下的企业将免于政府规定的年度审计要求，在此之前，审计起点为100万英镑。调整之后，免于审计的企业增加了69000户，为此可使企业每年至少减少开支9400万英镑。

法国成立税务管理中心（协会性质机构）来协助中小企业进行管理。企业加入税务管理中心后，要在专业会计人员的帮助指导下建立完整的会计账目制度。专业会计人员由管理中心向企业统一派遣，在加强对企业监督和指导的同时,税务管理中心还提供各种服务。国家通过这一机构来加强和完善对中小企业的经营和税收管理。税务管理中心提供的服务对于本小利微的小企业主来说是十分有益的,小企业每年交纳的加入费用比专门聘请会计人员便宜得多。参加税务管理中心的企业还享受20%的减免纳税。法国税务局还规定,小企业在营业的前4年如果不是故意犯错误,可减轻税收处罚;对小企业的税务检查时间最长不得超过3个月,否则企业的纳税义务将自动得到免除。

德国政府给予中小企业的财政援助形式有:投资补贴;给中小企业低息贷款;政府在中小企业需要贷款时充当担保人;提供如何获得资金的咨询。在税收优惠方面,实行一系列税制改革:一是提高课税收入的最低标准,增加非课税收入的折扣、回扣(其中包括对孩子的教育费用);二是将所得税的最高税率降至53%,最低税率降至19%;三是从1990年1月起,如果小企业的周转额不超过215万马克(以前为2万马克)免征周转税;四是对手工业行业的中小企业免征营业税;五是中小企业凡是购置设备或者建造大楼,只要1/3是用于科研开发的,就可以享受一定的税收减免优惠。

## 二、国外经验的借鉴与启示

### (一)税收支持政策工具的多样性运用

各国在通过减轻中小企业税负,扶持中小企业成长与发展的一系列的措施中,主要的做法是:(1)降低税率。主要是降低营业税、周转税与增值税等流转税以及企业所得税等直接税的税率。许多国家对中小企业都实行比普通税率低5~10个百分点的优惠税率。(2)税收减免。包括全额减免、定额减免和定比减免。在减免的环节上,设定类型较多,针对性强,主要是针对中小企业的创建初期和产品与服务的出口环节。(3)提高税收起征点。这一做法可减少起征点以下的企业的税收。各国提高起征点的税种主要有营业税、所得税等。(4)提高固定资产折旧率。这对中小企业有两方面的好处,第一是加速技术设备的更新换代,第二是降低当期的应税所得额,从而减少税款。上述这些减税政策,各国针对本国实践,在涉及中小企业税收减免的幅度、方式、企业对象等方面都是经过充分的论证、精心的测算与有效设计的,在税收政策的运用上既要考虑宏观调控需要的税负差异,又要避免出现微观税负不公平带来的负效应。

（二）财税支持政策的公平性与可操作性

从国外的实践中可以看出，对中小企业尤其是小企业的财税政策促进措施是针对大企业而言的。这就涉及财税政策的公平性问题。在税收政策上，政策的调整导致必要的税负差异是政府调控经济运行所必需的，但差异一旦失度，必然会损害税收公平，不利于市场经济的健康发展。

其一，注重税收政策的效益评价。通过税收政策的效益评价来推进中小企业税收优惠政策的实施，税收政策的效益评价是建立在大型企业与中小型企业税负评价的基础之上，以此确定不同类型的税基。[1]

其二，注重税收政策调整的可操作性。促进中小企业的税收政策应方便征管，便于操作。税收政策的调整需要考虑税收政策调整可能给税收征管带来的问题，避免出现税收征管不可控或难以操作的问题。

（三）财税支持政策的多元化与针对性

发达国家目前采用的税收优惠方式多样而全面，针对中小企业定位的不同、发展方向的不同、发展环节的不同等，运用降低税率、加速折旧、科研费用列支、投资扣除、再投资退税等手段，制定了全面覆盖增值税、所得税、财产税、收益税、投资税、印花税等税种的优惠政策。这是因为，无论在哪个国家，中小企业都存在面广、量大问题，如果对所有中小企业都实行统一的税收政策，就难以做到对中小企业精准施策的效果，因而也达不到对部分行业、部分高新企业、部分边远地区企业的支持目的，同时也会对大中小型企业产生新的不公平问题。

在中小企业发展的历史上，发达国家有过一些尝试为中小企业创造公平的竞争环境。德国早在 1960 年《税收修正法》中取消了原来对国有企业的某些优惠待遇，1968 年把产品流转税改为商品增值税，这就取消了一些大企业的税收优惠，减轻了中小企业的纳税负担，从而创造出更加公平的竞争环境。

因此，在定位于支持和鼓励中小企业的发展，有所侧重地为中小企业创造良好的税收环境的同时，有针对性地设计财税政策是必要的。具体体现在以下方面：

（1）引导中小企业向“小而精、小而专、小而优”的方向发展。通过调整、完

---

〔1〕 参见张立波、黄薇：《中小企业财税政策现状及对策研究》，载《产业经济评论》2013 年第 4 期。

善税收优惠政策，改革现行税制和强化税收征管与服务，引导中小企业面向“小而精、小而专、小而优”的产业发展，生产出更多的“新、精、特、优”产品。

（2）促进资源综合利用和环境保护。扶持的重点包括科技型、就业型、资源综合利用型、农副产品加工型、出口创汇型、社区服务型等中小企业，使之不断提高产品质量和技术档次、增加产品品种，满足市场需求。对那些技术落后、质量低劣、污染环境、浪费资源，以及不符合安全生产条件的中小企业，依据国家法律法规和政策，不仅不给予财税优惠措施，反而应采取其他措施，要求这些中小企业关、转和退出市场。

（四）财税支持政策与其他政策的互动性

财税政策在推动中小企业发展方面起着不可替代的重要作用，但是它显然不是政府唯一的促进中小企业发展的政策工具。就税收政策而言，税收政策手段也有局限性，不能赋予税收更多的政策目标。

税收政策在促进中小企业发展方面能否起到有效作用，取决于政策制定部门对纳税人的了解，包括对纳税人的行为动机、利益取向、策略选择等影响因素的多方面分析，只有使政策调控有的放矢，才能取得预期效果。但在现代经济条件下，影响纳税人行为选择的不仅仅是税收一个因素。

国外一些国家的做法是注重财税政策工具与其他政策工具的综合运用。

比如，在财税政策工具与金融政策工具综合运用方面，一些发达国家注意到减税或财政补助能够减少中小企业资金占用的数量，但真正适应中小企业资金使用要求的，主要是金融政策工具。通过金融政策工具，吸引多种资本，特别是民间风险资本对中小企业的投资，以及对中小企业内部融资等，帮助解决中小企业发展中融资难的问题。

再如，在促进劳动开发型和技术开发型中小企业成长与发展中，财税政策工具确实能起到一定的作用，但最主要的政策工具还是创新政策工具，通过创新政策工具鼓励社会各类投资者以技术等生产要素投资创办中小企业，鼓励中小企业技术创新和科技成果转化，以实现社会经济的可持续发展。

## 第三节　我国对中小企业财税支持政策的现状与问题

我国对中小企业实施的财税政策是一个庞大系统，其内容可分为财政政策与税收政策两大类，从政策工具属性分析，我国中小企业财税政策工具的使用主要集中在管制性工具和经济性工具上，组织性工具和信息性工具运用较少，而自愿性工具则几乎没有涉及。

## 一、针对中小微企业的财政政策现状

### （一）中小微企业的财政政策文件总览

针对我国中小微企业的财政政策，中央层面制定过不少政策性文件。截至2017年《中小企业促进法》修订前，主要的政策文件如表8－1所示：

**表8－1　中央政府扶持中小企业的财税政策文件一览表**

| 时间 | 制定或颁发单位 | 文件名称 | 政策的主要内容 |
|---|---|---|---|
| 1999年 | 国务院办公厅 | 《关于科技型中小企业技术创新基金的暂行规定》（国办发〔1999〕47号） | 为扶持促进科技型中小企业技术创新，经国务院批准，设立用于支持科技型中小企业技术创新项目的政府专项基金 |
| 2002年 | 全国人大常委会 | 《中小企业促进法》（2002主席令第69号） | 在第四章第29条规定，中小企业技术创新项目以及为大企业产品配套的技术改造项目，可以享有贷款贴息政策 |
| 2006年 | 国务院 | 《国务院关于实施〈国家中长期科学和技术发展规划纲要（2006～2020年）〉若干配套政策的通知》（国发〔2006〕6号） | 国家重大建设项目以及其他使用财政性资金采购重大装备和产品的项目，有关部门应将承诺采购自主创新产品作为申报立项的条件，并明确采购自主创新产品的具体要求 |
| 2006年 | 财政部、国家税务总局 | 《财务部、国家税务总局关于企业技术创新有关企业所得税优惠政策的通知》（财税〔2006〕88号） | 企业为开发新技术、新产品、新工艺发生的研究开发费用，未形成无形资产计入当期损益的，在按照规定据实扣除的基础上，按照研究开发费用的50%加计扣除；形成无形资产的，按照无形资产成本的150%摊销 |
| 2007年 | 财政部、国家税务总局 | 《财务部、国家税务总局关于促进创业投资企业发展有关税收政策的通知》（财税〔2007〕31号） | 创业投资企业采取股权投资方式投资于未上市的中小高新技术企业2年以上的，可以按照其投资额的70%在股权持有满2年的当年抵扣该创业投资企业的应纳税所得额，当年不足抵扣的，可以在以后纳税年度结转抵扣 |

续表

| 时间 | 制定或颁发单位 | 文件名称 | 政策的主要内容 |
| --- | --- | --- | --- |
| 2009 年 | 国务院 | 《国务院关于进一步促进中小企业发展的若干意见》(国发〔2009〕36 号) | 进一步支持科技中小企业增强创新能力,促进创新发展,发挥其在推进经济结构战略性调整,加快转变经济发展方式和建设创新型国家中的重要作用。设立中小企业发展基金 |
| 2011 年 | 科学技术部 | 《科学技术部关于进一步促进科技型中小企业创新发展的若干意见》(国科发政〔2011〕178 号) | 加大国家火炬计划、重点新产品计划、星火计划、科技富民强县专项行动计划对科技型中小企业技术创新活动的支持力度 |
| 2012 年 | 中共中央、国务院 | 《中共中央、国务院关于深化科技体制改革加快国家创新体系建设的意见》(中发〔2012〕6 号) | 充分发挥科技对经济社会发展的支撑引领作用,深化科技体制改革,加快国家创新体系建设 |
| 2011 年 | 财政部、工业和信息化部 | 《政府采购促进中小企业发展暂行办法》(财库〔2011〕181 号) | 在全国各地进行的政府采购项目中,当地财政部门按此规定予以实施 |
| 2012 年 | 科技部 | 《国家科技企业孵化器"十二五"发展规划》(国科发高〔2012〕1222 号) | 引导孵化器不断创新和提升整体孵化能力,培养科技型中小企业和创业领军人才,促进科技成果产业化,培育战略性新兴产业 |
| 2012 年 | 国务院 | 《国务院关于进一步支持小型微型企业健康发展的意见》(国发〔2012〕14 号) | 对国家中小企业发展基金的来源、规模等作出规定。<br>在企业所得税、增值税、营业税、印花税等方面进一步加大了对小型、微型企业的税收优惠力度 |
| 2013 年 | 国务院办公厅 | 《国务院办公厅关于强化企业技术创新主体地位全面提升企业创新能力的意见》(国办发〔2013〕8 号) | 综合采用各种信贷方式,支持科技型企业开展技术创新融资,为中小型微型科技企业创造公平竞争的市场环境,促进其健康发展 |
| 2015 年 | 财政部 | 《中小企业发展专项资金管理暂行办法》(财建〔2015〕458 号) | 规范中小企业发展专项资金的设立、管理和使用,提高中小企业专项资金使用效益 |

续表

| 时间 | 制定或颁发单位 | 文件名称 | 政策的主要内容 |
|---|---|---|---|
| 2015 年 | 科技部 | 《科技部关于进一步推动科技型中小企业创新发展的若干意见》(国科发高〔2015〕3 号) | 从支持中小企业技术创新、拓宽融资渠道、鼓励科技创新、完善服务体系等 7 个方面提出推动科技型中小企业创新发展的路径 |

(二)政策文件所确立的基本政策措施

我国对中小微企业的财政支持政策主要分为以下三类:财政专项资金、财政其他补贴及政府采购项目。

1. 设立财政专项资金

在 2002 年《中小企业促进法》颁行后,国家启动中小企业发展专项资金工作。2004 年 10 月,财政部印发了《中小企业发展专项资金管理暂行办法》(财企〔2004〕185 号),首次在中央财政中安排支持中小企业发展专项资金。2008 年财政部、工业和信息化部制定《中小企业发展专项资金管理办法》(财企〔2008〕179 号),在此之后,财政部会同中小企业管理部门先后多次对财政专项资金支持方式和支持重点等内容作出调整。2012 年 5 月,财政部、工业和信息化部(自 2008 年,发改委中小企业局整建制划转到工业和信息化部)又联合印发《中小企业发展专项资金管理办法》(财企〔2012〕96 号),规定专项资金主要用于促进中小企业特别是小型微型企业结构调整和优化,以及改善中小企业特别是小型微型企业的服务环境。

为促进中小企业的成长与发展,我国先后设立了"中小企业发展专项资金""中西部地区外经贸发展促进资金""科技型中小企业技术创新基金""农轻纺产品贸易促进资金""中小企业国际市场开拓资金"等,见表 8－2。这些专项资金政策有一个共同特点,即每项资金都有严格的项目管理办法和资金管理办法,规定了项目申报条件,审批程序,支持方向和支持重点以及监督管理、奖惩措施等。同时,在项目的审批上建立了专家评审制度和招投标制度,力求公开、公正、透明。通过政府财政专项资金引导,吸引更多的企业资金投入到促进与发展中小企业中,进而推动经济结构调整、产业升级、科技进步,起到了财政资金"四两拨千斤"的作用。

**表8-2　财政专项补贴的资金名称及方式**

| 专项资金 | 运用方式 |
| --- | --- |
| 中小企业发展专项资金 | 股权投资 |
| 中西部地区外经贸发展促进资金 | 业务补偿与奖励 |
| 农轻纺产品贸易促进资金 | 业务补偿与奖励 |
| 科技型中小企业技术创新基金 | 业务补助或奖励 |
| 科技型中小企业投资引导基金 | 无偿资助 |
| 中小企业国际市场开拓资金 | 代偿补偿 |
| 中小企业服务体系专项补助资金 | 购买服务 |

2014年,根据党的十八届三中全会决定精神和规范中央对地方专项转移支付的要求,财政部会同工业和信息化部、科技部、商务部将中小企业信用担保资金、地方特色产业中小企业发展资金、西藏及四川、云南、甘肃、青海四省藏区中小企业发展创业资金、科技型中小企业技术创新基金、科技型中小企业创业投资引导基金、中欧中小企业节能减排科技合作资金等涉及中小企业的多项资金进行了合并调整,统一纳入用于支持中小企业科技创新、改善中小企业融资环境、完善中小企业服务体系等的中小企业发展专项资金,当年安排专项资金116亿元。支持范围由"点"向"面"转变,重点支持改善小企业集聚区创业、改善技术改造与企业升级服务、改善信息服务与运行监测、改善培训服务环境以及支持和引导各类担保机构为中小企业提供贷款担保服务等方面。

有数据显示,截至2009年年底,中央财政为推动各类中小企业发展累计提供专项资金共计313.8亿元;之后每年计划情况为:2010年投入123.5亿元,2011年为128.7亿元,2012年为41.7亿元,2013年总计150亿元,2014年安排160亿元,2015年总数达170亿元。

2015年针对实践中专项资金管理使用程序复杂、政策传递路径过长、资金使用效益发挥不够及时等问题,财政部对专项资金管理使用进行了较大改革,集中资金支持开展"小型微型企业创业创新基地城市示范"工作(以下简称"双创示范"),将对"个别企业、个别项目的点对点直接支持"改为对"示范城市整体支持";将"分部门、分行业专项推进"改为"财政、工信、科技、商务、工商五部门联合实施",各自发挥职能作用共同推动工作,形成合力。当年中央财政安排专项资金117亿元,在上海浦东新区等15个示范城市(区),为中小企业改进公共服务、提供创业创新空间和创业担保贷款贴息等。2016年在财政收支压力较大的情况下,中央财政安排专项资金87亿元,加大对“双创示范”工作的支持力度,扩大示范政策效应,让更多的中小微企业享受到国家政策扶持,更好地促进大众创业,万众创新。[1]

2. 设立中小企业发展基金

在2002年颁布的《中小企业促进法》中,对国家设立中小企业发展基金以及基金的组成、用途等事项作出规定。此后,国务院和有关部门陆续发布文件,对国家中小企业发展基金的设立和基金用途提出要求。如2009年,国务院颁发的《国务院关于进一步促进中小企业发展的若干意见》(国发〔2009〕36号)提出,加快设立国家中小企业发展基金,发挥财政资金的引导作用,带动社会资金支持中小企业发展。2012年由国务院作出的《国务院关于进一步支持小型微型企业健康发展的意见》(国发〔2012〕14号)对国家中小企业发展基金的来源、规模等作出规定。

2015年9月1日,国务院第104次常务会议决定设立总规模为600亿元的国家中小企业发展基金。其中,中央财政出资150亿元,通过发挥杠杆作用和乘数效应,吸引民营和国有企业、金融机构、地方政府等共同参与,用市场化的办法,重点支持种子期、初创期成长型中小企业发展。2015年9月,国务院印发《国务院关于国家中小企业发展基金设立方案的批复》(国函〔2015〕142号)。根据这一批复,国家中小企业发展基金正式设立。

2015年12月2日,国家中小企业发展基金理事会召开成立大会暨第一次会议,成立了基金理事会。同年12月3日,财政部、工业和信息化部联合召开了国家中小企业发展基金工作会议,启动了地方首支实体基金设立工作。同年12月25日,国家中小企业发展基金首支实体基金“中小企业发展基金(深圳有限合伙)”在广东深圳完成注册。2016年1月29日,财政部与工业和信息化部在深圳联合召开了中小企业发展基金(深圳有限合伙)成立会,签署了基金实体合伙协议及首批投资项目协议,首支实体基金正式启动运营。截至2017年8月31

〔1〕 参见李命志、马向晖主编:《中华人民共和国中小企业促进法释义》,中国法制出版社2017年版,第30页。

日,国家中小企业发展基金4只实体基金先后完成投资项目91个,投资金额24.67亿元。投资项目涵盖多个行业,地域基本覆盖全国各区域,兼顾了对欠发达地区项目的投资,并带动四川、河南、河北、青海、甘肃、云南、新疆等地区设立地方中小企业发展基金,初步形成了国家与地方中小企业发展基金上下协同、联动发展的局面。

之后,财政部、工业和信息化部、科技部、国家发展改革委、工商行政管理总局五部门推进后续子基金的设立工作,积极发挥中小企业专项基金对中小企业的支持作用。

在国家中小企业发展基金的管理运作过程中,中央财政出资不以利润最大化为目的,通过适当让利等机制广泛吸引社会资本共同支持中小企业创业创新。

国家中小企业发展基金按照《中小企业促进法》的要求主要用于引导和带动社会资金,支持初创期中小企业,促进创业创新。聚焦种子期、初创期成长型中小企业,为促进中小企业创新发展提供更加有力的支持。

3. 其他财政补贴

其他财政补贴的主要形式有融资风险补贴、科研创新补贴、经营补贴等。

融资风险补贴,主要指政府为鼓励金融机构参与中小企业融资,以财政资金补贴企业不良贷款的方式进行。融资风险补贴的优势在于一方面可以减少金融和担保机构对企业坏账的顾虑,另一方面又可以推动建立社会信用担保服务体系。

科研创新补贴是以激励科技型中小企业提升技术创新能力为目的,中央财政建立相应的创新资金,并通过免费资助贷款贴息与资金投入等方式对符合条件的中小企业给予资金支持。

4. 政府采购项目支持

2011年12月31日,财政部、工业和信息化部等有关部门颁发《政府采购促进中小企业发展暂行办法》(财库〔2011〕181号)。据此,在全国各地进行的政府采购项目中,当地财政部门按此规定予以实施。政府采购中小企业的产品与服务是国家支持中小企业扩大生产经营能力的有效举措。2020年,财政部等部门制定《政府采购促进中小企业发展管理办法》(财库〔2020〕46号),对政府采购方式、程序、中小企业参加政府采购活动等作出规定,废止2011年的《政府采购促进中小企业发展暂行办法》。

## 二、中小微企业的税收政策现状

### (一)中小企业的税收优惠政策

1. 增值税政策

2011 年 10 月,国家税务总局对增值税的起征点做出了调整,规定销售货物的,起征点的幅度为每月收入 5000~20000 元;提供劳动服务的,起征点的幅度为每月收入 5000~20000 元;按次交税的,增值税起征点的幅度为每次收入额 300~500 元。2013 年 8 月,国家税务总局规定将月收入低于等于 20000 元的增值税规模的企业或非企业性单位纳入暂时免征范围。

2017 年 4 月,国家税务总局规定,小规模纳税人销售货物、加工、维修和服务的销售额达不到 3 万元/月(按季交税 90000 元),销售服务和无形资产销售额达不到 3 万元/月(按季交税 90000 元),从 2017 年 5 月 1 日起至 2017 年 12 月 31 日止,按照小型微利企业增值税优惠政策的规定,可暂时免征增值税。季度税收试点的小规模纳税人,2017 年 5 月、6 月至 7 月应税销售额,销售货物和提供加工、修理和销售不足 60000 元,销售和服务、无形资产不超过 60000 元,可以不缴纳增值税。

2. 所得税政策

为了支持中小企业的成长与发展,国家税务总局规定 2015 年 1 月 1 日至 2017 年 12 月 31 日,年应纳税所得额低于 20 万元(含 20 万元)的小型微利企业,其所得减按 50% 计入应纳税所得额,按 20% 的税率缴纳企业所得税。

2017 年 1 月 1 日至 2019 年 12 月 31 日,把小型微利企业年应纳税所得额上限提升到 50 万元,满足条件的小型微利企业所得对半计算数额并以 20% 优惠税率的标准缴纳企业所得税。

为鼓励中小企业增加研发投入,助力科技创新,企业在研发过程中的费用,没有形成无形资产计入当期损益的,在据实扣除基础上,发生在 2017 年 1 月 1 日至 2019 年 12 月 31 日的,再按照实际发生额的 75% 在税前加计扣除;可以形成无形资产的,在该阶段内按照无形资产成本的 175% 在税前摊销。

创业投资企业采取股权投资方式投资于非上市的中小高新技术企业 2 年以上,可以按照其投资额的 70% 在股权持有满 2 年的当年抵扣该创业投资企业的应纳所得税；当年不足抵扣的，可以在以后纳税年度结转抵扣。

3. 其他税收政策

在印花税方面，国家税务总局规定，中小企业向银行借款，订立的借款合同免征印花税。

在进出口关税方面，中小企业可以免征国家鼓励项目的进口的关税；对于企业生产符合国家高新技术产品而进口关税按合同随设备进口的技术、配套件、备件及生产所需的自用设备，除不予免税的进口商品外，不征收关税；出口退税率未达到税率的，经国家税务总局批准，产品出口后可按征税税率办理退税。

（二）小微企业税收优惠政策

对小微企业的税收优惠可以从时间序列与优惠措施两个方面进行认识。

从时间序列看，最早提出对小微企业进行所得税优惠的是 2008 年，即 2008 年实施的《企业所得税法》规定，满足要求的小型微利企业，企业所得税将以 20% 的税率减征。以后对小微企业的税收优惠在相关政策文件中逐一体现出来。

2008 年受国际金融危机影响，国家先后出台和实施有关小规模纳税人增值税率和小型微利企业所得税率下降等税收优惠政策。

2011 年国务院颁发扶持小型微型企业发展的 9 条政策措施，推进相关税收优惠政策的完善，加大税收扶持力度。制定并落实增值税和营业税起征点大幅提高，扩增小微型企业减半征收企业所得税的范围，以及引导金融企业为小型微型企业提供贷款担保和融资服务的税收扶持政策。

2012 年，国务院发布了《国务院关于进一步支持小型微型企业健康发展的意见》（国发〔2012〕14 号），在企业所得税、增值税、营业税、印花税等方面进一步加大了对小型、微型企业的税收优惠力度。

2013 年开始试行暂免征收部分小型微型企业增值税和营业税的优惠政策，2014 年继续扩大对小型微型企业减半征收企业所得税的范围。

2015 年在企业所得税、增值税和营业税等方面继续加大对小型微型企业的减税力度。

2017 年进一步扩大小型微型企业减半征收企业所得税的优惠范围。小微型企业之外，我国还有大范围的个体工商户群体，它们在解决就业、丰富和方便人民生活方面起着重要作用,国家在增值税和营业税政策方面将它们也视作微型企业,给予一定的税收优惠。

从优惠措施看,对小微企业的税收优惠主要在流转税与所得税两大税种中体现较为明显。

## 三、现行财税政策在支持中小企业成长与发展中存在的问题

### (一)现行财政政策在扶持中小企业成长与发展中存在的问题

1. 专项资金与发展基金在性质与用途上未严格厘清。专项资金与发展基金就共性而言都是为促进中小企业成长与发展而创设的,但它们在作用机理、性质与用途上应存有差异。专项资金是一种对特定企业的扶持资金,其资金的直接来源是财金拨入,使用后就不再收回,具有无偿性;而发展基金是政府作为基金投资人进行投资、运行、收回所进行的市场化运作手段,在基金使用上不得直接用于无偿补助特定的中小企业,注重母基金与子基金的引导和放大作用。

可以看到,在《中小企业促进法》颁布前后的10年期间,无论是在政策文件上还是在法规层面上对两者的性质与使用要求并没有作严格的区分。如2002年制定的《中小企业促进法》第13条,未明确辨别发展基金与专项资金的使用要求,2017年修订后的《中小企业促进法》纠正了这一问题。

2. 财政专项资金统筹协调较弱,引导作用不够明显。主要表现为,一是财政专项资金实行的是多部门管理,各项资金的使用相对分散和独立,以至于在财政资金支持中小企业方面整体效应不突出,影响了财政政策支持中小企业发展的实际效果。二是财政资金支持中小企业的发展基本都是以无偿资助的形式实现,资金的引导和放大作用不明显。三是财政扶持的政策导向不突出。国家设立财政专项资金具有较强对特定领域、特定企业扶持的倾向性,但在实际执行中,无法根据市场变化实际进行项目跟踪并进行及时的调整和优化,财政资金支持作用不明显。四是在项目资金的监管和使用上,虽有一套运行规则,但未能形成良性的运行和管理机制,导致财政资金使用与监管缺少系统性、标准性。

3. 财政扶持政策的体系化不强,尚未凸显政策体系的协同作用。财政扶持是一项系统化工程,它涉及财政专项资金、政府产业引导基金、财政补贴、政府采购项目对中小企业的安排等相关内容,需要在财政支持政策设计中强化体系化

构建，以形成合力。这意味着，在推进财政扶持政策法治化过程中，需要有三大转变。一是从关注资金、基金支持安排转向体制、机制、制度性建设上。二是从支持性政策的利益区域和个人偏好转变为对符合条件中小企业应给予全局性与包容性支持，以便让符合条件的中小企业享受公共财政的阳光。三是将财政支出的目标从单一项目或企业的支持改为建立社会公共服务系统。

（二）现行税收政策在扶持中小企业成长与发展中存在的问题

1. 税收政策的针对性与规范性上的问题。税收政策的针对性与规范性较弱，影响了执行效果。一是税收优惠政策的适用范围较广，缺乏针对性。二是中小企业税收优惠多为规章与规范性文件，税收法定原则未能得到严格体现。三是政策化色彩浓厚，反复变化，给实施工作带来困惑。

2. 税收优惠方式上的问题。税收优惠方式简单，仅限于优惠和减免等直接的方式，较少涉及世界通用的加速折旧、投资抵扣免除、延期缴纳等间接的做法。直接方法的劣势在于一方面减少了收入绝对额，另一方面也因优惠对象范围狭窄而无法与不同类型企业的需求相匹配。

3. 税率设计上的问题。税率设计欠合理，中小企业税收负担依然沉重。首先，自《企业所得税法》修订以后，税率从33%降低到了25%，符合条件的小微企业的税率为20%，高新技术企业的税率为15%。税率下降了，但与国外发达国家10%和15%的税率相比，我国中小企业税收负担仍然相对较重。其次，对于一般纳税人和小规模纳税人这两类主体，后者根据3%的征收率缴纳增值税，但不允许扣除，更不能使用增值税专用发票，经营后必须开具专用发票的，要到税务机关申请代开，而且只能按“征收率”填开应纳税额。就征收率而言，与一般纳税人17%的纳税税率相比，小规模纳税人的税率降低了，但一般纳税人可扣除进项额，所以小规模纳税人的税费负担不一定低于一般纳税人。另外，国家税务总局规定，自2018年5月1日起，对纳税人在销售或进口货物方面征税，税率将从原来的17%与11%分别降为16%和10%，小规模纳税人的部分没有变动。小规模纳税人的税率并没有调整，一定程度上反映出对小规模纳税人的税率不降反升的现象。

4. 地方性税收政策针对性上的问题。地方性税收政策无法与当地中小企业的发展现状相适应。受现行税收管理权限规定的制约，省级税务部门无权制定专门针对帮助中小企业发展的税收优惠政策,致使支持中小企业成长与发展的地方性税收政策无法与当地中小企业的发展现状相适应,税收政策的针对性受到影响。

## 第四节　财税支持政策在《中小企业促进法》中的表达与评析

2017 年修订的《中小企业促进法》在财税支持政策的法条构造上,将原法的第二章“资金支持”修改为“财税支持”与“融资促进”,这一拆分,将财税工具与金融工具相分离,使财税支持中小企业成长与发展更具有针对性与实效性。

### 一、财税支持政策在《中小企业促进法》中的表达

#### (一)中央财政中小企业科目的设立

中小企业发展专项资金是指各级政府财政预算支出中的一项优化中小企业发展环境、促进中小企业成长壮大的资金。《中小企业促进法》的此次修订将中央财政在本级预算中增设中小企业这一主体,表明了国家对中小企业发展的财政支持。预算科目是指政府预算收入和预算支出项目的分类名称,是反映政府收支活动的分类体系。它的范围与级次安排反映了政府财政支持的范围的重点。

2017 年修订后的《中小企业促进法》第 8 条第 1 款规定:“中央财政应当在本级预算中设立中小企业科目,安排中小企业发展专项资金。”该条款新增了“本级”,更为标准化,表明一级政府一级预算。

#### (二)地方财政中小企业发展专项资金的安排

2017 年修订后的《中小企业促进法》第 8 条第 2 款规定:“县级以上地方各级人民政府应当根据实际情况,在本级财政预算中安排中小企业发展专项资金。”这一条款修改了原《中小企业促进法》第 10 条第 2 款“地方人民政府应当根据实际情况为中小企业提供财政支持”的相关规定。其变化主要体现在以下方面。

其一,进一步明确了地方人民政府的层级范围是指县级以上地方各级人民政府,不再笼统要求各级人民政府提供财政支持,未对乡镇政府设定安排中小企

业发展资金的法定要求。

其二，在《中小企业促进法》修订前，有关安排中小企业发展专项资金工作在地方上大多在省、地市级地方财政中统筹进行，相当部分县级财政实际上并未对此项专项资金的预算作出安排，致使县级政府对中小企业是否给予专项资金支持具有很大的随意性，财政政策支持力度不强。此次修订后强化了县级人民政府对中小企业提供财政支持的法定要求。

其三，将县级人民政府对中小企业的财政支持明确为在预算中安排中小企业发展专项资金，使得财政支持落到实处，刚性约束更加彰显。

这些规定的意义在于进一步强化了设立财政专项资金的法定性与统筹推进中小企业发展促进工作之间的密切联系。

### （三）中小企业发展专项资金的设立与运行

2017 年修订后的《中小企业促进法》第 9 条规定："中小企业发展专项资金通过资助、购买服务、奖励等方式，重点用于支持中小企业公共服务体系和融资服务体系建设。中小企业发展专项资金向小型微型企业倾斜"。这一规定改变了原来政策文件中有关中小企业发展专项资金用于开展支持中小企业工作的笼统提法，同时更加明确地将其区分于中小企业发展基金，其用途上直接明确"重点用于支持中小企业公共服务体系和融资服务体系建设"，不再规定用于补充中小企业发展基金，同时规定了中小企业发展专项基金的重点支出方向与支出使用方法。其意义在于，立足于社会经济条件下发挥公共财政为市场主体提供公共服务的职能，迎合了小型微型企业对公共财政的依赖。按现行企业划分标准，在我国，大中小型企业分别占企业总数约 0.1%、1% 和 98%，绝大多数是小型和微型企业。[1] 在该修订后的法条中规定，"资金使用管理坚持公开、透明的原则，实行预算绩效管理"，也使得中小企业发展专项资金的使用与管理有法可依。

### （四）中小企业发展基金运行制度的进一步完善

中小企业发展基金在 2002 年制定的《中小企业促进法》中作出过规定，但如何使中小企业发展基金落地及落到实处，长时间内并未有实质性的推进。直

〔1〕 参见李命志、马向晖主编：《中华人民共和国中小企业促进法释义》，中国法制出版社 2017 年版，第 34 页。

到2015年9月，在国务院第104次常务会议上决定设立总规模为600亿元的国家中小企业发展基金之后，实质性的推进工作才得以进行。2017年修订《中小企业促进法》时，对中小企业发展基金作了以下几个方面的制度完善：

(1)明确了国家中小企业发展基金的性质。将其界定为政府引导基金，按照市场化方式运行，推进国家投融资机制改革创新。其宗旨是发挥财政资金的杠杆放大效应，按照社会出资人优先分红，国家出资收益适当让利的原则性要求，引领和发动社会力量帮助中小企业成长与发展。国家中小企业发展基金主要用于助力处于初创期的中小企业，推动创业创新。

(2)明确了国家中小企业发展基金的运行原则。即遵循市场化的运作原则，并在相关政策文件中，对此运行原则作了具体化表述。其一，原则上采取有限合伙制，基金的发起设立、投资管理、收益分配、到期退出均按照市场化原则操作。通过构建规范的政府引导基金治理结构和专业化市场运作实现政府引导目标。其二，在产业导向上应当体现对实体经济的支持，其投资领域应当有利于推动经济结构调整和经济增长动力转换，注意培育新的发展动力，基金采取股权投资的途径，聚焦于长线投资，而非证券投资基金，拒绝二级市场，拒绝投资房地产。其三，应多方面采取有效措施，确保不偏离政策目标。

(3)对地方设立中小企业发展基金不作强制性要求。根据2017年修订后的《中小企业促进法》第10条的规定："县级以上地方各级人民政府可以设立中小企业发展基金"，"可以"应理解为倡导性规范，地方人民政府可以不设立，但立法倡导设立。如果设立中小企业发展基金，应按中小企业发展基金管理办法的相关要求，明确基金架构和组织形式、基金投资决策机制、后续监督机制、社会资本参与和退出方式、母子基金的运行和投资方式等基金运行的基本原则。地方没有设立本地区中小企业发展基金的，可以按照有关政策规定，申请由国家或者上一级人民政府设立的中小企业发展基金的支持。

(五)税收优惠扶持措施的进一步强化

2017年修订的《中小企业促进法》将一些现有的税收优惠政策以法律的方式确定下来，主要表现在以下几个方面：

(1)将扶持小微型企业的税收政策法定化。如规定"国家实行有利于小型微型企业发展的税收政策，对符合条件的小型微型企业按照规定实行减征、免征企业所得税、增值税等措施。简化税收征管程序,减轻小型微型企业税收负担”。

(2)增加功能性税收的扶持规定。在创业扶持方面,高等学校毕业生、退役军人和失业人员、残疾人员等创办小型微型企业,按照国家规定享受税收优惠和收费减免。创业投资企业和个人投资者投资初期科技创新企业的,按照国家规定享受税收优惠。

(3)增加功能性的费用加计扣除政策。优化中小企业研究投入费用加计扣除政策,助力中小企业技术创新。在创新支持方面,中小企业的固定资产由于技术进步等原因,确需加速折旧的,可以依法缩短折旧年限或者采取加速折旧方法。国家完善中小企业研究开发费用加计扣除政策,支持中小企业技术创新。

(4)税收优惠政策法定化。将税收优惠政策以法律的形式确定下来,可以增强政策的长久稳定性和持续有效性,并实施相对应的制度措施,有利于培养市场主体、形成新的发展动能,拥有巨大的现实作用和长期价值。

## 二、对财税政策在《中小企业促进法》中表述的评析

### (一)财税支持政策的制度化实现

财税政策是国家经济政策的重要组成部分。财税政策的制定,应定位于促进中小企业的成长与发展,为中小企业营造良好的平等环境;鼓励中小企业增加投资、扩大经营,安排更多的社会就业人员,为中小企业提供自我发展的动力;指导中小企业搞好社会化分工协作,提高企业的整体素质,为中小企业提升国内外市场的竞争实力。

2017年修订的《中小企业促进法》相较于2002年制定的《中小企业促进法》,在相关财税制度构建方面更加清晰,较好地推进了政策文本的制度化实现。如确定中央政府在本级预算中投入中小企业发展专项资金;关于中小企业发展基金的性质和实际运营进行了制度化的细化;将一些现有的税收优惠政策以法律形式确定下来。

强化政策文本的制度化实现,其功能与意义在于,相关政策的实施更加明确与规范;相关政策转化为法律规范后更具有法定化与强制性;相关制度实施后的评估与评价也更具有可测度性。

### (二)财税支持政策的可操作性呈现

在2002年制定《中小企业促进法》之时,有关中小企业发展专项资金、中小

企业发展基金等仅停留在政策文本层面,实践中尚未予以实施。

在时隔15年之后,在2017年对《中小企业促进法》进行修订之时,实践中已经积累了不少经验。本次修法,在总结实践经验的基础上对财税支持政策的规定措施更具可操作性。

比如,在对中小企业发展专项资金使用的规定上,实行预算绩效管理,这是修订后增加的条款内容,强化了专项资金使用结果的考核;在对中小企业发展基金设立的规定上,明确提出了县级以上地方各级人民政府可以设立中小企业发展基金,这一规定明确了中小企业发展基金的设立主体,便于实践运作;在政府采购中,对安排中小企业预留的采购份额上,原法对此未作出明文,修订后的《中小企业促进法》从采购预算总额之比分别对中小企业、小型微型企业两个层面作出细化性的规定,使政策实施具有较强的可操作性。

## 第五节　立法修订的体系化思考:追求财税政策的法定性与协调性

促进中小企业成长与发展的财税支持政策是一个系统,它的运行应以系统论为基础,以合乎公共政策选择为目标,以政策法治化为手段,以此追求财税支持政策的体系性与实效性构建。

### 一、财税支持政策的法定性、公共性与针对性之构建

#### (一)财税支持政策的法定性

要促使财税支持政策进行法治化运行,法定性是前提和基础。

财政支持政策的法定性就是要将财政资金的投入纳入同级人民政府的财政预算之中,本着财政量入为出原则,管好、用好属于财政属性的支持中小企业的相关资金与基金。同时,在运行程序上,以法规的形式建立起相应的预算制度、决算制度、监督制度与绩效考核制度。

财政支持政策的法定化,其实质是体现公共财政的理念,财政资金来自人民,应用于人民,究竟有多少资金流向特定对象,应接受社会的监督,体现社会公益原则。

税收支持政策的法定化是指税收作为一种强制性、无偿性的征收行为，其税收主体的权利和义务必须由法律作出规定，税法的各种要素也只能由法律明确界定。在欠缺法律根据的情形下，任何主体都不得征或减免税收。[1]

税收支持政策的法定化，其实质是坚持税收法定原则，并以量能课税为基础。

税收优惠对于特定对象而言是一种减轻税负行为，对特定对象给予减轻税负，其合理性在于，它是以量能课税为依据的。量能课税的本质是“税收能力说”，其核心是如何实现税收公平。税收公平要求国家税收的征收应使各个纳税人的税负与其负担能力相适应，并使纳税人之间的税负水平保持平衡。[2]

那么税收优惠是否还需要固守税收法定主义呢？回答应当是肯定的。坚持税收法定原则，理应坚持优惠措施明确、法定，即税收优惠涉及的优惠主体、优惠对象、优惠依据、优惠税率等必须由法律、法规加以规定。行政机关未经依法授权，无权在行政法规或规范性文件中对优惠课税要素作出规定。税收行政机关应严格依据法律的规定征收，不得擅自变动法定课税要素和法定征收程序，在没有法律依据的情形下，税收行政机关无权决定开征、停征、减税、免税、退税、补税。[3]

从以上分析可知，目前我国对中小企业的税收优惠措施还停留在相关行政部门（主要是财政部、国家税务总局）的规章与规范性文件这一层级上，从税收法治化思考，应将现有的相关税收优惠政策进行梳理，在此基础上形成法规草案，提交立法部门审议通过，或由立法部门授权相关行政部门颁布行政性法规或行政规章。

（二）财税支持政策的公共性

财税支持政策是一项公共性政策，政策的内容具有公共性，政策的运行与操作也应体现透明性。

就财政而言，财政支持政策公共性的实质就是将财政收入中应用于扶持中

---

〔1〕 参见张守文：《论税收法定主义》，载《法学研究》1996 年第 6 期。

〔2〕 参见赵新颖：《我国中小企业税收优惠制度的基本原则及设计思路》，载《法制与经济（下旬）》2014 年第 5 期。

〔3〕 参见赵新颖：《我国中小企业税收优惠制度的基本原则及设计思路》，载《法制与经济（下旬）》2014 年第 5 期。

小企业的那部分资金或基金应当公平对待、公正处理、公开实施，并自觉接受全社会的监督。这里需要关注两个问题：其一，给予中小企业的财政政策支持的范围，应当在《中小企业促进法》所确立的促进对象、促进事项的范围内，[1]依我们理解，关于中小企业的财政支持政策的范围主要包括：涉及促进中小企业，尤其是小微企业成长与发展的相关事项；涉及鼓励中小企业投资与再投资行为的相关事项；涉及中小企业科技创新的相关事项；涉及中小企业促进就业的相关事项；涉及中小企业在特定地区开办的相关事项。在实施中，应固守政策所应发挥作用的领域与范围，既不能缺位，又不能越位。要界定政府与市场及社会之间的界限，在市场配置资源发挥决定性、基础性作用时，政府运用财税政策应着力聚焦在市场失灵方面。财税政策应加强其目标性、协调性和导向性的政策功能。[2] 其二，对于公共性的财政资金的使用应有一套严格化的运行准则，其中包括申请、投入、监管、评价等行为规范，以提高公共性财政资金的实际使用效果，防止“暗箱操作”、寻租腐败现象的发生。目前在公共性财政资金扶持中小企业成长与发展中存在的主要问题是，扶持性财政资金被中小企业挤作他用、财政补贴起不到实际效果、间接投放被融资担保机构挪作他用，解决这些问题的关键是建立运行与监管的规则体系。

就税收而言，税收支持政策公共性的实质就是将税收优惠政策中应用于扶持中小企业的那部分税收措施公开实施、公平对待，并自觉接受全社会的监督。要正确处理税收政策的引导功能与市场机制作用二者的关系。

就目前情形而言，我国有关中小企业的财税支持政策主要包含在《中小企业促进法》和《企业所得税法》等综合性法律法规中，这些法律法规的某一章某一节提出过相关促进中小企业的财税支持方案。但是，明确针对中小企业进行财税支持的政策体系却很少。建议在制定《中小企业促进法》实施办法时，进一步强化中小企业财税支持政策体系构建。

（三）财税支持政策的针对性

目前，在我国，相关规范性文件中针对中小企业税收优惠措施较为散乱，容

---

〔1〕 参见赵新颖：《我国中小企业税收优惠制度的完善建议——以〈中小企业促进法〉及增值税法中相关规定为契机》，载《法制与社会》2014 年第 14 期。

〔2〕 参见刘玉廷：《构建符合市场经济要求的中小企业财税政策体系》，载《中国中小企业》2013 年第 11 期。

易使各项税收优惠政策文件相互冲突、重复,加之政策频繁变动、不够透明,致使众多中小企业难以熟知,也难以实际运用。[1] 繁多的优惠措施既降低企业税收遵从度,也会导致税务部门因对过多过细的优惠措施的审核与解读而增加征收成本。

强化财税支持政策的针对性,其实质是将财税支持政策围绕中小企业需要促进的内容精准施策,以达到应有实效。在相关制度构建上,我们建议可以从以下方面着手:

(1)对小微企业实行单一税制。基于小微企业自身的特点,可参考国外单一税制的经验,简化小微企业的纳税程序和种类,将多种税制简化为单一税制。这样既可以降低相关政府部门的纳税成本,也可以有效降低小微企业的经营成本,提高其生产积极性,并在扩大税基的基础上提高总体税收收入。[2]

(2)对中小企业实行分类支持政策。其中,将中小企业划分为中小企业与小微企业,围绕它们的不同性分类制定支持政策;另外,根据中小企业从事领域的不同、设立区域(地区)的不同、对科技创新能力的不同,对吸纳就业岗位的不同,分别采取对应性的促进政策。

(3)进一步修正完善已有的中小企业财政扶持政策。第一,对中小企业的支持应逐步从后端转向前端,并加大对中小企业创业和增长的支持力度。第二,对中小企业的支持主要是从直接支持转向间接支持,减少财政补贴,扩大业绩考核下的财政性奖励。第三,对中小企业的支持应从"点"转向"面",重点是改善中小企业服务体系,优化中小企业的发展环境。

## 二、财政与税收支持政策的协调性与系统性之构建

### (一)财政支持政策的系统化构建

财政支持政策以中小企业发展资金与中小企业专项基金为重点,以财政补贴、财政性奖励与政府招标项目为辅助,推进财政支持体系的协调性与系统性。

1. 中小企业发展资金与中小企业专项基金的综合运用。中小企业发展资金

〔1〕 参见梁晓雯、仇珂:《中德中小企业财税扶持措施对比及借鉴》,载《时代金融》2017 年第 8 期。

〔2〕 参见程小琴:《财税政策促进中小企业成长的机制、路径与对策分析》,载《商业经济研究》2018 年第 9 期。

与专项基金虽然名称不同,用途不同,但它们都是财政资金支持中小企业的有效手段,具备“四两拨千斤”的作用,一方面能有效推进某一领域特定产业、特定中小企业的成长,另一方面还可以清楚地表明支持政策的意图。在中小企业专项基金上,以尊重市场规律为前提,充分体现财政政策对社会资本运行的指引职能,更加注重市场导向的运作,将政府政策目标与社会资本商业目标进行融合。

在中小企业发展资金与中小企业专项基金综合运用上应关注以下问题:一是关注财政资金的安全性,即要确保财政资金的合规流动与安全使用。二是关注资金与基金的市场化放大,只有将财政资金或专项基金作 1∶N 放大,才能起到支持与扶持的实际效果。三是关注运营手段的综合性应用,通过政府购买服务、股权投资、融资租赁、PPP 模式,构建完整的产业链和创新创业生态。四是关注政府适度让利,在专项基金的运作上,政府参与的目的主要不在于盈利,而在于引导,政府适度让利,以保障市场资金参与的积极性。五是关注基金的投向领域,使专项基金真正应用于促进中小企业的成长与发展上,不能因为政府设立其他产业基金而挤占或影响中小企业专项基金的实际运行与作用的发挥。据我们对宁波市的调查,宁波市财政部门于 2015 年实施的产业基金并不针对中小企业,而是针对四大新兴产业,并在工业信息、海洋经济、旅游、电子商务这 4 个领域分别设立专项产业发展子基金。这就意味着在地方政府财力有限的情形下,可能会发生针对新兴产业的产业基金会挤压面对中小企业的产业基金。

2. 财政补贴与创投融资的综合运用。鉴于财政补贴在中小企业支持方面的影响,目前有两种理论观点,分别是“促进理论”和“抑制理论”。前者主张政府研发补贴能让企业获得足够的资金去进行创新,尤其是资金力量较弱的中小企业。后者则提出政府无法更好地对企业开展创新的活动进行监管的主要原因在于信息不对称和委托代理,从而引发寻租问题,研发补贴的配置不能最优化乃至造成了“挤出效应”,减少了私人投资。[1] 目前,为促进中小企业发展,国家与地方政府鼓励创投融资公司对中小企业的创融投活动。在财政补贴与创投融资双管齐下的政策环境下,财政补贴什么,是直接补贴还是间接补贴,需要从财政补贴与创投融资的关系上进行思考,并就两种方式如何进行综合运用作出相应的

---

〔1〕 参见林小玲:《财政补助、外部融资与企业自主研发投入——基于 2016 年全国企业调查数据》,载《山西财政大学学报》2019 年第 5 期。

制度构建。

3. 创投融资与扶持中小企业的政府采购制度的综合运用。在我国出现时间不长的政府采购制度是财政扶持中小企业的制度创新，需要以法治化、科学化、规范化路径予以推进。

为促使政府对中小企业采购提供便捷服务，可以采取以下途径：首先，选定中小企业的产品与服务目录，在同等条件下适量倾向选择购买此类企业生产的产品与服务。其次，将政府采购配额针对中小企业的部分予以一定的量化，使其尽可能获得多一些的比例份额。再次，在相应的招标资格审查中，在商品质量、技术水平和信用状况等层面予以重点关注，从客观角度推动中小企业优化技术，完善管理，增强市场竞争力。最后，需要将合同予以区分，划分专项与一般合同，或将单个合同细分成多个小合同，保证小企业有机会参与投标活动。[1]

政府在同等质量条件下倾向选择在中小企业中获得商品与服务的同时，将投融资公司对中小企业的投融资活动有机地结合起来，为中小企业实施政府采购项目提供充足的生产发展资金保障。一方面解决中小企业产品与服务的出路问题，另一方面解决中小企业产品与服务的有效提供问题，这样既可以解决中小企业的供应侧问题，也能够解决中小企业的需求侧问题。

（二）税收支持政策的系统化构建

普惠、公平是税收政策的基本特质，该项政策往往成为系列扶持政策的首要选项。目前国内的税收减免政策还缺乏系统、规范的操作，仍停留于以中小企业为主要扶持对象的阶段。与国外发达国家拥有健全的制度的实践相比，我国还未建立起具有系统性、针对性的税收优惠扶持体系。依据效率优先、兼顾公平的原则，促成统一化、规范化的政策体系，同时将之以法律的方式明确下来，在法律上有力保障中小企业的税收优惠政策。

目前理论界和实务界针对中小企业税收优惠办法如何进行法治化构建，设计了三种进路：第一种进路是，将关于中小企业税收优惠的税收立法和有关政策举措的具体条款进行规范性文件汇编，编入“中小企业税收优惠办法”。第二种进路是，立法机关将目前所处阶段的关于中小企业现行税收优惠政策进行整合，

---

〔1〕 参见程小琴：《财税政策促进中小企业成长的机制、路径与对策分析》，载《商业经济研究》2018年第9期。

单独制定一部"中小企业税收优惠措施法"。第三种进路是,修订《中小企业促进法》或颁布"中小企业促进法实施条例(实施办法)",将对中小企业的税收优惠办法,进行系统化设计,专门规定中小企业税收优惠的具体条款,改变现行法律对中小企业税收优惠仅作出原则性规定,实际操作上仍存在无所适从的情形。[1]

我们认为,比较理性的做法是第三种进路。这是因为,第一种进路是单纯的技术重整而非进行立法活动,很难在法治路径上有较大的提升。在第二种进路中,制定"中小企业税收优惠措施法"会面临难题,因为目前我国税种多达20多种,各税种也大多与中小企业的税收优惠举措相对应,假设将此类优惠办法以一部税法的形式呈现出来,会形成对立法技术的巨大挑战,也与税法实行"一税一法"的立法模式不相符合。第三种进路的可采纳性在于,一方面顾及了已有的《中小企业促进法》,另一方面也细化了《中小企业促进法》的立法体系。

在体系化构建中,除了确立中小企业税收优惠立法的基本思路外,还应在实体性的制度构建上有所突破,形成体系化设计。重点应从以下几个方面着手:

(1)完善现行增值税制度,保护中小企业的合法利益。一是增加一般纳税人范围。为保证增值税扣减链完整,对生产场地相对固定,产销环节易于控制,可根据会计制度和税收政策准确计算出口税、进项税和应纳税额的,可以批准作为一般增值税纳税人,申请增值税进项税减免。二是加大降低小规模纳税人的征收比重。依据公平税负的原则,降低征税率有助于推动小规模纳税人生产经营的良性发展。

(2)革新现行所得税制,降低中小企业的税收负担。一是降低中小企业的所得税率。二是适当放宽税前费用列支标准。对中小企业的研发费用可作税前扣减,将固定资产的折旧年限减少,中小企业的机械设备许可加速折旧,折旧期缩短,提升折旧比率,可以推动设备升级和小型技术改造。通过加速折旧、延期纳税、投资抵免等措施,使中小企业能够根据自身的经营状况选择纳税形式,最大限度地将利润投入到扩大再生产之中。

(3)完善税收管理服务体系,营造良好的税收环境。一是修改完善税收征

---

〔1〕 参见赵新颖:《我国中小企业税收优惠制度的基本原则及设计思路》,载《法制与经济(下旬)》2014年第5期。

收管理方法，提升税收征收、征管效率。二是简化中小企业的纳税申报程序和纳税申报表上需填写的信息，以便节约纳税时间和税收成本。三是积极推进税务代理服务，为中小企业提供税务咨询和代理服务，避免因误解税收法规而出现的税务错误。四是加强对中小企业高效的信息途径和有质量的公共信息供给，是为广大中小企业尤其是小微企业提供创业咨询、企业诊断、信息咨询和法律咨询等服务。

（三）两大支持政策的协同性构建

长期以来，我国财税政策难以发挥其应有作用，其主要原因在于两大政策的系统性构建缺失，政策有效配比不够。从我国中小企业财税政策的发展历程中可以看出，主要体现在聚焦政策观念的转变，政策话语的变化，致使财税政策的优化和升级浮于形式。而对范式转变所引发的社会争论和关注度尚感明显不足，因而社会参与度较低，相关政策的执行动力后劲不足。[1]

财税支持政策系统化构建的实质是将财税作为一个系统进行整体性的制度安排与制度设计。可以从以下方面着手：

（1）建立统一的财税支持中小企业的监测平台。凡是获得了财政或税收支持政策支持的中小企业都应当录入该监测平台中，通过监测平台，及时了解这些中小企业获得财政支持的情况、获得税收优惠的情况，这些企业的产出情况、经营业绩情况，以便于对中小企业进行诊断与监管，同时对成长型较好的中小企业提出政策支持的建议。通过监测平台所掌握的大数据，还能了解到扶持型政策措施对中小企业的覆盖面比例，是否真正实现了政策支持的目标追求。

（2）建立财政支持与税收支持的互动机制。由于财政支持与税收支持所追求的价值目标是相同的，由此所进行的支持政策也往往相对集中于某些特定企业，由于财政支持与税收支持的内容是有差异的，可以通过二者的对接与互动，产生更好的支持效果。

（3）建立起财政支持与税收支持的反馈机制。对财政支持与税收支持两种支持模式与取得的绩效好坏进行信息交流，通过反馈机制，进而采取必要的纠偏行为，以达到政策目标的有效实现。

---

〔1〕　参见刘畅：《中小企业财税支持政策的范式转变》，载《社会科学》2013 年第 8 期。

## 三、财税支持政策与其他支持政策的协调性构建

### (一)税收政策与竞争政策之协调

税收的属性为公平。公平税收是现代税制的主要原则,也是市场经济发展的客观需求。税收所追求的公平、效率与竞争政策所追求的公平、效率异曲同工,如出一辙。坚持税收公平,才能实现竞争公平;做到税收区别对待,才能实现税收在维持市场主体竞争中的公平竞争要求。

要实现税收政策与竞争政策的协调运行,既要体现税负的公平性,又要强调区别对待,防止对公平税负造成破坏。企业税收负担公平、竞争平等原则是中小企业财税政策考量的要点。政策上不再按所有制和经济性质实施税收优惠,将先征收后退还,抑或定向补贴的方式适用于那些具备享有优惠条件的中小企业,这是对中小企业实施竞争政策与财税政策的关键问题所在,也便于保持相关财税政策与竞争政策的完整统一。

财税政策与竞争政策致力于打造中小企业成长的良性外部环境,创设鼓励中小企业成长的体制机制,最终惠及众多中小企业。政府在财税方面支持中小企业一定要着眼于实现市场配置资源功能,给该类企业的成长营造一个公平、公正、公开的市场竞争环境。

### (二)财税政策与产业政策之协调

财税政策与产业政策的协调具有良好的基础。一则,产业政策是财税政策的基础,国家产业政策中对中小企业的扶持政策指向成为财税政策的出发点与归宿,也构成财税政策体系的总基调。财税政策中对涉及中小企业的财政支持与税收优惠政策都是针对中小企业的产业政策的实施要求而设计的,可以这样认为,财税政策是帮助产业政策得以实施的最为积极的政策工具。二则,中小企业财税政策的积极实施,其结果有助于淘汰落后产能和扩大先进生产能力,营造有利于中小企业成长的产业发展环境,推动区域经济的和谐发展,由此而论,财税政策对产业政策具有正向推动效应。

要保持财税政策与产业政策之间良好的协调性,两者需相向而行。一方面,产业政策要强化指引功能,产业政策的制定要立足长远,要有前瞻性与科学性,只有这样,才能为扶持中小企业发展的财税政策的制定提供科学的依据,也才能

确保财税政策在一定阶段的稳定性与严肃性；另一方面，财税政策为更好地服务产业政策，在制定时应力求稳与准。通过自身的政策功能，指引中小企业朝着“专业化，精准化，卓越化”的目标发展，在财政政策指导下，使社会资本在不同产业领域、不同规模企业之间进行合理流动。

（三）财税政策与金融政策之协调

企业生产、经营的运作流程其实也是经营资本的流动过程。中小企业筹集资金的途径狭窄，投资实力较弱，难以吸收外部投资等都是制约中小企业成长与发展的关键因素。所以，财税政策在实施过程中，在解决中小企业融资性问题时需要与金融政策相协调。

财税政策与金融政策的协调可以寻求一个共同点，就是针对支持中小企业成长与发展的相关政策性融资平台如何在财税政策上给予支持。

在专门服务于中小企业的政策性融资担保组织的运行上，财政给予一定的经营风险以财政补贴、税收给予此类公司一定的优惠措施，这是财税政策与金融政策可以相互发生作用的领域。

在创设贷款担保基金项目上，可采取“财政拨款、资产划分、企业提供、社会筹集”的途径解决担保资金问题。通过财政划拨、国有资产（动产、不动产、国有土地使用权出让）转现、拉动社会力量入股、国内外赠与等多种方式获取资金。在这一领域，财税政策与金融政策也是可以相互发生作用的。发挥好它们之间的协调功能能够起到事半功倍的作用。

CHAPTER

# 第九章

## 促进中小企业成长与发展的融资政策检视及立法修订

中小企业融资难是一个世界性难题,但在不同国家和不同阶段,其困难程度却有所不同。在我国,中小企业,尤其是小微企业的融资难问题较为突出,究其原因,与适应于中小企业融资特点的普惠金融与多层次的金融组织不发达相关。2017 年修订后的《中小企业促进法》从加强与改善金融基础设施建设着手,在推进普惠金融、完善金融组织体系、创新金融服务的担保方式、大力发展直接融资和多层次资本市场、建立社会化的信用信息征集与评价体系等方面作出了相应的规定,力求为中小企业融资创造良好的法律环境。然而,在《中小企业促进法》给出的上述框架下如何更好地设计出具体制度性方案,并进行法治化运行仍是一个需要对融资政策体系进行解构与重建的问题。

### 第一节　金融政策对中小企业成长与发展的作用机理

我国中小微企业金融政策支持体系的形成和发展是我国中小微企业群体发展、现代金融体系发育、中小微企业政策演变三种因子共同作用的结果。金融政策支持体系对中小微企业成长而言属于外生性力量,有其不同于内生性力量的作用机理。

国外学者 Gerard George、Ganesh N. Prabhu、[1] Ari Hyytinen[2] 等尝试从金融政策的角度探究其与企业成长之间的关系。他们指出,金融政策对企业的创新和成长可以进行约束和限制,但对缓解资本市场,并且对不同程度的依赖外部资金的企业起到帮助作用的,则是政府资金。Thorsten Beck 等(2006)[3] 为了研究企业规模和融资以及法律之间的相互关系,对 44 个国家进行了数据的调查分析。最终的数据分析结果表明,企业的发展规模与金融发展成正比。

## 一、金融政策与中小微企业成长与发展

### (一)金融政策与企业成长环境

所有中小微企业无一例外地存在于特定的经济生态系统中,通过与外部环境之间的能量交换获得生存与发展的机会。政府对中小微企业予以支持,就本质而言是政府这只"看得见的手"对市场进行干预的手段之一。市场的资源优化配置无法实现,也即市场失灵,是政府干预市场的前提条件,然而,我国中小微企业所处的经济生态系统中的"市场失灵"与西方发达国家相比存在很大差异,也就是说,一般性市场失灵与市场不成熟的现象在我国同时存在。一般性的市场失灵依附于市场经济之中,与市场经济并存,是市场经济本身就具有的问题。而市场的不成熟则是市场体系不完善的表现,由于市场的主要构成要素缺失,从而导致市场机制难以运行,难以发挥其应有作用。

影响企业成长环境的因子主要有市场环境、区域环境、政策与法制环境等,其中金融政策是构成政策与法治环境的重要内容。中小微企业的资金运动往往受制于一国的金融政策与制度,一旦信贷从紧,或金融组织体系不健全,或金融

[1] See Gerard George and Ganesh N. Prabhu, *Developmental financial institutions as technology policy instruments: implications for innovation and entrepreneurship in emerging economies*, Research Policy, 2003, Vol. 32, p. 89 – 108.

[2] See Ari Hyytinen and Otto Toivanen, *Do financial constraints hold back innovation and growth? Evidence on the role of public policy*, Research Policy, 2005, Vol. 34, p. 1385 – 1403.

[3] See Thorsten Beck, Asli Demirgu-Kunt and Vojislav Maksimovic, *The influence of financial and legal institutions on firm size*, Journal of Banking & Finance, 2006, Vol. 30.

差异化服务体系不成熟,中小微企业将面临"缺血"或"失血"的局面。

金融政策对中小微企业成长的外力影响机制主要表现在以下方面:其一,发展导向机制。一定时期的信贷政策确定了中小微企业发展的基调,暗含着国家对中小微企业发展的引导信号。其二,资金调控机制。金融政策既能通过信贷市场调节中小微企业的资金量,也可影响中小企业是否能在证券市场上获取资本。其三,环境支撑机制。在金融政策的支持下,完善的金融中介服务体系可为中小微企业融资提供必要的金融中介支持。[1]

金融政策体系构成中小微企业成长的软环境,因而,在金融政策设计上是采取抑制政策还是扶持政策,将对中小微企业的成长与发展产生截然相反的影响。

(二)金融政策与企业外生力量

中小微企业具有天生的弱质性和不稳定性,在激烈的竞争中无法与大企业集团进行抗衡。企业金融成长周期理论认为,在企业创立、发展及成熟的各个时期、各个阶段,内外源融资方式的重要性也有所不同,[2]实证表明,中小微企业在其创业之初,由于受经营规模制约,对资金的需求量并不会太大,在这一阶段,大多可以通过内部职工吸储和增资扩股方式筹措相应资金得以解决。在中小微企业经过短暂的初创期后,由于业务扩展、规模扩大、产业结构调整、产品结构升级,内源性融资方式远远不能满足更大规模的资金需求,此时,融资目光便投向资本市场、银行信贷和非正规融资途径,金融供给作为外源性融资的重要性日益彰显。就应然层面而言,由于资本市场对中小微企业融资服务贡献值过低,信贷融资也就自然而然地成为外源融资方式中最现实的路径。

在我国,由于金融政策的实然层面与金融供给渠道多元性的应然层面差距较大,导致信贷资源配置难以满足中小微企业的成长需求。因而,发展后劲不足与融资难便成为中小微企业普遍存在的问题,如果金融政策不及时纠偏,对中小微企业成长就会产生负面影响。

---

〔1〕 参见冉光和、张冰:《财政金融政策对中国民营经济发展的影响效应研究》,载《经济与管理研究》2012 年第 1 期。

〔2〕 企业金融成长周期理论由 20 世纪 70 年代的 Weston 与 Brigham 提出,他们根据企业不同成长阶段融资来源变化,最初将企业成长阶段分为初期、成熟期和衰退期"三阶段",后来逐渐将该理论扩展为"六阶段",即创立期、成长阶段Ⅰ、成长阶段Ⅱ、成长阶段Ⅲ、成熟期和衰退期。但就金融供给实证角度而言,其仅创立、发展及成熟时期具有重要的研究意义。

（三）金融政策与中小企业促进型政策体系

在中小微企业成长与发展的政策体系中，竞争政策、财税政策、产业政策、金融政策共同构成促进型政策体系，但不同的政策内容与期望目标对中小微企业的作用机理也有所不同。

竞争政策具有优胜劣汰的作用机理，政府出台竞争政策的目的是让一部分具有发展潜力的中小微企业冒尖而出，在公平竞争环境中谋求发展壮大；财税政策主要是通过税收减免来扶持中小微企业，增强其发展根基，促进其发展实力；产业政策主要是通过产业区域配置与产业替代政策等引导中小企业在国家需要的产业领域发展；金融政策则是通过细化信贷、利率等投向政策指引，加大对某些产业、某些行业、某些企业的信贷投放力度，从而促进其成长与发展。

总体而言，对中小微企业的政策结构主要针对成长后劲不足的企业的社会政策与面向富有成长能力的经济政策的混合物。因而如何对中小微企业进行政策对象的确定、政策目标的设定以及政策实施绩效的评估，需要理性的选择与公共政策分析。资源、能力、环境构成了企业成长与发展过程中的三种约束，围成了企业的成长与发展空间。[1]

（四）金融政策对企业经营行为的引导

金融政策既可以影响中小微企业的经营目标，也可以影响中小微企业的经营行为。

企业融资究竟是以股权融资为主还是以债务融资为主，除了受自身财务状况的影响外，还受国家融资体制的制约。在从紧或适度从紧的货币政策实施期间，金融政策与货币政策对企业的经营行为会产生一定程度的影响，特别是信贷规模控制、差别准备金率、存贷款利率上调等政策的实施，会直接影响中小微企业的融资规模，金融组织对货币政策在基层的传导、自身服务功能的调整方面也更为明显，从而对企业的融资与经营行为产生一定的影响。

金融环境对中小微企业经营行为影响较为典型的例证是，在2008年国际金融危机环境下，银根收紧，企业出口明显萎缩。海关总署发布的数据显示，2009年1月出口总值同比下降17.5%，跌幅较2008年12月扩大14.7个百分点。

---

〔1〕 参见王建军：《企业成长模式及其影响因素研究》，载《管理学家（学术版）》2010年第3期。

## 二、2011 年前后我国民间金融危机的发生及其反思

### (一)2011 年前后我国民间金融危机评述

2010 年、2011 年、2012 年前后,在我国的一些地方引发了民间金融危机。这些地方主要有浙江省的温州市、宁波市、台州市;内蒙古自治区的鄂尔多斯市、包头市;陕西省的榆林市神木县;江苏省的泗洪县石集乡;福建省的厦门市、南平市建阳区等。其中以浙江省温州市为代表,见表 9-1。

**表 9-1　2011 年前后我国民间金融危机发生的主要地区时间节点分布**

| 省份 | 代表性地区 | 金融危机发生时间 |
|---|---|---|
| 浙江省 | 温州市、宁波市、台州市 | 2010 年下半年至 2011 年 |
| 福建省 | 厦门市、南平市建阳区 | 2011 年 6 月中旬 |
| 内蒙古自治区 | 鄂尔多斯市、包头市 | 2011 年 9 月 |
| 江苏省 | 泗洪县石集乡 | 2011 年年底 |
| 陕西省 | 榆林市神木县 | 2012 年年底 |

此次民间借贷危机由东部沿海地区爆发,并在短时间内快速蔓延,在东、西部地区涉及众多省份区域。

这场危机的表征是在巨大的债务压力下,部分中小微企业因长期以来形成的非正规金融融资问题,在"扛"不住民间高利贷还贷还息压力下,最终因资金链断裂而停业,出现大量企业主逃债逃跑现象。[1] 研究发现,这场民间金融危机的负面影响之深,波及面之广,为新中国成立以来所罕见。[2]

### (二)2011 年前后我国民间金融危机的基本特点

总结反思这场危机,可以概括出以下四个方面的基本特点。

1. 民间性

此次民间金融危机是由民间融资引起的,具有民间性的特征。民间金融具有自发、隐蔽、不理性之弱点,与正规金融相比,我国民间金融缺乏国家金融监

---

〔1〕 参见郑曙光:《民营中小企业融资新政:金融创新的制度基础与法制化路径》,载《中国软科学》2012 年第 6 期。

〔2〕 新中国成立以来,在全国各地,曾发生过几次较为严重的民间金融危机,其中有 1986 年的民间金融危机、1997 年和 2011 年前后的民间金融危机。

管,也缺乏相应的法律法规的规范和规制,但其却依然广泛存在,具有利率市场化、融资灵活性、融资主体以民企为主等特点。

2. 区域性

此次民间金融危机始于2011年,并如锁链一般将温州市、鄂尔多斯市、榆林市神木县这三个城市卷入其中,使这三个曾经被誉为经济神话的地区成为金融危机的"重灾区"。通过研究发现,金融危机在这些地区的发生并非偶然,具有其必然性。

首先,温州市、鄂尔多斯市、榆林市神木县三个地区都是民营资本雄厚的地区,其经济的发展大多依靠民营中小企业。以温州市为例,民营资本对该地区GDP的贡献率高达97%,远远高于中国经济架构下民营资本对GDP贡献的百分比,使这些地区更容易受金融危机影响。

其次,这三个地区的产业都呈现空心化,资金热钱化。民间资本大多流向"炒房""炒煤"等领域,没有流向实体经济,容易催生市场泡沫。以榆林市神木县为例,其地底蕴藏着近500亿吨的煤矿,因而造就了以煤矿为主的产业链条,但是由于"炒煤""炒房"等产业投机性强、风险大、政策监管严厉,由此形成的产业链条并不牢固,经受不起金融动荡的冲击。

最后,这些地区的民营产业发达,民营中小企业众多,因此出现了"麦克米伦"缺口。相应地,由于这些地区又具有雄厚的民间资本,使得这些地区依托以上优势形成了规模庞大、利率畸高的民间借贷市场。但是民间借贷毕竟缺乏法律保障,因此成为导致民间金融危机产生的诱因。

3. 阶段性

此场金融危机爆发在2011年前后,持续时间2~3年。受影响的地区恢复较为缓慢。新中国成立以来,发生此类金融危机并不多见。相关资料显示,1986年也曾爆发过一起以民间借贷为形式的民间金融危机,成为当时法院审理金融纠纷案件的重点。但当时的民间金融危机并不像2011年前后的民间金融危机波及面那么广泛,对实业经济的冲击那么严重。此次民间金融危机造成如此严重的冲击,主要是由于2008年国际金融危机对民间金融的持续性影响,加之国家为减缓该消极影响在这期间实施了大量的救市计划,实施了宽松的货币政策从而助推民间借贷市场的膨胀。但随后国家又频繁转换货币政策、产业政策,最后导致膨胀的民间借贷市场的爆裂,民间借贷危机全面爆发,这是由于该特定时期国内外环境导致的。

4. 破坏性

此次民间金融危机由局部地区衍生,并形成“多米诺骨牌效应”逐渐蔓延至全国众多地区,其蔓延速度之快,破坏力之强,对地区的经济发展造成重创,具有极强的破坏性,集中体现在以下几方面。

首先,中小企业现倒闭潮。此次民间金融危机的源头是一批实业型中小企业资金链断裂倒闭,企业主“跑路”现象引起的。以温州市为例,2011 年 4 ~ 11 月有 40 多家企业发生破产倒闭、“老板跑路”的事件,之后企业倒闭呈现“多米诺骨牌效应”,一些传统的经营不错的企业也纷纷陷入资金链断链、高利欠贷的情形,最终走向倒闭。

其次,金融恐慌难以在短时间内消除。本次金融危机波及面广,涉及民间借贷规模大,参与者众多,一些地区的民间借贷几乎达到“全民参与”的程度。因此,民间金融危机的爆发造成较广的受灾面,且严重破坏了当地的经济产业结构和人民的生活,导致地方经济在一定时间内难以复苏,引发较长时间的金融恐慌现象。

由于民间金融危机具有区域性特征,当它爆发时,对该地区的经济发展造成冲击。但是该冲击仅是局部地区的冲击,是相对可控的,只要及时应对,采取相应的措施还是能够在较短时间内得到一定程度的抑制。但也应当引起重视,防止其演变成大规模的全国性危机。

## 三、2011 年前后我国民间金融危机的深层次原因

### (一)实体经济空心化与民间资本热钱化

浙江省温州市、内蒙古自治区鄂尔多斯市、陕西省榆林市神木县这三个位于不同省份和经济投资环境下的区域,在 2011 年前后都爆发了区域性金融危机,看似巧合,实则存在联系性,在内外部因素的共同作用下,发生民间金融危机具有必然性。

以浙江省温州市为例,温州中小企业在其发展早期大多从事家电、服装、皮革、阀门等规模小、数量众多,技术含量较低、产业结构以轻工产品为主的传统制

造行业。据统计,2011 年前,温州从事加工业、制造业为主的第二产业的人数比重为 66.58%,其中从业于制造业人数的比例为 43.97%,总体上走的是以制造型产业结构为主、以低端制造业为核心的发展模式,采取的是粗放型的生产方式。这种粗放型、低级型的生产方式阻碍了产业结构优化与经济的良性发展,进而降低了温州产品的市场竞争力。[1] 加之,温州企业以家族式企业为主,以血缘、亲缘、地缘维系其生存与发展,既缺乏专业人才的引进机制,又缺乏通过技术创新达到转型升级的动力。[2]

在 2004 年之后,社会经济显现出“国进民退”现象,政府对国有企业的政策、资源予以了较大的倾斜,[3] 民营中小企业在政策以及外部投资环境不佳的情况下,便失去了从事实体产业的信心。加之国际市场的疲软,劳动力以及市场原材料的上涨使从事实体经济难以获得高额利润。在温州商人天生的逐利性以及偿还高额民间借贷利息需求的驱使下,温州人转向利润高的股票和房地产投资市场,甚至“以钱生钱”的借贷市场。从中国人民银行温州支行的相关数据看,2011 年温州市民间借贷资金总量为 1100 亿元,其中只有 35% 的资金用于一般性生产经营;40% 的资金停留在民间借贷市场,处于“钱生钱”的状态;另外还有 20% 的资金投资于房地产项目或者集资“炒房”。相关资料显示,温州企业大多涉足房地产行业,其中位居温州前 100 强的企业当中就有近 90% 以上涉足房地产领域,一些温州企业从 2003 年起就已开始游离实体经济,并借助企业这个融资平台,通过民间资金融通,专门进行“炒房”等投机性活动。[4]

陕西省榆林市神木县在 2010 年前后,注册登记的大大小小的投资公司、典当行、担保行有上百家之多,形成了规模庞大的民间借贷组织与借贷系统。这些民间借贷组织的资金除了一部分来自银行贷款外,其余大部分系实业资本向借贷资本转移而来。

---

〔1〕 参见向松祚:《是什么拖累了温州经济》,载经济参考网,http://www.jjckb.cn/opinion/2013-03/18/content_434155.htm,2015 年 10 月 17 日最后访问。

〔2〕 参见周雨薇、惠琳、邓可欣:《从信贷配给角度看温州金融危机》,载《金融经济》2012 年第 12 期。

〔3〕 参见姚耀军:《2011 年温州民间金融危机:多维度下的解读》,载《农村金融研究》2012 年第 7 期。

〔4〕 参见姚耀军:《2011 年温州民间金融危机:多维度下的解读》,载《农村金融研究》2012 年第 7 期。

## (二)民间借贷规模庞大与民间借贷利率畸高

### 1. 民间借贷规模庞大

据统计,2008 年,温州民间金融资金已达到 4500 亿元以上,2 年后又上涨了 1500多亿元,资金规模超过 6000 多亿元。到了 2011 年,温州信贷危机发生时其资金规模对外扩张更是迅速,资金规模达到 10000 亿元,如此大规模的民间资本中的大部分流向了民间借贷市场,使得民间借贷资金约占当地银行贷款总额的 1/5。民间借贷资金规模之大,致使非正规金融野蛮生长。

鄂尔多斯市、榆林市神木县与温州市的民间借贷在规模上存在同样的问题。初步估算,在 2011 年之前,鄂尔多斯市民间借贷资金运作量在 500 亿元左右,借贷规模庞大。[1] 在榆林市神木县,有 50% 以上的家庭从事民间借贷,90% 以上的企业依靠民间借贷资金发展,全县民间借贷资金达到 600 多亿元。

### 2. 民间利率畸高

民间借贷市场与正规金融市场相比,缺乏必要的管制,加上借贷缺乏一套抵押措施,民间借贷的利率往往要高于正规金融的借贷利率。以温州市为例,据统计,2002 年 2 月,正规金融机构的贷款利率为 5.31%,而温州市的民间借贷利率则为 10.8%,此后,到 2007 年,正规金融机构的贷款利率达到 7% 左右,而同年温州市民间借贷利率则达到 11.7%。相关资料还表明,在 2002 ~2009 年,正规金融机构的贷款年利率在 5% ~7% 波动,而民间借贷的年利率则在 9% ~11% 波动,民间借贷年利率明显高于正规金融机构借贷年利率 3 ~4 个百分点。在民间借贷危机爆发前夕的 2010 年,该年全年月度平均利率达到 11.85%,此后 2011 年民间借贷利率上涨到 18% ~30%,按照人民银行温州市中心支行的监测数据,2011 年前两个季度,该市民间借贷利率升至 25.4%,[2] 民间金融的高利贷性已十分明显。

鄂尔多斯市民间融资利率的情形也呈现畸高状态。据统计,鄂尔多斯市的融资成本大约为月息 2.5%,而借贷成本一般为月息 3%,如此"高收高贷"的借贷运作模式,使得其利率高利贷化,为民间金融危机的爆发埋下隐患。在榆林市

---

〔1〕 参见杨虎峰、谢昊男、冯兴元:《刀尖上的民间信贷——鄂尔多斯民间金融危机案例分析报告》,载《中国民商》2013 年第 4 期。

〔2〕 参见徐奇:《人行发布温州民间借贷监测数据:今年 4 月降至 21.58%》,载浙江新闻网,http://zjnews.zjol.com.cn/05zjnews/system/2012/05/17/018496164.shtml,2015 年 10 月 17 日最后访问。

神木县,借贷吸收存款的年利息为20% ~30%,放贷利率则达到年利息35% ~40%。如此大规模的借贷资金以及高利率的借贷利息,使榆林市神木县的民间借贷存在潜在的金融风险,并最终在2012年爆发,引发中小企业的资金链断裂。

(三)企业经营利润与民间借贷利息逆差

据统计,在2003 ~2010年,温州市民间借贷综合利率在13%到17%之间浮动,2011年利率更是达到25.4%。但在此期间,由于原材料价格上涨,劳动力成本上升,传统的制造型企业出现大量过剩,企业生产出的产品在市场上供过于求,温州市的制造业从2005年开始已经略显颓势,相关数据表明,温州市制造业的平均利润率在1980年改革开放初期时曾达到30%,而1990年则下降到15%。到了2002年温州市制造业的利润更下跌到5%,直到2011年温州市爆发民间金融危机时其制造业利润仅为3%。借贷利率25.4%,企业利润3%,如此大的利润借贷逆差,导致企业负债过多,难以偿还贷款,一些难以为继企业的企业主最后纷纷携款潜逃。

鄂尔多斯市产业结构单一,依靠资源致富,形成了以煤炭、天然气、羊绒、稀土等为产业链条的资源性经济结构,其中煤炭资源对鄂尔多斯市的经济发展作出了巨大贡献。2003年以后国家资源需求供给增加,使得国内煤炭价格随需求扩大而逐年攀升,2009年之后更是呈现“井喷式”发展。据统计,在2003年,鄂尔多斯市煤炭坑口价格为50元/吨,到2009年上涨到320元/吨,涨幅达540%,利润高达500%。由于鄂尔多斯市欠缺金融发展所应拥有的条件,落后的非资源型行业发展,资本进入市场的途径狭窄,致使大量非官方资金流入房地产领域,使鄂尔多斯市的房地产业得以发展,房价持续走高。随着2011年全国煤炭价格的下跌,以及国家对房地产市场的政策性调控,鄂尔多斯市依靠煤炭财富发展起来的房地产市场陷入低潮,房价急剧下跌,挤破了房地产企业泡沫,使得依托煤炭产业和房地产发展的民间借贷体系无法保持正常的运转,并造成了民间借贷资本的资金链的紧张甚至断裂,最终引发了民间借贷危机。

神木县靠煤致富,地质探测表明神木县地下煤矿储量达到500亿吨,在煤炭市场需求不断上涨、价格持续攀升的情况下,资源优势的发挥与利用可以为当地带来最快捷的发展以及经济效益的提升。随着2003年全国煤炭价格的疯涨,挖煤成为一项暴利行业,因此,神木县大量民间借贷资金涌入煤炭行业。据统计,神木县60%的民间借贷资金流入了煤炭行业,其他则流入了房地产等行业。由于民间借贷资金流向单一化,经济结构不完善,容易产生金融风险,一旦该行业发生变化,便可能引发金融危机。

随着2012年神木县民间金融危机的爆发,民间借贷链条断裂,大量集资人开始"跑路",其中包括神木县"集资大王"的刘某、乔某、王某等,而且还陆续发生部分集资人自杀事件,如神木县公安局张某以及"房姐"龚某等。因非法集资的涉案金额超过百亿元,[1]集资人的出逃使得本已崩溃的神木县民间金融更是陷入低谷,造成在全国具有一定典型性的民间金融危机。

## 四、民间金融危机反思与民间金融创新的政策取向

### (一)民间金融危机反思

虽然经过政府及社会各界的紧急救市,企业状况有所稳定,社会恐慌情绪得到控制,一些出走的企业主也相继返回,然而表征背后隐含着的问题值得反思与检讨。

首先,它暴露出我国在金融政策设计上缺乏对民间资本引导的问题。由于长期以来对民间资本缺乏政策引导与规范化管理,致使温州巨额民间资本游荡于金融体系之外,处于浮躁逐利状态,近年来,温州的民间资本始终与"炒"字相伴,遇到见效快、回报率高的产业,便疯狂涌入。对非正规金融如何引导与规范,从"野蛮生长"转化为理性发展,成为金融制度创新的难点与重点。

其次,它暴露出我国金融政策支持体系的弱点。温州的民间借贷危机虽是区域性的个案,但它再次凸显中小微企业融资难问题。中小微企业从事实体经济,其毛利润一般仅为5% ~10%,但民间借贷的年利率则高达20% ~30%。高利率必然伴随着高风险,靠"贵利"盘起生意,靠生意再借"贵利",风险环环传导,高息层层盘剥,势必给广大中小微企业的成长与发展造成极其不利的环境。它从一个侧面印证着,要改变现状,国家应采取强有力的金融政策支持体系以扶持中小微企业成长。

### (二)民间金融创新的政策取向

受制于繁复难解、变化多样的市场环境与中小微企业在发展阶段中暴露的

---

[1] 参见杜光利:《神木民间信贷崩盘》,载《大经贸》2013年第2期。

问题,2012 年 3 月,国务院决定设立温州金融综合改革试验区,旨想通过深化地方金融改革,破解民营中小微企业融资难问题。2012 年 3 月,农村金融改革在浙江省丽水市被中国人民银行和浙江省政府一同批准试点,探索健全农村金融市场体系的新路径;2012 年之后,我国出台"一揽子"中小微企业扶持政策,重点支持小微企业的发展。这一连串的举措传递出一个信号,那就是国家正努力通过金融扶持的方法拉动中小微企业发展,着眼破除其中的发展困境。按照试点与改革的总路径,我们分析后认为,就温州金融改革对全国金融制度创新而论,承载着四大政策取向。

1. 引导草根金融服务于草根经济,即适应性要求。温州存在"二大二难"问题,一是民间资金总量大,但投资难,因为投资渠道少;二是中小微企业数量大,但融资难,因为不受银行惠顾,由此对区域经济发展带来巨大负面影响。此次金融改革就是要积极引导草根金融服务于草根经济,在组织体系上,要构建与小微企业的经济结构相匹配的多层次金融体系,其中包括金融组织体系、服务体系、监管与和风险防范体系。在此基础上,努力实现由地方性金融机构向区域性金融机构跨越,由传统型金融机构向创新型金融机构跨越。

2. 引导民间金融从"地下"走向"地上",即阳光化要求。在温州民间金融危机出现之前,2011 年中国人民银行温州支行曾通过调研发现该地有 1100 亿元的民间资金流动于借贷资本市场,10% 为银行信贷资金间接流入,占全市银行贷款的 20% 左右。从民间借贷资金用途来看,至少有 440 亿元的民间借贷资金处于"钱生钱"状态。[1] 因地下金融不能归入主流金融体系的组成部分,较高的民间借贷利率便最终引发了金融风波。解决这一症结的对策就是通过制度创新,引导民间金融从"地下"走向"地上"。

3. 规范民间金融从暗流涌动的"野蛮成长"到"理性发展",即合法化要求。2012 年与 2014 年,在浙江发生的几起事件引起人们对融资行为的深层次关注:一是温州立人集团董事长因民间借贷欠债 22 亿元被刑拘;二是浙江东阳本色集团董事长吴某因集资诈骗被判死刑缓;三是部分中小微企业主因民间高利贷借款发生资金链断裂无法偿还而发生"跑路现象"。温州这次金融改革的意义,不

〔1〕 参见吴国联:《对当前温州民间借贷市场的调查》,载《浙江金融》2011 年第 8 期。

止为民间资本进入金融业开辟通道，而且通过厘定民间借贷合法与违法的边界，为正当的民间金融正名，并通过相关的制度生成与促进，使民间金融在制度约束下有序运行。

4. 监管方式从“场外”走向“场内”，即机构化要求。通过搭建民间金融公共服务平台，并实行引导与监测措施，形成民间利率指数，有效抑制高利贷。同时，通过机构化运作，强化和落实地方政府处置金融风险和维护地方金融稳定的责任。

我国政府虽然出台了诸多的措施予以扶持，但目前仍然存在政策差异化现象突出、整体效果一般、政策推进力度不大等问题。因此，深入研究促进中小微企业成长的金融政策支持体系问题，对于认识金融政策支持体系与其他促进型政策之间的异同性，从而优化政策促进体系以及践行促进路径，具有理论与实践意义。

## 第二节　金融支持政策体系的基本解构

中小微企业金融政策支持体系是对中小微企业融资难的制度性反应。要解决好中小微企业的融资问题，促进中小微企业的持续健康发展，仅仅依靠一个充分竞争、富有效率的商业性金融体系是不够的，还必须建立起一套完善的金融支持体系。

### 一、政策性金融机构的组建与运行

#### （一）政策性金融机构的组建模式

中小微企业融资难是一个全球性问题。一份由欧洲中央银行（European Central Bank）和欧盟委员会企业和工业总司（European Commission's DG Enterprise and Industry）于2009年对欧盟中小企业所作的调查显示，在所有中小企业最紧迫的问题中，融资问题位列第二，占16%，远远超过优秀员工的引进（占8%）和产品成本（占8%）。

在国外金融支持中小微企业中，政策性金融支持起到了独特的作用。政策性金融按金融机构性质的不同，可分为日欧模式与美国模式两种。

日欧模式以日本、德国、法国、意大利等国家为代表，其基本特点是由政府出资组建或帮助民间组建专门为中小企业提供融资的金融机构。[1] 这种模式适合于政府主导型的市场经济体制，在扶持中小企业的过程中全面实现国家政策目标，但缺点是执行成本较大，且容易产生金融抑制和道德风险。[2]

美国模式的基本特点是建立美国小企业管理局(SBA)，制定中小企业贷款融资政策，但小企业管理局并不直接向中小企业提供贷款，而是通过与银行、信贷机构及其他贷款机构合作的方式向中小企业提供贷款。其贷款形式中极少部分是由小企业管理局自行执行的直接贷款，主要是协调贷款、保证贷款。[3] 这种模式的特点是，美国小企业管理局实际上扮演的是“最后贷款人”的角色，为推动金融机构向中小企业融资提供了重要制度保障；其优点是行政成本和财政成本较小，适合于小政府大市场的成熟市场经济。

（二）对我国组建政策性金融机构的基本构想

我国尚未设立专门服务于中小企业的政策性金融机构。因此，在我国已有三大政策性银行(中国农业发展银行、中国进出口银行、国家开发银行)的基础上，有必要设立专注于服务中小企业的政策性银行。

1. 政策性银行组建的基本思路。有三种可供选择的模式：一是将现有的邮政储蓄银行改造成为中小企业政策性银行。与其他金融机构相比，邮政储蓄银行具有独特优势，具备改造成政策性金融机构、为众多中小企业直接提供贷款等金融服务的条件。邮政储蓄银行依托邮政集团，享受中国邮政巨大的经营网点优势，拥有覆盖面广泛的金融服务网络，已实现在全国任一联网网点的通存通兑。二是从国家开发银行业务中分出一部分，成立中小企业政策性银行。一直以来，国家开发银行经营中小企业信贷扶持业务，向广大中小企业提供资金支持。这项业务从国家开发银行分离后，专门建立一家中小企业政策性银行，让新成立的中小企业政策性银行得以承继国家开发银行的运作经验，使得银行业务流程尽快进入正轨。三是创立一家全新的中小企业政策性银行。为起到扶持广大中小企业作用，在中央设立总行，在地方设置众多分支机构。

---

[1] 参见荣冀川：《中小企业融资制度比较研究》，载《河北法学》2010 年第 8 期。

[2] 参见景玉琴：《中小企业融资约束与政策性金融体系的构建》，载《经济评论》2004 年第 6 期。

[3] 参见陈文晖：《中小企业信用担保体系国际比较》，经济科学出版社 2002 年版，第 51 ~52 页。

2. 政策性银行的功能定位。政策性银行应把握好目标定位和职能边界,与商业银行共同组成定位清晰、富有效率的中小企业金融网络。政策性银行应明晰其运行程序,使其具体业务流程规范化。利息设定要适度,既不能过高而加大中小企业的融资负担,使政策性目标不能贯彻,也不应设定过低而影响银行的可持续经营。要在覆盖银行成本、保持盈亏平衡的基础上尽可能给中小企业以优惠。

3. 政策性银行的经营特色。在业务经营上,应明确政策性金融的扶持重点。以“择优扶强”为原则,可以将高科技、劳动密集型、出口创汇型、环保型以及贫困落后地区有发展潜力的中小微企业作为政策性金融的扶持重点。政策性银行的业务范围应与商业银行相区分,将自己定位在贯彻国家政策方针、帮扶中小企业发展的位置上,着重服务于那些商业银行不愿提供贷款的中小企业。在扶持方式上,主要是发放免息、贴息和低息贷款。在风险控制上,注意引入风险评价体系和现代管理体系,不能使政策性金融成为“二财政”。

4. 政策性银行的资金来源。我国中小企业融资缺口较大,政策性银行经营的资产单靠政府注资扶持可能满足不了绝大多数中小企业对信贷资金的需求。因此,可以在中央和地方财政按比例出资的基础上,通过证券市场进行融资,包括发行中小企业扶持债券,成立基金等方式来募集资金,由政府作为担保,以募集到尽可能多的资金来帮助中小企业发展。

5. 政策性银行的风控机制。中小企业普遍存在有形资产少、规模小、治理不规范等现状和问题,为其提供贷款有很大的风险,如果不能很好地控制风险,就会影响银行的持续经营。政策性银行应有其合理的风险控制机制,为了降低风险,应建立相应的制度体系,在贷款发放上,可通过政策性信用担保的方式将银行的风险降低。

## 二、适应性金融组织体系的建立与运行

### (一)构建区域性多层次金融组织体系的现实需求

或受信贷政策的长期影响,或基于防范风险和追求利润的动机,现有金融组织制度尚未建立起对中小微企业提供适应性融资服务的金融组织体系。由于多数银行,尤其是大银行对中小微企业存有“惜贷”“恐贷”心理,以及这些企业自

身运行体制存在的问题，近年来，“融资难”“融资贵”是制约中小企业长足发展的重要因素。现有银行信贷制度尚未建立起对小微企业提供高效的融资服务体系，四大国有控股的商业银行将服务对象定位于国有大中型企业，“傍国企”现象突出；股份制商业银行基于利润追求也对大企业“情有独钟”；由城市信用社转制而来的城市商业银行热衷于风险小、收益稳定的其他业务；仅剩下农村信用社苦苦支撑庞大的农户与小微企业融资需求，但由于其以小额信贷形式主要立足农户贷款，故对小微企业融资也显得“力不从心”。[1] 有统计数据显示，虽然民营中小微企业对我国 GDP 的贡献率超过 70%，但是它在过去十几年里从银行获得的贷款却不到 20%，小微企业则更少。问题的另一个方面是，受利润最大化的驱使，设于基层乡镇的农村信用社、邮政储蓄机构充当着农村资金的“抽水机”。它们在农村获得大量的资金后，并没有把这些资金重新注入农村经济领域，而是大量流向城市，出现了农村地区的“信贷真空”和农村金融市场的“空心化”。[2] 由于多数银行，尤其是大银行对民营小微企业存有“惜贷”“恐贷”心理，以及这些企业自身运行体制存在的问题，导致近年来中小微企业的成长发展常常陷于融资难的窘境而无法摆脱。

事实上，政府引导，政策先行，积极构建服务中小微企业的区域性多层次金融组织体系不仅必要，而且可能。其一，金融市场应当是多层次的，针对不同的需求应该有不同的金融机构提供服务。大银行可以有一些专门服务中小微企业的金融产品，但是如果一味要求大银行将客户群也盯在小微企业上，这既不客观也不现实，中小商业银行应成为解决中小企业融资问题不可忽视的力量。其二，金融组织体系要打破大银行垄断，其重点就在于形成多层次的金融体系，尤其是在基层区域中，让不同类型的金融组织并存，多层次、差异化的金融服务共生。其三，小额贷款公司、村镇银行由于其经营优势，如信息成本优势（在花费搜寻信息费用较少的情况下对贷款项目进行正确评估）、监督成本优势（人熟、地熟、事熟，避免贷前盲目贷后监管困难带来的信贷风险）、交易成本优势（信贷流程简便，资金易得），在村镇区域，对小微企业具有更强的适应性。其四，小微企业的信贷具有“短、小、频、急”等特点，这种信贷特点要求金融组织审批及时、流转

---

〔1〕 参见冯蓉蓉：《中小企业融资难的原因及对策》，载《中南财经政法大学学报》2003 年第 1 期。
〔2〕 参见盖鹏、陈振平：《如何建立农村新型金融组织》，载《光明日报》2012 年 6 月 5 日，第 16 版。

迅速,由小银行、小额贷款公司或合作制的金融机构提供服务更加合适。其五,随着农村经济的发展与农民收入的提高,农村内部存在一部分季节性的游闲资金,可以调剂运用,以发展各类农村金融组织,尤其是农村资金互助社。

(二)区域性多层次金融组织体系在我国的创新

1. 小额贷款公司在改建中的制度创新。小额贷款公司不是温州改革中的创造物,但在实践中,小额贷款公司存在不少问题,需要一些地方先试先行,积极创新运行机制。2008 年 5 月,中国人民银行与银监会联合颁布《关于小额贷款公司试点的指导意见》(银监发〔2008〕23 号),一些地方政府纷纷出台新政予以回应,如浙江、重庆、山东等地先后出台具体的规范性文件,规范以"只存不贷"为特征的小额贷款公司运作。截至 2010 年 4 月,浙江省共审批设立小额贷款公司 116 家,注册资本 171.3 亿元。[1] 截至 2011 年 12 月末,全国共有小额贷款公司 4282 家,实收资本 3319 亿元,贷款余额 3915 亿元。[2] 截至 2019 年 12 月末,全国共有小额贷款公司 9074 家,实收资本 9478 亿元,贷款余额 10043 亿元。[3]

几年来的实践表明,小额贷款公司在发展中存在一些问题。一是数量受限,对小微企业融资作用力过小;二是融资渠道单一,造成贷款规模偏小;三是投资主体单一,致使存续能力有限;四是发展前途不明,转为村镇银行困难。为此,全国各地均对小额贷款公司进行政策引导,试图破解小额贷款公司发展中的困境。如浙江省工商行政管理局于 2011 年专门出台《浙江省小额贷款公司融资监管暂行办法》,按该暂行办法,小额贷款公司的融资方式与 2008 年中国人民银行、银监会发布的《关于小额贷款公司试点的指导意见》(银监发〔2008〕23 号)相比,不再局限于"股东缴纳的资本金、捐赠资金,以及来自不超过两个银行业金融机构的融入资金",而是增加了从银行业金融机构融资、向主要法人股东定向借款、在本市范围内小额贷款公司之间进行的资金调剂拆借、与银行业金融机构、地方金融资产交易平台等合作,以回购方式开展的资产转让业务等多种融资方式,在融资方式上有了较大的突破。

---

〔1〕 参见郑可青:《看浙江的小额贷款公司如何发展》,载《中国财经报》2010 年 6 月 1 日,第 1 版。

〔2〕 中国人民银行:《2011 年小额贷款公司数据统计报告》,载中央政府门户网,http://www.gov.cn/gzdt/2012-02/21/content_2072281.htm,2012 年 6 月 12 日最后访问。

〔3〕 参见张歆:《银保监会印发了〈关于加强小额贷款公司监督管理的通知〉》,载《证券日报》2020 年 9 月 17 日,第 1 版。

在小额贷款公司方面,温州此次金融综合改革试点的重点是力争在组建数量、贷款对象、组建方式、发展方向等方面有所突破,即在风险可控的前提下,组建数量按计划于2013年年末小额贷款公司发展到100家,注册资本总额800亿元左右,实现中心镇和功能区全覆盖;贷款对象以满足小微企业"小、急、频"的资金需求;在组建方式上支持行业协会牵头成立小额贷款公司,构建新的融资平台;在发展方向上支持有条件的小额贷款公司发展为村镇银行,增强融资服务能力。如果将浙江的小额贷款公司融资方式改革与温州这次金融综合改革对小额贷款公司发展的支持政策相互结合,必将突现小额贷款公司在打造区域多层次金融组织体系中发挥的重要角色与作用。

2. 村镇银行在改建中的制度创新。设立村镇银行,目的在于强化中小金融机构服务地方小微企业的力度。浙江近几年实施的新政中,将一些城市信用社改建为区域性商业银行,将一些农村信用社改建为区域性农村商业银行,加快了中小金融机构的改建步伐。但与此相对应的,村镇银行作为另一种新型的金融机构,目前仍处于摸索之中,因而,村镇银行这一金融组织创新对小微企业金融供给的作用还十分有限。

我国银监会在2006年发布的《关于调整放宽农村地区银行业金融组织准入政策、更好支持社会主义新农村建设的若干意见》(银监发〔2006〕90号)中提出,各类资本都可以到农村地区投资、收购、新设银行业金融组织。2007年年初又明确村镇银行的准入门槛,即在县(市)设立的村镇银行,注册资本不低于300万元;在乡(镇)设立的村镇银行,注册资本不低于100万元。

2012年在国务院决定设立温州综合改革试验区并给出12条指导意见中,其中就有鼓励和支持温州民间资金参与地方金融机构的改革,这为创新与发展村镇银行提供了发展空间。民间资金参与村镇银行组建,其路径有两个,一是新建,二是转换。就转换而言,由小额贷款公司转换成村镇银行。依据银监会公布的《村镇银行管理暂行规定》(银监发〔2007〕5号)、《小额贷款公司改制设立村镇银行暂行规定》(银监发〔2009〕48号)的要求,村镇银行最大股东必须为银行业金融机构。这意味着由民资一手创立的小额贷款公司负责人将失去控股权,这令不少小额贷款公司负责人颇为惆怅。

温州此次金融综合改革试点中提及支持有条件的小额贷款公司发展为村镇

银行,但具体支持的政策及相关制度创新尚不明确。依我们之见,真正让符合条件的小额贷款公司向村镇银行转换,重在把握银行业准入条件,而不一定非要让银行机构控股。如果温州能在这一方面进行探索,形成有益经验,将会对全国产生积极影响。

为防范、化解相关风险,促进行业健康发展,2020 年 9 月,银保监会办公厅印发了《关于加强小额贷款公司监督管理的通知》(银保监办发〔2020〕86 号)。在监控贷款用途方面,该通知要求,小额贷款公司应当与借款人明确约定贷款用途,并且按照合同约定监控贷款用途,贷款用途应当符合法律法规、国家宏观调控和产业政策。小额贷款公司的贷款不得用于股票与金融衍生品等投资、房地产市场违规融资、法律法规与银保监会和地方金融监管部门禁止的其他用途。这些规定,显示了银保监会将持续加强小额贷款公司行业监管制度建设的决心,进一步完善小额贷款公司行业经营规则和监管规则。

3. 农村资金互助社在改建中的制度创新。农村资金互助社是适应市场经济要求的内生性农村合作金融组织。按照银监会 2007 年出台的《农村资金互助社管理暂行规定》(银监发〔2007〕7 号),农村资金互助社是指经银行业监督管理机构批准,由乡(镇)、行政村农民和农村小企业自愿入股组成,为社员提供存款、贷款、结算等业务的社区互助性银行业金融组织。该暂行规定还明确农村资金互助社在乡(镇)设立的,注册资本不低于 30 万元人民币,在行政村设立的,注册资本不低于 10 万元人民币。农村资金互助社将吸纳的资金取之于社员,用之于社员,可以起到满足普通农户或小微企业对小额资金的需求,具有存设的经济和社会价值;农村资金互助社借助熟人社区的信息对称性特点与利益捆绑机制,有其独特的运行机理和风险控制机制。就全国层面而言,近 5 年来,业经审批设立的农村资金互助社从无到有,但数量增速缓慢。[1] 截至 2011 年年底,全国在银监会注册备案的农村资金互助社仅有 50 家。由于银保监会对农村资金互助社审批暂缓等原因,截至 2020 年 3 月,农村资金互助社数量无增有减,其中,已有 8 家由于不同原因先后依法解散。在发展过程中农村资金互助社暴露出一些问题,包括社会认同度不高,影响发展速度;缺乏专业人员,管理不健全;

---

〔1〕 参见谢云、黎东升:《我国农村资金互助社发展中存在的问题及对策》,载《长江大学学报(自然科学版)》2011 年第 6 期。

资金缺乏，难以满足社员信贷需求。[1]

我国目前农村资金互助社分为两种情况，即按照银监会新规组建的正规金融组织和新规出台前农村自发创新的非正规金融组织。

在温州，目前农村资金互助社主要是新规出台前农村自发创新的非正规金融组织。如何引导那些数量众多的有组织、无机构的各种金融会（合会）向正规金融组织转变是这次综合改革的试点内容。依我们之见，可以将举办在村镇的小微企业作为社员，通过政策引导、自愿联合的方式，吸收一部分村民，包括小微企业内部的员工，以此来组织农村资金互助社，在金融管理机构批准后为社员提供存款、贷款、结算业务。在农村资金互助社章程中应体现自愿入社、民主管理、一人一票、服务社员、按资分配与惠顾返还并重等原则。明晰农村资金互助社的产权结构，完善资金互助社的治理结构，使其真正成为自主经营、自我约束、自我发展的农村金融组织。

（三）构建服务小微企业区域金融体系应关注的问题

小额贷款公司、村镇银行、农村资金互助社是通过规章催生的新生事物，在其功效上，既有利于金融市场和金融组织的制度创新，也为民间资本的进入创造了机会，为分散风险探索了新模式。但如何在试点的基础上得到长足发展，还需要在政策环境上给予其相应的生存与发展空间，在法律制度上给予其有效地促进与规范。近年来，以小额贷款公司、村镇银行、农村资金互助社为主要特色的区域性金融组织体系在全国各地得到推行，中央与地方政府已开始关注构建区域性金融组织体系，以及对中小微企业实行不同于大企业的差异化经营服务体系。但总体而言，整体推进效果尚不明显，小额贷款公司、村镇银行、农村资金互助社在区域性多层次的金融组织体系上所扮演的角色作用尚未显现。在法治化推进上应关注以下问题：

（1）界定其身份。即厘定小额贷款公司、村镇银行、农村资金互助社之间的性质定位与监管体系。

（2）确定其市场定位。准确划分它们与现有的商业银行的业务范围，以建立起一套“优势互补、有序竞争”的业务运行准则；积极发挥其“贷小”的优势，在

---

〔1〕 参见李明贤、刘娟：《中国新型农村资金互助社发展成效与问题评析》，载《湖南农业大学学报（社会科学版）》2011年第5期。

后续发展中有意识地约束对其他贷款种类的盲目扩张。

(3)规范其行为。重点是对它们建立必要的存设规制与营业规制;积极创设适合中小企业发展的贷款品种,适应民营小微企业融资"短、小、频、急"等特点。要因势利导,不能一哄而上,真正发挥它们在服务民营小微企业中的信息、区位和监督层面的比较优势。

(4)控制其风险。重点是强化对小额贷款公司、村镇银行、农村资金互助社在经营中的风险控制能力。

## 三、适宜性贷款产品的开发与投市

### (一)适宜性贷款产品开发与投市的现实需求

为了适应不同中小企业的实际需求,绝大部分商业银行根据自身的实际情况以及特点设计了具有一定特色的中小企业信贷产品。但在业务的实际开展过程中,仍然不可避免地存在一些问题,如审批流程过于烦琐、产品过于散乱、定价缺乏合理性等。这些问题的存在,将对商业银行继续推进中小企业信贷业务,乃至银行自身的发展产生直接或间接影响。[1]

中小微企业的用款方式、用款频率不同于大企业,因此,对于众多的商业银行而言,要满足中小微企业的融资需求,应开发适合中小企业使用、风险较小、收益较高的贷款产品。

建立标准化的中小企业信贷产品体系,其对信贷产品的设计以及中小企业信贷业务的发展等均有不可替代的作用。应当秉承"与客户共同成长"的服务价值观,在分析中小企业各个成长阶段的具体特征的基础之上,量身定制属于中小企业的金融服务解决方案,创新基于中小企业发展需求的信贷产品体系。

### (二)适宜性贷款产品的类型化开发与投市

通过对商业银行近几年推出的中小微企业适应性贷款品种进行梳理,可以将其归结为适应性信用贷款、适应性担保贷款以及带有混合性质的贷款品种等类型。

在中小微企业适应性信用贷款方面,目前一些商业银行已经推出一系列适

---

〔1〕 参见穆美莹:《股份制银行优化中小企业信贷产品的策略研究》,载《中国商论》2018 年第 33 期。

应中小微企业的信用贷款,比如,中国建设银行近年来推出的“成长之路”,就是专为企业信息充分、信用记录良好、持续发展能力较强的成长型小企业提供全程持续支持的信贷产品。

在中小微企业适应性担保贷款方面,商业银行针对中小微企业普遍缺乏可靠、稳定的抵押物而专门设计和推出的较快获得银行贷款的金融产品。如中国建设银行开设的“速贷通”业务,是为那些没有在建行开户目前又急需资金的创业者服务。创业者可以以个人资产或者以企业股东的个人资产做抵押,获得贷款。这种贷款品种具有“受理灵活、手续简便、放款快捷”的特点,能够快速解决中小微企业间接融资的需要。

在带有混合性质的中小微企业适应性贷款方面,一些非银行金融组织针对中小微企业特点推出信用贷款与担保贷款相结合的贷款品种。如农村信用社推出的中小企业联保贷款。联保贷款分为一般联保贷款和特殊联保贷款。一般联保贷款是指由多个中小企业组成联保小组并签订协议,在借款人不能按约偿还贷款时,由联保小组成员承担连带责任的贷款;特殊联保贷款是指由多个中小企业共同出资设立风险基金、设定还款责任和损失风险补偿机制,由农村信用社对联保的中小企业发放的贷款。

应当认为,中小微企业适应性贷款品种是金融组织针对中小微企业的特点所尝试的融资制度创新。然而,在推行中小企业适应性贷款方面仍有不断完善和继续创新的必要。例如,在当前中小微企业适应性贷款多为期短、额小的背景下,如何为中小微企业提供个性化、差异化的服务,对那些发展潜力大、资金需求大的中小微企业及时给予充足和长期的贷款支持,这仍然是推行中小微企业适应性贷款品种需要面对的问题。

## 四、融资服务体系的建立与运行

### (一)融资担保体系的建立与运行

为提高中小微企业的融资能力,激发金融机构对中小微企业贷款的积极性,建立与完善中小微企业融资担保政策体系,不仅必要而且作用明显。

对中小微企业的信用担保属于风险较大的准公共产品,应采取政策性担保机构、互助担保机构和商业担保机构并举发展的运行原则。对于政府投资设立的政策性担保机构,在实施担保计划时应确定担保对象,重点是扶持那些有培养、发展潜力的中小微企业。

分担担保融资风险是建立服务中小微企业的融资担保政策体系的一项重要制度。根据支持中小企业的力度,为中小微企业信用担保机构确定合理的代偿率,在此范围内产生的担保损失,政府财政资金可适当予以补贴。

建立中小微企业信用担保机构的制度价值在于分散银行风险,而不是完全由银行承担风险。所以中小微企业信用担保机构要与协作银行明确保证责任收益、担保资金的放大倍数、担保范围、责任分担比例、资信评估、违约责任、代偿条件等相关内容。

建立中小微企业的融资担保体系应以建立、健全企业征信体系为基础,以诚信惩罚机制为保障。

中小企业信用担保机构是国际公认的高风险行业,一套完善的风险管理制度能够有效防范和控制风险,减少损失,保障中小企业信用担保机构的健康运行。应规范业务运作,强化内部约束机制。在担保机构内部建立起担保业务的审、保、偿分离制度。

(二)征信与辅导服务体系的建立与完善

中小微企业金融政策支持体系应包括信贷服务体系,其中最重要的是建立中小微企业信用征信体系与中小企业融资辅导体系。

就信用征信体系而言,目前迫切需要建立一个全国性的、资源共享的中小企业信用征信系统,在此基础上制定科学的、切合实际的中小微企业信用评级制度,实事求是地界定中小微企业的信用等级,以此来破解中小微企业融资过程中的信息不对称、信贷交易成本过高等问题。

就融资辅导体系而言,主要用于帮助中小微企业在融资过程中或融资遭到失败时,及时给予融资辅导及财务诊断,协助中小微企业理性融资。我国台湾地区在这一方面的做法可以借鉴。我国台湾地区于 1982 年成立了"省属行库中小企业辅导中心",该中心由台湾当局财政部门联合省属 7 行库(台湾银行、第一商业银行、华南银行、彰化银行、土地银行、合作金库、中小企业银行)捐资成立,其工作职能是为中小企业提供融资辅导、经营管理辅导、融资咨询辅导及举办业者辅导讲座等。辅导中心在受理金融机构拒贷案件之评估及专案辅导时,若评估后认为可贷，即送请银行优先贷放，如担保品不足，则由中小企业信用保证基金依规定提供保证。中小企业信用保证基金与金融机构必要时亦得主动洽请该中心就融资个案予以诊断评估。[1]

## 五、保险新品种的开发与试点

### (一)保险新产品开发的宁波实践

在《中小企业促进法》中，立法要求国家推动保险机构开展中小型企业贷款保证保险和信用保险业务，开发适应中小型企业分散风险、补偿损失需求的保险产品。这是对保险行业支持中小微企业融资，开发提供符合中小微企业自身特点和融资需求的保险产品与服务所提出的专门要求。在这方面，值得关注的是，国家赋予宁波开展地方实践，宁波积极推出符合中小微企业实际与保险行业实际的新型保险产品。

2015 年年末，宁波正式启动国家保险创新综合试验区申报程序。2016 年 6 月，宁波获批成为全国首个国家保险创新综合试验区。作为目前唯一经国务院批准的国家级保险创新试验区和宁波市首个国家级金融改革试验区，宁波全面先行先试，探索保险助推经济转型、社会治理和民生保障的新路子，为全国保险业改革和创新发展贡献新一轮“宁波智慧”和“宁波方案”。

近年来，宁波在实践中创新服务于中小微企业的新的保险品种有以下几个：

(1)首创小额贷款保证保险。宁波在全国首创小额贷款保证保险，探索保险支持小微企业发展的新路子，2018 年已为全市 5700 余户小微企业、“三农”和城乡创业者提供贷款 42.15 亿余元。继续面向有真实资金需求、有良好信用和发展前景，却因无抵押无担保不能直接获得贷款的小微企业和创业者等推广“小贷险”，与银行机构一起共担风险，推动向小微企业投放贷款的广度与深度。

(2)开发小微企业财产险。通过政府购买保险的方式，在自然灾害来临时为成长性高、创新能力强、行业前景好的小微企业提供风险补偿。

(3)提供外贸风险保障保险服务。出口企业特别是小微企业大部分货款因买方暂扣形成了应收账款，而应收账款质押贷款由于法律关系复杂、门槛较高，

---

〔1〕 参见陈荣文：《两岸中小企业政策性融资制度比较研究》，载北大法宝网，http：//pkulaw. cn/fulltext_form. aspx? Gid =335584204，2016 年 5 月 25 日最后访问。

银行放贷意愿比较低。在此情形下,中信保推出信用保险保单融资功能,对应收账款进行保险,如果应收账款顺利到账,则归还银行贷款;如果没有到账,则由保险公司以赔款形式转付银行,打消了银行给企业贷款的顾虑,让出口企业"有单敢接、有单能接"。

(4)率先开展关税保证保险试点。开启商品"先放后税"时代,加快了进口商品的流通速度。2018 年,宁波市在试点基础上扩大该保险的应用范围,帮助广大进口企业减少流动资金的占用时间,提高资金统筹运用的效率,切实减轻外贸企业当下发展中遇到的资金压力。

(二)宁波实践的基本经验与特点

1. 为中小微企业量身定制。宁波创新性的保险产品开发是针对中小微企业的经营实际,因而,由于它具有对中小微企业的适用性而受到众多中小微企业的欢迎。

2. 政府、银行、保险多方参与。保险是需要支付保费的,而保费又构成企业的经营成本,从而影响企业的盈利能力。宁波市各级政府为推进创新性的保险产品在中小企业落地,采取政府补贴、企业自担、保险公司适当减免"三家抬"的做法,有效地推动了创新性保险产品的扩面提质效果。

3. 坚持市场导向与政府调控相结合。通过以点带面的方式,逐步建立具有符合企业需求、覆盖全辖区中小微企业的保险体系,完善小微企业风险防范化解体系,需要做到市场有效与政府有为。为此,宁波市人民政府出台了许多政策文件,进行必要的规范与引导。但政府部门认识到,政策性保险产品是否有生命力,不是由政府部门说了算,而是由市场说了算,必须走市场化发展之路。市场对创新性保险产品的覆盖率,市场主体对创新性保险产品的美誉度才是它的生命力所在。

## 第三节　金融支持政策在《中小企业促进法》中的表达与评析

针对中小企业融资难、融资贵等众多问题,2017 年修订后的《中小企业促进法》对原法规定的金融促进政策体系作了新的构建,呈现出良好的系统性和针对性的基本特点。

## 一、金融支持政策在《中小企业促进法》中的表达

### （一）法律对内设章节的重新安排

“融资难融资贵”是制约中小企业生存和发展的关键“瓶颈”之一，在 2017 年《中小企业促进法》修订前期，由全国人大常委会相关工作小组组织的修法调研所开展的网络调查中，有 43% 的受访者反映存在融资难问题，排在了突出问题的第一位。

多数意见认为，原法对中小企业融资方面的支持规定较为原则，缺乏可操作性，建议进一步充实和细化。在原法中，融资政策被安排在第二章“资金支持”中，主要是对金融管理部门、金融机构、信用担保机构等提出一些原则性的要求，多为鼓励性、倡导性的条款，缺乏强制性规定和可操作性内容，难以落实，对那些制约小型微型企业发展的难以获得融资的深层次体制性机制性矛盾和问题未能予以有效解决。解决中小企业融资难是一项综合性的系统工程，需要加强顶层设计和统筹规划，着力加强并完善金融基础设施建设，建议建立适应中小企业发展特点的金融市场体系和体制机制，创新适合中小企业需要的金融产品和信贷模式，并对金融机构开展小微金融服务对中小企业的融资支持。

在立法修订过程中，多数意见认为应单独设立一章，从加强和改善金融基础设施建设入手，进行制度设计和机制安排，力求为中小企业融资创造良好的法律环境和制度环境。2017 年修订后的相关章节在推进普惠金融服务、完善金融组织体系、构建专业化经营与差异化考核体系、创新金融服务和担保方式、大力发展直接融资和多层次资本市场、建立社会化的信用信息征集与评价体系等方面作出了明确规定，多方面、多渠道、多角度、全方位加强对中小企业特别是小型微型企业的金融支持，努力缓解中小企业特别是小型微型企业融资难融资贵问题。

### （二）法律“融资促进”章的基本内容

1. 强调支持实体经济的金融政策导向。实体经济是金融的根基，金融是实体经济的血脉。支持实体经济发展是金融的宗旨，也是防范金融风险的根本举措。2017 年第五次全国金融工作会议上指出，金融与实体经济是共生共荣关系。金融机构要牢固树立服务实体经济的思想，把追求经济利益与服务实体经济特别是服务中小企业更加紧密地结合起来，切实增强服务实体经济的积极性、

主动性和创造性。在当前形势下，金融业如何按照供给侧结构性改革的要求，在修复我国经济金融结构性失衡方面起到更好的作用，是一个必须破解的难题，不管是资金“脱实向虚”还是边际效率下降，配置不合理，都显示出金融服务实体经济的效率有待提升。

2. 加强货币政策工具运用和差异化监管。货币政策作为国家调控宏观经济的重要手段，直接或间接地影响着各个经济部门，中小企业也不例外。货币政策对中小企业的影响主要在于，在影响中小企业融资成本的同时，还会影响中小企业的融资来源。基于小型微型企业贷款高成本、高风险、缺担保物、低收益等特点，需要对其实行有别于大企业、大客户的信贷差异化监管标准，要按照区别对待、有保有压原则，落实差别化的信贷政策，支持优质企业，帮扶困难企业，努力提升金融服务实体经济特别是小型微型的精准性和有效性。2017 年修订的《中小企业促进法》第 14 条、第 15 条强调了金融管理部门应当通过货币政策工具运用和差异化监管政策等，引导金融机构增加小微企业融资规模和比重，在原法第 14 条的基础上进一步明确了部门职责，对金融管理部门的要求更显具体。

这一修法内容实际上是对 2015 年以来金融机构实施差异化信贷政策在立法上的反映。自 2015 年以来，人民银行通过运用定向降准、支持小微企业再贷款、再贴现等货币政策工具，开展小微企业信贷政策导向效果评估，引导金融机构加大对小微企业信贷投放。银监会连续 5 年印发小微企业金融服务专项指导意见，明确银行业金融机构小微企业贷款全年工作目标，细化小微企业信贷计划报送、执行和监测考核要求。商业银行小微企业贷款不良率高出自身各项贷款不良率年度目标 2 个百分点(含)以内的，或小微企业贷款不良率不高于 3.5% 的，可不作为监管部门监管评级和银行内部考核评价的扣分因素。对小微企业信贷投放达到监管考核指标的商业银行，允许其发行专项金融债，募集资金专门用于发放小微企业贷款，扩大小微企业贷款资金来源。截至 2017 年 6 月末，全国银行业金融机构小微企业贷款余额 28.62 万亿元，较上年同期增长 14.69%，比各项贷款平均增速高 1.75 个百分点；小微企业贷款户数 1417.23 万户，比上年同期增加 138.97 万户。

3. 推进普惠金融体系和专业化经营机构建设。2017 年修订的《中小企业促进法》第 17 条对普惠金融体系建设、金融组织体系建设、普惠金融机构和专营机构建设等作出了具体的规定，是此次法律修订的新增内容。

根据2017年《政府工作报告》和国务院常务会议要求，银监会、工业和信息化部等部门联合印发《大中型商业银行设立普惠金融事业部实施方案》（银监发〔2017〕25号），要求大型商业银行2017年内完成普惠金融事业部的设立，普惠金融事业部成为发展普惠金融的骨干力量。按照商业银行可持续原则，采取专门的信贷评审、风险管理、资源保障、绩效考核等机制，下放信贷审批权限，实行专业化经营管理，严格落实小微企业贷款增速不低于各项贷款平均增速、户数和申贷获得率不低于上年同期水平的要求。2017年3月，工业和信息化部与中国邮政储蓄银行签订《中小企业金融服务战略合作协议》，邮储银行将在未来5年内，建设600家小微企业特色支行，为《促进中小企业发展规划（2016～2020年）》重点工程与专项行动支持的项目累计投放5000亿元信贷支持。

4. 创新金融服务和担保方式。2017年修订的《中小企业促进法》第13条、第16条、第19条、第20条对原法第15条有关创新金融服务的内容进行了大幅扩容，特别是新增的应收账款融资等动产和权利类担保融资的内容是此次法规修订的亮点。工业和信息化部、人民银行会同有关部门积极开展小微企业应收账款融资三年专项行动，通过推动供应链核心企业和政府采购部门支持小微企业应收账款融资，提高小微企业融资的可获得性，构建供应链上下游企业互信互惠、协同发展的生态环境。截至2017年8月末，人民银行征信中心应收账款融资服务平台累计促成中小企业融资3.96万亿元，占融资总额的73.9%。国家知识产权局、国家工商总局等推动知识产权质押融资工作，2016年专利、商标和版权质押融资总额达到1119.6亿元，同比增长20.17%。

5. 大力发展多层次资本市场。2017年修订的《中小企业促进法》第18条对原法第16条的内容进行了丰富和拓展，进一步明确促进中小企业利用多种方式直接融资。证监会修订实施了《首次公开发行股票并在创业板上市管理办法》，适当降低创业板首发财务准入门槛，取消净利润持续增长的硬性要求，允许收入在一定规模以上的企业有一年盈利记录即可，扩大资本市场服务中小企业的覆盖面。深化新三板改革，扩大服务范围，创新融资品种。截至2017年4月底，新三板市场共有挂牌公司11113家，其中小微企业占比达62.97%；中国证监会印发《区域性股权市场监督管理试行办法》（中国证券监督管理委员会令2017年第132号），拓宽小微企业融资渠道。截至2017年2月底，区域性股权市场共有挂牌企业1.8万家，展示企业6.17万家，累计为企业实现融资7564亿元；私募股权、创业投资基金管理人超过1万家，为创新创业引入大量投资。工业和信息化部、财政部等部门发挥国家中小企业发展基金作用，支持种子期、初创期成长型中小企业发展。截至2017年9月末，已设立4只直投实体基金并投入运营，总规模195亿元。

6. 建立中小企业政策性信用担保体系。2017年修订的《中小企业促进法》第21条明确提出建立中小企业政策性信用担保体系，鼓励各类担保机构为中小企业融资提供信用担保，这是结合新形势对原法第19~21条内容的创新和深化。

融资担保是破解小微企业融资难融资贵问题的重要手段和关键环节，在2015年《国务院关于促进融资担保行业加快发展的意见》（国发〔2015〕43号）中，首次明确了小微企业融资担保业务的"准公共产品"属性，要求以开展小微企业和"三农"融资担保业务为重点，加大扶持力度，支持融资担保机构扩大业务规模。2017年8月国务院出台《融资担保公司监督管理条例》（国令〔2017〕683号），提出国家推动建立政府性融资担保体系，发展政府支持的融资担保公司，建立政银担保合作机制，扩大小微企业和"三农"融资担保规模并保持较低费率水平。2017年修订的《中小企业促进法》进一步提出建立中小企业政策性信用担保体系，通过政策支持引导鼓励各类担保机构为中小企业服务。目前，我国对中小企业信用担保机构施行免征3年增值税和有关准备金税前扣除政策，引导担保机构扩大低收费担保业务规模，增强抗风险能力。工业和信息化部还会同财政部在北京、安徽等六省（市）开展中小企业信用担保代偿补偿试点工作。

同时，2017年修订的《中小企业促进法》第22条新增了推动开展中小企业贷款保证保险和信用保险业务的内容。2015年，保监会、工业和信息化部等部门联合印发《关于大力发展信用保证保险服务和支持小微企业的指导意见》（保监发〔2015〕6号），运用保险的增信功能，支持小微企业融资。2016年小额贷款保证保险使8.91万户小微企业获得融资金额315.9亿元。

7. 推进中小企业信用体系建设。2017年修订的《中小企业促进法》第7条、

第23条在原法第18条的基础上,对推进中小企业信用制度建设、建立社会化的信用信息征集与评价体系作出了进一步明确规定。近年来,人民银行持续推进中小企业信用体系建设,以中小企业信用信息征集、信用评价与应用为主线,以信用培育、政策支持为辅助,开展中小企业信用评价。在挖掘中小企业信用价值的基础上,构建信用正向激励机制,提升中小企业融资的可获得性、便利性。截至2017年3月末,累计补充完善未与银行发生信贷关系的中小企业信息261.14万户,其中累计已有47.89万户中小企业获得银行贷款,贷款余额10.86万亿元。

## 二、对《中小企业促进法》"融资促进"章的评析

### (一)融资促进制度的系统化设计

在2017年修订的《中小企业促进法》中,"融资促进"是此次法规修订的一大亮点,不仅增设了专章,而且设置了针对性的11个具体条款,使其成为修改、补充的条款数量最多的一章,在金融机构服务实体经济以及高效公平地服务中小企业、货币政策工具运用和差异化监管、推进普惠金融体系和专业化经营机构建设、创新金融服务和担保方式、发展多层次资本市场、建立中小企业政策性信用担保体系、完善中小企业信用体系等方面作出一系列具体规定,以进一步加强对中小企业特别是小微企业的融资支持。这既是修法工作对中小企业诉求和呼声的积极回应,也是对近年来党中央、国务院采取的一系列缓解中小微企业融资难和融资贵有效措施的法治化推进。

从相应的修改后的条款中可以窥见,主要是从宏观调控层面、金融监管层面、普惠金融层面、融资方式层面均进行了系统化的设计。

在宏观调控层面,明确提出"中国人民银行应当综合运用货币政策工具鼓励和引导金融机构加大对小型微型企业的信贷支持,改善小型微型企业融资环境"。

在金融监管层面,进一步提出国务院银行业监督管理机构对金融机构开展小型微型企业金融服务应当制定差异化监管政策,采取合理提高小型微型企业不良贷款容忍度等措施,引导金融机构增加小型微型企业的融资规模和比重。

在普惠金融层面,明确了推进和支持普惠金融体系建设,推动中小银行、非

存款类放贷机构和互联网金融有序健康发展，引导银行业金融机构向县域和乡镇等小型微型企业金融服务薄弱地区延伸网点和业务。国有大型商业银行应当设立普惠金融机构，为小型微型企业提供金融服务。

在融资方式层面，提出健全多层次资本市场体系，多渠道推动股权融资，发展并规范债券市场，促进中小企业利用多种方式直接融资。完善担保融资制度，支持金融机构为中小企业提供以应收账款、知识产权、存货、机器设备等为担保品的担保融资，进一步明确提出中小企业以应收账款申请担保融资时，其应收账款的付款方，应当及时确认债权债务关系，支持中小企业融资。

此外，2017 年修订的《中小企业促进法》在政策性信用担保体系、风险补偿和征信评级等方面也作出相关规定。

（二）金融支持与货币支持相关政策的异同性构建

货币政策与金融政策既有联系又有区别。货币政策，是指中央银行为实现其特定的经济目标而采取的各种控制和调节货币供应量和信用量的方针、政策和措施的总称，其实质是国家对货币的供应根据不同时期的经济发展而采取“紧”“松”或“适度”等不同的政策趋向。金融政策，是政府或中央银行所采取的货币与信贷政策的统称。中央银行实行的信贷政策与调节货币供应量的货币政策两者之间具有重要联系。其中货币政策工具中的基准利率对金融信贷政策影响最大。

需要指出的是，货币政策是一种总量政策，依靠总量政策解决结构性矛盾存在一定难度。虽然货币政策工具还有一定空间，必要时可以动用，但绝不可以随意“放水”。在搞好货币总量调控的同时，要改善定向调控，疏通传导机制特别是“毛细血管”，打通小型微型企业融资服务的“最后一公里”。目前我国货币投放总体稳健，但向实体经济传导仍存在不少体制上机制上的障碍，需要通过金融体制改革，调整优化信贷结构与信贷组织加以破解，提高信贷调控和服务的针对性和有效性，从根本上说，就是要切实推进多层次、广覆盖、差异化的金融组织体系。

在促进中小企业成长与发展的相关促进政策中，2017 年修订后的《中小企业促进法》以金融体制改革和创新为背景，注重金融政策中信贷对引导中小企业发展的杠杆作用，从而构建起切合中小企业成长与发展的制度体系，这对于解决中小企业业已存在的融资难与融资贵问题，起到了重要的制度保障作用。

（三）应收账款融资制度之优化

近年来，社会各界对中小企业融资难、融资贵问题的关注度持续提升，中小企业以应收账款进行融资逐渐成为破解该困境的有效途径。

目前，我国中小企业在获取资金的方式上，主要采取应收账款融资的方式有应收账款质押融资、应收账款转让融资、应收账款证券化三种方式。其中以应收账款质押融资为最常见方式。

2016 年 1 月，李克强总理在国务院常务会议上要求"以大力发展应收账款融资作为发挥金融服务实体经济的措施之一"，并批示"对通过应收账款服务以解决融资难、融资贵问题取得的经验应予总结，考虑有效推进"。2016 年 2 月，人民银行、国家发展改革委、工业和信息化部等八部委印发的《关于金融支持工业稳增长调结构增效益的若干意见》着重提出"大力发展应收账款融资，推动更多供应链加入应收账款质押融资服务平台……"；2017 年 3 月，人民银行、银监会等五部委印发《关于金融支持制造强国建设的指导意见》（银发〔2017〕58 号），强调"鼓励制造业核心企业、金融机构与人民银行应收账款融资服务平台进行对接，开发全流程、高效率的线上应收账款融资模式"。2017 年 4 月，人民银行、财政部等七部委发布《小微企业应收账款融资专项行动工作方案（2017 ~ 2019 年）》，就推动金融机构和供应链核心企业支持小微企业供应商开展应收账款融资制定了方案，要求相关部门协同推进。在上述文件的指导下，人民银行与相关部门采取了多种行政化手段敦促债务人确认账款，以推进应收账款融资。

2017 年修订的《中小企业促进法》规定，中小企业以应收账款申请担保融资时，应收账款的付款方（债务人）应及时确认债权债务关系。这一规定比原有的一些政策性规定，进一步明确了两个方面的内容，一是以立法的形式确认应收账款融资制度，在《中小企业促进法》修订颁布前，应收账款可以作为担保的仅有原《物权法》、《应收账款质押登记办法》（中国人民银行令〔2017〕第 3 号发布）和《商业银行保理业务管理暂行办法》（银监会令〔2014〕5 号）等，但写入《中小企业促进法》中并作为中小企业的一项融资制度，还是第一次。二是从政策层面上升到了法律层面。

应收账款融资应设置确认的前提条件。（1）基础合同须合法有效。基础合同是产生应收账款的基础,如果基础合同的合法性存在瑕疵,则会影响应收账款的合法性,债务人也因此享有相应的抗辩权,进而会降低资金提供方对账款的认可度。(2)债务人对基础合同的抗辩权不与应收账款冲突。债务人对基础合同的抗辩权可以存在,但不能与应收账款的权利相冲突,即该抗辩权的行使不对应收账款的有效性产生实质影响,否则此账款将难以获得融资,此前的流程亦无意义。(3)须有确认价值。一是对应收账款数额的限制,以确保各参与方值得为此耗费相应成本;二是对还款时间的限制。需确认的应收账款须离还款期限相距一定的时间,才可为融资流程的后续流转预留相应的时间,否则该制度将无法发挥应有作用。

《中小企业促进法》虽然对应收账款融资作了一些规定,由于应收账款质押融资存在较大风险性因素,如应收账款账面虚假问题的存在,应收账款的真实性及价值难以确定,以及应收账款融资的贷后管理不容易实行,对应收账款付款人的信用能力评估不易进行等,因此要实质性地推进这项融资制度,并真正成为中小微企业融资的一项有效制度,还需在以下几个方面作出制度的完善。(1)统一应收账质押登记机关。根据《国务院关于实施动产和权利担保统一登记的决定》(国发〔2020〕18 号)将应收账款登记纳入动产与权利统一登记中,登记机关为中国人民银行征信中心;(2)明确应收账质押登记的效力,质押登记权人享有优先受偿权;(3)明确应收账款质押登记通知对次债务人(账款支付义务人)的约束力;(4)建立社会诚信制度,约束债务人与次债务人。

## 第四节　立法修订的功能性思考:金融支持体系法治化

促进中小微企业成长与发展的金融政策支持体系,不仅是制度安排,更是行动方案,应积极探寻其实现路径。由于金融政策支持体系具有政策性、系统性、协调性等特点,实施过程中会涉及中央与地方、部门与部门、正规金融与非正规金融等诸种关系,权义问题复杂,应依靠法治化手段予以推进。

### 一、法治化推进与金融支持体系的制度夯实

#### (一)针对中小企业金融支持体系的立法完善

20 世纪 90 年代中期开始,为缓解中小微企业融资难状况,我国政府采取了

一系列旨在促进、支持中小企业融资的政策安排。国务院制定了一系列政策性文件，中国人民银行颁发了许多规章，中国银行业监督管理委员会也颁布了一些指导性文件。[1]

这些政策的实施虽取得了一定效果，但政策支持缺乏系统化设计，政策指引缺乏法制保障基础，且对中小微企业分类指导目标不够清晰，致使政策聚焦力度不强。

立法先行是进行金融政策支持体系的制度基础，为了预防政府在纠正市场失灵的同时出现政府失灵的另一种现象，可借鉴市场经济发达国家的做法，颁布一些针对性强且对金融政策的制定与实施具有明确指导意义的法律与行政法规。

根据中小企业融资对相应制度的需求现状，应制定“中小企业发展银行法”“中小企业信用担保法”“中小企业融资法”等法律法规。通过立法明确规范政策性金融机构的组建及其相应的法律地位、运行规则；政策性担保机构的组建及其相应的法律地位、运行规则；区域性金融组织组建、存续、运行规则；中小微企业信用的评价制度；专业信用担保机构的法律定位、信用担保内控制度、损失补偿与监管职责等。

（二）民间融资的法治化、规范化治理

目前，我国尚未出台“放贷人条例”，但在各地的司法实践中通过确定放贷人名单对非正规金融活动予以规制。

所谓放货人，就是指没有金融业务许可证，职业性地从事资金出借的人。

浙江省高级人民法院在司法实践中将放货人的认定标准确定为：(1)连续3年借贷案件在中级人民法院达30起以上，在基层人民法院达20起以上。(2)同一年度借贷案件中级人民法院达15起以上，在基层人民法院达10起以上。(3)同一年度内借贷案件中级人民法院5件以上且累计金额达100万元以上，在基层人民法院3件以上且累计金额达1000万元以上。(4)符合下列条件两项以上：①借条为统一格式的；②被告抗辩原告并非实际出借人或者原告要求将本金、利息支付给第三人的；③原告诉称以现金方式交付又无其他证据佐证的；

---

〔1〕 参见应展宇：《中国中小企业融资现状与政策分析》，载《财贸经济》2004年第10期。

④交付本金时预扣借款利息或者被告实际支付的利息明显高于约定的利息的；⑤原告本人无正当理由拒不到庭应诉或到庭应诉时对案件事实进行虚假陈述的。

具备上述放贷人条件的，司法处理的结果是认定为非法金融业务活动，借款合同无效。构成犯罪（非法集资罪、非法经营罪、非法吸收公众存款罪）的依法追究刑事责任。

然而，司法实践不能代替法律的明文规定，放贷人制度最终还应依赖于立法的完善。为进一步规范民间借贷行为，维护经济金融秩序，防范金融风险，切实保障人民群众的合法权益，打击金融违法犯罪活动，2018 年 4 月，中国银保监会会同公安部、国家市场监督管理总局、中国人民银行联合印发了《关于规范民间借贷行为维护经济金融秩序有关事项的通知》（银保监发〔2018〕10 号），该通知明确提出，未经有权机关依法批准，任何单位和个人不得设立从事或者主要从事发放贷款业务的机构或以发放贷款为日常业务活动。但上述行政规章相较于行政法规而言，层级与效力相对较低，这就给行政法规建设提出了要求。在国务院于 2021 年 1 月颁布《防范和处置非法集资条例》（国务院令〔2021〕737 号）之后，国务院还应加快制定“放贷人管理条例”，或“非存款类放贷组织条例”，以立法的形式将民间融资纳入法治化、规范化治理轨道。

### （三）地方性治理实践的立法确认与推行

近年来，地方政府在融资新政、金融制度改革诸方面积极探索，先行先试，有过不少地方性治理实践，并形成了富有地方治理特色的相对成熟的样本。如温州金改试点方案，厦门市建立中小企业风险投资制度，宁波服务中小企业的保险制度创新等。对于那些已经过阶段性实践，确实行之有效，对全国有样本价值与复制意义的地方经验，可以通过立法上升为法律法规，使之在全国得以推行。

## 二、法治化推进与中小微企业融资体制之完善

### （一）中小微企业融资体制的现状与问题

中小微企业融资从外观看是中小微企业与金融机构的信贷行为，其本质是基于信任的商业合作与公共合作，在这商业与公共合作中，看得见、看得懂和信得过是实现金融组织与中小微企业资金互通的关键。因此，在与中小微企业相对应的融资体制构建上，重点要把握的是，采取各种途径使中小微企业相对金融

机构而言,可见、可理解与可信,从而降低这些行为的难度与成本。

从这样一种逻辑理路来思考问题,就需要在今后的中小企业融资体制完善方面着重推进以下工作。

(1)解决分散管理体制问题。经过几次政府机构改革,目前涉及中小微企业管理的部门主要包括工信部中小企业司、农业农村部乡镇企业局、国家市场监督管理总局个体私营经济监督管理司等,这些部门管理中小微企业的出发点和角度不甚相同,"协调、指导、服务"的作用较弱。我国应抓紧设立相对统一的行政管理机构,加强对中小微企业工作的统筹规划、组织领导和政策协调,以减少不同部门管理职能的交叉和重复建设问题。

(2)强化政府的金融服务职能。政府应有效搭建银企对接平台,构建政策性中小企业担保体系。

(3)建立信息的可见性机制。通过完善企业征信体系,提高中小企业所公开信息(报表)的可得性、真实性和一致性,降低对中小企业信用甄别的难度,并通过大数据平台,准确、客观评价对中小微企业的信息与信用。

(4)建立优化监管方式。努力建立涉及政府、行业协会和社会多方主体参与的多元化管理架构。将一部分技术性的、服务性的职能委托给行业协会,由其自行管理,政府退居"二线",实行间接管理和指导。

(二)金融支持体系的进一步优化

一套高效的中小微企业金融支持体系应具有以下功能:一是应提供多元化的融资渠道,以满足中小微企业分阶段的融资需求;二是应保持金融政策自身的稳定性,以保证兑现分阶段融资的隐性承诺;三是能够形成高质量的价格信号;四是促进中小微企业融资成本的降低。[1]

对中小微企业的金融政策支持体系是一个系统工程。对于广大中小微企业而言,它面临的是不同融资渠道之间存在的互补与替代的复杂关系,而且,随着企业的成长周期及其融资能力的变化,其选择的融资渠道也有较大差异,因此,需要以系统论的方法构建相应的制度体系。

1. 制度安排与基础性工作的关系。中小微企业金融支持体系的实施,如果

---

〔1〕 参见深圳证券交易所综合研究所:《中小企业金融支持体系:理论、证据与公共政策研究报告》,载道客巴巴网,http://www.doc88.com/p-0037157405346.html,2012 年 4 月 25 日最后访问。

没有基础性的工作支撑,就无法做到政策的适应性与针对性。在基础性工作中,应明确中小微企业的具体内涵,重点标明“企业规模”这一分类划分标准,逐步减少对内资企业依照“非公经济”“民营经济”“私营企业”“乡镇企业”分类的传统方式。在微型企业中纳入个体工商户登记注册等工作;设立优化中小微企业划分标准体系,对统计、监测、分析和发布等环节的活动安排予以优化;新增总计中小企业专项数据,加强对规模以下企业的统计分析工作,重点培育“专、精、特、新”的中小微企业;对中小微企业运行情况进行实时监测,分析其发展趋势,探索形成具有我国特色的中小微企业统计监测体系。

2. 政策性金融、商业银行与区域性非银行金融组织之间的关系。面对政策性金融、商业性银行、非金融组织共生的格局,需要在政策环境上给予其相应的生存与发展空间,在法律制度上给予其有效地促进与规范。一是界定其身份。即厘定政策性银行、商业性银行、非银行金融组织之间的性质定位与监管体系。二是确定其市场定位。准确划分它们各自的业务范围,以建立起一套“优势互补、有序竞争”的业务运行准则。三是规范其行为。重点是对它们进行必要的存设规制与营业规制;积极创设适合中小微企业发展的贷款品种,适应小微企业融资“短、小、频、急”等特点。要因势利导,不能一哄而上,真正发挥它们在服务小微企业中的信息、区位和监督层面的比较优势。四是控制其风险。重点是强化对各类金融组织在经营中的风险控制能力。

3. 政府、企业、金融组织各自的权义关系及相互协调。金融政策支持体系的完善不仅要依靠其自身调节机制作用的发挥,还需要政府的行政服务支持。在金融政策支持体系中,政府起着重要的引导与组织作用。如2007年厦门市人民政府发布《中小企业贷款风险补偿资金管理暂行办法》(厦经企〔2007〕34号),设立“中小企业风险补偿金”,即由市财政预算安排,专项用于补偿银行与信用担保机构为中小企业提供融资服务后出现损失时,相应承担本金部分最终损失10%的资金。这一行为实际是彰显了政府对中小企业融资活动所持的一种支持态度,也表明政府对中小微企业融资行为的一种权义安排。

## 三、法治化推进与金融服务体系之促进

### (一)诚信服务平台建设

目前,在中小微企业的金融政策支持中,普遍存在服务体系“短肋”现象,即

社会化服务有“短腿”，综合服务有“死角”。

近年来，中国人民银行组织商业银行建成了全国统一的企业和个人信用信息基础数据库，即企业和个人征信系统。但是，由于人民银行企业征信系统不能完全向担保机构与其他金融组织开放，这在一定程度上制约了担保机构与其他金融组织的发展。[1] 因此，应积极创造条件，通过有效的机制运行，将企业信用信息平台实现共建共享，向担保机构、非商业银行金融组织公开。

（二）民间资本融资平台建设

目前，全国层面的民间资本融资平台尚未组建，但在地方实践上有一些探索性的经验可供借鉴。如在国务院金融综合改革政策指引下，温州民间借贷登记服务中心于 2012 年 3 月经登记成立，该中心以公司化形式运营。

建立交易平台是引导民间资金从“地下”到“地上”运行的必要途径，可以改变信息不对称而引发的借贷盲目性，可以识别与控制借贷风险；可以促使借贷利率在较为公允的市场利率区间运行。另外，中介服务机构和法律服务机构在大众化平台下提供服务，有利于控制与减少借贷风险。

搭建民间资本交易平台，应注重整体效用的发挥，既要注重融资撮合功能，又要发挥资金引导功能。通过对接、引导民间资本有效转化科技资本、产业资本，趋利避害，既让民资从“地下”走上“地上”，同时又在风险相对可控、资金明码标价的情形下，解决部分中小企业主要是小微企业融资难、融资贵的问题。

（三）区域金融动态监测系统建设

在建立交易平台的基础上，建立对放债大户的跟踪监测调查制度和民间借贷群发生异常突变情况调查制度，以此防范金融风险和促进社会稳定。

区域金融动态监测体系建设的出发点在于掌握区域性的金融动态，包括正规金融与非正规金融两个方面。通过动态监测提供的实时数据，为金融监管提供准确的基础性信息，从而使监管活动运行在大数据分析的基础之上。

---

〔1〕 参见杨甘霖：《宁波市发展中小企业信用担保机构的现状与思考》，载《宁波通讯》2009 年第 1 期。

CHAPTER

# 第十章

# 促进中小企业成长与发展的创业扶持政策检视及立法修订

创业是广大具有创业意向的个人在抓住创业时机后，为了实现自己预设的目标而开办经营实体的行为方式，也是创业者创设中小微企业的基本途径。鱼乘于水，鸟乘于风，草木乘于时，良好的创业环境是中小企业得以设立与蓬勃发展的前提条件。2017 年修订后的《中小企业促进法》将近年来在实践中行之有效的商事制度改革、“双创”政策（大众创业和万众创新）上升为法律规定，并提出明确的鼓励创业、扶持创业的立法政策。创业及创业环境对中小微企业量的发展与质的成长具有重要影响，因此，在创业政策取向上应坚持市场化运作、政府引导与法治化运行相结合。

## 第一节　创业扶持政策与中小企业促进政策体系

创业活动是创业者的个体行为，但创业的载体却是设立中小企业与个体工商户，因此，个体创业行为与中小企业的设立与运行具有相关性，从一定意义上讲，良好的创业环境构成中小企业成长与发展环境的组成部分。

## 一、创业基本理论综述

### (一)创业的意涵与创业的基本要素

创业,是指创业者通过设立实体为社会创造经济价值的活动,也是创业者发现和捕获商业机会并由此创造出产品、服务并实现其潜在价值的过程。

法律语境下的创业应包含以下基本要素:(1)创业者需创设实体(各类企业或个体工商户);(2)通过创设实体,从事营利性的营业活动;(3)依法享有创业获得的收益,并承担经营风险。就一般意义理解,创业这一概念指的是个体投资经营行为,如果是企业的再投资行为,一般不称为创业,而称为商业项目的投资行为。

创业既体现为一种活动,也体现为一个过程。作为一种活动,创业主要表现为创业者对创新性产品或服务概念的了解、创业机会的识别和追逐,以及新企业创建与持续成长的实现,其本质是一种基于机会的市场驱动行为。它具有动机性、行为性的特征,是动机与行为的有机结合。作为一种过程,创业是创业者从创业机会的识别、评价到创建新企业,再到创建企业成长为成熟企业的过程。

Jeffry A. Timmons(1977)将创业相关要素解释为,商业机会是创业过程的核心驱动力;创业过程是商业机会、创业者和资源三个要素匹配平衡的结果;创业过程是一个对创业机会不断寻求的行为组合。创业者需要做的核心工作是:对商机的理解、分析和把握,对风险的认识和规避,对资源的最合理的利用和配置,对工作团队适应性的分析和认识。[1]

Garter(1985)在考察创业过程理论模型时认为,个体的创业过程主要由四个要素组成:个人,即创立新企业的个人;环境,即围绕并影响组织的情势;组织,即所创业的团队协调;创立过程,即个人所采取的创立新企业的行为,Garter 并强调这四个要素之间的相互作用。

Holt(1992)从企业生命周期出发,认为创立企业过程需经过四个阶段,即创业前阶段、创业阶段、早期成长阶段、晚期成长阶段,并指出不同阶段的活动内容与重点是有差异的。

---

〔1〕 参见[美]杰弗里·蒂蒙斯、小斯蒂芬·斯皮内利:《创业学》,周伟民、吕长春译,人民邮电出版社 2005 年版,第 56 页。

Olive(2001)从个人事业发展的角度,将创业过程划分为八个阶段,分别是决定成为创业者,精选创业机会,进行分步分析,组建管理团队,制订创业计划,拟定行动计划,早期的运营与成长,取得个人与公司的成功。

如果以 Holt 和 Olive 的创业过程为基础,可以将创业过程分为四个阶段:(1)潜在创业者产生的创业动机,这个阶段被称为预创业阶段;(2)创业动机产生后开始创业行动的初生创业阶段,指创业行动开始 3 个月内的创业企业;(3)在 3~42 个月之内新设企业;(4)运营期超过 42 个月的创业企业,这个阶段的企业已经脱离创业阶段,划归为小微企业成长性阶段。[1]

### (二)创业行为与创业环境

创业行为是创业者基于一定的创业意图和创业机会,为实现创业目的而实施的一系列行为,包括识别创业机会、获取创业资源、组建创业团队等,如创业环境的分析与利用、创业合作伙伴的寻找、投资资金的落实、商业策划、经营实体筹办申请、员工雇佣等。广义的创业行为还包括新企业的创立与成长过程。

创业行为是在一定的创业环境中进行的。所谓创业环境,是指在创业活动中发挥重要作用的要素组合,一方面指影响人们开展创业活动的所有政治、经济、社会文化诸要素,另一方面指获取创业帮助和支持的可能性。

创业行为和创业环境之间是一种"需求"与环境"供给"的相互关系,即创业环境对创业者需求的满足程度决定了创业者的创业愿望,从而促进创业活动。与大企业再投资相比,个体通过创业活动举办小微企业在创业过程中处于一种弱势地位,对创业环境的"供给"具有更大的依赖性。[2]

## 二、个体创业政策与中小企业成长政策

### (一)个体创业政策在我国的阶段性演进

改革开放 40 多年以来,我国对个体创业政策在不同阶段体现了不同的时代特点。先后经历了允许个体经济、支持私营经济、鼓励非公有制经济、以创业带动就业、大众创业五个渐进性阶段。

第一阶段(1978~1986 年)。其基本特征为,创业政策从严控到松动转变。

---

〔1〕 参见郑炳章、赵超:《创业政策与中小企业政策的关系研究》,载《河北企业》2014 年第 3 期。

〔2〕 参见郑炳章、赵超:《创业政策与中小企业政策的关系研究》,载《河北企业》2014 年第 3 期。

1978年12月，党的十一届三中全会开启了鼓励发展个体经济和私营经济的改革政策。1979年2月，中共中央、国务院批转了第一个有关发展个体经济的报告，同年7月和10月，国务院又发文鼓励农村发展社队企业。1980年9月，国务院体改办在颁发的《关于经济体制改革的初步意见》中提出："我国现阶段的社会主义经济，是生产资料公有制占优势、多种经济成分并存的商品经济。"随着农村土地承包制度的推行，农村个体劳动力获得解放，政府允许劳动力有限流动，由此引发第一次创业浪潮。中央政策开始为个体经济发展放行，相关政策从严控到松动转变。但这一阶段的政策内容多以原则性和方向性指导建议为主，政策实施以行政命令为主，缺乏实质性的助创内容。据统计，在1982～1986年，我国创业活动进入高速发展阶段，个体私营经济每年新增加的就业人员超过了400万人。据1987年年底的一项初步统计，全国包括私营企业、带有私营性质的集体经济和合作经济组织等，总数已经达到了22.5万余户，雇工总数超过了360万人。[1] 由此带来了以返乡知青、社会闲散人员为主的城市边缘人群的"个体户"和农村农民专业户，形成了以"草根"为特征的创业创新大潮。

第二阶段（1986～1995年）。其基本特征为，创业政策从松动到允许，为私营经济发展松绑。1993年11月，党的十四届三中全会通过了《中共中央关于建立社会主义市场经济体制若干问题的决定》，提出坚持公有制为主体、多种所有制经济共同发展，"尊重群众首创精神，重视群众切身利益""改革从农村起步逐渐向城市拓展，实现城乡改革结合"等改革新内容。随着我国经济体制从计划经济向市场经济的转变，私营经济得以成长，我国创业政策总体随着市场经济的不断深入而进行相应的调整，从松动到允许，为私营经济发展松绑。扶持重点由个体经济转变为支持规模更大、设备更先进的私营经济。在这一阶段，"下海经商"成为时代标签，第二次创业浪潮涌现。与前阶段的创业政策相比，这一时期的创业政策内容有所细化，不仅在总的政策方向上鼓励创业活动，也在资金信贷、放宽行业准入、行政审批等具体环节予以支持；另外，政策受众对象更加丰富，既允许农村剩余劳动力外出创业经营，也允许知识分子、下岗青年和政府官员"下海经商"，形成了中国第一波大众创业浪潮。根据工商部门的相关统计数

〔1〕 参见简明：《1987年私营企业的几个统计数字》，载《经济问题》1988年第10期。

据，1992 年，我国私营企业的新登记注册数量大幅增长了 29.6%，在私企就业的人数则突破了 200 万人。特别是 1994 年，私营企业新登记注册的户数猛增了 81.5%，相应的在私企就业的人数增长了 74.0%。到 1996 年，私营企业就业人员的数量首次突破 1000 万人。[1]

第三阶段（1996～2001 年）。其基本特征为，创业政策从允许到鼓励，支持非公有制经济发展。1998 年的《宪法》修正案确定，在法律规定范围内的个体、私营经济等非公经济是社会主义市场经济的重要组成部分，国家保护个体、私营经济的合法权益。由此，市场化改革方向得以明确，人们的思想进一步放开，投身市场经济的热情得以激发，一大批政府机关、科研院所、高等院校和国有企业等体制内的精英、知识分子辞职“下海”，创业潮形成。在这一阶段，创业政策的重心在于支持非公有制经济，创业政策的目标在于通过鼓励个体或私营企业的发展缓解劳动力就业问题，特别是城镇下岗工人的失业问题。这一阶段的创业政策带有某种“改革倒逼”的特点，通过发展和引导非公有制经济，消除制约经济发展中的体制、机制障碍，最终实现社会充分就业与经济平稳发展；通过鼓励个体经济、私营经济以吸纳城乡剩余劳动力就业，支持非公有制中小企业向市场型、科技型、外向型转变。

第四阶段（2001～2010 年）。其基本特征为，从鼓励到支持，构建创业带动就业的助创体系。这一时期，受国内外宏观环境影响，引发的民间金融危机、国际贸易摩擦以及周期性失业叠加等诸多问题，对我国经济发展产生了不小影响。解决就业、稳定经济发展就成为当时各项政策的重点。此阶段的创业政策，在政策推动主体上，不仅包括中央和地方，同时还涉及国务院多个部委；在内容制定上更加贴近创业群体，通过创业带动就业，以解决国内外经济衰退背景下劳动力失业问题，强调农民工返乡创业和大学毕业生自主创业在增进就业、激活经济中的作用；在推动实施中，更加体现规范化、制度化与法律化。统计数据显示，2002 年，我国私营企业户数出现了 20% 的涨幅，2003 年达到 23.4%，2004 年为 21.5%。在此后的 10 年时间里，创业活动的活跃度出现了一定程度的下降，但

---

〔1〕 参见李长安：《我国四次创业浪潮的演进：从“难民效应”到“企业家效应”》，载《北京工商大学学报（社会科学版）》2018 年第 2 期。

依然保持在年均10%以上的增速。[1]

第五阶段(2010年至今)。其基本特征为,从支持到众创,完善全民创业的助创体系。2015年中央推出"大众创业、万众创新"战略,党的十八届五中全会强调"激发创新创业活力,推动大众创业、万众创新",2017年党的十九大再次明确"鼓励更多社会主体投身创新创业",同年中央经济工作会议更是重申"加快建设创新型国家,推动重大科技创新取得新进展,促进大众创业、万众创新上水平",全社会创新创业浪潮渐入佳境。这一轮创新创业浪潮与以往相比有着显著不同的作用和特征。其一,"大众创业、万众创新"在新时代中国经济发展中的地位更加突出,把推动创业的意义更多的是从服务于经济结构转型,为新常态下的中国经济寻找新的增长极进行诠释,并将支持全民创业创新作为新旧动能转换和经济结构升级的新引擎加以整体构建。其二,创业创新的多元化表现更为明显。不仅有"海归"回国创新创业,多措并举的大学毕业生创新创业,体制内及企业内的精英离职创新创业,还有返乡农民工掀起新的草根创新创业等,形成了覆盖全社会的大众创新创业浪潮。其三,创业政策由扶持型向普惠型转变。一方面,创业支持门槛不断降低,创业者在信贷、技术、用地等方面的可及性增强;另一方面,创业支持群体不断扩大,更侧重于针对不同群体的特征展开专项支持。创业政策更着眼于持久性和稳定性。[2] 随着"大众创业、万众创新"战略举措的推进,我国国民的创业热情被点燃,创业期望被激发。自2014年起,我国平均每天新注册登记的企业都在1万户以上,数量上达到了历史新高。根据国家工商总局通报的数据信息,2016年上半年全国新设各类市场主体总数达到783.8万户,比上年同期增长13.2%。全国新登记企业261.9万户,同比增长28.6%,平均每天新产生企业1.4万户,高于2015年平均每天1.16万户,改革前则是每天0.69万户,新设企业增长势头迅猛,形成了改革以来第四次创业创新的新高潮。[3]

个体创业政策在我国阶段性演进所给予的启示有以下方面可供总结:

---

〔1〕 参见李长安:《我国四次创业浪潮的演进:从"难民效应"到"企业家效应"》,载《北京工商大学学报(社会科学版)》2018年第2期。

〔2〕 参见林龙飞、陈传波:《中国创业政策40年:历程回顾与趋向展望》,载《经济体制改革》2019年第1期。

〔3〕 参见唐寒冰:《大众创业、万众创新浪潮与政策分析》,载《经济师》2017年第1期。

(1)创业政策从1978年至今,在不同的发展阶段体现出不同的时代特征,但总体呈现出从不健全到完备、从碎片化到整体、从阶段性到系统化的梯级进阶历程,其演进进程与我国经济体制改革保持同步性变迁,反映了创业政策不是孤立的,国家的宏观经济政策对创业政策具有深刻的影响。

(2)创业政策具有较强的系统性与导向性,不同的创业政策对创业者个人与中小微企业具有明显的导向性。创业政策本身并不仅仅解决个体的谋生与就业问题,它与一国的经济促进政策、中小微企业的成长与发展政策具有正相关性。

(3)发挥政府积极引导的政策机制作用是我国独特的制度优势。在创业领域,随着对市场与政府作用的认识深化,政府发挥积极引导作用的政策机制愈加完善。[1]

(二)个体就业政策与中小企业促进政策的异同性

就应然性而言,促进个体创业与促进中小企业成长,属于两类政策体系。

这两类政策体系的相同性在于,个体创业是需要创设中小微企业这一载体进行的,促进个体创业政策的落脚点最终在于促进中小企业成长,只有中小企业成长与发展起来了,个体创业的最终目标与价值才能得以实现。

另外,两类政策所打造的都是营商的社会环境,个体创业需要以良好的社会营商环境为依托,同样,创业载体的小微型企业的成长与发展也需要良好的营商环境作基础。因此,促进个体创业与促进中小企业成长与发展,其相关的政策内容都是从环境系统的优化进行设计的。如果背离这一政策初衷,政策就会失去存在的意义与价值。

但是,这两类政策也存在差异性,其主要体现在以下几个方面:

(1)两类政策的追求目标不同。创业政策通常为激励个体的创业激情而设计,鼓励更多的个体将创建创业实体作为首要目标,以释放市场创业活力;而中小企业促进政策主要是针对中小企业成长、发展问题而进行相应的制度安排,通过中小企业促进政策为中小企业提供良好的生长环境,从而使中小企业健康成长。

---

[1] 参见唐寒冰、刘悦:《中国改革开放40年创新创业发展道路内涵探究》,载《中国市场》2018年第34期。

(2)两类政策的内涵不同。创业政策的重点在于着眼于创业者的创业动机、机会与技能,整体政策内容围绕构建完善的助创体系而设计;创业扶持政策主要由场地扶持政策、创业专家指导政策、创业能力提升政策、特殊群体创业政策、审批简化与退出简易程序政策组成。比如,支持高校、科研院所等专业技术人员在职和离岗创业,以及科技成果转化优惠政策,创业孵化基地建设等,均属于创业政策范畴。另外,创业首先是一个就业的活动,因而创业政策中还包含相应的就业政策的内容,如创业中的安家补贴政策等。《中小企业促进法》中的企业成长促进政策由财税政策、融资政策、创新政策、企业权益保护等组成。

(3)两类政策的实施效应不同。创业政策的实施效应是追求创业与就业的质与量的变化,通过创业政策,促使创业相关的内外部环境有利于创业活动;而中小企业促进政策是为解决和克服中小企业,尤其是小微企业与大企业存在的信息不对称、竞争不公平、资源优势强弱等现实问题进行的,通过相应的纠偏性的制度安排营造公平的竞争环境。就一定意义而言,中小企业促进政策属于竞争政策与产业政策的范畴,而就业促进政策则属于投资政策、行业发展政策、就业政策的范畴。

2018 年 10 月,习近平总书记考察广州时提出:“中小企业能办大事,党中央高度重视并一直在想办法促进中小企业发展,……大力提倡创新创造创业,既离不开中小企业,也给中小企业发展提供了更多机会和更大空间。”[1]

## 三、创业环境及其营造

### (一)创业环境之意涵

创业环境,是指个体创业者在创立企业的整个过程中,对创业活动产生影响的一系列外部因素及其所组成的有机整体。

目前有关创业环境的定义,没有形成统一性的概念。在阅读大量文献资料的基础上,我们认为,创业环境是指围绕创业过程,并足以影响或制约个体创业动机与行为的一切内外部条件的总称。它是影响创业个体开展创业活动的政治、经济、文化诸要素和获取创业帮助及支持的可能性的整体。

[1] 新华社“新华视点”微博:《习近平:党中央高度重视中小企业发展》,载新华网,http://www.xinhuanet.com/2018-10/25/c_1123611223.htm,2018 年 12 月 25 日最后访问。

创业环境的基本要素会对创业活动产生重要的影响，良好的创业环境会促进创业机会的产生和创业能力的增强。创业环境是一个系统，具有较强的整体性、层次性、开放性与相关性特征。

（二）影响创业环境的若干要素

对创业环境进行评估分析是了解创业者进行创业活动的基础。影响创业环境的因素较多，既有内部因素，也有外部因素；既有宏观因素，也有微观因素；既有社会因素，也有自然因素。这些因素涉及市场、行业、经济、环境、政治、社会等各个方面。

一个国家的创业环境或一个国家某一阶段的创业环境不是固定不变的，它是可以通过营造予以改变的。

有关创业环境要素的构成与评价体系存在多种维度模型。其中，具有代表性的创业环境评价模型是英国伦敦商学院和美国百森学院于1999年共同发起全球创业观察（Global Entrepreneurship Monitor，GEM）报告提出的“九维度评价模型”。[1] 也有学者称为GEM模型或GEM框架。其中GEM框架内有关创业环境评价体系就包括金融支持、政府政策、政府项目、教育培训、研发转移、进入壁垒、商务环境和有形基础设施、文化和社会规范、创业机会与创业能力在内的9个指标组成，用以评价各国、各地区的创业环境。

从我国实际分析，影响创业环境的因素主要有以下几个方面：

（1）政策法律环境。包括政策及法律的完备性、税收政策、开业审批程序与费用、创业准入成本（注册资本）、公共管理水平及费用（工商/市场管理费用）等相关评价指标。

（2）政府服务能力。包括政府信息的公开性程度，政府人员的廉洁与办事效率。

（3）融资环境。包括能否为创业者提供信贷担保、创业基金的支持额度情况、其他融资渠道通畅程度（直接融资或获得风险投资）等相关评价指标。

（4）市场环境。包括市场的进入障碍程度、不同消费者收入水平和消费结构、市场管理的规范程度、市场竞争环境的公平程度等相关评价指标。

---

[1] 参见高建、盖罗它：《国外创业政策的理论研究综述》，载《国外社会科学》2007年第1期。

(5)社会文化环境。包括是否有良好的商业氛围、社会群体对创业的认可程度、是否有合作精神传统等相关评价指标。这一指标是考察当地社会文化对创业者创业的认可程度及商业文化氛围。

(6)人力资源环境。包括由劳动力素质状况、人员流动状况、劳动力成本状况、当地吸引人才的措施等相关评价指标。

(7)社会服务环境。包括融资服务完善程度(如提供融资指导)、创业辅导咨询机构支持程度(如提供与创业相关的咨询指导)、专业教育培训机构的支持程度(如是否有教育培训机构提供专业技术方面的培训)、基础设施健全程度(如信息网络的完善程度)等相关评价指标。

(8)信息支持环境。包括是否建有创业相关信息的网上资讯中心、提供市场信息的及时程度、新行业、新技术信息的引进程度等相关评价指标。[1]

(9)科研成果转移。这是指科学研究和开发在多大程度上创造新的商业机会,以及研发是否可以为新创立的小型企业和成长中的企业所用。[2]

## 第二节　创业环境对中小微企业设立与成长的影响

创业环境对中小企业设立的“量”与“质”均会产生深刻的影响,因此,创业环境建设中,应围绕创业政策的价值取向为创业者创造更多的创设经营实体的创业机会。

### 一、创业政策的价值取向

#### (一)创业政策:立足于技术创新还是立足于创建企业

创业就其指向而言应是个体投资者(含合作投资者)创办实体组织的行为,并参与所投企业的经营管理过程,以期通过投资创业获得投资收益。其中的“创业企业”是一个与“成熟的企业”相对应的概念。从这个意义上讲,创业是一

〔1〕 参见李春晓、霍晓霞、胡绍兰:《中小企业创业环境综合评价指标体系研究》,载《时代金融》2008 年第 8 期。

〔2〕 参见梁运文、曾刚军:《广西北部湾经济区中小企业创业环境、创业机会与创业能力实证研究》,载《广西大学学报(哲学社会科学版)》2011 年第 1 期。

个通过投资以创建企业的过程。即创业投资并不是以直接经营产品获得产业利润，而是通过创投企业获得资本增值收益。因此，创业投资者应当立足于从“创建企业”的整体角度审视投资对象，不仅仅局限于“技术创新”这一层面。由于除了技术创新外，基于工艺创新、市场模式创新、企业组织创新同样有可能创建出一个具有成长性的企业，所以创业政策并不一定要与高技术相联系。相反，大量的数据表明，一些科技项目，虽然技术含量高，但如果不能创造出现实的社会需求，它同样不具有创业价值。从这个意义上讲，创业扶持政策的取向应在于扶持创建企业，而并不在于扶持高新技术。[1]

（二）创业政策：自由选择还是适当的政府干预

从一些市场经济比较发达国家的经验看，多数国家政府都逐渐改变了自由放任的经济政策，积极制定相关政策引导和扶持创业与企业发展。

创业政策的各国实践，在不同国家与不同发展阶段，表现出三种类型：第一种是最极端的自由放任政策。这种政策认为政府的行为对自发产生的企业家活动会产生阻碍作用，进而政府不干预经济活动。第二种是中间的有限参与政策。这种政策把政府比作积极而热情的服务员，运用经济杠杆通过制定方针政策为投资创业者创造出良好的创业环境，但绝不直接干预企业活动，所以又被称为积极的中立政策。第三种是战略性的干涉政策。这种政策认为政策应该而且可以直接帮助创业者开展创业活动，通过提供融资、咨询等各方面的服务，建立创助型的服务体系，对个体创业者提供服务和帮助。

对于政府政策，美国学者彼得·艾辛格（Peter Eisinger）将政府政策划分为两种模式，一种是传统的侧重于投入端的政策；另一种是侧重于需求端的企业家型政策。

侧重于投入端的政策将政府引到投资过程的后期，即企业家或企业已经识别到投资机会之后，政策的焦点在于促使企业家扩大投资规模，或者是引导企业家在一个固定的地理位置上寻找投资机会。而侧重于需求端的政策将政府引到投资过程的前期，政府挖掘和创造机会吸引企业家资源，进而扩大公共利益。政府是潜在的机会创造者，这种做法的假设是私人投资者并不一定能够很好地把

〔1〕 参见刘健钧：《创业投资市场定位与中小企业》，载《中国创业投资与高科技》2003年第5期。

握机会，或者是在那些不明显的市场机会面前犹豫不决。在这种情况下，政府的任务就是发现这些机会，并帮助投资者把握机会。例如，政府帮助私人投资者搭建科技成果转让平台，刺激大学和实验室的技术向市场转移。彼得·艾辛格认为，为了向侧重于需求端的政策过渡，政府至少可以做三件事情，即发展风险投资、发展高技术和鼓励出口。

在我国目前行政审批制度改革的大背景下，创业政策应充分体现“放、管、服”三者的关系梳理。一是通过简政放权转变职能，放管到位，用政府权力的减法换取市场活力的乘法；二是搭建平台，营造良好的创业生态环境，完善政策发布、网络化、失败者再创业等服务体系；三是开放政府所掌握的大量数据资源、基础设施和大型科技仪器，为创业者提供更多的便利。

（三）创业政策：立足于生存型创业还是机会型创业

在全球创业观察（GEM）报告中，根据早期创业活动的不同特征，把创业模式分为生存型创业模式和机会型创业模式。GEM 认为，生存型创业由生存型动机驱动，是个体因为缺乏更好的工作选择，别无选择而被迫创业；而机会型创业则由机会型动机驱动，是因为个体面对商业机会，为了兴趣或理想而主动选择了创业。

生存型创业者与机会型创业者之间的行为选择之所以出现分化，是因为两种类型创业者的创业动机结构存在显著性差异，以及两种类型创业者的自我认知、创业环境认知和总体创业认知存在显著性差异。[1]

其中，生存型创业指因为没有更好的工作，迫于生存问题不得已而选择创业的行为。创业政策通过提供适量贷款以及创业补助可以减少该类创业者的资金压力，通过创业政策普及、技能培训等强化其创业意识，提升其创业自我效能，增加其创业意愿，进而帮扶该类创业者的创业行为。例如，江苏省人民政府于 2017 年颁发《全民创业行动计划》，明确提出对有创业意愿的失业人员实施税费减免、创业补贴、创业担保贷款等优惠政策，并提供技能培训、政策咨询、创业指导等“一对一”服务。创业补贴、税费减免等创业资助政策可以显著降低该类个体的创业成本，从而激发该类创业个体的创业激情。

---

〔1〕 参见李爱国、曾庆：《生存型创业向机会型创业转化的机制与路径》，载《重庆社会科学》2017 年第 12 期。

对于机会型创业者,应当从创业者开发创业机会的角度创业促进。在为兴趣或为理想实现驱动下的创业行为,大多具有创业的浪漫色彩,一旦有创业艰难情形发生往往会有畏难情绪。因此,提升该类创业者的创业意愿,进而帮扶该类创业者的创业行为的重点更多的是提供与创业相关的咨询服务和创业教育,创业教育能提高该类个体的机会识别能力,帮助他们识别和开发创业机会,创业环境可以提升该类创业个体的创业感知。

《全球创业观察 2016/2017 中国报告》[1]显示,经过多年的努力,我国创业活动质量在不断提高,从早期创业活动的结构特征来看,机会型创业比例由 2009 年的 50.87% 提高到 2016 ~ 2017 年度的 70.75%;同时,中国创业者的产品创新性、创业成长性和国际化程度在提高。2009 年,20.19% 的创业者认为自己提供的产品/服务具有创新性,2016 ~ 2017 年度这一比例为 28.76%。2009 年,15.65% 的创业者认为企业具备高成长潜力,可以在 5 年内创造 10 个及以上就业岗位,2016 ~ 2017 年度这一比例为 22.74%。创业者的海外客户比例提升最为明显,2009 年仅有 1.4% 的创业者针对海外市场,而 2016 ~ 2017 年度 7.67% 的中国创业者拥有海外客户。

随着经济发展水平和人均收入的不断提高,个体的生存压力越来越小,因而生存型创业模式的比例越来越低;相反,技术推动与市场变革催生越来越多的创业机会,因此机会型创业模式呈现增长趋势。例如,2012 年中国机会型创业模式(39.37%)首次超过生存型创业模式(36.88%),之后一直保持领先,到 2015 年已上升到 45.41%。与此同时,统计分析还表明,在投资驱动经济体中,生存型创业模式的比例高于创新型经济体,而机会型创业模式占比却较低。这主要是因为创新驱动经济体的创业环境更好,能够为创业者提供更完善的创业政策体系,因而更能催生机会型创业模式。相反,投资驱动经济体的个体,受经济条件、创业机会和创业技能的约束,选择低门槛、低成本、低风险的生存型创业模式的比例相对较高。[2]

---

〔1〕 该报告由清华大学二十国集团创业研究中心和启迪创新研究院联合发布。

〔2〕 参见黄永春、朱帅:《创业政策供给对企业家创业行为的影响机制研究——基于 GEM 报告面板数据的实证分析》,载《科学学与科学技术管理》2018 年第 4 期。

## 二、创业环境对中小企业设立"量"的影响

### (一)便捷化的创业环境与中小企业设立量的嬗变

大量的创业企业基数是培育构建企业梯队的基础,正是无数创业企业无时无刻不停地消亡和重生才实现了群蜂效应。

近年来,随着我国商事登记制度的改革,商事登记便利化的推行,营商环境得以改善,一些小微企业设立的数量大幅提升。2016 全球创业观察(GEM)报告数据表明,我国早期创业活动指数为12.84%,高于美国、英国、日本等发达国家。这说明随着我国创业政策的扶持,众创平台的搭建,创业生态环境的改善,国民创业期望和创业动力空前提高。[1]

创业环境会影响创业者的创业激情。好的创业环境往往会吸引更多的投资者前来投资创业。以我国商事登记制度改革为例,中小微企业设立数量增速明显。《2015 年中国双创发展报告》显示,2015 年新登记私营企业数为 421.2 万户,占新登记企业总数的 95%,新登记企业每天超过 1.2 万户,平均每分钟诞生 8 家企业。[2] 2017 年 8 月发布的《2016 年中国大众创业万众创新发展报告》显示,2016 年全国新登记市场主体 1651.3 万户,同比增长 11.6%,平均每天新登记 4.51 万户。[3] 截至 2016 年年底,我国实有企业数量达 2596.1 万户,同比增长 18.8%。2020 年 7 月发布的《2019 年中国大众创业万众创新发展报告》显示,2019 年新登记企业 739.1 万户,比 2018 年增长 10.3%,平均每日新登记企业 2.02 万户,其中,以中小企业为主体的高成长科技型企业和"隐形冠军"等"小巨人""专精特新"企业快速涌现。[4] 科技型和高成长性企业大量涌现,创新创业的引领作用不断增强,新动能快速成长壮大。再以浙江省"最多跑一次"改革为例,中小微企业设立的数量增速明显,前者是全国性的创业环境对中小企

---

〔1〕 参见黄永春、朱帅:《创业政策供给对企业家创业行为的影响机制研究——基于 GEM 报告面板数据的实证分析》,载《科学学与科学技术管理》2018 年第 4 期。

〔2〕 参见国家发展和改革委员会:《2015 年中国大众创业万众创新发展报告》,人民出版社 2016 年版,第 22 页。

〔3〕 参见国家发展和改革委员会:《2016 年中国大众创业万众创新发展报告》,人民出版社 2017 年版,第 31 页。

〔4〕 参见国家发展和改革委员会:《2019 年中国大众创业万众创新发展报告》,人民出版社 2020 年版,第 35 页。

业设立的影响,后者是地区性的创业环境对中小企业设立的影响。

从世界各国的经验分析,新创企业的存活率相对较低,以我国为例,原国家工商行政总局通过对2000年以来新创企业的数据分析表明,截至2012年年底,生存时间5年以下的新企业有652.77万户,占全部企业总量的49.4%。也就是说,在我国的全部企业中,有近一半的企业都是新近5年内设立的。而生存时间超过10年以上的有234.52万户,仅占全部企业总量的17.7%。[1] 长寿企业不多反映的问题,不仅是企业的管理问题,而且也是创业环境对企业成长的影响性问题。

2008年,由于全球金融危机的影响,我国商事登记管理部门共注、吊销企业数量85.53万户,企业粗死亡率(注吊销企业数/实有企业数,当年全国实有内资企业数为927.96万户)为9.2%,企业死亡率(注吊销企业数/新注册企业,当年全国新注册内资企业123.26万户)为69.4%。2012年共注吊销企业73.5万户,企业粗死亡率为5.6%,企业死亡率为64.4%。2015年,注吊销的企业数量为78万户,企业粗死亡率为5.4%。到2021年,注、吊销的企业数量为349.1万户,当年企业数为4842.3万户,企业粗死亡率为7.21%,企业死亡率为38.62%(当年新设企业904万户)。虽然如此,按照新创企业3~7年才是发展"瓶颈"、死亡率最高的阶段的经验,再考虑到目前经济运行情况并不乐观的现实,尽管近两年新创企业数量出现了"井喷",但不排除未来几年内出现集中倒闭出清的可能性,这点一定要引起高度重视。

(二)创业平民化与群体性对创业"量"的影响

创业在历史上一直就有,但发展到当下,有了一些新的特点和新的趋势。创业主体由过去的精英阶层走向普通大众,比如被称为"新四路军"的创业阵营,就包括了大学生、回国留学生、大企业的高管和连续创业者、大学和科研院所内开展创业的科研人员,这"四路军"合在一起,与以往的草根创业与精英阶层创业相比,其创业者的身份与类型已经发生了很大的变化。

创业群体的平民化趋势,集中表现在以下几个方面:(1)创业的门槛低适宜平民进入。根据2013年修订后的《公司法》,在设立公司中,除27个特殊性行业

[1] 参见国家工商行政管理总局:《全国内资企业生存时间分析报告》,载中央政府门户网,http://www.gov.cn/gzdt/2013-07/30/content_2458145.htm,2019年2月1日最后访问。

外,已对注册资本实行认缴制,取消注册资本最低限额,经营住所地要求放宽等,创业门槛降低。政府对创业者的管理更加趋向透明与便利,创业经营的竞争环境更加宽松与公平,创业门槛降低,适合平民创业者进入。(2)创业营销活动具有平民化定位。所创设的企业大多数坚持平民化的视角和营销思路,实行平民化的价格定位和发展模式,体现出平民创业的发展特点和聚财方式。(3)平民化创业企业显示了平民聚财的旺盛生机。所创设的企业由于市场定位准确,创业之初,就获得了客户资源和市场空间,显示出平民化创业的竞争优势。可以这样认为,创业群体的平民色彩,正是大众创业、万众创新的力量源泉,它适应了我国社会主义初级阶段的经济特征和多数创业者起步阶段的经济状况,展现出较为旺盛的生命力。

### 三、创业环境对中小企业成长与发展"质"的影响

#### (一)创业政策对创业者经营决策的影响

创业环境影响创业质量。创业质量是衡量创业活动是否有效率的一个重要指标,它包含创业企业存活率这一创业成效。创业活动并不以正式创办一家经营实体,通过了商事注册为终点,创业实体组织的未来发展才是创业活动是否有效的一个关键。

在创业环境中,最为核心的是创业政策。政府的创业政策,应强化政策的体系化与透明性。

创业政策的体系化与透明性,是指构成创业政策的基本要素(创业主体政策、创业扶持政策、创业实体开办政策、创业管理政策等)是整体而不能是分散的,是确定而非模糊的,是面对全体公众而非部分人员的,是可用于执行而非纸上规则的。

创业政策直接会影响中小企业创业决策的准确性,从而给中小企业创业者产生重大的影响。有数据显示,目前中小企业创业者在投资创业后未经开业就面临退出市场问题,其中相当部分是由于创业政策上的问题引起的。其中创业政策存在的问题有:(1)政策文件政出多门,缺乏统一发布口径,造成信息传递短路现象;(2)补助政策不透明,造成的结果是创业条件相同的,补助获得与否差异明显;(3)政策随意变动,使广大中小创业者对如何适用政策无所适从。因

此，要避免出现中短期内政策法规的颠覆性变化，就要保持各项政策法规的连续性和稳定性。

（二）政府服务对创业者创业激情的影响

创业活动并非完全是自发行为，基于创业活动对社会经济发展的突出贡献，政府需要摒弃自由放任的政策，转而采取积极的干预和引导政策，营造适合众多创业者创业的社会环境。

创业环境是创业过程中起作用最大的因素之一，不仅会在创业的开端直接影响创业者的创业方向和想法，还会对创业的成绩和效果具有显著的正面推动效应。

在创业环境中，最为基础的是政府的服务能力。政府服务的便捷性会直接降低中小企业的经营成本，而政府的歧视性行为不仅损害广大中小创业者的创业激情，而且还会影响经营风险的管控效果。近年来，政府提供低成本、便利化、全要素的创业服务，并推进社会化、市场化的特色创新创业孵化服务平台的建设，尤其是在政府引领下，众创空间、创意园区以及联合办公等新型办公业态正在迅速崛起，为更多初始创业者接受。

创业环境建设的核心是创造机会，政府通过简化创业手续、降低创业门槛、减轻税收负担、开展培训和管理咨询等措施，激发创业者的创业意愿并强化创业者的创业能力。如果忽视创业机会营造，忽视创业机会改善，片面追求创业中"量"的递增，其结果是势必影响创业环境的效果。

（三）平民化创业行为对企业成长能力的影响

对于初始创业者而言，平民化的创业行为，其创业客体多为设立一些小型与微型企业。

应当看到，这种创业行为与以设立大中型企业的创业者的投资性行为是有较大差异的。具体表现为：(1)创业或投资的空间不同。小型、微型企业的创业者大多是白手起家，且以开办新企业为主，开办的企业，组织结构比较简单、规模较小；而热衷于创设大企业的创业主体通常具有融资能力与投资规模，其投资的空间比较广泛，一方面可以表现为企业组织的裂变（如对原企业进行并购），另一方面也可表现出大企业新产品的重新组合与生产工艺的改变。(2)创业或投资的手段不同。初始创业者，面对一种新的经营实践，大多缺乏创业经验，面对创业行为,他们既欣喜又恐惧,创业手段集中于对更多创业机会的寻求与实践;而创设大企业的创业主体,不仅在企业技术与内部管理上具有运作经验,而且也包含企业体制的创新,由于集中了一批精英管理者,他们对于投资风险的可控性与投资收益的预测性往往比一些初始创业者运用得好。(3)创业或投资主体不同。通常而言,小型、微型企业的创业者多为家族成员或个体,融资能力有限,创业规模相对较小;而创设大企业的创业主体多是由利益各异的集团组成,投资所需资金浓厚,其创业动机不仅来源于企业,同时也可能来源于政府。[1]

## 四、我国创业环境现状与问题

### (一)创业空间相对狭窄

在万众创业活动中,“众”是主体,“创”是内容,“空间”是载体。由于我国市场经济体制尚未完善,大企业占垄断地位,自然垄断、行业垄断的不公平竞争现象依然存在。因此,中小企业投资者的创业空间仍较狭窄。表现为:(1)大型企业往往会通过垄断协议、价格控制等方式排挤中小企业,以获取超额利润,占据市场支配地位。尤其是大企业的联合垄断行为筑成了一道贸易壁垒,使很多中小企业难以进入市场,获得市场份额。这种现实状况的存在,增强了个体创业者对创业前景的担忧。(2)由地方保护主义引起的行政性垄断行为,引发个体创业者进入市场的不公平性。现实中存在相关政府部门滥用职权,实施排他性的限制市场竞争的相关政策,对外地商品设定歧视性收费项目或者设置关卡等,成为限制中小企业资源要素流动,进而影响中小企业成长与发展的重要因素。这种现实状况的存在,造成个体创业者对市场发展预期的担心与不确定性。(3)一些互联网平台企业利用互联网优势以及平台企业自身的垄断地位,将经营活动的触角指向日常性经营消费领域,原本比较适合万众创业活动中创业初始者投资创业的领域,却为互联网平台企业把控,大企业过于热衷平民创业空间的结果是加剧了创业空间的收窄效应。

### (二)创业成本过高

为鼓励大众加入创业的行列,我国政府从减免企业税收、降低准入门槛等诸

---

〔1〕 参见王玉颖:《区域经济中微型企业创业与创业环境的研究》,载《经贸实践》2018 年第 4 期。

多方面为企业的创新创业活动"开绿灯",但即便如此,连年攀升的劳动力成本、房租成本等仍使创业成本提升,过高的创业成本会使许多初始创业者望洋兴叹。同时,对于刚进入创业领域的初始投资者而言,在贷款、融资方面的优势也远不足其他大型企业,融资难、融资贵问题也成为初始创业者开展创新创业活动的一大障碍。

(三)创业法规不够健全

在市场经济法治环境下,任何创业活动都需要法律引航,需要法律保障权益,但目前我国还欠缺这一领域的法规体系。

首先,我国尚未制定一部"创业促进法",有关创业相关的制度以政策为主,且政出多门,缺乏体系化构建。

其次,通过立法对创业者的法治化指引不够。创业活动应遵循哪些法律准则,法规层面对此规范化不足。现实生活中,一些创业者以商号侵犯他人商标权,以窃取他人知识产权作为创业投资的情形时有发生,直接影响市场经营秩序;另外,一些大企业凭借其自己优势,利用横向与纵向协议,阻却创业者创业行为的事件也时有发生,直接影响了创业环境。

最后,对创业促进手段的法治化构建不足。与创新创业有关的优惠政策,在落实、监督方面还存在较多问题,使创业者疑虑重重,放不开手脚,降低了创新创业的质量和成功率。

## 第三节 《中小企业促进法》对创业支持政策的表达与评析

在2017年修订的《中小企业促进法》中,关于创业扶持的内容主要集中在该法第四章第24~31条中,重点在政府提供创业服务、特定人群创业优惠、创业资金与税收支持、简化审批、创业基地建设、生产经营场所支持、互联网平台服务、便利化市场退出等方面作了规定。在我国至今尚未颁布"创业促进法"的背景下,《中小企业促进法》对创业问题作出的决定是对创业政策上升到法律层面的一大突破。

## 一、《中小企业促进法》对创业支持政策的法条表达

### （一）政府提供创业服务义务之设定

2017 年修订后的《中小企业促进法》第 24 条规定，县级以上人民政府及其有关部门应当通过政府网站、宣传资料等形式，为创业人员免费提供工商、财税、金融、环境保护、安全生产、劳动用工、社会保障等方面的法律政策咨询和公共信息服务。

县级以上人民政府及其有关部门为创业人员免费提供有关法律政策咨询和公共信息服务，是促进和便利大众创业的基本保障，是引导创业人员合法合规创业的先决条件。

这一政策在《国务院关于大力推进大众创业万众创新若干政策措施的意见》（国发〔2015〕32 号）以及《国务院办公厅关于创新管理优化服务培育壮大经济发展新动能加快新旧动能接连转换的意见》（国办发〔2017〕4 号）中已作了相应的规定，此次《中小企业促进法》修订将上述行政规章上升到法律层面，通过对政府提供创业服务法定义务之设定，确保了政策向着稳定性、有效性和法定化推进。

### （二）特定人群创业优惠法定权利之设定

2017 年修订后的《中小企业促进法》第 25 条规定，高等学校毕业生、退役军人和失业人员、残疾人员等创办小型微型企业，按照国家规定享受税收优惠和收费减免。

促进充分就业是我国经济社会发展的优先目标。高等学校毕业生、退役军人、失业人员、残疾人员等是大众创业不可或缺的重要群体，支持其创业关乎他们切身利益及社会公平正义。基于此，政府部门应营造公平竞争的创业环境，使有梦想、有意愿、有能力的各类创业主体便利创业，并鼓励重点群体和困难人员创业，重点要求对符合条件的失业人员、高校毕业生等重点群体创业就业给予增值税、所得税扶持，对有创业需求、具备创业条件但缺乏创业资金的重点群体给予创业担保贷款和贷款贴息，对小型实体企业招纳失业人员就业给予增值税、城市建设维护税、教育费附加、企业所得税等优惠，对企业安置残疾人就业给予增值税或营业税、城镇土地使用税等优惠。

这一政策在《国务院关于进一步做好新形势下就业创业工作的意见》(国发〔2015〕23号)、《财政部、税务总局、人力资源社会保障部关于继续实施支持和促进重点群体创业就业有关税收政策的通知》(财税〔2017〕49号)中已得到了落实。此次《中小企业促进法》的修订将上述政策上升到法律层面,将对特定人群创业优惠法定权利落实到法律层面,使上述政策更具有法定化与可执行性。

(三)创业资金与税收支持政策之构建

2017年修订后的《中小企业促进法》第26条规定,国家采取措施支持社会资金参与投资中小企业。创业投资企业和个人投资者投资初创期科技创新企业的,按照国家规定享受税收优惠。

借鉴其他国家的做法,社会资本应当是初创期、创新型中小企业的重要资金来源。但在我国,中小企业外部融资主要依赖银行贷款,导致融资结构不均衡、融资渠道较狭窄,因而成为中小企业融资难、融资贵的重要原因之一。

基于此,国家鼓励和引导创业投资基金投资创业早期的小型微型企业,并对符合投资范围的创投基金给予财政税收扶持。此外,2017年在京津冀、上海、广东、安徽等8个全面创新改革试验区域和苏州工业园区开展创业投资企业和天使投资个人税收试点,针对创业投资企业或者天使投资个人投资符合条件的科技型企业给予应纳税所得额优惠。

在《中小企业促进法》修订之前,已有《私募投资基金监督管理暂行办法》(证监会令〔2014〕第105号)、《关于创业投资企业和天使投资个人有关税收试点政策的通知》(财税〔2017〕38号)等若干政策出台。此次修订,一方面对国家应采取措施积极有效地推进社会资金参与投资中小企业提出了要求,另一方面也使原有的创业资金与税收支持政策走向法治化层面。

(四)创业行政许可便捷原则之确立

2017年修订后的《中小企业促进法》第27条规定,国家改善企业创业环境,优化审批流程,实现中小企业行政许可便捷,降低中小企业设立成本。

发挥市场的力量,减少政府干预,营造更为宽松便利的营商环境,已经成为世界潮流。近年来,我国正在大力推进商事制度改革,在企业设立审批方面,要求开展"多证合一""先照后证""证照分离"改革,大力削减工商登记前置审批事项和后置审批事项;在审批方式改革方面,要求对行政审批实行"一个窗口"受理、"一站式"审批,并对行政审批中介服务事项实行清单管理;在投资审批改革方面,要求削减中央政府层面核准的企业投资项目,项目审批经国家建立的在线监管平台,实现"一站式"网上审批,并公开办理流程。

在《中小企业促进法》修订之前,已有《国务院办公厅关于清理规范国务院部门行政审批中介服务的通知》(国办发〔2015〕31 号)、《工商总局关于深入推进"放管服"多措并举助力小型微型企业发展的意见》(工商个字〔2017〕70 号)、《国务院办公厅关于加快推进"多证合一"改革的指导意见》(国办发〔2017〕41 号)、《企业投资项目核准和备案管理条例》(国令〔2016〕第 673 号)。此次修订,设定了创业行为行政许可便捷原则,并使相关政策更具有法定化与可执行性。

(五)创业基地建设鼓励政策之构建

2017 年修订后的《中小企业促进法》第 28 条规定,国家鼓励建设和创办小型微型企业创业基地、孵化基地,为小型微型企业提供生产经营场地和服务。

缺少经营场地是创业难的一个重要制约因素,需要政府给予支持。为抓住新技术革命和产业变革的重要机遇,适应创业创新主体大众化趋势,国家支持加快创业孵化基地、众创空间建设,鼓励发展创新工场、创投孵化器等新型孵化模式,对办公用房、用水、用能、网络等软硬件设施给予补助,并支持老旧商业设施、闲置楼宇等转为创业孵化基地。此外,国家以税收优惠扶持载体发展,支持对符合条件的孵化机构实施房产税、城镇土地使用税或增值税、企业所得税等优惠。

在《中小企业促进法》修订之前,已有《国务院办公厅关于发展众创空间推进大众创新创业的指导意见》(国办发〔2015〕9 号)、《工业和信息化部关于印发国家小型微型企业创业创新示范基地建设管理办法的通知》(工信部企业〔2016〕194 号)、《国务院办公厅关于加快众创空间发展服务实体经济转型升级的指导意见》(国办发〔2016〕7 号)。此次修订,将创业基地建设鼓励政策提升到法律层面,并进一步强化了政策的法定化与可执行性。

(六)生产经营场所便利化政策之构建

2017 年修订后的《中小企业促进法》第 29 条规定,地方各级人民政府应当根据中小企业发展的需要,在城乡规划中安排必要的用地和设施,为中小企业获得生产经营场所提供便利。

国家支持利用闲置的商业用房、工业厂房、企业库房和物流设施等,为创业者提供低成本生产经营场所。

充分利用现有闲置的商业用房、工业厂房、企业库房和物流设施等资源，为创业者提供低成本生产经营场所，具有重要现实意义。国家要求，在用地供应方面，各级政府规划建设小企业创业基地、科技孵化器、商贸企业集聚区等，要优先安排用地计划指标，并支持推行工业用地弹性年期、长期租赁、先租后让、租让结合等供应制度，鼓励以租赁方式向中小企业供应土地；在盘活闲置空间方面，鼓励地方政府出台政策，积极盘活闲置的商业用房、工业厂房、企业库房、物流设施和家庭住所等资源，为创业者提供低成本办公场所和居住条件。

在《中小企业促进法》修订之前，已有《国务院关于进一步支持小型微型企业健康发展的意见》（国发〔2012〕14 号）、《国土资源部、发展改革委、科技部、工业和信息化部、住房城乡建设部、商务部关于支持新产业新业态发展促进大众创业万众创新用地的意见》（国土资规〔2015〕5 号）、《国土资源部关于进一步做好新型城镇化建设土地服务保障工作的通知》（国土资规〔2016〕4 号）、《国土资源部办公厅关于印发〈产业用地政策实施工作指引〉的通知》（国土资厅发〔2016〕38 号）、《国务院关于强化实施创新驱动发展战略进一步推进大众创业万众创新深入发展的意见》（国发〔2017〕37 号）。此次修订，与原有的生产经营场所便利化提供政策相对接，使上述政策更法定化并具有可执行性。

### （七）互联网平台服务政策之构建

2017 年修订后的《中小企业促进法》第 30 条规定，国家鼓励互联网平台向中小企业开放技术、开发、营销、推广等资源，加强资源共享与合作，为中小企业创业提供服务。

互联网平台在大幅降低新创企业的早期固定成本投入和交易成本，加快市场运行效率方面有其独到优势，它不同于传统的创业文化环境，承载着大量市场主体和交易资源的大型生态体系，使创业和发展更加便捷，它可以使中小企业起步的成本大幅降低。为此，在近几年的创业政策中，国家支持加快发展“互联网 +”创业网络体系，鼓励互联网平台面向各类创业创新主体开放自身技术、开发、推广等资源，并提供专业化创业创新服务，从而为中小企业提供一整套支撑互联网创新创业的新型商业服务体系。

在《中小企业促进法》修订之前，已有《国务院关于大力推进大众创业万众创新若干政策措施的意见》(国发〔2015〕32号)、《国务院关于加快构建大众创业万众创新支撑平台的指导意见》(国发〔2015〕53号)、《国务院办公厅关于建设大众创业万众创新示范基地的实施意见》(国办发〔2016〕35号)、《国务院关于印发“十三五”国家信息化规划的通知》(国发〔2016〕73号)。此次修订,使上述政策更法定化并具有可执行性。

(八)便利化市场退出政策之构建

2017年修订后的《中小企业促进法》第31条规定,国家简化中小企业注销登记程序,实现中小企业市场退出便利化。

创业者创办创业实体,既是市场“进”的过程,也与“出”的行为相连。现行的一些商事登记制度,对创业者而言存在退出渠道不畅、注销企业程序复杂、耗时较长等问题,一定程度上影响了市场机制的效率。为完善企业退出市场机制,国家逐步探索企业简易注销改革试点,2015年先在上海市浦东新区、江苏省盐城市、宁波市、深圳市四地组织开展改革试点,让真正有退出需求、债务关系清晰的企业快捷便利地退出市场,这项企业简易注销登记改革自2017年起,在国家全面实行,对不适用简易注销登记或被驳回的申请,引导当事人依法通过普通注销登记程序退出市场。

在《中小企业促进法》修订之前,已有《工商总局关于开展企业简易注销改革试点的通知》(工商企注字〔2015〕2号)、《工商总局关于进一步推动企业简易注销改革试点有关工作的通知》(工商企注字〔2015〕142号)、《工商总局关于全面推进企业简易注销登记改革的指导意见》(工商企注字〔2016〕253号)、《工商总局关于做好新形势下企业登记注册工作有关问题的通知》(工商企注字〔2017〕132号)。此次修订,使上述政策法定化并具有可执行性。

## 二、对《中小企业促进法》创业支持政策立法的评析

### (一)创业支持政策的体系化构建

创业扶持政策与中小企业促进政策虽有区别,但是就中小企业成长与发展促进而言,应当充分考虑它的前端性政策,即创业扶持政策。没有良好的创业扶持政策,就很难有大众创业、万众创新的创业创新局面,也就很难形成中小企业良好的发展格局。大企业强国,中小微企业富民。创业环境,既是激发创业种子

生根发芽、促进创业要素加快聚集的关键推动力，又是保障创业不断成长的必要条件，是创新创业兴起和发展壮大的土壤和载体。[1] 基于这样一个认识，在修订后的《中小企业促进法》中，创业扶持政策成为中小企业促进政策的有机部分。

在创业扶持方面，修订后的《中小企业促进法》将近年来采取的商事制度改革举措和实践中行之有效的扶持政策确立、固化为法律规定，进一步明确鼓励创业、扶持创业的政策导向。

值得关注的是，修订后的《中小企业促进法》以较多的法律条文力求勾划出创业扶持政策的体系化轮廓，从要求政府提供创业服务义务，对特定人群创业可享有优惠法定权利，对创业行为建立行政许可便捷原则着手，分别对创业资金与税收支持政策，对创业基地建设鼓励政策，对生产经营场所便利化提供政策，对互联网平台服务政策，对便利化市场退出政策进行了多方面的构建，一方面对原法内容进行了丰富、拓展、更新和细化，另一方面也使促进政策更加体系化。

（二）创业支持政策的法治化构建

近年来，面对创业行为，从中央到地方，出台了相当数量的创业扶持支持政策文件，其中财税政策、金融政策、技术政策、人才政策、产业政策和社会化服务政策构成了我国创业政策的主要内容。但在制定与实施过程中，存在一些问题。如政策制定主体多元化、执行主体多部门，政策出台时间有先后，由此产生了政出多门，政策体系划分标准缺失，政策结构零乱等问题，不利于政策分类管理、统计分析以及后续的效果追踪。因此，迫切需要从立法上对当前创业政策体系进行法治化治理。

此次《中小企业促进法》修订，对现有的创业政策进行了梳理，对行之有效的创业政策以法律的形式作出了确认，为创业政策的法治化运行提供了法律制度保障。

（三）为制定"创业促进法"奠定法律基础

创业促进要走法治化之道，其最终目标是将创业政策上升为"创业促进法"。目前，虽然在一些地方，有"创业促进法"的地方性立法，如四川省于2017

---

〔1〕 参见徐松、张秀生：《优化创业环境的着力点》，载《光明日报》2016年2月16日，第4版。

年 7 月制定了《就业创业促进条例》,但在国家层面还属立法空白。

目前我国有《就业促进法》,但没有"创业促进法"。随着创新创业在我国的广泛开展,制定一部"创业促进法"为全社会所期待。新修订的《中小企业促进法》有关这一方面的法律规范,其立法意义在于,它不仅使创业从政策层面走向法律层面,同时也为今后制定一部"创业促进法"奠定了立法基础。

## 第四节　立法修改的功能性思考:创业支持政策法治化

创业扶持政策应当从意志性走向客观规律性,其基本途径是法治化。法治化运行既能使创业政策具有科学性与精确性,又能使创业政策保持稳定性与约束性。

### 一、创业支持政策法治化运行的基本原则

#### (一)生存型创业与机会型创业共同推进原则

生存型创业与机会型创业在当前我国经济发展水平下,都有其存在的正当性与合理性。因此,在就业扶持政策上应分类施策,共同推进。

1. 准确掌握主要群体的创业行为特征。即哪些群体在从事生存型创业,哪些群体在从事机会型创业,同时还要掌握这两类群体彼此之间的转化意向。利用定期的调查或专项的调研,洞悉生存型创业个体的发展方向,评估他们向另一种创业模式——机会型转变的可能性,在这样的大前提下再深层次地把握这两个群体对创业政策的需要。

2. 构建相关政策体系精准推动两类创业发展。无论是生存型创业还是机会型创业,都是现行的政策所应当予以积极促进的,但基于两类创业所具有的特点,在制定相关政策时应各有侧重,并将它们纳入国家和地方政府层面的创业发展支持计划中,并组织特定的创业资源和力量,在相应的支持周期内实施精准帮扶。

3. 建立相关机制实施创业类型转换。通过设计相应的个人申报机制和评选程序,在全国范围内遴选一定数量的生存型创业向机会型创业转型发展的支持对象,使创业类型更加符合社会经济发展要求,使创业成为社会时尚,成为创业

者的自觉行动。

（二）创业资助、创业服务和创业环境营造共同促进原则

创业资助、创业服务和创业环境是诸多创业政策的基本概括。它们的共同点在于，通过上述三类创业政策，可以降低创业者的失败恐惧感，提升创业者的感知机会，从而激发创业者的创业动机。但是，不同的创业政策有其不同的作用机理。

创业资助能降低创业者的创业投入，提升创业者的机会发展能力。然而，由于现有创业资助政策具有经济补贴的特点，大多以间接补贴为主，政府通过资助一些公共平台，或创业辅导培训免费获得等，初始创业者所产生的经济上的获得感相对有限。即使是直接地对初创项目进行补贴，其补贴金额所占创业投入资金的比例仍旧有限。因此，创业资助政策对于体现政策的导向性机理是明显的，但对于创业实体的经济驱动力则是有限的。

创业服务政策是政府提供公共服务的有机组成部分，它通过提供一系列的创业服务清单得以表现。对于广大创业者而言，虽然不具有经济上的刺激性，但其意义在于，通过政府的服务使创业者感受到在创业中政府的“慈父般的关怀”，从而提升创业激励，提升创业者回报社会的愿望。

创业环境营造是全社会的系统工程，其指向并不仅仅局限于政府部门，而是社会各个领域及各行各业。在全社会营造创业光荣、创业活动应受到尊重的氛围，这是创业活动得以存在和发展的土壤条件。如果缺乏创业的社会环境，再好的政策扶持都难以使创业活动保持旺盛生机。

因此，创业资助、创业服务和创业环境相辅相成，应当各得其所，共同促进。

（三）市场主导与政府引导共同作用原则

厘清政府和市场的边界一直是促进政策所要关注的重点，创业扶持政策也不例外。创业活动的本质是市场化的行为，应充分发挥市场在配置创业资源中的决定性作用，坚持让市场选择创业的方向和路径，消除束缚市场活力的“枷锁”，更好地为创业者清障搭台。政府在创业活动中的职责是提供公共产品服务和进行必要的宏观调控与市场监管。各级政府应以列出“权力清单”、“责任清单”和“负面清单”为着力点，清晰界定政府与市场的界限，以约束政府权力，释放创新创业的活力。

目前,在一些地方,由于没有很好地处理两者的关系,产生了一些负面性问题。比如,一些地方政府过分夸大政府补贴的引导作用,其结果是,在政府补贴的诱惑下,一些并无创业意向和创业服务经验的外行人,为了领取补贴,纷纷加入到众创空间的行业中来。还有一些地方性国有企业,看中了政府推出的政策红利,主动"响应政府号召,服务创业者",将自有闲置物业包装成"众创空间",此类企业并没有创业领域的专业服务能力,但凭借体制内的优势,顺利领取到政府补贴,让支持创业的政策掺水变味。这些"新来者"的加入,让创业市场"鱼龙混杂",出现"劣币驱逐良币",并产生出"挤出效应",导致创业者的创业创新效率不增反降,与政府提供财政资金扶持的初衷背道而驰。

在厘清政府和市场边界的基础上,应营造创业活动中公平、诚信的市场环境。完善公平竞争制度,调动创业主体的积极性;加强知识产权保护,制止不正当竞争和垄断行为;按照市场规则建立优胜劣汰机制,保证市场竞争的有序性;加大对危害创业安全、扰乱经济秩序、侵害投资创业者合法权益等违法犯罪行为的查处力度,以净化创业市场。

## 二、创业支持法律体系建设之设想

### (一)对现有中小微企业创业支持法律体系的评价

目前,作为促进中小企业的前端性政策,即创业扶持政策体系已经基本形成。这可以从以下几个方面进行认识。首先,从创业扶持的主体看,促进政策已对其进行了分类界定,即失去原有工作的劳动者群体、大学毕业生、农村劳务派遣人员、复员军人、海外归国学子以及少量在职人员;其次,从创业扶持的实施主体看,促进政策已对促进主体作出了划定,既有政府主体,又有基层社区,还有社会组织(青、工、妇、残)以及科教院所;最后,从帮扶政策的内容看,涵盖了财政税收、金融、技术、人才与人事、产业政策和社会化服务政策等政策体系。但是,对照检视相关的创业政策文本,可以发现,现有的创业政策文本仍缺少针对中小企业创新创业的完整的法律支撑体系。[1]

所谓法律支撑体系欠缺,主要是:一是促进主体的权限与职责未依法作出明

[1] 参见刘新民、钱洁莹、范柳:《基于文本分析的我国创业政策结构与特征研究》,载《山东科技大学学报(社会科学版)》2018年第3期。

确的界定，容易产生政出多门、职权重叠现象；二是创业政策的权义性规范体现不够充分，不利于政策分类管理、统计分析以及后续的效果追踪；三是创业政策的体系划分标准缺失，政策结构不甚合理；四是创业扶持政策的信息交流信号不强，容易产生寻租现象。

（二）推进创业支持法律体系建设的着力点

1. 建立完善的法律体系。应以现有的《中小企业促进法》的相关规范为主导，以“创业促进法”为基础，以税法、知识产权保护法、竞争法和信贷担保法等法律为辅，构建对外具有和谐性、对内具有自身安定性的法律体系，为广大就业者创造一个良好环境。

2. 建立完善的监管体系。强化对创业促进法的执法检查与监督检查，持续提升创业支持战略的实施结果和准确性。要大力惩处目前市场经济活动中存在的行业垄断现象，进一步拓展创业活动领域。为了给广大创业个体提供广阔的市场空间，政府部门应加快制定行业规则，打破进入壁垒，降低中小企业和小微企业的创新和创业门槛，消除创业障碍。

3. 建立完善的公共服务体系。多项调查结果显示，创业者在创业初创阶段，急需创业规划指导和相关培训等多项服务，应完善政策信息咨询平台，方便创业者获取政策信息；开展人才培训课程，提高人才能力，加强创业人才素质；搭建科技型小微企业行业协会平台，对行业的相关资料及信息进行收集并予以公布，促进行业的沟通交流，增加企业对行业信息的了解，以便企业对自身进行更好的定位。

## 三、政府主导型创业扶持运行机制之构建

### （一）政府与市场相结合的减震与保障机制

建立起政府与市场相结合的减震与保障机制的目的在于尽可能减少创业者的创业风险。这种保障机制可以在实践中探索创业风险保险产品这一运行模式。通过这种运行模式，创业者适当降低初始创业者的风险感知程度，消除其创业时的心理顾虑，激活创业者从创业活动向经营实体组织转变的积极认知，提升创业者向发展中小微企业转型的主体信心和积极预期。

另外，在创业者的创业活动中，存在的问题是急需资金支持，由政策性担保

公司担保放款也不失为构建政府与市场相结合的减震与保障机制的有效途径。充分发挥财政资金对于社会资金的撬动作用，利用财政资金的影响力组建政策性担保公司，吸引更多的社会资金加入到对创新创业投资的担保活动中来。

另外，在生存型创业向发展型创业的转变过程中，推行政府财政对银行借贷资金贴息支持，不但能够保证生存型创业者为转型发展所投入的自有资金的不足得到一定的补偿，而且还可以降低生存型创业者转变为机会型创业者的经营资金压力。

（二）政府与市场互动的引领与孵化机制

创业活动需要寻找创业产品，初始创业者往往缺乏寻找创业产品的方法和能力。充分发挥政策导引作用，采取市场支持方式，利用政府的“小投资”，引导社会资金的“大投入”，更好地发挥资源市场配置的作用。

政府相关部门在相关产业领域进行创业引领，鼓励他们依托高校及企业的优质创业资源，或者与高校及企业联合开发优质创业项目，利用风险资本市场进行孵化。帮助创业者提高创业能力，并将优质的企业资源与优化的外部资源进行组合，在较高的水平线上进行创业，实现创业向高层次目标推进。

（三）社会主导的示范与集聚机制

构建以社会为主导的示范和集聚机制，社会组织将广泛收集创业支持资源，为创业者提供创业发展服务。通过成功创业者的言行、方法指导和资源援助，为创业初创者提升创业信心和自我实现期望。动员并有效组织各行各业的创业资源和创业支持力量，形成促进创业的社会支持系统，将成功企业家融入创业成功者之中，形成业务联系或与创业者合作。

## 四、创业扶持法治化环境建设之构建

（一）创业质量引领工程的推出与运行

1. 进一步完善国家创业政策的结构与内涵。经济合作与发展组织（OECD）指出，获取融资、便于进入与退出的机制、政府扶持项目推进、鼓励企业家精神这4个方面是创业政策的主要内容。从现有国家创业政策的结构来看，在企业家精神培育、潜在创客发掘等方面存在较大空当。

好的创业政策具有培育创业精神，影响创业动机，创造创业机会和提升创业技能的作用，应从地区到国家的不同层面，采取创业教育等方式，以促进创业发展。因此，需要进一步完善相关激励政策，支持各类创业创新大赛，完善创业创新绩效评价机制，让一批富有企业家精神的创业人才脱颖而出。

2.加强不同区域间创业政策的协调。目前，有学者研究发现，区域内创业政策的实施效果呈现较大差异。从对现有的地方性文件的分析比较中发现，北京出台的创业政策存在小微企业、初创期企业及成长期企业的匹配度较低的问题，而江苏、浙江在激发就业活力、市场活力和创新活力方面虽然取得了一定的成效，但在市场化机制、创业保障、创业投融资机制等方面还存在不足。我国东部地区的创业企业发展迅速，创业政策体系相对完善，相对于东部地区，中西部地区的创业政策体系相对薄弱。造成这种差异的原因在于，不同地区所处地区经济社会发展的地域差异，导致已有国家层面的创业政策在落地时产生适用上的局限性，因此，各地区应当因地制宜，制定符合本地实际的创业促进政策，并保持地方间创业促进政策的协调与平衡。

3.提高创业服务的能力。首先，依据政府指引、社会投资、市场运作模式，建立创业服务中心，为创业者提供全方位的创业专业服务，指引和鼓励各类创业公共服务平台的发展和服务组织的设立和壮大，形成一个完善的创业服务体系。其次，推进各类创业空间的发展。充分利用科技企业孵化计划、小企业创业基地、大学科技园等平台，联合行业领导者和风险投资机构，打造一批低成本、全方位、开放式的创新创业空间，使大多数创业者能够拥有良好的工作空间、网络空间、社会空间和资源共享空间。最后，加强创业服务平台创设。创业服务平台的活力关键在于运营样式的针对性、及时性和可持续性。针对当前中小企业资金融通的需要，创建工业与金融一体化的云平台，通过平台快速收集企业的融资需求，有效匹配合适的组织和产品，为企业提供准确、高效的投融资服务。

4.优化创业人才的生活条件。积极采取各种措施，为高端创业人才提供便利、宜居的生活环境，妥善解决各类创业人才住房、医疗、子女入学等实际生活问题。鼓励和引导各类社会实体利用闲置场地、商业建筑、住宿房屋等，建设一批舒适便捷的创业公寓，通过公共租赁方式运行，为创业者提供现实保障，不断保障高端创业人才的生活安全，营造宜居的创业环境。

(二)创业继续教育工程的推出与运行

现行创业教育和创业培训主要由高校、社会培训机构及政府部门承担，且在个体创业前提供,在运行机制上多以政府购买服务的方式提供。这种运行模式的优势是能形成资金提供、培训机构、培训项目三者之间的结合,搭建起持续运行的培训服务平台。但存在的不足也是明显的,主要有:一是旨在激励个人创业的课程相对缺乏,旨在持续创业的课程相对稀缺,创业继续教育的针对性不强。二是未有效地建立培训机构与受训主体"一对一"的帮扶机制,培训的实效性不高。三是以政府购买服务方式提供培训资金,培训资金最终由哪些培训机构获得,虽有申报、比选程序,但实际上大多走过场,财政资金产出的绩效不高。

如何有效地解决上述问题,使创业教育工程能够在更高起点上发挥更好作用,实现更好的效果,需要进行探索。

1. 坚持以需求为导向。创业继续教育不是基础教育,也不是学历教育。之所以要强化创业教育,旨在通过积极的创业教育,不断提高创业人才的创业素质和技巧能力,拓展创业思维和创业视野,不断提高创业能力和相应的创业素养。

2. 坚持以效用为导向。创业继续教育,应根据受训者的培训要求,强调"一对一"的培训、定制化培训、师徒式培训;开设的课程应强化实用性,教学方式应强化案例教学、演练教学、情景教学;受聘的教师应侧重于理论与实务经验兼具;培训考核强化应用能力。其中包括对创业观念的转变、创业能力的提升、创业思维的拓宽、专业技能的提高、社会空间的拓宽等。

3. 支持社会良性联动。政府、学校和社会联手拓展创业者学习、培训和辅导类教育的空间,同心协力促进创业者与企业界人士、创业成功人士深度交往和广泛接触。改变现行的政府购买服务的单一性做法,对于某些专业性、行业性特别强的课程,可以尝试让创业者修完培训课程,获得结业证书向政府相关部门报销培训费(或补贴培训费)的做法。

CHAPTER

# 第十一章

# 促进中小企业成长与发展的创新支持政策检视及立法修订

中小企业技术创新对中小企业成长与发展具有重要影响。中小企业技术创新是内生性动力与外生性环境共同促进的结果。其中国家的科技创新政策是外生性环境的重要组成因子。《中小企业促进法》中涉及的促进中小企业技术创新的相关规定是推动中小企业技术创新的重要力量。但技术创新政策具有明显的系统性、共生性特点，它的作用机理是需要通过中小企业的内生性动能才能得到实现。因此，对中小企业的技术创新，不仅需要从立法政策上检视这种外力推动的成效，还需要充分考量法治化推进的现实可能性与实现途径。

## 第一节　技术创新对中小企业成长性的作用机理

企业成长理论的创始人，英国女经济学家伊迪丝·彭罗斯在她的《企业成长理论》一书中指出，企业成长的主要因素是企业内生力量。[1] 企业的成长，尤

〔1〕 参见［英］伊迪丝·彭罗斯：《企业成长理论》，赵晓译，上海人民出版社2007年版，第32页。

其是中小企业的成长,需要得到内外力量的推动。企业的内生力量是使企业成长的主要因素。然而,不可否认的是,拥有良好的技术创新硬环境是良好技术创新的先决条件。[1]

## 一、中小企业技术创新的基本特点

### (一)技术创新的概念厘定与理论研究综述

“技术创新”这一概念由约瑟夫·阿洛伊斯·熊彼特(Joseph A. Schumpeter)在其1911年所著的《经济发展理论》一书中首次提出。在他看来,技术创新就是把生产要素和生产条件的“新组合”——包括新产品、新技术、开拓新市场、控制原材料新来源、工业新组织等——引入到生产体系之中。1957年,索洛(R. Solow)在《技术进步和总生产函数》一文中提出了著名的索洛模型,认为从劳动力和资本上获得的经济增长长期来看是稳定的,只有技术进步才是增长的重要来源。1974年弗里曼(C. Freeman)提供了关于产业创新的趋势和动力学分析,强调将技术创新与商业化相结合。[2]

技术创新是一系列活动的结合,包括新思想的产生、研究、开发、商业化生产和传播,是从产生新产品或新工艺的设想到市场应用的完整过程,包括技术开发和技术应用这两大环节。从本质上讲,它既是技术进步与应用创新相结合的产物,也是集科技、经济一体化的过程。

近年来,国内学者在相关的技术创新理论方面取得了进展。迟宁等学者侧重构建中小科技企业的成长评价指标体系,通过运用因子分析方法,得出技术创新能力是影响企业成长的重要因素的结论;吕红等学者将中国58家上市公司作为实证研究的基础,通过研究得出结论,认为技术创新能力与企业价值增长呈正相关;张玉明等学者以106家中国中小企业为研究对象,通过研究,发现技术创新投入的若干指标对企业成长有明显的直接促进作用;徐向艺等学者运用实证分析方法研究了企业持续成长和企业技术创新的协同关系,认为企业实现持续

---

〔1〕 参见黄关华:《成长型中小企业技术创新对经营绩效影响的实证检验》,载《现代营销(创富信息版)》2018年第10期。

〔2〕 参见沈达勇:《基于技术创新能力的中小企业内生性成长性研究》,载《当代经济科学》2017年第3期。

成长的"两翼"是制度创新和技术创新,如果只注重其中的一个而忽视了另一个的重要性,将会阻碍企业的持续成长。二者的协同程度高,将有助于企业的持续成长。可见,在推动中小企业成长的各种因素中,技术创新的作用得到理论界的广泛认同,实践中我国中小企业对待技术创新的态度也一向较为积极。

国外学者 Angel Martinez Sanchez 和 Olga Urbina Perez(1998)、[1] Peilei Fan 和 Chihiro Watanabe (2006)、[2] Liliana Herrera 和 Mariano Nieto(2008)、[3] Gretchen B. Jordan(2010)[4] 等对技术创新政策在企业成长上的影响性问题展开了研究。政府科研支持政策在以技术基础为主的企业早期扮演着重要的角色,并且科研补贴和科技成果转让税率的减免对中小企业创新有正向作用,它有助于提升国内技术能力。

所有中小企业通过和外部环境之间的量能交换促使其在特定的商业生态系统中生存和发展,技术创新是中小企业进行内外部量能交换的重要途径。

(二)中小企业技术创新的基本特点

中小企业是我国企业群体中的重要组成部分。在当前,技术创新不仅是推动经济高质量发展的新动力,也是广大中小企业提高自身市场竞争力的重要途径,因为我国的经济增长方式正在由要素驱动的粗放型增长向创新驱动的内涵型增长转变。

实际上,中小企业在技术创新的水平和数量上并不逊于大企业。现有的实证与理论两方面的研究都证实了企业规模并不是决定技术创新的唯一因素。20 世纪,中小企业也有飞机、光纤测试设备、光学扫描器与个人计算机等众多重大创新成果。中小企业与大企业相比,在科研与技术开发(R & D)投入、技术装备等方面存在一定的差距,但得益于它相对简单的管理与决策机制,中小企业的内部交易成本更低,更有利于开展创新活动,使得中小企业的创新效率和创新周期

---

[1] See Angel Martinez Sanchez and Olga Urbina Perez, *Entrepreneurship networks and high technology firms: the case of Aragon*, *echnovation*, Technovation May 1998, Vol. 18, p. 335 -345.

[2] See Peilei Fan and Chihiro Watanabe, *Promoting industrial development through technology policy: Lessons from Japan and China*, Technology in Society, 2006, Vol. 28, p. 303 -320.

[3] See Liliana Herrera and Mariano Nieto, *The national innovation policy effect according to firm location*, Technovation, 2008, Vol. 28, p. 540 -550.

[4] See Gretchen B. Jordan, *A theory-based logic model for innovation policy and evaluation*, Research Evaluation, October 2010, Vol. 19, p. 263 -273.

明显优于大企业。以 R & D 为例,中小企业在以较小投入的同时却能保持很高的创新效率。据美国全国基金会的估计,小企业 R & D 投入产生的专利发明是大企业的 4 ~5 倍,以单位投入的产出来衡量则是大企业的 2.5 倍。据欧盟的统计,中小企业 R & D 的单位投入所产生的新产品是大企业的 3.5 倍。在美国,现有的高新技术企业中有 97% 属于中小企业。在我国,中小企业也已经成为技术创新的活跃群体和重要主体。据统计,目前中小企业完成了我国申请专利中的 70% 以上的技术创新。

技术创新对于中小企业而言,是决定企业存活状态及质量状态甚至是生死存亡的重要因素。我国的中小企业大多数是在市场体制不甚完善的状态下成长起来的,是在依靠简单模仿、复制的方式下存活下来的,但是随着经济的不断发展,中小企业必须摒弃以往高投入、低产出的“低效率”生存方式,通过技术创新,提高产品的科技含量,最终全面提高企业的竞争能力以维系持续发展动能。

技术创新的外部环境、企业自身的实力等有关因素决定了企业进行技术创新需要采取何种方式。大企业技术创新的要求具体表现为,企业需要建立自己的技术开发中心,提高技术开发的能力和层次,有效地利用技术开发成果;而对于广大中小企业而言,需要深化企业内部改革,建立承接技术开发成果的机制,并且有效地利用开发成果。在与大企业技术创新的比较分析中,我们发现,中小企业技术创新具有以下几个特点:

(1)多样性与广泛性。中小企业技术创新产品更多接近于一般消费者的生产和生活,因而具有多样性,也具有广泛的民生性基础。

(2)极具活力性。中小企业具有相对简易的决策程序,轻量化的企业结构等,使得其技术创新更具活力与效率。从研究开发经费支出的回报来看,中小企业比大企业更具效率。

(3)依赖性强。中小企业的技术创新有赖于与外界机构的密切合作与联系,同时也需要政府的积极引导与扶持。因此,世界上许多国家都把促进中小企业技术创新作为推动国家经济增长的源泉之一,并采取切实措施加以扶持。[1]

---

〔1〕 参见何光辉:《发达国家扶持中小企业技术创新政策及启示》,载《软科学》2012 年第 6 期。

## 二、技术创新对中小企业成长性的作用机理

### (一)技术创新与提升中小企业竞争力

企业竞争力是企业获得长期稳定竞争优势的基础,也是中小企业得以成长的核心力量。企业竞争力就其内容而言,主要包括企业的技术能力、组织协调能力、对外影响能力和应变能力。就其评价指标而言,主要由三个部分组成,即企业现实的市场竞争能力;企业潜在的和未来可能拥有的市场竞争能力;企业将潜在竞争能力转化为现实、获得竞争优势的能力。

技术创新对中小企业竞争力提升上的影响在于以下方面:

(1)技术创新更能增加对消费者的吸引力。广大消费者对中小企业的认同大多是从其生产的产品和所提供的服务的好感度开始的,通过技术创新所开发的新产品和运用新技术带来产品使用价值的变化,都会给消费者带来不同感受。这种消费感受的进一步拓展就是在同类产品竞争中提高了企业的市场地位,从而增强了企业的竞争力。

(2)技术创新更能降低产品的生产成本。技术创新的过程实际上是一个从新思想的产生到产品设计、试制、生产、营销和市场化的一系列活动,也是知识的创造、转换和应用的过程。增加产品的科学性、安全性以及使用上的自动化和智能化程度,有利于实现高科技产业化,从而降低生产成本,促使企业在同类产品中具有较强的竞争力。

(3)技术创新对企业持续发展的影响。创新可以促使企业走上可持续发展之路。技术创新的产出能力对企业的规模扩张有着显著的促进作用,较高的创新产品的销售收入表明该企业的创新转化效率比较高,对于企业在市场中抢占先机、保持甚至扩大市场份额都有极大的促进作用,从而促进企业规模扩张能力的增强。

有学者通过实证研究也发现,中小企业技术创新程度与其成长性呈倒 U 形关系。即中小企业初期,其成长性随着技术创新程度的增加而增加,但当技术创新程度达到倒 U 形顶点后,中小企业成长性反而随着技术创新程度的增加而呈现下降趋势。主要原因是,由于外部环境的不确定性、技术创新项目本身的难度与复杂性、创新者自身能力与实力的有限性,引发技术创新活动达不到预期设定

的目标。因而,我国中小企业在技术创新过程中需要将技术创新和成长性结合起来,使两者相互协调,同时在技术创新的投入上要坚持适度原则。[1]

(二)技术创新与中小企业治理结构的完善

技术创新与中小企业的治理之间似乎缺乏相关性,但实证研究表明,两者之间是存在一定联系的。[2] 有学者进行过实证研究,调查了我国153家中小企业板上市公司,研究发现,我国中小企业的技术创新能力受到技术研发投入、有技术背景的高管人员投入和专利数量等因素的影响。并且,企业的技术研发投入、有技术背景的高管人员数量和专利数量越多,其技术创新能力也就越强。[3]

在一些中小企业中,由于家族式的治理,股权相对集中,技术人员以技术持股受到家族式治理的限制。一些实证研究表明,股权集中度越高,对技术人员的股权激励就越不充分,往往导致中小企业的技术创新能力难以提升。一些实证研究还表明,股权集中度越高,中小企业的技术创新资金规模就越小,原因在于大股东的风险规避心理以及公司治理制度的不完善。要推动中小企业技术创新、提高技术创新效率,优化中小企业股权结构不失为重要手段。[4]

(三)技术创新与中小企业产业提升能力

企业技术创新环境应有一条完整的"生态链"。在这条"生态链"上,大企业与中小企业应各有分工。

大企业并不太适合直接进行真正意义上的技术创新。大企业在技术创新"链条"上的定位应当是适时对正在进行技术创新的中小企业实施高价收购,并利用自身强大的技术力量进行完善补漏或改进,然后依靠自身强大的营销网络和企业优势迅速推出技术创新产品去占领市场。事实上,日本松下、德国西门子等企业成为大企业后,直接进行技术创新的并不多,它们更多的是盯着中小企业,适时对技术创新进行到一定程度的中小企业实施高价收购。

---

[1] 参见陈晓红、李喜华、曹裕:《技术创新对中小企业成长的影响——基于我国中小企业板上市公司的实证分析》,载《科学学与科学技术管理》2009年第4期。

[2] 参见沈达勇:《基于技术创新能力的中小企业内生性成长性研究》,载《当代经济科学》2017年第3期。

[3] 参见陈晓红、李喜华、曹裕:《技术创新对中小企业成长的影响——基于我国中小企业板上市公司的实证分析》,载《科学学与科学技术管理》2009年第4期。

[4] 参见张会荣、张玉明:《技术创新、股权结构与中小企业成长》,载《山东社会科学》2014年第2期。

中小企业尤其是创业型、科技型的中小企业是直接进行技术创新的主角。光纤检测设备、心脏起搏器、个人计算机等都是美国中小企业发明的;苹果、微软等公司,最初都是依靠在中小企业阶段的技术创新获得崛起并带动了整个行业的发展。

进入21世纪以来,以知识化、信息化、技术化为特征的社会经济发展迅速,企业的经营环境发生了重大变化,具有创新能力的科技型中小企业已经成为产业发展的主力。

由此而论,应当促使广大的中小企业成为技术创新的主角。“扶大扶强”不太符合企业技术创新的规律。在企业技术创新的立法政策上,只有把技术创新的关注重点放在创业型的中小企业时,才真正找对了对象。

但是,需要指出的是,中小企业的技术创新具有较大的不确性,这是因为,由于中小企业很难像大企业那样有雄厚的资金投入科研与技术开发,同时技术创新是一项风险性活动,技术市场还存在技术竞争和技术替代,中小企业由于受上述各种因素的限制,对技术创新的热情与能力仍处于较低水平上,因此,通过立法政策促进中小企业的技术创新具有现实意义。

## 第二节　影响中小企业技术创新的内外部环境因子

中小企业对技术创新的认识以及对技术创新的偏好是中小企业技术创新的动力源,而这种认识与偏好是由诸多内外部环境导致的。因此,应从理论上梳理相关影响因子,进而为国家制定有针对性的促进政策提供理论支持。

### 一、影响中小企业技术创新的外部环境因子

#### (一)科技创新政策

科技创新政策,是指国家为实现一定历史时期的科技任务而规定的基本行动准则,是确定科技事业发展方向,指导整个科技事业的战略和策略原则。科技创新政策既涉及国家层面,也涉及地方层面;既涉及科技发展战略、战略性技术或产业发展,也涉及科技创新管理的基本原则,因此,科技创新政策层级与种类多样。科技创新政策也是确定中小企业成长与发展的战略和策略原则。

对中小企业的科技创新政策表明了国家在一定发展阶段支持什么,发展什么,反对什么,限制什么等基本的政策态度,它起着协调控制的作用,保证朝着一定的目标,沿着一定的路线有序发展。从政策目标看,科技政策主要是为了解决科技领域中的知识生产问题,如配置资金支持科技活动、培养科研人才、规制科技研发活动的潜在危害、协调影响科技活动的相关政策等,其中技术政策更聚焦于具体技术和领域。

综观发达国家和地区对中小企业科技创新促进政策的发展实践,其政策模式主要有三种类型:一是以美国为代表的营造环境型;二是以日本为代表的直接支持型;三是以欧洲为代表的介于二者之间的政策引导型。

在我国市场化发育程度偏低、中小企业力量薄弱的现实前提下,我国目前的中小企业创新促进政策主要是直接支持型与政策引导型并举,通过相应的制度建设,为广大中小企业的技术创新创造良好的外部环境。

(二)社会服务体系

社会性的技术服务体系通常由技术中介服务机构、公共技术支持平台、开放性的科研设施、技术信息服务、知识产权服务与管理、新产品认定和标准化服务等内容组成。

中小企业技术创新与大企业相比更需要借助社会服务体系。中小企业势单力薄,特别需要各种社会化服务,如政府、有关组织及中介机构提供的技术、人才培训、信息交流、技术咨询等服务。

目前,在为中小企业技术创新提供社会服务方面,存在的主要问题是:(1)管理体制不甚合理。目前中介机构有政府隶属的事业单位,也有民营性的企业组织。由于企业将追求利润目标放在重要地位,因此,一些营利性的中介服务企业偏离服务方向是难以避免的,将公益性服务演化成营利性服务,改变了服务的性质,增加了中小企业接受服务的负担。(2)社会中介组织发育不完善,配置不均衡。中介服务机构的服务能力与服务质量不能适应中小企业对新技术采用等多方面需求。(3)提供社会化服务的深度与广度不够。一些社会化服务机构本身不具有提供强大技术服务的人员与设备、设施,加之技术领域涉及的问题众多,很难从深度上满足广大中小企业对解决技术问题的急切需求。对有些社会化服务平台,政府以公共资金给予了技术设备投入,但存在技术设备闲置和浪费等现象。如何统筹构建各个服务机构相互协调机制以及技术创新平台高效运行体系仍是迫切需要解决的问题。

（三）知识产权保护制度

一国自主创新能力的大小，取决于企业知识产权建设状况，即包括知识产权的创造、使用、保护和管理四个方面。知识产权保护涉及的领域比较广泛，主要包括专利、商标、著作权、商业秘密、集成电路布图设计等。

企业的知识产权决定着企业的价值以及企业的竞争力。有效利用知识产权制度有利于企业的技术创新，对知识产权进行保护有利于中小企业取得并保持市场竞争优势。

中小企业发展到一定规模后，企业往往会细化成研发型企业、生产型企业、销售型企业和服务型企业，各种不同的企业，对于需要重点保护的知识产权的种类也各不相同。

目前我国的实际情况是，许多中小企业尚处于有“制造”无“创造”的“非知识产权”状态，制约了中小企业自主创新及健康发展。如果没有对企业研发的新产品、新技术以及取得的新技术成果进行有效的保护，被竞争对手以低成本手段轻松地加以模仿、复制，甚至不当获得，那么中小企业除了前期已经投入的大量人力、财力、物力付之东流外，也会使企业的新产品失去原有的市场竞争优势，这对中小企业的损害是致命的。

## 二、影响中小企业技术创新的内部环境因子

（一）企业技术创新机制

我国绝大多数中小企业是由家庭作坊或者个人自由组合发展起来的，企业经营能力偏低，在技术创新上存在的问题有：(1)没有树立自主创新的发展理念。认为企业发展靠的是市场，就像农民耕种靠的是气候一样，与技术水平高低关系不大。(2)没有制定新产品开发和新技术研发的投入制度。在利润分配和资金使用上，重消费、轻积累；在经营策略上，片面追求广告的“轰动效应”，不重视产品的实际效能和服务质量，急功近利；在产品研发定位上，只能模仿、改进技术含量低的产品。(3)没有明确的科技创新战略和长远规划。大多数中小企业在投资上热衷于“短、平、快”，即注重在短期内能见效的项目，而不重视技术创

新和产品科技含量等远期见效的项目准备。(4)缺乏制定合理有效的技术合作机制以及技术人才培养和激励机制。在企业技术研发过程中,遇到的主要困难是技术人才或技术信息缺乏。

(二)企业技术创新力量

企业技术创新力量通常包含资金投入与技术人员引入。

中小企业从事技术创新的资金来源包括内部融资、外部融资和政府补助资金。国际上一般认为技术开发资金占销售额1%的,该企业难以生存,占2%的可以维持,占5%的才有竞争力。而我国很多中小企业由于自身规模较小、实力较弱,缺乏足够的资金支撑技术创新活动。诸多中小企业没有开发经费投入,有开发经费投入的也往往不足其销售额的1%,直接影响了该类企业产品质量和档次的提升,以及核心竞争力的养成。

中小企业在吸引人才,尤其是在技术人才方面也存在问题,这几乎是世界范围内的普遍现象。中小企业由于提供的个人发展平台有限,个人后续教育机会较少,福利待遇较差等原因,相对于大企业而言很难吸引到优秀的技术人才。人才缺乏隐含的另一层含义是人才的高流动性。由于创业行为是个体理性选择的结果,并会导致产业和区域层面的技术外溢,从而产生正的外部性。出于对中小企业中关键人员流失而导致企业价值丧失的担心,那些资金拥有者(企业股东、财务投资者)很难有决心对企业进行投资。很明显,这种对投资者价值的损害也使得资金无法顺利从资金拥有者手中流入中小企业的创建和发展之中。

(三)企业技术创新转换效率

创新转化效率对企业实现价值增值以及快速发展至关重要。目前我国中小企业创新转化效率低下成为中小企业整体技术创新能力的“短板”。

我国的多数中小企业包括一些科技型中小企业,大多发迹于对外源技术单纯的模仿,属于低度的技术创新范围。技术模仿行为具有两面性,一方面,由于技术模仿不仅使技术的针对性大大增强,而且回避了研究开发所带来的风险,还相对节省成本,因此成为中小企业长期以来的重要选择;另一方面,由于对外部技术、技术力量的依赖性过大,而且许多企业依赖同一个技术源,很难在技术上形成自己的专业特色,未能形成自己的开发研究力量,企业的创新功能因而逐步萎缩,也就难以拥有自主技术。如果模仿行为被司法机构和行政执法机构认定为侵犯他人知识产权行为,其带来的后果将是致命的。

## 第三节　我国现行中小企业技术创新政策工具评析

中小企业技术创新政策工具是一套复合的政策体系,是政府干预技术创新活动的有效手段。根据对中小企业技术创新产生影响的层面不同,技术创新政策工具可分为供给侧政策工具、需求侧政策工具与环境侧政策工具。在我国,对中小企业技术创新政策工具的选择和使用较好地兼顾了我国的基本国情以及中小企业的发展现状,但在实施中也反映出诸多问题。

### 一、中小企业技术创新政策工具综述

#### (一)供给侧政策工具

供给侧政策工具,是指政府通过对信息、技术、人才、资金等方面的支持以直接扩大政策供给,推动中小企业的技术创新以及科技成果转化的政策体系。此类政策工具设计的出发点是通过政府扩大供给的手段,改善技术创新相关要素的供给状况,从而推动中小企业技术创新,以加快知识的溢出和外部效应。

供给侧政策工具可细分为教育与科技信息支持、科技基础设施建设、科技资金投入、科技性公共服务等若干方面。

在资金供给上,通行的做法是为中小企业的创新活动提供资金补助。有直接补助与间接补助之分。由于技术和知识的公共产品特性,企业的创新活动不可避免地会面临外部性带来的市场失灵和投资不足等问题,政府给予企业创新活动资金补助是解决此问题最为普遍的手段。[1] 同时,政府补助可以降低中小企业技术创新的成本,缩小企业私人收益与社会收益之间的差距,政府补助会对中小企业研发投入产生"杠杆效应",政府补助可以显著提高企业研发投入强度,在一定程度上缓解了企业的内源融资压力。另外,政府补贴除了能给中小企业带来直接的现金收益之外,还具有信号传递作用,获得政府创新补助向外界传递出了企业研发活动质量的信号,表明被支持的项目具备良好的成长性和企业

〔1〕 参见吴波虹:《政府补助对中小企业研发投入的影响研究》,载《中国商论》2018年第3期。

具备了一定的综合实力，这一信号传递效应在一定程度上也降低了中小企业与资金提供者之间的信息不对称问题，有助于增强资金所有者信心，缓解其面临的外部融资约束，促进企业向科技型企业转型，以及中小企业的创新产出。[1]

在公共服务供给上，政府的技术服务政策是中小企业成长的“保姆”。构建完善的创新服务体系，为中小企业技术创新提供良好的外部支持，这是当下市场经济发达国家普遍采用的做法。目前，我国对中小企业技术创新服务机构众多，但是协调运作效率不高，科技资源配置不均衡或重点不突出，存在技术公共服务平台上技术设备闲置和浪费等现象。

供给侧政策工具的运用推动了我国中小企业的技术创新与技术进步，但存在一定的局限性。突出问题是创新项目具有强烈的鉴定和评奖导向，而不是市场和效益导向，研发项目陷入“立项目→要资金→出成果→搞鉴定→评奖项→晋职称→立新项”这样一个闭循环，无法与市场接轨，导致研发与市场“两张皮”现象严重，浪费了创新资源。许多研发成果获奖一大堆，专利也不少，但能实现产业化的并不多。

(二)需求侧政策工具

这一工具的基本内容是对中小企业采用科技创新所生产的产品，政府通过对购买者采取直接补贴、税收优惠、价格优惠，以及强制性标准和倾向性措施等引导用户使用该创新产品，或者以政府采购的方式直接购买该创新产品。

需求侧政策适用的机理是，建立在技术研发基础上的中小企业创新产品在投放市场之初，由于生产规模小、研发费用分摊大，甚至生产工艺尚不成熟，加上社会化的生产配套体系尚未形成，往往导致生产成本相对较高，影响销售价格，进而导致需求受抑。或者是，由于创新产品的性能在投产之初，可能不为外界(社会)所熟悉，致使广大用户的使用和购买意愿相对较低，通过需求侧政策的设计和实施，以降低中小企业创新行为通往市场的障碍，进而刺激全社会对中小企业技术创新的市场拉动力。

在国外一些市场经济相对发达的国家，需求侧政策工具通行的做法有以下方面：

---

〔1〕 参见殷梦玲：《创新补贴对科技型中小企业技术创新的影响研究——基于不同补贴方式的分析》，载《北京邮电大学学报(社会科学版)》2018 年第 2 期。

(1)税收优惠政策。在美国,购买混合动力汽车的消费者可减免最高可达3400美元的所得税。在日本,居民购买100多种常用节能设备可获得税收减免,减免额约占购买价的7%。在韩国,对某些创新产品实行低消费税制度,推向市场4年内按基本税率的10%纳税,第五年按40%,第六年按70%,第七年才实行基本税率。

(2)区别性价格政策。欧洲许多国家通过区别性价格政策来提升对节能、环保类创新产品的需求。2000年德国开始实施的《可再生能源法》规定,电网公司必须以政府制定的远高于普通电力的价格购买太阳能和风力所发电力;德国联邦政府在1999~2004年还提供10亿马克的低息贷款,启动"十万座屋顶太阳能"项目。

(3)直接补贴政策。英国、日本等国对采用节能设备的家庭提供补贴。日本产业省每年拨款380亿日元用于补贴家庭购买节能设备。日本对购买混合动力等节能环保汽车的消费者给予一次性财政补贴,金额为与常规汽车价差的50%左右。

(4)政府采购政策。自20世纪90年代以来,许多国家通过采购中小企业创新产品来推动企业创新,被称为创新导向的采购。

(5)标准设定。对消费品在能源、环保、健康等方面设立了越来越高的标准,迫使消费者使用高标准的产品,倒逼企业不断采用新技术。欧盟制定的针对进入欧盟市场的产品技术指标和规定已超过10万个,成为推动广大中小企业技术创新的重要压力。

在我国,从中小企业创新政策的阶段性变迁来看,需求型政策相比于供给型政策而言数量较少,运用相对不多。值得一提的是,2006年制定的《国家中长期科学和技术发展规划纲要(2006~2020年)》提出了自主创新产品的政府采购、首购、首台套和消费补贴等需求侧创新政策,并提出对混合动力汽车自主创新产品等实行一定的税收优惠。

(三)环境型政策工具

环境型政策工具主要是通过减少行政审批事项,规范市场竞争秩序,遏制大企业市场垄断行为等,为中小企业营造良好的经营环境。具体指政府通过专利政策、税收制度、法规管制等政策影响技术发展的环境因素,间接推动技术创新和新产品的开发与利用。

环境侧政策工具又可细分为财务金融、税收优惠、法规管制、策略性措施等方面。财务金融是指对中小企业科技创新实施贷款补贴、贷款担保、出口信用等。税收优惠主要是对中小企业科技创新实施相应的税收减免。法规管制主要是通过制定和完善知识产权法律和法规,在全社会营造科技创新的法治环境。策略性措施是指中央政府和地方政府通过颁布一系列科技创新政策引导广大中小企业走科技发展之路。

## 二、中小企业技术创新政策工具在我国的选择和使用

### (一)以环境型政策为主的政策工具设计与运用

以上三大政策工具各具特点,它们不具有替代性。但是在对中小企业技术创新的政策工具设计与运用上,应主张以环境型政策工具为主。这是因为,环境型政策工具具有政策导向性与环境改善的全局性特点,可以促进在全社会营造科技创新的氛围。

就我国对中小企业创新政策发展变迁而言,在 1992 年前未涉及中小企业经营环境方面的政策。1992 年提出社会主义市场经济体制改革后,出现关于政府与市场互补机制的思考,改善中小企业经营环境类政策初现;党的十八届三中全会提出推进行政审批制度改革,最大限度地减少政府对微观事务的管理,减轻中小企业发展的行政阻力,2014 年密集出台了 42 项落实《国务院关于鼓励和引导民间投资健康发展的若干意见》(国发〔2010〕13 号)的实施细则,放宽民间资本准入领域。尽管如此,环境型政策所占比例仍然较少。未来中小企业创新政策应继续加强环境型政策,进一步规范市场经济秩序,为中小企业发展创造良好的经营环境。[1]

在支持环境型政策措施上,重点应放在以下方面:(1)针对中小企业科技创新环境型政策不足这一现实性问题,有必要研究与构建促进中小企业技术创新的整体性环境型创新政策,通过整体性环境型创新政策,营造技术创新氛围,以提高中小企业技术创新的积极性和水平;(2)解决监督执行机制缺乏的问题。

〔1〕 参见章文光、闫蓉:《基于政策文本计量的中国中小企业创新政策变迁研究》,载《湘潭大学学报(哲学社会科学版)》2017 年第 5 期。

改变对已有的政策措施没有很好的贯彻执行,常常流于形式的现状,强化环境型政策的执行力。[1]

(二)借助公共服务政策的供给侧政策工具设计与运用

由于我国中小企业技术创新的基础条件、能力和水平还处于较低层次,因此,在供给侧政策工具运用上,为创新活动提供必要的补助是需要的。但是,政府的资金补助既会受到财政政策多方面的制约,也会受到竞争政策的质疑。因此,将资金补助作为供给侧政策的重点与方向是不现实的,应当主要借助于对广大中小企业技术创新均可以普遍使用的公共服务型政策工具。如信息支持、技术人才培养等。

目前,在公共服务型政策工具的运用方式上,我国已进行了一定数量的财政资金投入,组建了一批科技创新服务平台,搭建了科技创新公共服务体系,但也存在一定的问题。例如,在信息支持手段的运用上,往往通过搭建公共的信息平台,让技术的供需双方实现对接。实际上,通过大量的调研发现,信息平台所采用的简单对接方式在解决供需双方需求的效果上并不好,原因在于技术接收方的需求是个性化的,平台却欠缺专业性,欠缺具备对知识技术的加工和处理能力,使平台所拥有的技术不能较好地为需求方使用。在人才培养方面,技能型人才的培养一直以来不受重视,而在企业技术创新的人才需求结构中,既需要大量掌握核心技术的研究和开发人员,又需要一大批具有现代制造技术和服务能力的技能型人才,但由于技能型人才的培养涉及专业领域广泛,借助科技服务平台去培养技能型人才力不从心,且事倍功半。

(三)政府采购在需求侧政策工具中的设计与运用

政府采购是发达国家实施需求型政策的主要抓手。2016 年,我国政府采购规模超过 3 万亿元,以后几年一直以此规模为基础有所扩展,但政府采购政策尚未充分发挥其激励技术创新的作用,尤其是中小企业的科技创新产品较难进入政府采购的对象范围,多年来,我国政府采购政策对推进创新战略的作用相对有限。同时,政府采购质量和效率较低等问题突出,这与发达国家通过政府采购保障和鼓励中小企业技术创新形成了鲜明对比。因此,如何通过公共采购促进创

---

〔1〕 参见林敏:《中小企业技术创新的国际镜鉴》,载《改革》2017 年第 5 期。

新发展是当前面临的一个现实问题。依我们之见,可行的方法是将《政府采购法》进行修订,将政府采购分为日常采购和创新采购两类。其中,日常采购遵循“阳光采购”和“效率采购”并行原则;创新采购遵循“阳光采购”和“创新采购”原则,不实行“效率采购”原则,因为在创新产品上市初期,消费者或用户不认同,或产品存在一定程度上的“质次价高”的情况可谓常态,普通消费者对这类产品很难形成足够的需求规模,尽管这些创新产品可能代表着该产业未来的发展方向。因此,为使这些创新成果领先进入市场,政府应充当其“首批用户”,但中小企业应切实做好采购使用后对技术产品的服务工作。

## 第四节　《中小企业促进法》创新支持的法条表达及其评析

2017年修订后的《中小企业促进法》将原法中的“技术创新”扩展为“创新体系”,这不只是概念上的修改与变动,而是蕴含着立法者对我国创新实践的再认识以及相应促进政策的再深化。

### 一、《中小企业促进法》对创新支持的法条表达

#### (一)修法后法条结构与内容的变动

在2017年修订的《中小企业促进法》中,突出的亮点之一是,在法律的多个章节中都有涉及支持中小企业创新发展的内容。

原法关于创新支持的内容仅有3条,且局限于技术创新,规定得比较原则和单一。为回应广大中小企业的呼声和专家的建议,此次修法中拓展了创新的内涵,从六个方面增加了一些具体的规定。一是对中小企业创新进行必要的指导和支持;二是运用加速折旧、研发费用加计扣除等税收优惠手段支持创新;三是鼓励运用信息技术;四是鼓励中小企业参与科学研究,军民融合和标准制定,提高中小企业创建、使用、保护和管理知识产权的能力;五是鼓励各类创新服务机构提供各类创新服务;六是鼓励产学研合作。[1]

对上述条款进行修改和扩充并形成较为系统的创新促进体系,具有现实

---

〔1〕 参见李命志、马向晖主编:《中华人民共和国中小企业促进法释义》,中国法制出版社2017年版,第152页。

意义。

1. 进一步强调中小企业创新的意义。2016年由中共中央、国务院印发的《国家创新驱动发展战略纲要》强调创新驱动是国家命脉所系,是世界大势所趋,是发展形势所迫。对于广大中小企业而言,创新是中小企业的重要力量和活力源泉,微软、谷歌、华为、阿里巴巴等一批企业巨头都是通过创新从初创小企业成长起来的。自2009年以来,工业和信息化部与国家知识产权局共同在全国32个中小企业集群区实施了中小企业知识产权战略推进工程,通过深入实施知识产权托管试点项目,实施《企业知识产权管理规范》国家标准,培育企业知识产权优势等,增强中小企业创新发展能力。因此,创新无论是对国家与社会,还是对中小企业自身都具有重要意义。

2. 进一步拓展中小企业创新的内涵。2014年,在达沃斯论坛上,李克强总理表示"创新不单是技术创新,更包括体制机制创新、管理创新、商业模式创新"。在传统意义上,对中小企业创新的理解限于技术创新。但是企业的创新实践表明,催生企业在市场上的新生力量,科技创新是需要的,但仅凭科技创新、产品创新还不够,还应注重体制机制创新、管理创新和模式创新,消除不利于创新发展的各种约束,支持各种市场主体不断开办新企业、开发新产品、开拓新市场、培育新产业。修订后的《中小企业促进法》第32条第1款明确规定:"国家鼓励中小企业按照市场需求,推进技术、产品、管理模式、商业模式等创新。"在原法鼓励中小企业创新的基础上,该条还增加了管理模式和商业模式创新,以丰富创新内容。

(二)修法对中小企业创新支持制度的完善

1. 管理模式创新与商业模式创新制度的完善。修订后的《中小企业促进法》将创新的内容和范围不再局限于技术领域,而是放眼到管理模式创新与商业模式创新上,并将技术创新、管理模式创新与商业模式创新一并推进,这有利于形成中小企业良好的创新体系。为此,立法分别对中小企业的管理模式创新、商业模式创新与技术模式创新提出相应要求。

所谓模式,通常是指某种事物的标准化形式或固定化格式。借助公式来表示可表述为:模式 = 理念 + 系统结构 + 操作方法 + 制度保障。

管理模式,是指在较长的实践过程中,由企业逐步形成并在一定时期内基本固定下来的一系列管理制度、管理结构和方法，是企业文化的体现。管理模式创新在中小企业创新发展中具有重要作用。实证研究表明，在行业领域相同、企业存续期限相当的情形下，为什么有些中小企业成长发展得良好，而有些中小企业却存在“长不大”“长不好”状态，究其原因与管理模式有关。有些中小企业为激励技术人才，采取股权激励方式，为技术创新提供管理模式支持；有些中小企业为力克小企业短命化现象，在治理结构上推行内部合伙人治理体系，对那些不具有股东身份的主要经营者以合伙人身份参与到利益激励与分配之中。对于那些比较适应中小企业实际，在实践中具有应用价值，且不违反法律规定的管理模式创新行为，《中小企业促进法》给予了立法认可。

商业模式，是指能使企业运行的内外各要素得以整合，形成一个完整、高效率的具有独特核心竞争力的运行系统，并通过最优实现形式满足客户需求、实现客户价值，使系统达成持续盈利目标的整体解决方案，包括运营模式、盈利模式等。当前一些企业所采用的特许权经营模式、品牌委托经营模式、B2B 模式、B2C 模式等当属商业模式的范畴。商业模式创新有利于中小企业形成自己独特的经营理念、经营品牌，从而获得比其他企业更有效的经营效果。

2. 对中小企业技术创新成本支持制度的完善。修订后的《中小企业促进法》对固定资产缩短折旧年限或采取加速折旧方法作出了规定。第 32 条第 2、3 款规定：“中小企业的固定资产由于技术进步等原因，确需加速折旧的，可以依法缩短折旧年限或者采取加速折旧方法。国家完善中小企业研究开发费用加计扣除政策，支持中小企业技术创新。”

目前我国固定资产加速折旧税收优惠政策有面向所有行业、所有规模企业的，也有专门面向重点行业和小微企业的，研发费用加计扣除政策是促进企业加大研发投入，提高自主创新能力，加快产业结构调整的重要优惠政策。按照《企业所得税法》及其实施条例，该政策对所有企业为开发新技术、新产品、新工艺发生的研发费用给予 50% 税前加计扣除，但由于操作中往往要求企业提供政府科技部门的鉴定意见，造成事实上只有科技型企业才能真正享受到该政策的局面。为使更多的中小企业平等地享受到政策优惠，提高对企业技术创新投入的回报，国家明确将中小企业固定资产折旧政策和中小企业研究开发费用加计扣除政策纳入修订后的《中小企业促进法》，以营造普惠的创新法律环境，支持中小企业的技术创新。

3. 中小企业参与共性技术研发制度的完善。修订后的《中小企业促进法》第34条对此作出了规定:"国家鼓励中小企业参与产业关键共性技术研究开发和利用财政资金设立的科研项目实施。国家推动军民融合深度发展,支持中小企业参与国防科研和生产活动。国家支持中小企业及中小企业的有关行业组织参与标准的制定。"鼓励中小企业参与科研项目、军民融合和标准制定方面的规定,其主要目的是加强对中小企业参与科研项目、军民融合、标准制定的支持。

4. 对中小企业知识产权保护制度的完善。修订后的《中小企业促进法》第35条规定:"国家鼓励中小企业研究开发拥有自主知识产权的技术和产品,规范内部知识产权管理,提升保护和运用知识产权的能力;鼓励中小企业投保知识产权保险,减轻中小企业申请和维持知识产权的费用等负担。"关于提高中小企业知识产权制造、运用、保护和管理能力的规定,主要目的是鼓励中小企业提高知识产权创造、运用、保护和管理能力。

现状是,中小企业提供了全国大约70%的发明专利,已成为我国创新的主体。很多创新型中小企业规模虽小,但发展潜力大、活力强。同时,不少中小企业也面临知识产权意识淡薄、侵权行为时有发生、维权难等问题,迫切需要采取切实有效的知识产权帮扶措施来促进中小企业的健康持续发展。

5. 对各类创新服务机构提供支持制度的完善。修订后的《中小企业促进法》第36条规定:"县级以上人民政府有关部门应当在规划、用地、财政等方面提供支持,推动建立和发展各类创新服务机构。国家鼓励各类创新服务机构为中小企业提供技术信息、研发设计与应用、质量标准、实验试验、检验检测、技术转让、技术培训等服务,促进科技成果转化,推动企业技术、产品升级。"与原法相比,其修订后的变化主要体现在以下三个方面:一是结合中小企业的需求特点,增加创新服务种类,拓展了创新服务的内涵与范围;二是把原法中的"各类技术服务机构"修改为"各类创新服务机构",与创新支持的其他规定相对应;三是把原法中"建立生产力促进中心和科技企业孵化基地"的相关规定删除,主要考虑是创新服务机构种类较多,且不断涌现新的创新服务模式与业态,应当鼓励发展适合中小企业需求的各类创新服务机构,并不局限于生产力促进中心和科技企业孵化基地。

6. 对产学研合作促进中小企业创新制度的完善。修订后的《中小企业促进法》第37条规定:"县级以上人民政府有关部门应当拓宽渠道,采取补贴、培训等措施,引导高等学校毕业生到中小企业就业,帮助中小企业引进创新人才。国家鼓励科研机构、高等学校和大型企业等创造条件向中小企业开放试验设施,开展技术研发与合作,帮助中小企业开发新产品,培养专业人才。国家鼓励科研机构、高等学校支持本单位的科技人员以兼职、挂职、参与项目合作等形式到中小企业从事产学研合作和科技成果转化活动,并按照国家有关规定取得相应报酬。"与原法相比,主要增加鼓励向中小企业开放实验设施的内容,进一步增加了对产学研合作的支持,其目的是通过资源共享和合作,帮助中小企业提高创新能力。

应当认为,修订后的《中小企业促进法》以原有法规框架为基础,并以现有的创新和发展情况为基础,为支持中小企业成长与发展提供了坚实的法律基础。有关创新体系支持的立法政策较好地体现了《中小企业促进法》所具有的积极扶持、加强引导、完善服务、依法规范、保障权益的基本立法特色。《中小企业促进法》虽然针对中小企业创新支持政策的法条并不是很多,但极具针对性。

## 二、对《中小企业促进法》创新支持规定的评析

### (一)中小企业创新支持政策的延续性与演进性

2002年颁布的《中小企业促进法》已关注到技术创新对中小企业成长和发展的重要性,因此,在法律中专列"技术创新"章,共设计了3个条款。

由于当时制定《中小企业促进法》之时,理论界与实务界对中小企业技术支持的政策类型以及政策体系的研究与应用还不十分成熟,再加上当时国务院以及各部委对这一领域的政策资源相对欠缺,因此,反映在立法条款中,对相关政策体系设计存在技术支持与创新支持两者未作区分,创新支持仅局限于技术创新的问题。

随着全国中小企业创新实践的不断推进,2002～2017年,国务院及各部委围绕中小企业的创新体系支持颁布了大量的行政规章和规范性文件。

2013年,工业和信息化部颁布《关于促进专业化和专业化中小企业发展的指导意见》(工业和信息化部〔2013〕第264号),强调要推动中小企业的转型升

级,增强自主创新能力,营造良好的发展环境,在市场资源配置中发挥基础性作用,完善服务体系,强化专业服务,促进中小企业专业化、精细化、专业化、小型化发展,不断提高发展质量和水平,增强核心竞争力。

2015 年,中共中央、国务院发布《中共中央、国务院关于深化体制机制改革,加快实施创新驱动发展战略的若干意见》(中发〔2015〕8 号),提出要利用财政补贴和间接投入的方式支持企业的独立决策和先期投资,开展主要行业关键通用技术、设备和标准的研发,建立开放、共享、互动的创新网络,建立有效开放企业特别是中小企业的机制。

2015 年国务院办公厅印发《关于印发国家标准化体系建设发展规划(2016~2020 年)的通知》(国办发〔2015〕89 号),提出要加强中小微企业标准化能力建设服务,协助企业建立标准化组织架构和制度体系,制定标准化发展策略,建设企业标准体系,培养标准化人才,更好促进中小微企业发展。

2015 年国务院颁发《国务院关于大力推进大众创业万众创新若干政策措施的意见》(国发〔2015〕32 号),提出要大力发展第三方专业服务。

2016 年,中共中央、国务院、中央军委发布《关于经济建设和国防建设融合发展的意见》(中发〔2016〕12 号),提出加快对优秀民营企业进入武器装备科研、生产和维护领域的指导,完善信息发布机制和渠道,为公平竞争创造政策环境。推动军事技术向国民经济转移转化,实现产业发展。与主管军事部门共同起草资源共享目录,制定资源共享方案,建立资源共享平台,提高资源利用效率,促进军事资源的合理流动和优化配置。

2016 年 12 月,国家知识产权局与工业和信息化部联合发布《关于全面组织实施中小企业知识产权战略推进工程的指导意见》(国知发管字〔2016〕101 号),要求建立激励机制,提高中小企业的知识产权管理能力,优化中小企业的知识产权公共服务,加大对小微企业知识产权保护的力度,建立公平竞争、公平监管的创新、创业和商业环境。

2017 年,工业和信息化部颁布了《国家中小企业公共服务示范平台管理办法》(工信部企业〔2017〕156 号),提出进一步推动公共服务平台的发展,包括技术服务平台,推动各类创新服务组织向中小企业提供优质服务。

上述一系列政策文件的颁布与实施,为创新支持政策法治化推进提供了政策依据，也为《中小企业促进法》在这一方面的进一步修订打下了政策基础。

上述一系列政策文件就其内容而言，主要关注科技创新体系的建立与完善，但对管理模式与商业模式的关注并不充分。在本次《中小企业促进法》立法修订时，将当前管理模式与商业模式的创新支持纳入法治化视野之中，并作出明文规定，这既是本次《中小企业促进法》修订的一大亮点，也是立法的一大进步。

（二）中小企业创新支持政策的针对性设计

中小企业创新政策有其自身的特点，从外生性因素上考察，中小企业的创新支持政策，需要在立法中着力解决三个方面问题。一是创新支持政策的激励主体问题，二是创新支持政策的内容问题，三是创新支持政策所追求的价值目标问题。针对上述三个问题，2017 年修订后的《中小企业促进法》作出了有针对性的回应，体现出本次修法以问题为导向，着力解决现实问题的修法目的。

（1）关于创新支持政策的激励主体问题。创新支持政策面对广大中小企业，这是因为，所有中小企业的成长与发展都需要创新，都应得到创新政策的支持。各级政府相关部门应当在税收、公共服务、土地政策、知识产权保护等方面提供支持。

（2）关于创新支持政策的内容构成。创新支持政策是一个有一定系统性的“文件包”。在该“文件包”中装载的内容有创新的范围（技术创新、机制创新、管理与商业模式创新等）、创新扶持的内容（技术创新成本支持、共性技术研发制度、知识产权保护、创新服务机构扶持、产学研合作促进等）、创新支持的手段（经费投入与费用扣除、税收减让与优惠、公共资金投入等）。

（3）关于创新支持政策所追求的价值目标问题，这在修订后的《中小企业促进法》第 32 条第 1 款中已作了阐述，即鼓励中小企业面向市场需求开展创新活动。市场需求既是创新的驱动力，也是创新的最终价值追求。中小企业的创新行为需求由市场来检验，由市场来决定创新的成败。只有创新行为能够切中市场所需，切实解决市场问题，中小企业的创新投入才能在创新产出中得到补偿，创新才具有源源不断的动力源泉，创新也才会从外生性的政策扶持走向企业内生性的自觉行为。

（三）《中小企业促进法》与《技术成果转化促进法》的调适问题

我国已于 1996 年颁布了《技术成果转化促进法》（2015 年修订）。《技术成果转化促进法》由6章51条组成,系统地规定了技术成果转化的组织实施、保障措施、技术权益、法律责任等相关问题,它是我国涉及技术成果转化促进的一部基本法。

2017年修订后的《中小企业促进法》涉及技术成果转化的法条主要是第36条和第37条。第36条规定的是国家鼓励各类创新服务机构向中小企业提供技术转让服务,第37条规定的是国家鼓励科研机构、高等学校支持本单位的科技人员将科研成果转化到中小企业,其立法原意是要求相关部门与机构对中小企业开展技术帮助。因此,这些法条规定,不仅没有与《技术成果转化促进法》的相关制度体系相抵触,而且对《技术成果转化促进法》针对中小企业的实际作出了更为具体的适用性规则。

为更好地使上述两法得以适用,我们建议,在相关立法的法律制度构建上进行以下调整和完善:

(1)在技术成果转化的体系构建上,两法应各有侧重。《技术成果转化促进法》作为技术成果转让的基本法,侧重规定技术成果转化的基本性制度。如技术成果的界定、技术成果转让的基本方式、技术成果转让的组织实施、保障措施与权益保障等基本性问题。而《中小企业促进法》侧重规定技术成果转化的扶持制度。为扶持中小企业发展,国家、各级政府应对中小企业的技术成果转化采取相应的政策扶持措施。

(2)在促进政策适用性的构建上,两法应各有所侧重。《技术成果转化促进法》与《中小企业促进法》均属于促进型立法,在法条上均有促进政策的规定。但两者如何适用应有所不同。可以这样理解,如果中小企业将拥有的技术成果转让给其他主体时,适用《技术成果转化促进法》;其他组织为扶持中小企业而对中小企业实施技术成果转让的,应优先适用《中小企业促进法》的相关规定。

## 第五节　立法修订的功能性思考:中小企业创新体系系统化

良好的政策设计来源于对实践需求的即时观察和深入思考。我国中小企业创新支持体系的建立与运行,需要构建一套相应的制度体系,对包括中小企业在内的各类主体的权利与义务作出相应的制度安排,从而形成法治化、体系化的创新体系运行系统。

## 一、中小企业创新政策体系的协调与完善

### (一)各类创新体系的协调与差异化推进

中小企业创新体系由技术创新、产品创新、管理创新与商业模式创新组成。在这四大创新体系中,不同中小企业应有所侧重。对于科技成长型中小企业而言,技术创新、产品创新是最为重要的,而对于商业型中小企业或小微企业而言,管理创新与商业模式创新则是第一位的。因此,《中小企业促进法》第32条所讲的"中小企业按照市场需求"来推进各种类型的创新就表现了鼓励差异化施策的立法政策。

另外,创新支持政策是一种鼓励型政策,立法并没有给未实施创新行为的主体课以法律责任,这是因为,企业是否开展创新活动是企业自主经营行为,它并不违反法律所设定的底线或合格线,而积极创新行为则是属于立法所倡导的行为。第五章"创新支持"的相关规定,它不是解决"不能做什么"的问题,而是倡导"应当如何做",即注重促进、引导和倡导中小企业创新,以此来促进中小企业的发展和进步。

### (二)企业与社会内外性创新体系的协同促进

中小企业创新体系是中小企业自身与全社会的互动过程,需要内外协同才能起到政策支持的良好效果。

中小企业的创新体系首先来自企业的内生力,即创新行为应表现为企业的自觉性行动。但是,由于中小企业与大企业相比,面临缺信息、缺人才、缺资源难题,导致其在创新过程中困难重重;同时,互联网、物联网、云计算、大数据等信息技术的广泛应用也使创新的形态和特征不断演化,技术迭代更新频繁,创新面临周期缩短,开放协同、跨界融合活动增多等诸多情况,对企业整合外部资源的能力提出了更高要求。[1] 因此,中小企业创新体系通过政策行为的外生力推动也显得更为重要。

目前,政府对中小企业的创新推动主要体现在企业创新资源供给的支持上。

---

〔1〕 参见常静:《重视"需求侧"创新政策,完善新时期创新政策体系》,载《科技管理研究》2012年第22期。

政府在动用大量行政资源为中小企业提供创新所需的资金、人力、政策和其他资源,然而收效不大。究其原因在于,对中小企业的各项扶持政策均以行政方式操作,并非源于企业的自发性和市场化。一方面呈现出“拉郎配式”的强买强卖,另一方面又仅仅停留在文件层面。因此,如何将政策推动的外生力量真正转换为中小企业的内生力量,是需要予以深入研究的问题。[1]

在具体政策设计中,重点是构建起形成内外生创新体系的协同促进体制与机制。从应然层面上,鼓励发展各类创新服务机构、支持各类创新服务组织提供多方面、多类型的创新服务,是推动中小企业高效吸收创新外部性资源,减少内部成本,提高创新能力的有效路径。但从实然层面上,重点不在于某一单项政策的落地,而在于共生性体制的形成与共生性机制的运行,并在此基础上推进法治化运行的步伐。

目前,我国中小企业创新服务机构规模小且专业化不显著,服务功能薄弱,一定程度上制约了我国创新服务体系的发展,也制约了我国中小企业的创新发展。

推进中小企业创新,推广创新服务体系,应坚持社会化、专业化、市场化、法治化的原则,持续优化社会服务体系结构。同时,应充分利用各行业协会、商会等自律组织,加强对中介服务市场秩序的维持和整顿,为中小企业创造良好的创新服务环境。通过相关立法,促进服务需求商和供应商的对接,建立以服务中小企业为核心的纵横互动的中小企业信息网络服务系统,发布市场供求信息、前沿技术和最新研究结果、投融资项目的交易与合作的信息。

(三)创新政策工具的综合运用

供给侧政策工具、需求侧政策工具和环境侧政策工具是在认识到供给和需求存在创造性互动的基础上所勾勒的政策工具体系。它们各有自身的特点,但不能孤立对待,需要综合施策。

目前,就各国政策的实践而言,需求侧创新政策的适用领域,往往在那些单靠市场机制不能满足社会需求的领域(如公共健康、社会环境领域),或在私人和公共市场力量交互作用的领域(如能源与交通领域),但是不可忽视的一点

〔1〕 参见陈纲:《中小企业技术创新风险政府补偿机制研究》,载《价值工程》2018 年第 6 期。

是,不同领域存在的自身特点,会导致对政策需求上的差异。比如,政府将标准化战略纳入需求类政策,就要把握政策的出台时机(timing)和持续时间(during),如果政府干涉过早,会阻碍更新技术的发展和创新;如政策颁布时间过晚,现有技术向新标准的转换成本又过高,阻碍技术标准的扩散,因此必须针对创新链的不同阶段有针对性地出台相应政策。

就供给方政策工具运用而言,目前我国存在的问题是,现有创新体系未真正聚焦创新,甚至离“创新点”很远。我国许多与创新有关的活动在到达“创新点”之前就已经“结项”了。供给方创新政策易造成创新资源的极大浪费。我国投入大量资金所取得的科研成果,转化为现实生产力的比率仅为10%,而美国这一数据为80%。可见我国在这一方面存在的差距。[1] 因此,需要从以下几个方面强化系统思维:

(1)供给侧和需求侧政策的匹配与整合。当前我国正处于逐步完善市场经济的关键时期,对科技创新的要求越来越高。必须把科研、商业运作和金融资本等结合起来,才能实现中小企业科技产品的规模化和产业化。任何将需求侧和供给侧创新政策分开使用的做法都难以收效。要根据产业发展不同阶段所呈现出来的特征,着眼于创新链特定环节的特定需求,综合利用各种政策工具,进行不同形式的创新政策组合,消除影响市场需求表达或创新吸收的障碍。

(2)政策工具选用时应充分考虑本国市场需求和行业差异。需求侧政策的设计必须考虑市场和行业的不同特征。目前在我国战略性新兴产业的发展过程中,由于缺乏推动产品应用推广的相应政策环境,国内市场需求不足,造成一定程度的出口依赖,尤其要注重需求侧政策的发展和应用,借助本土需求和本国市场效应,提升对产品的系统集成和综合运用能力。

(3)政策工具选用时应关注政策干预的缘由和时机。与供给侧政策相比,需求侧创新政策似乎会承担过多的政府干预风险,其政策设计和实施也面临诸多挑战。需求侧创新政策要求政府管理部门在推动创新过程中承担更为重要的职能,以推动有利于创新的公共采购等政策实践。政府管理部门对政策进入与退出时机、设计与评估等进行全周期管理,避免出现“挑选赢者”的局面。

---

〔1〕 参见邓久根、薛小彬:《供给侧结构性改革需重视需求方创新政策制定》,载《经济纵横》2018年第5期。

### (四)部门协调和利益相关者参与机制的有序构建

中小企业创新支持政策对于政府管理部门而言意味着更大的压力和挑战。在管理协调方面包括垂直和水平两个方向上的整合。垂直方向包括创新推动部门与具体行业应用部门,水平层面包括不同政府部门之间政策工具之间的协同。同时在政策制定过程中,还必须加强与来自产业界和社会等方面主要利益相关者的合作,在战略规划、政策工具及未来投资等方面达成高度共识。[1]

在国家层面与地方层面,应当继续发挥财政资金的撬动作用,加大对中小企业专项基金的统筹,重点用于支持中小企业的创新上。

在政府采购具有技术创新和管理创新的中小企业产品与服务时应落实优先采购政策,就这一方面的优先政策的规定,无论是《政府采购法》还是《中小企业促进法》,目前还不够清晰、具体,需要立法作出进一步的修订与完善。

在推进中小企业将技术创新、产品创新、管理创新、商业模式创新向其他企业转化或转让时,应当建立起一套与之相适应的包括税收优惠、财政补贴等扶持政策,尽快落实中小企业新产品开发增值税优惠政策和技术改造设备投资抵免企业所得税政策。

## 二、中小企业创新成果保护制度的构建与完善

### (一)中小企业技术创新与产品创新成果的法律保护

近年来的统计数据显示,中小企业提供了约70%的发明专利,并已成为中国创新的支柱。与此同时,许多中小企业所面临的知识产权薄弱,侵权和维权困难等问题依旧存在,影响了中小企业创新体系的有序维护。

技术创新与产品创新成果涉及知识产权保护,通过相应的知识产权保护途径,使创新企业的权益得到尊重与保护,能够有效激发人们对于创新的欲望。在中小企业技术创新与产品成果保护上,主要借助《专利法》《商标法》《反不正当竞争法》中的相关规定予以规制,《中小企业促进法》在这一方面的促进保护重点可以放在对公共服务平台的要求上,即通过公共服务平台对相关技术信息进行检索,以缓解信息不对称给知识产权保护带来的困难。

---

〔1〕 参见常静:《重视"需求侧"创新政策,完善新时期创新政策体系》,载《科技管理研究》2012年第21期。

### (二)中小企业管理创新与模式创新成果的法律保护

2017 年修订的《中小企业促进法》中提到创新体系中的管理模式与商业模式创新,这给立法与司法部门提出了如何有效保护中小企业管理模式与商业模式创新成果的新问题。

管理模式创新有可能形成管理方案与企业经营策略,这无疑属于商业秘密的范畴,应当按照《反不正当竞争法》的相关规定予以保护。

商业模式创新有可能形成特许经营模式,应当按照现有的国务院颁布的《商业特许经营管理条例》的相关规定对特许经营模式进行保护,建立起特许权人与受许人之间的权利与义务约束关系。

商业模式创新也有可能是一种新的经营业态,如"互联网 +"、商业众筹、共享经济等相关商业业态,应将其纳入相应的法律制度之中,进行法律保护。目前,这一方面的立法相对薄弱,还很难嵌入现行的法律中,需要通过立法对它们进行"定向"与"定则"。所谓定向,就是要处理这些经营模式创新的整体走向,以及基本制度内涵,为嵌入现行的法律中做好充分的理论准备;所谓定则,就是从立法的角度确定规则,并力求形成好的规则体系。

## 三、中小企业技术创新风险补偿政策的建立与完善

### (一)中小企业技术创新活动中的风险源

企业创新的风险伴随创新活动的始终。中小企业创新活动的风险源来自多个方面。

首先是投资风险,即投资者因为自身的错误导致投资活动失败的可能性,主要包括投资项目的暂停、延期、取消和放弃。金融环境的变化,不规范的投资流程以及低水平的投资项目管理都会增加投资风险。

其次是技术风险,即成功开发产品的可能性,或者开发产品的成本是否在普通消费者可接受的范围内为社会接受。

最后是市场风险,即是否可以开发产品以满足市场需求。

中小企业规模相对较小,对抗风险的能力有限。如何分担中小企业技术创新风险已成为政策制定和研究中的一个重要问题。

在 2017 年《中小企业促进法》的修订中,立法条文并无技术创新风险补偿

相关制度的规定，我们认为，这不能不说是一个遗漏的问题。建议在《中小企业促进法》再次修订时，对科技创新的风险分担与补偿在社会分担方面作出相应的规定。

（二）风险源的分担（分摊）维度

从制度生成的角度思考问题，既然企业创新是有风险的，而中小企业创新又是国家需要促进的，那么，在立法政策中就应当充分关注企业创新风险的分担（分摊）制度。

中小企业创新风险分担（分摊）主要包括三个方面：社会分担（分摊）、企业承担与政府补偿。

社会分担（分摊），是指通过一定的社会机构（如保险公司、企业互助基金等）设定一定的分担规则来分担（分摊）中小企业技术创新的风险，社会分担（分摊）制度通常是以市场化的方式运作的。

企业承担，是指中小企业作为科技革新的重要主体，既是风险防范措施的决定者，也是最终损失的承受人。

政府补偿，是指通过财政补贴和关联措施，直接或间接地补偿中小企业创新活动所带来的经济损失。政府加入中小企业的创新风险分摊机制中，一方面通过发挥政府的自身优势，有效补充市场机制的不足；另一方面也是突破中小企业创新风险分摊制度运行障碍的现实可行途径。

（三）风险源分担（分摊）制度的有序构建

中小企业创新风险中，对于可控风险，企业应当采取有效措施进行预测和规避。但是对于不可控风险，企业无法事前规避，只能事中控制，事后承担剩余损失。然而中小企业承担风险损失的能力有限，因此分担（分摊）损失是中小企业技术创新风险控制和防范的一个必要的重要途径。

社会风险分担（分摊）和政府补偿是风险损失分担（分摊）的两个主要途径。前者是以市场机制为基础，基于“利益共享、风险共担”的市场机制，以企业为核心主体。风险分担（分摊）组织和中小企业之间签订风险分担（分摊）合同，根据合同的相关条款，分担（分摊）中小企业技术创新过程中出现的风险损失及研发成本。后者是由政府通过中小企业技术创新扶持政策，直接、间接面向中小企业或社会风险分担（分摊）机构来分担（分摊）中小企业技术创新风险损失。政府补偿的根本原因是中小企业技术创新行为具有溢出效应，产生正外部性，分担（分摊）风险有助于将外部性内在化，进而促进中小企业的技术创新，达到提高企业科技水平，发展社会经济的目的。

从政府角度对中小企业创新风险进行补偿有其自身优势。首先，政府作为社会公共管理和服务主体，决定了其具有发展区域经济和科技的职能，具有参与中小企业创新风险补偿的主观条件和主观能动性；其次，政府能够通过政策进行资源调配，补偿风险分担（分摊）过程中主体之间的利益差额，进而有效地协调技术创新风险防范体系中各方主体之间的关系；最后，政府作为中小企业技术创新风险防范体系中的非直接利益第三方，可以独立客观地从整体宏观角度，对各方利益进行有效均衡协调，以促使体系的良性运转。当然，政府补偿的着重点在于完善规范风险分摊市场体系，加强信用环境的建设，促进市场的信息共享和信息交流，而不是直接介入中小企业的技术创新。

中小企业技术创新风险分担（分摊）体系的运行最终还是应该遵循市场经济规律，由市场决定中小企业技术创新风险分担（分摊）产品的供给、价格和运作。[1]

## 四、科技型中小企业认定和扶持政策的构建与完善

### （一）对科技型中小企业的认定

我国以科技为导向的中小企业约占中小企业的3.3%，但发明专利、技术创新和新产品开发分别占65%、75%和80%。这一现象体现了科技型中小企业高科技含量、小规模、创新多、灵活运作的特点。[2]

什么是科技型中小企业？2017年5月，科技部、财政部、国家税务总局在对《科技型中小企业评价办法》（国科发政〔2017〕115号）中的答复是，科技型中小企业是指拥有一批专门致力于科技研发活动的科技人员，通过获取自主知识产权并将其转化为高科技产品或服务，最终实现可持续发展的中小企业。可以说，以技术为基础的中小企业是技术创新集团的重要组成部分。与大型国有企业或

〔1〕 参见陈钢：《中小企业技术创新风险政府补偿机制研究》，载《价值工程》2018年第1期。

〔2〕 参见安同信、刘祥霞：《破解中国科技型中小企业融资难问题的路径研究——基于日本经验的借鉴》，载《理论学刊》2015年第10期。

大企业相比,中小企业依靠灵活扁平模式的管理,技术创新活跃,成果转让便捷,在创新和发展领域发挥着越来越重要的作用。

2011 年以来,以技术为基础的中小企业越来越受到国家的关注。2015 年 1 月,为全面落实《中共中央、国务院关于深化科技体制改革加快国家创新体系建设的意见》(中发〔2012〕6 号),科技部发布了《科技部关于进一步推动科技型中小企业创新发展的若干意见》(国科发高〔2015〕3 号)。2017 年 5 月,财政部、国家税务总局、科技部发布《关于提高科技型中小企业研究开发费用税前加计扣除比例的通知》(财税〔2017〕34 号)。文件指出,为进一步鼓励支持中小企业加大在技术研究开发层面的资金投入,支持技术革新,增加相关公司在研究开发方面的税前扣除率,由原来的 150% 增至 175%。可以看出,国家已将科技型中小企业在政策层面和产业层面放到了一个非常重要的位置。

在以技术为基础的中小企业中,重点要关注科技小巨人企业。科技小巨人企业,指的是科技型中小企业中的发展领先企业,它不仅具有科技型中小企业的一般性特点,还拥有一些自己独特的特点。根据相关文件,我们可以归纳出科技小巨人企业的特点为:(1)创新性。建立更完善的企业创新体系和创新机制,有更高的科研投入(占总销售收入 5 个百分点以上);成立科研队伍,科技人员数占员工数量 10% 以上;拥有自己的知识产权。(2)规模性。其经济规模,通常在制造类型企业的主营业务中占 0.3 亿~10 亿元;软件或技术服务企业的主营业务收入为 0.2 亿~10 亿元。(3)成长性。主营业务收入或净利润的平均增长率必须高于 20 个百分点,公司才能保持良好的增长,直至发展成为一个大型或巨型企业,为社会创造更大的财富。

目前我国中小企业要发展为以科技为主体的企业,面临众多难题,比如人才和科技的短缺、研究资金不足、创新管理水平薄弱、法律对知识产权保护力度不够等。因此,在科技促进政策中应当关注科技企业尤其是科技小巨人企业培育中的基本特点,因企施策,有的放矢地加以推进。[1]

### (二)扶持科技型中小企业的相关制度构建

在 2017 年《中小企业促进法》的修订中,立法并没有专门对科技型中小企

〔1〕 参见吴琳琳:《科技小巨人企业科技创新体系研究》,载《中国高新科技》2018 年第 19 期。

业给予专条的规定,欠缺科技创新体系的分类施策的规定。我们认为,对于科技型中小企业给予特别性的促进政策是必要的,对该促进政策应理性地进行构建。

最初有关科技型中小企业成长的政府支持政策是1999年国务院转发的《关于科技型中小企业技术创新基金的暂行规定》(国办发〔1999〕47号)等,截至2020年,我国共有9项政策是专门针对科技型中小企业成长的,其中2011年科技部颁发的《关于进一步促进科技型中小企业创新发展的若干意见》(国科发政〔2011〕178号)、科技部颁发的《关于进一步推动科技型中小企业创新发展的若干意见》(国科发高〔2015〕3号)、科技部颁发的《关于新时期支持科技型中小企业加快创新发展的若干政策措施》(国科发区〔2019〕268号)较为全面地在产学研合作、集群发展、公共服务、融资渠道、技术创新投入、支持承担国家科技计划项目、推动完善企业研发体系、完善政策环境等方面提出了对科技型中小企业发展和成长的扶持措施。总结目前中小企业的支持政策和适用于特殊中小企业群体的政策,我们可以看到目前主要支持政策涵盖了财政、税收、金融、科技、人才等方面的支持。[1]

创设针对科技型中小企业的促进政策体系的重点可以从以下方面进行:其一,认定政策。科技型中小企业的认定应体现标准性与发展性。其二,扶持政策。应在产学研合作、集群发展、公共服务、融资渠道、技术创新投入等方面协同促进,减少因政策体系化设计不足而引发的致耗现象。其三,考核政策。在认定、扶持的基础上,如涉及公共资金投入的应进行考核。

〔1〕 王玉娥:《政府扶持政策对科技型中小企业成长影响的研究述评》,载《改革与开放》2018年第2期。

CHAPTER

# 第十二章

# 促进中小企业成长与发展的营商环境优化及立法修订

营商环境建设对中小企业成长与发展具有全局性意义。2017 年修订的《中小企业促进法》已关注营商环境与中小企业成长之间的互存性关系，并在中小企业权益保护专章中作了规定。开展中小企业成长与发展的营商环境建设是一项长期性和艰巨性的工作，在处理营商环境法治化治理与中小企业成长与发展环境优化关系时，首先应界定营商环境法治化、便利化、信息化、国际化的概念及其关系，进而探析在法治化治理下公平性、公正性、便利化营商环境对中小企业成长与发展的影响与作用机理，在此基础上，构建起以公平竞争制度、透明高效政务制度、公正公平司法制度、守信诚实社会制度统领的营商环境系统，促进中小企业健康成长。

## 第一节　营商环境优化及其相互关系厘定

营商环境建设是中小企业成长与发展的基础性工程。目前，在推进营商环境优化方面还存在一些认识上的问题需要正视，尤其是在法治化、便利化、信息化、国际化、可测度诸方面的关系上需要作出进一步厘定和分析。

## 一、营商环境法治化与便利化的关系

### (一)营商环境法治化与便利化的概念厘定

营商环境,是指伴随企业活动整个过程的各种周围环境和条件的总和,这里所说的"整个过程"是指企业的设立到运营再到终止的全过程。这里所说的"总和"是指影响企业活动的社会、经济、政治和法律等诸多要素。

对营商环境进行较为全面评价最早之见于世界银行每年发布的《全球营商环境报告》,在评价报告设定的指标体系中,涉及可测度的具体指标涵盖了办理许可、电力获得、财产注册、信贷获得、保护少数投资者的利益、依法交税、跨境贸易、合同履行和破产等十大方面。这十大方面实际上包含了整个企业的生命周期,即从企业的创立、运营、交易到最终可能的破产。其中,企业设立方面包括4个测度,即申办企业、施工许可、电力供应及产权登记;企业运营过程包括5个测度,即信贷获得、少数投资者利益保护、依法缴税、跨境贸易与合同执行;企业终结包括了1个测度,即破产清算。

在过去较长时期内,我国频频使用的是"投资环境"一词。其实,投资环境与营商环境相比,投资环境的概念偏窄,主要用于吸引企业投资的特定阶段与特定内容,而且地方色彩浓厚,不易与国际接轨。在加入WTO之后,为了使国际社会更好地了解和接受我国的市场经济,我国逐步开始使用"营商环境"一词。在2016年国家颁布的《国民经济和社会发展第十三个五年计划纲要》中,提及"营造优良营商环境",并进一步表明要从"创造公平竞争的市场环境,高效廉洁的政府环境,公平透明的法律和政策环境以及开放、包容的人文环境"4个方面不断提高营商环境建设水平。在2018年的《政府工作报告》中,强调要"优化经营环境",深化"放管服"改革,坚决为企业松绑提供条件,使企业最大限度地释放活力,并为此制定了一系列政策措施。自此,将优化营商环境上升到"解放生产力、提高竞争力"的新高度。

营商环境法治化,是指在法治运行中内嵌入"优化营商环境"的内容,构建以实现自由、公平、秩序与安全为基本导向的营商环境系统。

营商环境便利化,是指在涉及市场主体经营活动的政策管制中,尽可能降低准入条件,缩减审批期限,公布负面清单,以达到市场主体经营活动的可控性和高效化,从而降低市场主体的经营成本。

营商环境法治化与便利化是一组既有联系又有区别的概念。

营商环境法治化强调的是营商环境的制度建设,而营商环境便利化则强调的是营商环境的效能管理。

营商环境的法治化建设,其实质内容是将法治思维、法治精神、法治方式贯穿于优化、提升营商环境的全过程。通过法治化营商环境建设,提高市场主体从事经营行为的安全性、透明性和可期待性,以减少投资风险,增加投资信心。其基本内容是在营商环境建设中,力求立法科学化,政府执法监管合理化,营商纠纷化解高效化,市场主体守法信用化。法治化下的营商环境不仅可降低企业经营活动的不确定性,也可降低交易成本。[1]

营商环境的效能建设,其实质内容是通过着力提高政府的行政效率和公共服务水平,为各类市场主体增效减负。

法治化与便利化都是营商环境的重要组成因素,但两者所追求的目标与价值有所差异。两者处理得好会产生叠加效应,如我国前几年推行的商事登记制度改革、"一窗受理、互联互通、信息共享"的办事制度改革,都是体现二者良好互动关系的最好实践。但在实施中如果处理不好,就会产生负向结果。因为法治化是以制度建设为核心的,一项制度的建设与运行是会有制度成本的,在相关制度构建上,过高设置市场主体准入与退出门槛,过多设置申报、审批与监管程序,就会导致制度成本的增加,造成社会资源的消耗,从而影响市场主体的经营效益。

(二)处理两者关系需正视的问题

在优化营商环境过程中引入法治化与便利化改革,需要处理好以下问题:

(1)坚持法治优先模式推进营商环境建设。当前从国内外优化营商环境的模式看,各国与各地区有不同的实践和模式。新加坡实行的是法治优先模式,我国香港特区实行的是国际化优先模式,深圳市采效率优先模式等。我们建议在现阶段采法治优先模式,以法治为统领,推进营商环境的便利化与国际化改革。

---

〔1〕 参见顾艳辉、朱淑珍、赵袁军:《交易成本视角下的法治化营商环境分析——一个动态博弈的解释》,载《技术经济与管理研究》2019 年第 3 期。

（2）厘清政府与市场的边界。营商环境法治化、便利化的核心问题是处理好“放管服”的关系。通过法治化手段规范政府这只“有形之手”，放活市场这只“无形之手”，让市场更有效率，让政府更有作为，从而营造有利于统一市场和公平竞争的良好环境。

（3）以诚信建设为引领。建立起政务诚信、司法公信、社会诚信、企业与个人诚信四位一体的统一信用体系，在全社会营造诚信法治文化。

## 二、营商环境法治化、便利化与信息化的关系

### （一）营商环境信息化的概念厘定

营商环境信息化，是指借助现代信息系统，推进数字化与智慧化建设，以提高政府监管与企业经营活动的效率。

法治化、便利化的营商环境是一种软环境，它的建立与运行需要信息支撑。没有强大且高效的信息支撑手段，要达到高效运行的法治化、便利化几乎是不可能的。

近几年，浙江实践给出的启示是，在浙江推行的“最多跑一次”改革中，实际上是法治化与便利化改革中借助信息化运行的最生动实践。截至2017年的统计数据，浙江省、市、县（区）梳理公布的可实现“最多跑一次”事项分别占同级总事项数的98.62%、98.71%、98.28%。到2018年年底，实现了所有的办事事项都“最多跑一次”的目标。“最多跑一次”改革以简政放权为先导，以便民提效为目标，以事项清单梳理为基础，以政府流程再造为核心，但所有上述做法与功能的实现，都少不了以“互联网+”为手段。

就浙江省而言，电子化注册、投资项目在线审批，“一窗式”受理离不开强大的信息化支撑，同样，在省内一些地方，如近几年宁波以网格为基础建立起来的社会综合治理运行体系，温州在《进一步优化营商环境的实施方案》（2017）中提出的变“企业跑”为“数据跑”，实现企业线上办理“一次不用跑”，其实质就是营商环境的信息化、便利化与法治化的有机结合。

### （二）处理三者关系应正视的问题

处理好法治化、便利化与信息化三者的关系问题，重点在于把握以下几个方面。

1. 明确各自的定位与功能。在营商环境优化建设中，法治化、便利化是目标，信息化是手段，应围绕法治化、便利化的目标建立信息运行与保障体系。

2. 营商环境信息化需要大数据平台作依托。这就要求在建设大数据交换平台和数据交易市场时应从全国着眼，避免信息数据的碎片化与地方化，加快推进信息的部门间共享和社会化利用。

3. 建立集中统一的信息安全保障体系。将信息进行分类，加强大数据平台的建设与维护，强化数据的安全管理。

## 三、营商环境法治化、便利化与国际化的关系

### （一）营商环境国际化的概念厘定

营商环境是一个带有全球性的概念，应当从国际视野上思考问题。

所谓营商环境国际化，是指建立符合国际惯例和世贸规则的市场经济运行机制和保障体系。

以国际化来检视营商环境法治化时，就会使法治化的内涵更加丰富，即营商环境法治化不仅要考察对本国法的遵守，而且还要学会运用国际法规范。

以国际化来检视营商环境便利化时，就会使便利化的手段更加多样，即不仅要考虑政策政务环境、社会化服务环境便利化对一国国内投资与经营环境的影响，还要考虑推动实现投资自由化、对外贸易和投资更加便利的国际化环境。

### （二）处理三者关系应正视的问题

在营商环境法治化、便利化与国际化的结合上，应关注以下几个方面的问题。

1. 充分认识到国际化是营商环境法治化与便利化的高级形态。无论是在全国还是在各省份层面，在实施营商环境优化的相关举措时，应加强营商环境法治化、便利化与国际化的融合。

2. 国际化的重点在于打造互利共赢的开放环境。这就要求在加强国际化营商环境的规划建设体系时，也要建立与国际接轨的营商规则与国际接轨的经济运行方式；引入国际公认的行业规范和管理标准；建立符合国际公认规则的成果分享机制；创新贸易管理和服务体系，加快投资贸易便利化建设，建立高效便捷的监管服务体系。

3. 国际化的举措是构建开放型的新兴产业体系。密切注意国际科技的新发展和国际产业布局调整更新的新动态，从而加快推进产业结构调整。

4. 推动国际化运行的主体主要是政府。因此，应从政府层面采取相应措施，构建以负面清单管理为中心的投资管理体系，以贸易便利化为重点的贸易监管体系，以及以实体经济发展为重点的金融开放式创新体系。

根据世界银行 2018 年 10 月 20 日发布的《2019 年营商环境报告：为改革而培训》，中国的排名从 2017 年的第 78 位上升到 2018 年的第 46 位，提升了 32 位，进入世界排名前 50 的经济体之列，其中部分指标已经跻身世界前列，表明我国的营商环境正在大步迈向国际领先水平。2018 年中国营商便利度变化情况见表 12－1。

**表 12－1　2018 年中国营商便利度变化情况**

| 项目 | 2018 年排名 | 营商环境便利度分数 | | |
|---|---|---|---|---|
| | | 2018 年 | 2017 年 | 变化(%) |
| 总体√ | 46 | 73.64 | 65 | 8.64 ↑ |
| 开办企业√ | 28 | 93.52 | 85.47 | 8.05 ↑ |
| 办理施工许可证√ | 121 | 65.16 | 41.21 | 23.95 ↑ |
| 获得电力√ | 14 | 92.01 | 65.71 | 26.30 ↑ |
| 登记财产√ | 27 | 80.8 | 74.99 | 5.81 ↑ |
| 获得信贷 | 73 | 60 | 60 | — |
| 保护少数投资者√ | 64 | 60 | 55 | 5.00 ↑ |
| 纳税√ | 114 | 67.53 | 62.9 | 4.63 ↑ |
| 跨境贸易√ | 65 | 82.59 | 69.91 | 12.68 ↑ |
| 执行合同 | 6 | 78.97 | 78.97 | — |
| 办理破产 | 61 | 55.82 | 55.82 | — |

注：√代表营商环境改善，↑代表营商环境便利度分数提高。

数据来源：世界银行 http://chinese.doingbusiness.org/zh/data/exploreeconomies/china。

## 四、营商环境法治化、便利化、信息化、国际化与可测度性的关系

### （一）营商环境指标可测度界说

营商环境法治化、便利化、信息化与国际化实现与否，实施绩效如何应当是

可以测度的，这就要求我们在事前关注设定指标的可量化，在事中关注设定指标的可测性，在事后关注设定指标的可分析性。

指标可量化、可测性和可分析性是通过营商环境评价指标体系得以实现的。因此，如何设定全面、有效、可观察的营商环境评价指标体系就成为政府工作的重点。

如上所述，经过十多年的探索、整理和归纳，世界银行已经建立了一套衡量各国商业环境的指标。目前，这套评价体系中包含 10 项重要指标，从指标体系中可以看出，该指标体系是从企业“获得感”角度来测评营商环境的。该体系较为全面，在世界范围内得到了广泛认可。

我们认为，对于营商环境优劣的评定，国际上不同机构都有着不同的指标划分体系，指标体系并不分优劣，不同的地区往往会因为地区特色而更适用某一指标划分体系。因而，在全国层面颁布营商环境指标体系，试图构建一套适应我国国情的营商环境指标体系就显得尤为重要。

(二)处理相关关系应正视的问题

在对营商环境的法治化、便利化、信息化与国际化的相关因子测度上，应当强化以下两个方面：

(1)体现效率优先兼顾安全基本原则。世界银行将营商环境定义为一个市场主体(企业)进行一系列活动在满足安全运行前提下所需要的时间和成本条件。即其在成立、运营、贸易、纳税、结束及履行合约等方面遵循政策法规中所投入的时间、成本。“时间、成本、费用”是涵盖重要指标的全部内容，是评价营商环境优劣的关键词。这一做法可以为我们借鉴。

(2)体现可比较性和可借鉴性基本要求。我国的评价体系，可以结合我国实际有针对性地制定，如借鉴世界银行的做法，记录一些关键业务改革案例，以此为理解和改善营商环境提供意见和参考。我国可以在比较与借鉴的基础上结合本国实际，逐步积累经验，形成特色。

## 第二节　营商环境对中小企业成长与发展的影响性分析

中小企业是在特定的营商环境下成长与发展起来的，营商环境营造在不同时期、不同阶段呈现出阶段性与递进性特征，且营商环境中的不同侧面对中小企业的影响机理各不相同。就总体而论，政府政策、公平环境、法治化保障对中小企业成长与发展的影响最为明显。

## 一、影响中小企业成长与发展的环境因素分析

### （一）影响中小企业成长与发展的环境因子

影响中小企业成长与发展的因素繁多而复杂。在大类上，可分为政策因素与非政策因素。各种影响因素见图 12－1。

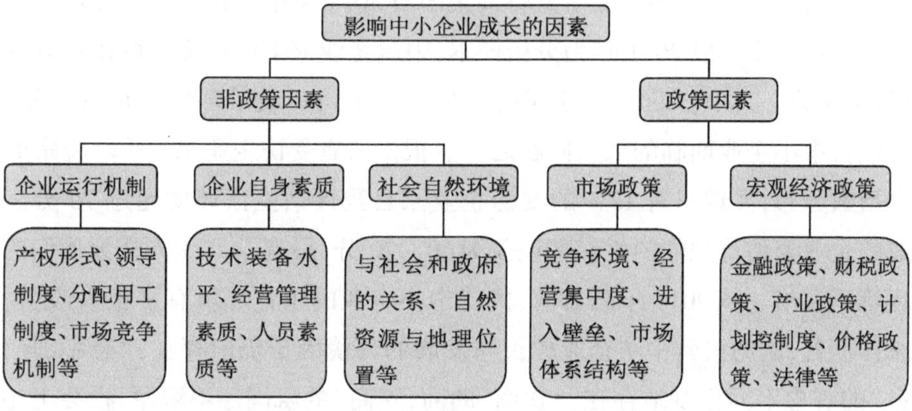


**图 12－1　影响中小企业成长与发展因素示意图**

原国家经贸委曾于 1998 年 3～6 月对亚太经济合作组织（APEC）成员在华投资的中小企业经营环境做过一次问卷调查，在其罗列的影响中小企业成长的一系列因素中，主要有融资问题、市场环境问题、法制及社会化服务问题。[1] 其中，政府政策因素起着重要作用。

对比 20 世纪 80 年代中后期中小企业开始起步时的环境，应当认为，当前中小企业，尤其是民营中小企业成长与发展的外部环境发生了明显变化，主要体现在：

（1）政治和政策环境发生了变化。民营经济的合法性已经有了宪法保障，与此同时，社会对民营中小企业的规范运作提出了更高要求，对企业的知识产权、产品质量、就业保障、环境保护、社会诚信等更加关注。

---

〔1〕 参见谢升峰：《中国中小企业政府支持体系研究》，中国财政经济出版社 2001 年版，第 13 页。

(2)市场供求关系发生了变化。随着我国短缺经济的结束,经济运行环境已经发生了根本变化,面临需求约束型的经济背景,因而民营中小企业成长与发展的经济环境发生了变化。

(3)竞争环境发生了变化。对民营中小企业构成竞争对手的已不是原来机制僵化的国有企业,而是国有控股、其他企业参股的大型公司制企业,以及外资通过并购而予以控股的中外合资企业或外资企业。

但是,不可否认的是,中小企业的成长与发展环境仍存在一些问题。2012年,亚布力企业家论坛委托零研究咨询集团对2011年中国企业家生存环境指数进行过专项调查。以2011年为分析样本,中国企业家生活环境指数在百分制下仅得61.3分。其中,“政府服务环境”(54.29分)和“政策环境”(61.68分)已成为民营中小企业面临的最大问题之一。根据所有受访企业家生活环境指数的频率指数分布,发现只有15%的受访企业家自我评估生活环境超过70分。近五成的企业家估价他们的生存环境仅为60~70分,另有34.8%人认为他们的生存环境不及格。从2011年到目前,民营中小企业的生存环境有了很大改善,但就总体而言,制约民营中小企业成长与发展的环境因子仍旧存在,“恐私、轻私、限私”的观念不同程度地存在,“扶商、助商、安商”的氛围还不浓厚,社会上还曾一度出现“民营中小企业弃场论”的观点。

(二)影响中小企业成长与发展的政策因子及阶段性变迁

自我国改革开放以来,我国对中小企业的政策在不同阶段呈现出阶段性变迁与递进的特征。有学者对改革开放以来我国政府出台的中小企业扶持政策文件进行过文本分析,研究发现,国家对中小企业扶持政策在其演进过程中经历了“恢复→探索→发展→密集”四个阶段,各阶段的基本特征表现为以下方面:

(1)政策恢复阶段(1978~1997年)。在此阶段,共发布了11份政策文件,政策文件的内容主要是基础性政策和创新创业扶持政策。目的是调整所有制结构,深化国有中小企业改制,并加快国有企业转型。

(2)政策探索阶段(1998~2005年)。在该阶段,共出台过14份政策文件,政策文件内容以扶持民营中小企业成长与发展为主,扶持手段逐渐涉及财税、金融、创新、资金、社会化服务等各个方面,中小企业政策质量比第一阶段有了较大的提升,政策文件的形式逐渐趋于多样化。2000年,国务院办公厅转发的国家经贸委《关于鼓励和促进中小企业发展若干政策意见》（国办发〔2000〕59号），2002年颁布《中小企业促进法》，2005年国务院出台《关于鼓励支持和引导个体私营等非公有制经济发展的若干意见》（国发〔2005〕3号，简称“36条”），为扶持中小企业持续发展奠定法律基础。

（3）政策发展阶段（2006～2009年）。此阶段为“十一五”期间，面对中小企业规模实力增长、自身素质提高、技术创新能力增强等发展态势，以及国家提出建设“创新型国家”的基本背景，陆续颁布了一系列政策文件，政策内容以促进技术创新，鼓励科技型中小企业发展，落实2006年《国务院关于实施〈国家中长期科学和技术发展规划纲要（2006～2020年）〉若干配套政策的通知》（简称国“60”条）作为重点。

（4）政策密集阶段（2010年至今）。在此阶段，以国务院制定的《国务院关于进一步促进中小企业发展的若干意见》（国发〔2009〕36号）和《国务院关于鼓励和引导民间投资健康发展的若干意见》（国发〔2010〕13号，简称“新36条”）两大政策为主线，相关职能部门相继出台相关政策，整体政策文件数量达百余件，政策内容以帮助中小企业解困、扶持中小企业发展，鼓励创新创业、推动中小企业转型升级为重点。[1]

“新36条”颁布后，国务院各部委分别出台了若干实施意见，据不完全统计，截至2012年7月底，国务院各部委出台的实施意见已有27项之多。文件内容见表12－2。

**表12－2　“新36条”颁布后国务院各部门的相关实施文件一览表**

| 国务院各部门 | 相关实施文件 | 制定发布时间 |
|---|---|---|
| 国家发展改革委 | 《关于鼓励和引导民营企业发展战略性新兴产业的实施意见》（发改高技〔2011〕1592号） | 2011年7月 |
| 国家发展改革委、财政部 | 《关于安排政府性资金对民间投资主体同等对待的通知》（发改投资〔2012〕1580号） | 2012年6月 |
| 国家发展改革委 | 《关于利用价格杠杆鼓励和引导民间投资发展的实施意见》（发改价格〔2012〕1906号） | 2012年6月 |

〔1〕参见赵文凤、陈红：《改革开放以来中小企业扶持政策文本分析》，载《科技与产业》2016年第2期。

续表

| 国务院各部门 | 相关实施文件 | 制定发布时间 |
| --- | --- | --- |
| 银监会 | 《关于鼓励和引导民间资本进入银行业的实施意见》（银监发〔2012〕27号） | 2012年5月 |
| 证监会 | 《关于落实〈国务院关于鼓励和引导民间投资健康发展的若干意见〉工作要点的通知》（证监发〔2012〕43号） | 2012年5月 |
| 保监会 | 《关于鼓励和支持民间投资健康发展的实施意见》（保监发〔2012〕54号） | 2012年6月 |
| 交通部 | 《关于鼓励和引导民间资本投资公路水路交通运输领域的实施意见》（交规划发〔2012〕160号） | 2012年4月 |
| 铁道部 | 《关于鼓励和引导民间资本投资铁路的实施意见》（铁政法〔2012〕97号） | 2012年5月 |
| 国资委 | 《关于国有企业改制重组中积极引入民间投资的指导意见》（国资发产权〔2012〕80号） | 2012年5月 |
| 电监会 | 《加强电力监管支持民间资本投资电力的实施意见》（电监政法〔2012〕36号） | 2012年6月 |
| 国防科工局总装备部 | 《关于鼓励和引导民间资本进入国防科技工业领域的实施意见》（科工计〔2012〕733号） | 2012年6月 |
| 商务部 | 《关于鼓励和引导民间资本进入商贸流通领域的实施意见》（商流通发〔2012〕207号） | 2012年6月 |
| 科技部 | 《进一步鼓励和引导民间资本进入科技创新领域意见的通知》（国科发财〔2012〕739号） | 2012年6月 |
| 新闻出版总署 | 《关于鼓励民间资本参与出版经营活动的实施细则》（新出政发〔2012〕5号） | 2012年6月 |
| 广电总局 | 《关于鼓励和引导民间资本投资广播影视产业的实施意见》（广发〔2012〕36号） | 2012年5月 |
| 水利部 | 《关于鼓励和引导民间资本参与农田水利建设实施细则》（水规计〔2012〕282号） | 2012年6月 |

续表

| 国务院各部门 | 相关实施文件 | 制定发布时间 |
| --- | --- | --- |
| 国家能源局 | 《关于鼓励和引导民间资本进一步扩大能源领域投资的实施意见》(国能规划〔2012〕179号) | 2012年6月 |
| 工业和信息化部 | 《关于鼓励和引导民间资本进一步进入电信业的实施意见》(工信部通〔2012〕293号) | 2012年6月 |
| 国土资源部、全国工商联 | 《关于进一步鼓励和引导民间资本投资国土资源领域的意见》(国土资发〔2012〕100号) | 2012年6月 |
| 住房城乡建设部 | 《关于进一步鼓励和引导民间资本进入市政公用事业领域的实施意见》(建城〔2012〕89号) | 2012年6月 |
| 住房城乡建设部、发改委、财政部、国土资源部、人民银行、税务局、银监会 | 《关于鼓励民间资本参与保障性安居工程建设有关问题的通知》(建保〔2012〕91号) | 2012年6月 |
| 教育部 | 《关于鼓励和引导民间资金进入教育领域促进民办教育健康发展的实施意见》(教发〔2012〕10号) | 2012年6月 |
| 民政部 | 《关于鼓励和引导民间资本进入养老服务领域的实施意见》(民发〔2012〕129号) | 2012年7月 |
| 文化部 | 《关于鼓励和引导民间资本进入文化领域的实施意见》(文产发〔2012〕17号) | 2012年6月 |
| 国家旅游局 | 《关于鼓励和引导民间资本投资旅游业的实施意见》(旅办发〔2012〕280号) | 2012年6月 |
| 国家体育总局 | 《关于鼓励和引导民间资本投资体育产业的实施意见》(体经字〔2012〕204号) | 2012年5月 |
| 国家工商总局 | 《关于充分发挥工商行政管理职能作用鼓励和引导民间投资健康发展的意见》(工商个字〔2012〕107号) | 2012年6月 |

资料来源:本课题组根据相关文件整理,文件数据截至2012年7月底前。

2011年以来,国家支持中小企业成长与发展的重点放在中小企业成长与发展规划、突出对小型和微型企业扶持、中小企业“专精特新”发展、制造业单项冠军培育提升、中小企业创新创业提升、“小巨人”企业培育、中小企业发展制度构建等方面,以提升国家对中小企业支持政策的针对性和实效性。相关政策文件见表12-3。

**表12-3 国家支持中小企业成长与发展的相关政策文件**

| 颁布时间 | 颁布部门 | 政策文件名称 | 政策文件内容 |
|---|---|---|---|
| 2011年 | 工业和信息化部 | 《“十二五”中小企业成长规划》 | 增强创新活力和吸纳就业能力、优化产业结构、提升“专精特新”和产业集群发展水平、提升产业管理水平、完善中小企业服务体系;提出关键工程和行动计划 |
| 2011年 | 财政部、工业和信息化部 | 《政府采购促进中小企业发展暂行办法》(财库〔2011〕181号) | 在满足机构自身运转和提供公共服务基本需求的前提下,应当预留本部门年度政府采购项目预算的30%以上,专门面向中小企业采购,其中预留给小型和微型企业的比例不低于60% |
| 2012年 | 国务院 | 《国务院关于进一步支持小型微型企业健康发展的意见》(国发〔2012〕14号) | 加大中小企业财税政策支持力度、缓解中小企业融资困难、推动小型微型企业创新发展和结构调整、加大支持小型微型企业开拓市场的力度、帮助小型微型企业提高经营管理水平、促进小型微型企业集聚发展、加强对小型微型企业的公共服务 |
| 2013年 | 工业和信息化部 | 《工业和信息化部关于促进中小企业“专精特新”发展的指导意见》(工信部企业〔2013〕264号) | 加大财税金融扶持、建立和完善服务体系、组织市场开拓活动、加强培育和推进工作、建立协同工作机制 |
| 2014年 | 国务院 | 《国务院关于扶持小型微型企业健康发展的意见》(国发〔2014〕52号) | 确定政府部门的工作职责,着重从发挥现有中小企业专项资金的引导作用、支持小型微型企业税收优惠政策、加大中小企业专项资金对小企业创业基地建设的支持力度、对小型微型企业吸纳就业困难人员就业的,给予社会保险补贴、进一步完善小型微型企业融资担保政策、进一步加大金融扶持、建立支持小型微型企业发展的信息互联互通机制、大力推进小型微型企业公共服务平台建设,加大政府购买服务力度等作出规定 |

续表

| 颁布时间 | 颁布部门 | 政策文件名称 | 政策文件内容 |
| --- | --- | --- | --- |
| 2016 年 | 工业和信息化部 | 《促进中小企业发展规划（2016—2020 年）》 | 提出了“十三五”时期需要实施的 6 大关键工程与专项行动。即开展“互联网 +”小微企业专项行动；开展“专精特新”中小企业培育工程；开展服务能力建设工程；开展产业集群发展能力提升工程；开展中小企业管理能力提升工程；开展中小企业国际化促进专项行动 |
| 2016 年 | 工业和信息化部 | 《制造业单项冠军企业培育提升专项行动实施方案》（工信部产业〔2016〕105 号） | 到 2025 年，总结提升 200 家制造业单项冠军示范企业，发现和培育 600 家有潜力成长为单项冠军的企业，总结推广一批企业创新发展的成功经验和发展模式，引领和带动更多的企业走“专特优精”的单项冠军发展道路 |
| 2018 年 | 财政部、工业和信息化部、科技部 | 《关于支持打造特色载体推动中小企业创新创业升级的实施方案》（财建〔2018〕408 号） | 通过中小企业发展专项资金，于 2020 年以前安排 100 亿元支持引导 200 个国家级、省级开发区打造不同类型的创新性创业特色载体 |
| 2018 年 | 工业和信息化部办公厅 | 《关于开展专精特新“小巨人”企业培育工作的通知》（工信厅企业函〔2018〕381 号） | 利用三年时间（2018 ~ 2020 年），培育 600 家左右专精特新“小巨人”企业 |
| 2020 年 | 国务院办公厅 | 《关于进一步优化营销环境　更好服务市场主体的实施意见》（国办发〔2020〕24 号） | 持续提升投资建设便利度、进一步简化企业生产经营审批和条件、优化外贸外资企业经营环境、进一步降低就业创业门槛、提升涉企服务质量和效率、完善优化营商环境长效机制 |
| 2020 年 | 工业和信息化部联合国家发展和改革委员会、科技部、财政部等十七个部门 | 《关于健全支持中小企业发展制度的若干意见》（工信部联企业〔2020〕108 号） | 完善支持中小企业“专精特新”发展机制，健全“专新特新”中小企业、“专新特新”小巨人企业制造业单项冠军企业梯度培育体系、标准体系和评价机制，引导中小企业走“专精特新”之路 |

续表

| 颁布时间 | 颁布部门 | 政策文件名称 | 政策文件内容 |
|---|---|---|---|
| 2021年 | 财政部、工业和信息化部 | 《关于支持"专精特新"中小企业高质量发展的通知》(财建〔2021〕2号) | 支持专精特新"小巨人"企业推进以下工作:一是加大创新投入,二是提升产业链稳定性,三是促进数字化网络智能化改造 |
| 2021年 | 工业和信息化部、科技部、财政部、商务部、国务院国有资产监督管理委员会、中国证券监督管理委员会 | 《关于加快培育发展制造业优质企业的指导意见》(工信部联政法〔2021〕70号) | 构建优质企业梯度培育格局、提高优质企业自主创新能力、促进提升产业链供应链现代化水平、引导优质企业高端化智能化绿色化发展、打造大中小企业融通发展生态、促进优质企业加强管理创新和文化建设、提升优质企业开放合作水平 |

资料来源:根据相关政策文件整理,文件数据截至2021年。

从上述促进中小企业成长与发展的政策文件与法规的阶段性演进中反映出,我国对中小企业的发展的支持政策经历了从"约束限制"向"鼓励扶持",从"分散管理、政出多门"向"集中统一、协调有序",从"扶持政策松散,欠缺体系性"向"扶持政策注重规划引导,提升实际效果"的变迁历程。

(三)政府对中小企业成长与发展的角色定位

随着对政府与市场关系的认识深化,以及国家对社会主义市场经济体制的实践探索,中央政府与地方政府对促进中小企业成长与发展的角色定位进一步明晰。

就中央政府而言,中央政府在对中小企业支持政策的变迁过程中扮演了制定者、执行者及协调者三个角色。首先,以政策制定者的身份实施支持政策供给。针对中小企业不同发展阶段的政策需求,运用政府部门的政策制定权,对中小企业进行政策引导、激励与约束。其次,以政策执行者的身份落实政策的实施。对促进中小企业成长与发展的相关支持政策予以落实,并针对新出现的社会需求加强对现行政策的补充与优化。最后,以政策协调者的身份推动各项政策的执行效果。通过政府部门的主导影响力,撬动与协调更多的社会资源参与中小企业的培育与发展,综合提升整体创新创业环境。

就地方政府而言,随着市场经济的发展与分税制改革,中央政府放权让利,使得地方政府也增加了自主权。相应地，地方政府加快推动区域经济发展的积极性显著提高，这为地方性、区域性的中小企业支持政策的出台提供了可能。地方政府在中小企业支持政策变迁中扮演着政策落实者与补充供给者双重角色。其一，作为支持政策的主要落实者，地方政府针对中央政府颁布的中小企业支持政策，结合本地区发展实际予以落实，以提升支持政策的针对性。其二，作为支持政策的补充供给者，地方政府针对区域经济社会发展状况的差异性，因地制宜，分类施策，适时制定补充性的实施办法，使支持政策更加灵活且具体。

无论是中央政策还是地方政策，相关政策从以下方面影响着中小企业的成长与发展。(1)政府从市场角度，运用其调控工具，通过供给、需求、资金、技术和效益方面影响中小企业的生存与成长环境。(2)面对经济周期的波动性，政府运用宏观调控政策对中小企业的生产经济行为作出引导、诱导与规范，从而影响中小企业的成长与发展。(3)运用竞争政策、产业政策、贸易政策、财税政策等优化生产要素的配置，从而有针对性地扶持与促进中小企业的成长与发展。(4)通过政策体系影响和引导中小企业的行为方式与价值取向，促进中小企业技术创新、产品创新、模式创新体系的形成，从而促进中小企业的成长与发展。[1]

## 二、公平性营商环境对中小企业成长与发展的影响

### (一)市场准入的公平环境观对中小企业成长与发展的影响

市场准入是一项国家对市场主体资格的确立、审核和确认的法律制度。就一国的产业政策而言，通常会在自然垄断或公用事业、国家安全或社会公共行业、自然资源和环境保护的产业、公共安全和卫生健康的产业，以及特殊产品的生产与经营实施较为严格的市场准入制度。就实际情况而言，对民营中小企业准入的影响比较大的有自然垄断产业、国防科技工业、金融业、采矿业与电广传媒业等。

自然垄断产业通常具有这样一种情形：面对一定规模的市场需求，与两家或更多的企业相比，某单个企业能够以更低的成本供应市场。现实中的自然垄断

---

〔1〕 参见王玉娥：《政府扶持政策对科技型中小企业成长影响的研究述评》，载《改革与开放》2018年第2期。

行业以公用事业为主,如供水、供电、煤气供应等,辅之以其他一些特殊产业。这些自然垄断行业的初始投资往往十分巨大,如果任由市场竞争机制发挥作用,政府不加以适当规制,可能会产生不利于社会福利改进及资源最优配置的结果。在未对自然垄断行业放松管制以前,西方国家的大部分自然垄断行业是由国家垄断经营的,在我国,长期以来,我国在自然垄断产业一直处于国有企业经营与垄断经营格局,究其原因,主要是对此领域,国家政策不开放、不透明所致,因而,众多民营中小企业想进入也无法进入。准入制度设立的目的就是建立起中小企业,尤其是民营中小企业准入自然垄断产业的运行规则体系。

其他经批准才能进入的产业主要是指国防科技工业、金融业、采矿业、电广传媒产业等。

民营中小企业在进入上述行业或领域时,存在的问题并不少,有些是体制与政策上的问题,有些是民营中小企业自身发展上的问题。这些问题如果不能从根本上破解,会影响民营中小企业在相关产业的发展。

体制与政策上的问题通常构成进入壁垒。进入壁垒主要是指某一产业潜在的进入者相对于产业内部在位的企业,在进入该产业时所面临的不利因素,这些不利因素会影响潜在进入者进入该产业。也可以说,潜在进入者进入某一产业所面临的不利因素,往往也正是在位企业的优势所在。哈佛学派的代表人物贝恩最早给出了进入壁垒的定义,他认为,进入壁垒是一个产业中在位企业相对于潜在企业的优势,这种优势使得在位企业可以持续地把价格提高在最小平均成本之上而又不会引发新企业进入该产业。芝加哥学派的代表人物斯蒂格勒则认为,进入壁垒是一种生产成本(在某些或每个产出水平上),这种成本是打算进入这一产业的新厂商必须负担,而已在该产业内的厂商无须负担。[1]

对不同的产业来说,进入壁垒的形式也是各不相同的。通常情况下,进入壁垒由以下几个方面组成:(1)规模经济壁垒。对于任何一个潜在的进入者来说,如果在进入行业时无法达到最低经济规模,结果会导致经营成本高于在位企业,从而在与在位企业的竞争中处于不利的地位。(2)必要资本量壁垒。一般而言,在资本密集程度越高的行业中,新的企业进入所需要的必要资本量壁垒也就

〔1〕 参见韩霞、刘双双:《民营企业准入国防科技工业的经济分析》,载《财政科学》2009 年第 8 期。

越高。(3)政策性壁垒。政府通过相关政策和法律制度的建立,如规范生产企业的认定和资格,以此限制其他企业的进入。这些政策法律制度就构成了新企业进入的政策性壁垒。政策性壁垒是企业无法控制的,在政府高度监管的行业中,政策性壁垒往往成为新企业无法克服的障碍。

任何制度设计都是人为的,但是,人为的制度应具有理性。在民营中小企业成长到一定生命周期后,它渴望国家能在一定的产业领域准许其进入,国家为了更多地利用民资,也希望民营中小企业凭借其自身的能力进入某些特定的产业领域,这样民营中小企业准入自然垄断产业领域和其他特定领域便成为我国市场经济发展到一定阶段的必然产物,也是民营中小企业更广泛地参与市场竞争的必然要求。

就理论层面而言,开放准许民营中小企业进入的领域,这是有益于中小企业成长的政策举措。其作用机理在于:(1)有利于民营中小企业进入更为广阔的经营领域与事业发展空间。(2)有利于中小企业在成长中实施产业的转型升级。(3)有利于民营中小企业在与同行的竞争中获得资源的能力,从而永葆旺盛的生命力。因此,民营中小企业是否能准入,如何准入,对民营中小企业的成长发展至关重要。

但是就实然层面而言,目前民营中小企业准入上述产业领域仍存在一些问题。其中涉及的主要问题有:(1)上述产业领域的准入制度障碍对民营中小企业准入带来了哪些影响;(2)民营中小企业自身是否具备准入的条件与能力;(3)准入的途径与方式应当如何构建;(4)民营中小企业进入,目前还存在哪些制约因素,又该如何实现对其鼓励发展和加强监管的有机统一。

### (二)市场交易的公平环境观对中小企业成长与发展的影响

中国共产党第十八次全国代表大会报告指出,“保证各种所有制经济依法平等使用生产要素,公平参与市场竞争,同等受到法律保护”。

市场经济是法治经济,要求市场主体在生产和经营活动中合法经营,并在开放、公平和公正的条件下进行竞争。只有给市场主体公平竞争的机会,中小企业才能在竞争中发挥出潜能,提高效益,才能建立统一、开放、有序的市场体系。[1]

---

〔1〕 参见林秋琴:《营造公平竞争市场环境促进中小企业发展》,载《经济与社会发展》2005 年第 1 期。

国家创造宽松的法治环境，实行一视同仁的政策，为中小企业参与与其他类型企业的市场竞争创造宽松的环境。宽松的环境应当是指平等的环境，至少应当实行5个同等：同等的税收政策、同等的贷款政策、同等的用地用房政策、同等的准入国内外市场政策、同等的法律保护政策。[1] 只有在"同等"政策的条件下，才能使中小企业迈上健康的发展道路，成为社会建设的主要推动力量。

近年来，我国每年都有不少中小企业倒闭，从表面上看，是资金链断裂的结果，但从深层次的原因分析，有些则是体制和制度上的问题所导致。就国家层面而言，民营中小企业在众多方面已取得"国民待遇"，但在区域层面，由于政策不甚相同，影响了企业之间的公平竞争。这种不公平待遇，不仅削弱了民营中小企业的竞争力，还挤压了民营中小企业生存和成长的空间。[2]

市场公平竞争机制的形成与发育，既有自发性，也有较强的政策指引性。最为典型的例证是国务院于2005年发布的《国务院关于鼓励支持和引导个体私营等非公有制经济发展的若干意见》（国发〔2005〕3号）中明确了平等准入、公平待遇原则，这对于支持民营中小企业发展，具有很强的现实意义与信号效应。国务院于2010年又发布了《国务院关于鼓励和引导民间投资健康发展的若干意见》（国发〔2010〕13号），进一步拓宽了民间投资的领域和范围。

但目前理论界与实务界仍普遍认为，国家对中小企业的政策仍存在差异化现象。究其原因，主要是：(1)按所有制分类所导致。长期以来，我国对国有、私营和外资等投资主体采取了差异化政策，针对不同的主体对象实施不同的政策。因此，它也决定了不同中小企业之间的政策待遇不甚相同。(2)政策主体的差异化所导致。由于中小企业分属于不同的部门管理，政策主体的部门利益导向也是导致中小企业政策总体评价较差的原因之一。(3)中小企业标准的不统一所导致。长期以来，我国中小企业的划分标准经过多次变化，且各部门都有一套划型标准。由于标准的非唯一性，一些中小企业在不同的政策中根据自身的利益，选用不同的标准，以享受优惠待遇，这在客观上也造成了中小企业政策的差

〔1〕 参见卢华龙：《中国经济改革前后资源倾斜配置与三次产业结构倾斜趋势研究》，载《电大教学》1998年第6期。

〔2〕 参见时寒冰：《剖析6.7万家中小企业倒闭根源》，载《时代财富》2008年第9期。

异化。[1]

（三）形式公平与实质公平

形式公平与实质公平是对待中小企业的公平观所反映出来的另一个问题。形式公平是指无论是什么类型企业，都应通过制定一个统一的客观标准或普遍认可的程序予以实现，而实质公平则是制定的标准或内容考虑了不同个体情形的差异并将通过政策纠偏将其影响降至最低。

导致中小企业与大企业产生公平观差异的原因除了人们的认知外，主要是立法政策因素。在政策制定上，人们时常可以听到一种声音，即在市场竞争面前，对所有企业均应当是平等的；现有的对中小企业实施的促进与扶持政策人为地造成了市场主体的不平等，从而引发不公平。其深层次的问题是，我们希望追求的是一种什么样的公平观。

在对企业政策上，仅仅给中小企业形式上的公平是不够的。因为中小企业具有天生的弱性，它无法与大企业在同一起跑线上展开竞争；因为绝大多数的中小企业的成长性并不良好，需要通过促进或扶持政策促使其良好成长。这些都应成为对广大中小企业不仅仅是形式公平，更重要的是实质公平的理由。

因此，在营商环境的整体构建上，需要在实质公平观念的指引下，构筑以“权利公平、机会公平、规则公平、分配公平”为主要内容的中小企业成长与发展的公平体系。

权利公平是将中小企业的发展权与大企业的发展权相等同。坚持权利公平就有可能实现中小企业平等地参与经济活动的权利。

机会公平不必然会导致结果公平，但如果没有机会公平，结果公平也不会存在。因此机会公平就有可能给中小企业提供更多地参与经济活动的平等机会。

规则公平是关乎社会公平与正义的重要环节，是实现社会和谐的基石。因此，规则公平要求行为规范和行动准则的内容在不同主体之间不受歧视，并通过透明的程序加以实施。规则的公平使得中小企业受到相同的行为准则规范的约束，并在相同的规则中竞争，体现了过程的公平性，规则公平是实现社会公平正义的题中之义，并最终实现结果的公平。

---

[1] 袁红林、陈小锋：《我国中小企业政策与中小企业成长环境的相关性——基于384家中小企业的实证》，载《企业经济》2012年第2期。

分配公平是社会公平和正义的理想目标,是社会和谐的应有之义。分配公平具体是指中小企业有获得正当利益的权利,它体现为合理和公平地分配财富,因此是人们衡量社会公平与否以及公平程度的直接和主要依据,是社会公平的体现和最终落脚点。

## 三、法治化营商环境对中小企业成长与发展的影响

### (一)法治政府建设对中小企业成长与发展的影响

在营商环境建设中,法治政府建设的着力点是把政府建设成有限政府、服务政府、阳光政府、诚信政府和守法政府。[1]

中小企业的发展除了主要靠其自身努力外,外援性力量同样重要。在外援性力量中,最主要的来自政府。政府对中小企业的管理与引导并由此颁布的一系列政策体系既是政府经济职能实现的重要体现,也是直接影响中小企业成长与发展的外生力量。

在新中国成立70多年来的实践进程中,可以发现,政府对中小企业管理角色的转换经历了一个长期演进的过程,政府在其中扮演的角色经历了全能者、管制者→管理者→管理者、服务者→服务者、管理者的演变过程,呈现出渐进性特征,见表12－4。

**表12－4　我国政府在中小企业发展中的角色变迁历程**

| 分析观测点<br>阶段性划分 | 政府角色 | 政府角色扮演的主要内容 | 政府角色扮演的主要手段 | 政府角色扮演的成效 |
|---|---|---|---|---|
| 政府替代市场(1949～1977年) | 全能包干者、管制者 | 包揽企业生产经营事务;管控资金与利润 | 行政计划与命令 | 数量发展较快,但受政策宏观调控影响较大,企业仍未成长为真正的市场主体 |
| 政府主导市场(1978～2003年) | 管理者 | 放松对私营企业的限制;发展乡镇企业 | 财政支持、税收优惠、金融支持等 | 降低了企业的生产成本,引导了投资与生产要素的流动,但直接支持政策的效果存在缺陷,制度环境有待优化 |

〔1〕参见孙成:《论法治政府应然形态及其建设路径》,载《法制与社会》2019年第10期。

续表

| 分析观测点<br>阶段性划分 | 政府角色 | 政府角色扮演的主要内容 | 政府角色扮演的主要手段 | 政府角色扮演的成效 |
| --- | --- | --- | --- | --- |
| 政府协助市场（2003～2012年） | 管理者、服务者 | 颁布《中小企业促进法》等法律，促进中小企业进入法治化管理轨道 | 完善中小企业法律政策体系 | 促进自由竞争，完善了企业发展的市场环境，但制度环境仍然存在不足，制度需求和制度供给存在差异 |
| 政府服务市场（2012年至今） | 服务者、管理者 | 提高行政效率，增加公共产品与服务供给，转变政府职能 | 宏观管理与服务 | 支持中小企业发展，提高自主创新水平 |

（1）政府主导市场使得中小企业对政府行政行为造成过度依赖。长时期计划经济体制下政府集中主导的发展模式以及运作方式深刻地影响了后续阶段企业制度的变迁，并因此产生了强大的惯性。在1992年我国确立社会主义市场经济体制之前，政府角色转变受到传统治理模式惯性的影响，然而，无论实行何种改革，政府的主导角色根本没有发生变化，依然主要采用行政管理，直接干预中小企业发展。

（2）受到旧的传统意识形态问题的束缚和困扰。在中小企业发展的早期阶段，对“公有”“私有”的认识、理解极大地束缚了企业的创新，阻碍了中小企业的发展。1957～1977年，政府对个体、私营企业的发展实行严格的限制，导致中小企业的发展陷入停滞不前的阶段。改革开放以后，我国实行以公有制为主体，多种经济并存的经济制度，允许并鼓励个体、私营经济的发展，自此，人们关于“公”与“私”才有新的认识和理解。但是，人们在意识形态和思想认识上依然不能完全摒弃对私营企业存在的歧视和偏见。在对中小企业的政策中时而会呈现出“按所有制等级分类”的特点，中小企业所包含的公有制经济成分的高低，决定了企业享受的政策待遇也由多到少。[1]

（3）受到各类利益的调整和重构多方博弈的影响。相关利益集团为了维护

〔1〕参见刘颜、伦晓波：《我国中小企业发展过程中政府角色变迁研究》，载《青海社会科学》2017年第2期。

自身的既得利益,必然会阻碍政府角色的成功转变。这种利益博弈,反映在政府行为上,往往会出现个别政府官员不愿意使自己由管制者、直接干预者向间接服务者转变,进而导致变迁过程缓慢。

法治政府对企业的管理,最有效的手段是推行权力清单与负面清单制度。

所谓权力清单,是指要把政府及政府各部门所掌握的各项公共权力进行全面统计,并将权力以列表清单的形式公之于众,主动接受社会监督;政府及政府各部门应当依照清单行使权力,不属于清单列举范围内的权力不得行使。通过晒出权力清单,把那些与企业、群众生产生活密切相关的、直接面向企业和个人的权力列入清单,明确政府该做什么。其意义在于,通过"清权""减权",最大限度地给市场、社会放权;通过"确权""晒权",进一步约束政府权力。

所谓负面清单,是列出禁止或限制投资的清单,是作为市场准入管理制度的一种模式,其中暗含了在确定具体领域时的事前审查的做法。市场准入负面清单制度的目的是有序放宽市场准入,建立公平透明的市场环境,形成良好的市场秩序,激发各类市场主体的竞争力和创造力。本质上,负面清单是将经济方面的国家公权力逐渐让渡于市场的过程。

(二)严格执法与公正司法对中小企业成长与发展的影响

中小企业与大企业相比,可以利用的司法关系相对较少,在个案中对司法实施者的吸引力较弱,难以影响法庭审理。在还没有实现高度正式化的司法程序中,司法受某些司法实施者寻租动机的影响,容易作出对中小企业的不公正判决。在一个高度正式化的司法环境中,就可以避免可能产生的"制度扭曲",从而以中立的形式保护相对弱小的中小企业一方。[1]

执法与司法环境对中小企业成长与发展的影响主要表现在以下几个方面:

(1)执法司法环境影响中小企业的交易成本与交易效率。有学者在研究制度经济学的相关问题时,曾构建了一个博弈模型,阐述法治化问题导致交易成本的变化。设有B公司为矿业公司,其本身的流动资金不足,想引入战略合作者A公司。如果A公司投资,年底的期望总利润为100万元,双方约定各占50%。设想在一个非法治化的环境中,个体契约精神被扭曲,并存在司法腐败。面对这

---

〔1〕 参见李涛:《政府管制、法治、银行发展与中小企业发展》,载《经济学(季刊)》2004年第4期。

种复杂环境,A 公司投资之初就会谨慎待之。在动态的博弈中,A 公司对 B 公司的信息寻找要花费更多的时间成本和人力成本;A 公司决定投资后,如果出现了 B 公司违约独吞利润,A 公司寻求司法救济维护自己的权益时,可能会遇到有“道德风险”的法官。法官办案时故意拖延,索取一方或双方的贿赂,或者有其他权力介入司法,从而导致诉讼中的不公平判决。如果一方不服判决,提起上诉,则官司旷日持久,会增加更多的未知不确定交易成本。从以上的分析可知,因为法治不力,契约精神得不到有效捍卫,会在契约的签订、执行、监督和事后救济的环节产生许多无谓的交易成本。[1] 这一博弈模型阐析了司法环境对企业交易成本与交易效率的影响问题。

(2)执法司法环境影响中小企业的可持续竞争力。这种影响在于:一是良好的执法与司法环境,可以提升企业法制文化,进而提升企业的可持续竞争力。企业根据规则行事,将企业与投资者、企业与劳动者、企业与其他相关利益者通过章程、协约相联结、相约束,这是中小企业走向现代企业的必然选择。二是良好的执法与司法环境,可以产生企业技术权益保障机制,从而可以进一步优化技术创新的内部环境。三是良好的执法司法环境,可以产生企业社会责任,从而培植起诚信经营理念,以增强社会对企业经营行为的认同性。

(3)执法司法环境影响中小企业的安全运行。资本有两个特点,即逐利性与安全性。某一地方如能同时满足这两个条件,资本就会向该地方流动。各地的实践证明,良好的执法司法环境,是确保中小企业安全运行与投资安全的决定因素。

现实社会中存在的选择性执法与司法现象成为中小企业的最大“威胁”。选择性执法与司法的主要表现为:一是同样的行为,在不同的时间阶段作出不同的裁判后果;二是招商引资时对引入企业一路“绿灯”,甚至当地政府工作人员承诺“协调公安、政策放宽”,但企业发展过程中被依法查处,企业经营者被限制人身自由;三是针对同样的行为,在不同的省、市执法与司法尺度不一,有的追究、有的放纵。这种选择性执法与司法导致中小企业及其企业经营者的不安全感。

---

〔1〕 参见顾艳辉、朱淑珍、赵袁军:《交易成本视角下的法治化营商环境分析——一个动态博弈的解释》,载《技术经济与管理研究》2019 年第 3 期。

### （三）财产权安全保护对中小企业成长与发展的影响

财产安全是企业发展的基础。根据科斯定理，若交易成本为零，则只要财产权明确，市场交易的结果都是有效的。从这个定理可以总结出两个市场经济有效的秘密：产权明晰和公平交易。如果没有明确的产权和公平的交易，就没有市场经济。同样，中小企业的产权也得不到有效的保障，中小企业也不会成长与发展。[1]

产权明确了中小企业所拥有资源的产权归属，即中小企业投资者对资本的产权，债权人对债权的产权以及企业员工对自身劳动的产权，产权是一个包括所有权、使用权、收益权、分配权以及转让权的综合权利体系，它界定了企业生存与发展的权力束问题。

中小企业的产权问题随着立法的不断完善以及经济的发展得到有效改善，但依然存在一些问题。

首先，对私有财产和企业投资者的保护不足。我国中小企业的成长过程，是创业者和中小企业持续创新的过程，但在这一过程中往往伴随着政策规范难以跟上企业成长的需要，导致中小企业主往往被视为“带有资本原罪”，这个问题犹如“达摩克利斯之剑”，会对中小企业主造成压力与恐惧，进而影响其生产经营及社会政治行为，使得企业目标发生偏移，“利润最大化”目标逐渐模糊，企业短期化行为显著。

其次，对债权及债权人权利的保护不足。受自身规模和性质的影响，中小企业投资者的自有资金、企业自身的积累资金、亲朋好友借款等成为中小企业的主要资金来源，银行贷款难度较大，且规模越小的企业向银行借款的难度就越大、借款频率也越低。债权人是债权的所有者，对企业的所有权是一种“状态依存权”——只有在企业到期未能偿还债务（或预期其到期无法偿还债务）时债权人才能行使其产权。由于信息的不对称以及整体诚信环境的问题，中小企业在与银行的博弈中会发生逆向选择和道德风险问题，银行会提高贷款的门槛并加大对中小企业的监控。与之相对应的是，中小企业为了获取银行贷款，往往会“粉饰”企业经营业绩，并通过非正式的关系构建维护银企关系，双方的选择最终导

---

〔1〕 参见谢鹏程：《加强企业家人身和财产安全的司法保障》，载《人民论坛》2019 年第 9 期。

致互信关系难以构建，银行作为债权人的权利得不到有效的保障。与此同时，作为亲朋好友的出借人，与中小企业投资者的债务往来主要是基于亲缘、血缘或者地缘关系构建的，但在整个社会信用水平较低的背景下，其债权保障的未来预期受到限制。

最后，对人力资本价值的认知不足。半个世纪之前提出的人力资本理论，使得对人的认识从“人力成本”向“人力资源”并向“人力资本”转变，这也为现代企业重新认识人在企业中的作用奠定了理论基础。然而，对于现实中的中小企业而言，“人”往往被视为“成本要素”，对企业中的科技人员、经营管理人员缺乏必要的关心和尊重，员工的价值创造能力和创新能力未得到有效的保护，员工的权利往往被限制在《劳动法》规定的最低权利范围内，“人”作为“资源”和“资本”的作用未得到充分的认可。法律对人力资本产权的保护不足，以及企业对人力资本所有者的产权保护不足，是中小企业产权结构所面临的主要问题之一。[1]

面对中小企业产权保护，在近几十年的制度演进中是有过一些案例的。比如，2008 年和 2009 年，某省政府力图通过行政强制力推行“煤矿国有化”，其结果是使众多符合 2006 年该省煤改政策和法律规定并且六证齐全的中小煤矿投资者被迫撤资与撤离，而煤改中的低价评估采矿权价格和拖欠经济补偿的现实，使得民营中小企业陷入损失惨重又无力维权的困境。该项政策规定及实践做法给民营中小企业的成长发展带来了不小的负面影响。

另外，有些地方政府“新官不认旧账”，政策朝令夕改的现象时有发生。据报道，2006 年，东北某区时任区长在招商引资时以区政府的名义向有意向到该地建厂的某集团承诺，在其完成先期投资后，区政府以优惠的土地使用权价格进行置换。该集团投资建设后，该区政府换了新区长，其坚持认为前任领导的协议是无效的，拒绝履行。[2] 还有一个 2018 年发生于沿海某城市的案例，原行政领导在位时，将某一区域规划为化工区，吸引了众多中小企业前来投资落户，厂房造好了，设备添置了，员工也招聘了。但当新上任的领导施政时，提出该区域不

〔1〕 参见锁箭、李先军：《中小企业持续成长过程中的治理结构创新探索》，载《当代经济管理》2017 年第 2 期。

〔2〕 参见张志豪、杨恩泰、王必行：《地方政府在经济发展中的诚信问题探析》，载《大连干部学刊》2019 年第 3 期。

能规划为化工区，要求已投资落户的企业撤离或搬离，致使企业无法正常生产经营，造成财产严重受损，引发诸多中小企业对政府政策的不信任。

## 四、便利化营商环境对中小企业成长与发展的影响

### （一）市场准入与退出的便捷化

有学者研究表明，在良好的营商制度环境下，企业经营者在有限的经济活动时间中，用于内部日常经营管理的时间比重将更高，而用于非生产性的对外公关招待等的时间比重将更低。[1] 这给中小企业的成长与发展带来积极的影响。

随着经济体制改革的深入，我国的市场主体迅速发展，为稳定经济和持续健康的发展提供重要支撑。截至2019年12月，我国实有市场主体数量达1.2亿户，其中企业实有主体数量达3858万户，[2] 占比由2016年的不足30%上升至31.1%。

### （二）审批制度的便捷化

审批制度包括投资审批与商事登记审批。在一个国家中，为体现产业安全，必要的审批应予以保留，但是，任何审批都会增加社会成本，也会增加中小企业的经营成本。因此，如何在审批与不审批之间寻求"度"是立法政策需要思考的问题，其核心问题是平衡社会效率与社会安全之间的关系。便捷化的审批制度可以从以下方面寻求突破：

（1）深化行政审批标准化建设，进一步压缩行政审批的自由裁量空间。

（2）根据投资经营项目的不同情形，将部分审批项目转化为备案项目。

（3）深化推进"联合审批制"。同一行政审批项目需要多个部门和多个环节审批的，应当按照部门与部门之间的合作原则办理，由其中一个部门承担，其他部门配合。

（4）发挥"一窗通"服务平台的功能。通过市场监管、税务、社会保障等部门的联合，办理投资和商事登记业务流程，实现一次性申请，同步推送，相关预检，

---

〔1〕 参见魏下海、董志强、张永璟：《营商制度环境为何如此重要？——来自民营企业家"内治外攘"的经验证据》，载《经济科学》2015年第2期。

〔2〕 数据来自国家市场监督管理局的相关统计资料。市场主体包括内资（非私营）企业、私营企业、外商投资企业、个体工商户、农民专业合作社；企业包括内资（非私营）企业、私营企业和外商投资企业。

分类处理。申请人到窗口办理业务时,可以快速处理并避免来回跑路的麻烦。

(5)引入注销告知承诺制度。中小企业按照普通注销程序注销比较烦琐,近几年引入了告知承诺制度。在债权债务未清算的情形下,由企业投资者对注销行为承担相应的法律责任。

(6)随着审批制度的改革和权力的下放,及时调整组织和人员设置,实现"人随事走""费随事转"。

(7)商事登记推行形式审查制。夯实中小企业主体责任,通过建立企业诚信体系,加大违法当事人的违法成本。

以宁波市为例,据我们课题组对宁波市的调研,截至2019年3月,宁波市已办理简易注销企业22526户,占注销企业的54%,依职权注销个体工商户58201户。以告知承诺制度为核心内容的商事简易制度的推进,在中小企业推行"宽进严管"的同时,对符合简易注销条件的中小企业又采取"便捷退出"方式,营造了便利化的营商环境。

## 五、国际化营商环境对中小企业成长与发展的影响

### (一)营商环境国际化的实现标准

国际化是营商环境的综合表现和终极导向。营商环境国际化首先体现在与国际接轨的经济运行方式上,即建立起与国际接轨的营商规则,引入国际通用的行业规范和管理标准。

营商环境国际化还体现在开放型的新兴产业体系中。紧追国际科技发展和产业调整新趋势,推进产业结构调整升级,积极提升本国或本地产业在国际价值链的分工水平。

营商环境国际化同样体现在高度开放的社会文化环境中。加强国际社区建设,为国际人群提供良好的城市居住环境,形成多元包容的城市文化形态。

### (二)国际化的营商环境与中小企业的成长与发展

进入21世纪以来,随着世界经济格局的深刻变化,中国自身转变经济发展方式和调整产业结构步伐的加快,新一轮产业转移的条件日渐成熟。从中国的自身情况看,中国进入经济发展新常态,需要更充分地统筹国内国外两个市场、运用两种资源,并借此更好地参与国际市场规则及标准体系建设。2015年5

月，国务院发布《国务院关于推进国际产能和装备制造合作的指导意见》（国发〔2015〕30号），系统阐述了国家产能合作的总体目标、主要任务以及配套的政策支撑、服务保障与风险防控举措。从"走出去"角度看，国际产能合作最大的着力点，在于改变了过去通过贸易进行产品输出的单一模式而侧重于产业能力的输出。

（三）营商环境国际化与中小企业的国际化经营

中小企业的国际化是一个渐进的过程，企业对国际化经验和知识积累得越多，国际化经验越丰富，国际化程度就会越高。

国际化经营是企业在全球经济一体化时代将经营渠道扩展为多个市场的一种经营方式，是企业多元化经营过程中的一种跨国界市场的选择行为。那么，国际化经营的方式能够为企业带来什么呢？从国际化经营的本质看，国际化经营属于企业多元化经营的一种模式，与行业多元化相同，目的都是降低经营风险，创造更多利润。然而，多元化的经营模式既可能为企业带来更多的利益，也可能会降低企业的各类风险，还有可能会降低企业的代理成本。但在更大程度上可能会成为一种成本，产生相应的折价效应。[1]

在中小企业"走出去"实现国际化经营的过程中，需要特别关注的政策要素有两个方面。

其一，应构建起企业"走出去"的风险监管与防范机制。成立相对独立的海外风险评估机构，引导"走出去"的企业做好项目前期风险评估和项目实施风险监管，建立起安全责任和突发事件应急预案，加强境内投资主体对"走出去"中小企业海外经营活动的约束和监督，加强对出口和海外投资的风险监测，并将风险异动情况通过海外投资信息平台等渠道及时向企业发出预警信息。

其二，应构建中小企业"走出去"的政策扶持体系。坚持财政、税收、金融、审批等多种政策工具相结合，提升政策促进的实效性。在金融政策支持上，充分利用政策性银行——中国进出品银行——的作用，在信贷上采取倾斜性的支持政策；其他商业银行采取财政贴息贷款方式给予信贷支持。在保险政策支持上，开设产品出口保险新品种，扩大出口信用保险业务规模，共同抵御中小企业的出

〔1〕参见林川：《国际化经营、制度环境与过度投资》，载《南京审计大学学报》2018年第4期。

口风险。在财政支持上，以财政资金、财政专项基金形式支持中小企业“走出去”。在产业政策上，通过构建“大企业＋小企业”的产业协作模式，让广大中小企业直接参与国际经营。此外，还需构建完备的国际化经营管理人才支持体系，为企业“走出去”提供智力支撑。

## 第三节　《中小企业促进法》相关营商环境的法条表达及其评析

《中小企业促进法》中虽然没有营商环境的相关表述，但对第六章“市场开拓”、第七章“服务措施”、第八章“权益保护”以及第九章“监督检查”的相关规定分析，应属于营造中小企业成长与发展营商环境的相关制度安排，它们在改善中小企业营商环境方面承载着重要的功能。

### 一、《中小企业促进法》中相关营商环境的法条表达

#### （一）“市场开拓”章的设置与营商环境建设

为中小企业营造公平有序的市场环境，在生产、销售、研发和资金等方面提供支持与服务，这对中小企业的市场开拓具有重要意义。2017 年修订后的《中小企业促进法》中关于国家鼓励中小企业开拓市场的规定，是在原法第五章的基础上进一步修改完善。修订后的《中小企业促进法》主要从以下方面进行了具体的规定：(1)明确国家完善市场体系，保障中小企业能够公平参与市场竞争；(2)支持大企业带动和促进中小企业发展，促进大中小企业融通发展；(3)进一步细化政府采购促进中小企业发展的相关内容，把近年来国家出台的相关政策上升为法律；(4)推动中小企业对外经济合作与交流，支持中小企业开拓境外市场。

#### （二）“服务措施”章的设置与营商环境建设

建立中小企业服务体系，充实完善服务机构和网络，引导带动社会服务资源共同加强中小企业服务，是促进中小企业加快转变发展方式，实现持续健康发展的重要措施。

在《中小企业促进法》的修订中，主要在以下方面作了进一步的完善：(1)建

立健全中小企业公共服务体系;(2)建立与完善中小企业公共服务机构,为中小企业提供公益性服务;(3)建立政策信息互联网发布平台,收集各类政府服务信息,为中小企业提供便捷、无偿的服务;(4)鼓励各类服务机构为中小企业提供各项专业服务;(5)支持中小企业管理人员培训,提高中小企业的管理水平;(6)支持中小企业人才培养,加强中小企业人才汇聚;(7)规范中小企业相关产业组织职能,提升中小企业产业转型升级。

(三)"权益保障"章的设置与营商环境建设

对中小企业的权益保护一直是《中小企业促进法》规范的重点。2002年颁布的《中小企业促进法》在第一章、第三章中均有权益保护的规定,但由于受限于当时的社会经济条件,原法没有涉及对拖欠中小企业款项、行政执法失当等侵犯中小企业合法权益行为的法律规制问题。

2017年在《中小企业促进法》修订时,在对企业易受侵害的权利进行系统梳理的基础上,针对现实中存在的突出问题,重点对中小企业主要面临的拖欠款项、维权难、投诉无门、制度性交易成本高等问题进行了规范。如严格规范涉企收费、现场检查等行政行为,并专门规定"国家机关、事业单位和大型企业不得违约拖欠中小企业的货物、工程、服务款项";重点规范利用行政权力或市场强势地位侵害中小企业合法权益的行为,力求降低各类交易成本特别是制度性交易成本,降低中小企业主张权利的机会成本,增强中小企业信心,为中小企业的成长与发展创造良好的法治环境。

(四)"监督检查"章的设置与营商环境建设

2017年修订的《中小企业促进法》新增"监督检查"专章,明确监督检查执法主体的职责。

该新增的专章共有5个条款组成,其主要内容是:(1)对县级以上人民政府对事关中小企业促进工作的监督检查工作提出要求,从中央和地方两个层面明确法律贯彻落实的责任主体;(2)对政府部门委托第三方机构定期开展中小企业发展环境评估作出要求,对中小企业发展资金、中小企业发展专项基金使用效果进行企业评价、社会评价与资金使用效果的动态评估提出要求;(3)对县级以上政府部门非法拦截、占用、挪用中小企业发展资金和中小企业发展专项基金进行查处提出要求;(4)对县级以上政府部门以评估、表彰、培训为名,非法对中小企业进行收费、罚款等违法行为进行严厉查处提出要求。

这些规定，目的在于加强中小企业促进工作效果评估，强化违法违规处罚力度，解决因在法条中多用鼓励、引导等手段造成的法律强制力不强和实际落实困难等问题。

## 二、对《中小企业促进法》营商环境规定的评析

### （一）空间环境、制度环境优化与营商环境建设

中小企业的成长与发展不仅与市场环境的发展密切相关，而且与政府的影响密切相关。

在中小企业的成长与发展中，政府需要为企业的成长与发展创造良好的环境，主要包括空间环境和制度环境。

空间环境，是指合理地设置企业的布局和安排，也包括国内与国际发展空间。对中小企发展的空间环境的优化，可以有效提高中小企业生存和发展空间，并确保中小企业的整体运营效率。

制度环境，是指政府为中小企业发展提供相对宽松的政策支持，并运用相应的政策工具，促使中小企业的生存和发展享有相对公平的环境。

2017 年修订后的《中小企业促进法》在市场开拓章、服务措施章、权益保护章中作出的相关规定正是从空间环境营造与制度环境营造两个层面进行的。

以市场开拓、服务措施为例，涉及的相关空间环境优化的内容主要有：国家支持大型企业与中小企业建立各种协作关系，带动和促进中小企业发展，以提升中小企业的成长与发展空间；国家建立并完善社会化的中小企业公共服务体系，有计划地组织并实施中小企业经营管理人员的培训工作，进而为中小企业创造良好自我发展的空间环境；国家建立跨部门的政策信息互联网发布平台，进而为中小企业创造政策指引、信息对称的自我发展空间环境；国家支持中小企业“走出去”，利用国际资源，参与国际竞争，从而扩大国际竞争力。

以市场开拓、服务措施、权益保护为例，涉及的相关制度环境优化内容主要有：国家推进并实行统一的市场准入和市场监管制度，反对垄断和不正当竞争，营造中小企业公平参与竞争的市场环境；国家将进一步细化政府采购促进中小企业发展的相关政策，提高中小企业在政府采购中的份额，增强法律的可操作

性。值得注意的是，在立法中，设定的是政府、大企业、行业组织、社会中介组织的相应义务，并没有给中小企业设定相应的义务。

《中小企业促进法》修订后的这些规定，实际上是将我国这几年来在积极推进的以“放、管、服”为核心的行政体制改革以法条的方式进行了表达。

（二）大服务体系构建与营商环境建设

通过构建大服务体系以推进营商环境优化，是2017年修法的重点与亮点。修订后的《中小企业促进法》在沿用原法律框架的基础上，对于中小企业公共服务体系建设与完善中存在的责任主体不够清晰、公益性服务内容不足等问题进行了修订补充。它不仅将“社会服务”章改为“服务措施”章，而且在第43条明确提出，并且还在“创业扶持”章、“财税支持”章、“创新支持”章中，对搭建社会大服务平台都有所涉及。这次修订主要突出了以下几个方面内容：

（1）修订的指导思想，强化社会化力量作用。面对众多中小企业，仅有政府的推进力量是不够的，必须发挥社会力量的作用。修订后的《中小企业促进法》在原法的基础上增加了“社会化”的表述，强调了服务体系的社会化特性，体现了“政府扶持中介，中介服务企业”的理念，以便最大限度地发挥各类社会组织服务中小企业的作用，不断完善中小企业社会化服务体系。

（2）修订的内容，以服务体系建设为重点。修订后的《中小企业促进法》在建立健全社会化的中小企业公共服务体系，建立和完善中小企业服务机构，建立政策信息互联网发布平台等方面作出相应规定，有较强的针对性和可操作性。

（3）修订后构建服务体系的举措，主要强化了以下内容：

其一，搭建大服务平台。2017年修订后的《中小企业促进法》在第四章“创业扶持”第30条规定：“国家鼓励互联网平台向中小企业开放技术、开发、营销、推广等资源，加强资源共享与合作，为中小企业创业提供服务。”在第五章“创新支持”第36条规定：“推动建立和发展各类创新服务机构”。在第七章“服务措施”第43条规定：“国家建立健全社会化的中小企业公共服务体系，为中小企业提供服务。”第45条规定：“县级以上人民政府负责中小企业促进工作综合管理的部门应当建立跨部门的政策信息互联网发布平台，及时汇集涉及中小企业的法律法规、创业、创新、金融、市场、权益保护等各类政府服务信息，为中小企业提供便捷无偿服务。”第46条规定“国家鼓励各类服务机构为中小企业提供创业培训与辅导、知识产权保护、管理咨询、信息咨询、信息服务、市场营销、项目开发、投资融资、财会税务、产权交易、技术支持、人才引进、对外合作、展览展销、法律咨询等服务。”

其二，给予资金支持。在《中小企业促进法》第二章“财税支持”第9条中，规定了中小企业发展专项资金重点用于支持中小企业公共服务体系。

根据2017年上半年的数据，我国已经聚集了1053个平台，并已推动超过10万个社会服务组织为中小企业提供服务。《中小企业促进法》的修订，为服务体系的未来发展提供了更加坚实的法律基础，从而也为推进营商环境优化提供了更为有力的法律保障。

（三）监督检查强化与营商环境建设

我国《中小企业促进法》在法技术构造上，并没有像其他法律那样专门设置法律责任专章，这主要考虑促进型立法，其促进作用主要是通过鼓励、推进、支持、推动、完善、帮助等方式以法条形式予以表达，并表明国家的进导向。在此种促进型立法的制度安排下，政府与中小企业对每一项法律规定的促进要求，究竟做与不做、多做与少做，主要是通过执法检查予以把控和评价，并对政府部门的履职行为予以考核。因此，在修订的《中小企业促进法》中，新增“监督检查”专章显得格外重要。其意义在于：

（1）确保政府部门依法行政。《中小企业促进法》中设置的促进型制度体系关键在于落实，考虑到在诸多促进政策的实施中，存在行政执法部门的分散性，需要建立促进工作协调机制并设立相应的综合管理部门。在本次修法中，增加“监督检查”专章，明确中央政府与地方政府的职责，以及与促进政策相关的各部门的职责，有利于明确责任清单，完善职责分工，避免因职责不明确，功能重叠，导致政府部门相互推卸责任现象的发生。

（2）有助于推进监管工作的全社会协同。动员全社会力量实施动态数据监测、评估，接受社会监督，这是促进政策有效实施的关键，修订后的《中小企业促进法》增加此类条款对监督检查实效化运行提供了法律保障。

（3）创新了对法律行为后果的处理模式。任何法律都会有法律行为后果的立条表达，在禁限型立法中，法律行为后果的立条表达是“法律制裁”，即通过设置“法律责任”章来构建相应的制裁制度。在我国现有的促进型法规中，也有相当数量的促进型法规，对法律行为后果的法条表达也采用“法律责任”章节，但往往是条文寥寥，针对性不强。目前唯有《中小企业促进法》不设“法律责任”章。我们认为，法律行为后果表达方式可以根据该法所调整的社会关系的性质以及该法所要达到的功能性目标而有所不同，以监督检查来确定相关主体的行为后果，同样能彰显该类法律的立法价值。当然，没有规定法律责任专章，并不意味着对违法者可以不绳之以法，而是可以援引其他法规的相关规定进行。

## 第四节　立法修订应坚持的立场：营商环境法治化

2017 年修订后的《中小企业促进法》，通过设置相关专章以推进营商环境法治化，从而营造一个适应中小企业成长与发展的社会环境体系，但营造环境法治化涉及的诸多问题仍需要破解，法条条文仅仅是基础，重要的是构建起一套较为完整的制度体系。

### 一、中小企业公平竞争环境建设与营商环境法治化

#### （一）公平竞争环境的立法推进

公平竞争是市场经济的灵魂，是激发市场活力和创造力的内在动力，是市场力量得以发挥的关键。

修订后的《中小企业促进法》第 38 条提出要完善市场体系，实行统一的市场准入与市场监管制度，反对垄断和不正当竞争，营造中小企业公平参与竞争的市场环境。这一法条的实质是通过完善权利平等、机会平等、规则平等的市场环境，促进各种所有制企业、不同规模企业依法平等使用生产要素、公正参与市场竞争、同等受到法律保护。

公平竞争的经营环境有利于促进中小企业的成长与发展。这是因为，公平竞争不仅是竞争者在同一市场条件下共同接受价值规律和优胜劣汰机制的评判，而且是在自由竞争基础上的具有规则性的竞争，这种规则性的竞争是建立在对各类竞争行为进行规则设计基础上的，与自由竞争相比，它能够保证竞争的公平性和有效性。

创造公平竞争的经营环境，首先，应当在市场准入、经营运行上消除人为的

门槛或障碍,进一步开放国内市场。其次,应坚持竞争政策的基础性地位,在产业政策与竞争政策两者产生矛盾时,产业政策应服从于竞争政策。最后,应坚持效率优先,兼顾公平与安全,切实保障中小企业经营者的经济利益。

(二)政府竞争中立原则的立法维护

竞争中立,也称为竞争中性,是指在国企与非国企并存的时候,国有企业不因其与政府部门的联系而拥有额外的竞争优势。竞争中性包括税收中性、借贷中性、监管中性、回报率要求、全成本定价等。

经济合作与发展组织(OECD)在2012年推出的《竞争中性:维持国企和私企之间的公平竞争环境》报告中,确认了竞争中性的8个标准,即简化国有企业经营形式、成本确认、商业回报率、厘清公共服务义务、税收中性、监管中性、债务和补贴中性、政府采购中性。竞争中性已经成为现代市场经济国家处理国有企业、民营企业关系的技术性原则。

竞争中性原则所确立的以公正平等的原则对待各类市场竞争主体的理念,既符合我国的政策方针,也符合国际通行的规则,是"中国特色"与"国际惯例"的有机结合。[1]

虽然竞争中性原则针对的是国有企业、民营企业的关系,但在我国,90%的民营企业是中小企业,因此,竞争中性原则对我国中小企业的成长与发展也必将带来影响。2018年12月24日,在国务院常务会议上,李克强总理提出要按照"竞争中性原则"为中小企业和民营企业打造公平、便捷的营商环境。

贯彻落实竞争中性原则,就要清理那些妨碍公平竞争、束缚民营中小企业发展的政策措施。为避免非中立监管现象的出现,在组织结构层面应明确各部门的地位和职责,在监管实施层面应落实监管中立措施,在投诉纠错层面应建立竞争中性政策的投诉和监督机制。

(三)公平竞争审查制度的立法推动

公平竞争审查,是指特定机关对已经出台或者即将出台的涉及市场主体经济活动的规章及其他行政性规范性文件进行审查,进而判断这些规范性文件是

[1] 参见翁士增:《构建民营企业竞争中性的营商环境》,载《企业管理》2019年第3期。

否存在限制竞争的行为。[1] 涉及市场主体经济活动的规章与文件主要是针对市场准入、产业发展、招商引资、招标投标、政府采购、经营行为规范、资质标准等。审查是指开展竞争评估，以评价相关政策措施对市场竞争的潜在影响。如果该政策措施经审查具有排除、限制竞争的效果，则不应向社会颁布，或调整至符合要求后再颁布。就其性质而言，正如有学者所言，公平竞争审查在性质上不是司法审查，而是一种广义的立法审查。[2]

2016 年，国务院印发《国务院关于在市场体系建设中建立公平竞争审查制度的意见》（国发〔2016〕34 号），2017 年年底，国家发展改革委等五部门印发《公平竞争审查制度实施细则（暂行）》（发改价监〔2017〕1849 号），至此，我国建立了公平竞争审查制度。公平竞争审查是优化营商环境、推动经济高质量发展的一个重要举措，也是公平有效地促进中小企业成长与发展的一项重大的制度性安排。

目前我国公平竞争审查制度只表现在政策文件层面，还未固化为具体化的法律制度。且从政策文件的规定看，仅仅是政策制定者的一种"自我控制"机制，即依赖于政策制定机关通过开展自我审查的形式。我们认为，该项制度应从内部纠错程序走向外部监督制度，今后应写入商事法律与经济法律制度中，不仅满足于审查工作的内部监督机制，还要建立社会监督究错机制与足够刚性的责任追究制度。

## 二、透明有效率的政务环境建设与营商环境法治化

### （一）科学有效的利益诉求表达机制之构建

促进中小企业成长与发展的利益诉求表达是各参与主体（政府部门、企业主体、行业组织）向外界表明自己的利益诉求以实现自己的利益要求的行动。在中小企业促进政策的实施中，建立与健全相关主体之间以利益协调为核心的利益诉求表达机制，加强相关利益主体之间的互动交流，对于推进政务的民主性是一大进步。

建立针对中小企业成长与发展的利益诉求表达机制，主要有以下方面可供

〔1〕 参见侯志强：《公平竞争审查制度的法律属性和立法定位》，载《河南教育学院学报（哲学社会科学版）》2019 年第 2 期。

〔2〕 参见张守文：《公平竞争审查制度的经济法解析》，载《政治与法律》2017 年第 11 期。

选择：

(1)建立利益表达信息的传递、反馈等传导机制，拓宽利益诉求表达合法化渠道。

(2)建立利益纠葛与协调等运行机制，以此规范各参与主体的表达行为，鼓励合法、正当、有建设性的利益诉求表达。

(3)建立利益目标与利益方案实现机制，以实现促进政策供给与企业需求的有效对接。

(4)建立政策执行过程中监督评估系统，通过对政策落实情况进行调查分析、监督检查，构建起有效的事后反馈机制。

(二)政府与中小企业利益协调机制之构建

中小企业的成长与发展，需要中央政府与地方政府、地方政府之间在科学分工基础上的有效协作。

中央政府担负调控与指导职能，地方政府在政绩考核体系下推动本地区的支持政策的落实，并对支持政策进行补充与优化。在理想状态下，它们具有一致性，但在实施中，往往因事权与财权欠缺匹配性，产生目标实益上的不一致。比如，中央政府通过调整政治激励与经济激励的有效性，引导地方政府的政策行为。但当这两种激励均较低时，地方政府会选择“搁置、观望”策略；仅政治激励较高时，地方政府会选择“表面响应、实质观望”策略；仅经济激励较高时，地方政府会选择“先行先试”策略；两种激励均较高时，地方政府才会采取“积极行动”策略。这就需要中央政府在对地方政府进行有效行政管理的同时，还做好与地方政府的有效协调与有效督查。

另外，在地方政府之间，也需要相关政策的协调，构建起有效的协调机制。这主要在于，地方政府之间的竞争主要体现在设壁垒、抢资源、争项目等方面，地方政府通常会颁布中小企业促进法的地方性实施办法，从而形成地方政府对中小企业支持政策的补充供给，这种政策的补充供给所创造的外部环境是否优越，直接影响着本区域对中小企业的吸引与政策激励效果。因此，建构地方政府之间的横向协调机制，在地方政府之间，地方政府相关部门之间克服狭隘的地方利益观念，建立一套制度化议事机制显得十分重要。

(三)促进政策的供给与落实机制之构建

政府实施的中小企业促进政策，在落地时经常性存在的问题，包括：其一，供非所需。缺乏结合本地区中小企业实际,盲目参考国外经验或照搬其他地方政府的成功经验,导致支持政策的出台流于形式。其二,有政策,缺落实。中小企业营商环境并未随着支持政策的数量增多而得到很好的改善。其三,支持政策方式单一。多集中于税率降低、税额减免、财政支持等,而一些已在发达国家普遍采用的支持方式并未得到重视,比如延期纳税、投资减免及对消费者补贴等。其四,支持政策结构单一。功能性支持政策偏多、选择性支持政策相对偏少,支持政策的适应性不强。因此,要从根本上提升促进中小企业成长与发展政策的实效性,需要通过立法确认政府部门与中小企业之间的互动机制以及将政策转化为行动的刚性推动制度,并通过指标考核、信息反馈等途径促进支持政策的供给与落实。

## 三、公正富有效率的司法环境建设与营商环境法治化

### (一)司法保障营利与规范营利的职能提升

在涉及中小企业相关的商事审判工作中,应建立相关处理规则。

(1)建立合同效力认定规则。在审理涉及中小企业的合同纠纷案件时,应依法认定合同效力,鼓励公平竞争,制裁违约行为,调整好中小企业各方当事人之间的财产流转关系。

(2)建立企业产权保障规则。在审理涉及中小企业产权权属纠纷与侵权纠纷案件时,应综合考虑原始投资来源以及企业发展过程中各方的投入和贡献,公平地保护各方当事人的利益。

(3)建立权属保护规则。在审理涉及民营中小企业参与国有、集体企业改革和民营中小企业自身改制、各类股权确认、转让等纠纷案件时,应支持和规范国有、集体企业的民营化改革,促进民营中小企业加快建立现代企业制度。

(4)建立产权补偿规则。在审理涉及中小企业动产与不动产征收纠纷案件时,应依照法律规定的权限和程序审查征收、征用行为的合法性,并在合法的基础上,给予公平、合理的补偿。

(5)建立责任追究规则。谨慎认定民营中小企业股东的虚假出资、抽逃出资等法律责任,对于需要追究刑事责任的更要慎重处理。

### (二)司法保障企业家创新精神与合法权益的职能提升

企业家精神对于中小企业特别是新创企业的成长意义重大。企业家的创新

性是中小企业成长的动力源泉。[1]

2017年9月，中共中央、国务院印发《中共中央、国务院关于营造企业家健康成长环境弘扬优秀企业家精神更好发挥企业家作用的意见》（中发〔2017〕25号），提出依法保护企业家财产权、企业家创新权益和企业家自主经营权，强调认真解决产权保护方面的突出问题，及时甄别纠正社会反映强烈的产权纠纷申诉案件。2017年以后，最高人民法院先后印发了《最高人民法院关于为改善营商环境提供司法保障的若干意见》（法发〔2017〕23号）、《最高人民法院关于充分发挥审判职能作用为企业家创新创业营造良好法治环境的通知》（法〔2018〕1号）。2017年年底，最高人民检察院也发出通知，强调对企业家合法权益的充分保障。体现在以下几个方面：

（1）依法保护企业家的创新精神。在政策层面，要求政府部门及国资管理机构尊重市场规律，不能简单照搬行政事业组织中的干部管理办法来“激励和约束企业家”。对企业家合法经营中出现的失误失败给予更多理解、宽容。

（2）依法保护企业家的创业活动。一是严格执行刑事法律和司法解释，坚决防止利用刑事手段干预经济纠纷。严格区分企业家个人财产和企业法人财产，在处理企业犯罪时不得牵连企业家个人合法财产和家庭成员财产。二是加强民事审判工作，依法保护企业和企业家合法权益。三是依法公正审理行政协议案件，切实维护企业和企业家的合法权益。对政府违反承诺的行政纠纷案件，坚决依法支持企业和企业家的合理诉求。对确因国家利益、公共利益或其他法定事由改变政府承诺的，依法判令其补偿企业和企业家的财产损失。四是综合运用各种强制执行措施，加快企业债权的实现。

（3）准确处理企业家权益保护与企业产权保护两者的关系。企业家权益的保障并不始终和企业产权的维护相一致，有时也可能存在对立的情形，在企业家侵犯企业产权的案件中，一方面，企业家的合法权益仍然应当得到保障；但另一方面，企业产权的保护也不能因为过分强调企业家权益的保障而被忽略、放弃，

〔1〕 参见张莉、尹龙、章刘成：《基于企业家精神促进中小企业成长的思考》，载《产业与科技论坛》2018年第16期。

或者片面地强调某一侧面的权利保障而扭曲了另一侧面的权利维护问题。[1]

## 四、商事诚信环境建设与营商环境法治化

### (一)商事诚信缺失的表现及原因

诚信是指行为人在社会活动中需要遵守诺言、履行合约和行事无欺诈行为的发生。诚信是中小企业的一种无形资产,更是判断一个中小企业是否能成长的标准。“人无信不立、企业无信不长、社会无信则不稳”。

在我国,诚信涉及的问题相对较多,一方面,我们希望通过建立社会诚信体系,促进中小企业更加健康成长;但另一方面,中小企业又面临自身诚信缺失问题。

在中小企业诚信缺失方面,存在的主要问题有:(1)注册阶段登记信息不实;(2)产品质量不符合标准,虚假宣传;(3)制造虚假财务信息,拖欠银行贷款、漏逃税;(4)企业之间互欠货款。

导致中小企业诚信缺失的诱因主要有:首先,中小企业与消费者、监管者、银行、同业之间的信息不对称。中小企业经营者对自身的经营状况及资金链风险完全了解,由于相互信息资源的不对称性,在监管、交易、配资过程中每个环节都易发生诚信缺失现象。其次,企业失信成本较低,中小企业因失信行为只需付出相对轻微代价,失信成为企业之间的“游戏规则”。最后,政府的导向作用不明显,政府作为引导企业良性发展的“看得见的手”,对企业注册、生产、融资、交易整个过程的制度设计不够严密,监管有所缺失,很多经营者诚信观念淡薄。[2]

### (二)商事诚信制度建设应关注的问题

一个完善有效的社会诚信体系,至少应该包括 5 个基本环节,即诚信精神、法规体系、监管机构、社会协同和政府主导。社会诚信体系要求各个环节的系统发挥作用,并互动推进。

中小企业诚信体系建设是一项长期持续性的工作,若要达到“激励诚信、惩

---

〔1〕 参见林维:《罪刑法定是企业家权益、企业权利的重要保障》,载《人民法院报》2019 年 4 月 17 日,第 2 版。

〔2〕 参见夏慧琳:《推进中小企业诚信体系建设的财政政策思考》,载《重庆科技学院学报(社会科学版)》2015 年第 10 期。

罚失信、倡诚抑欺”的社会预期效果，营造守信环境十分重要。

在相关制度体系构建方面，可以从以下几个方面着手：

（1）构建具有系统性的诚信体系。围绕“一大平台”“两大体系”“三大机制”“四大领域”展开。

一大平台，指构建统一的公共信用信息服务平台。将全国信用网升级建造成公共信用服务信息平台，建成覆盖各类法人主体、自然人主体的统一信用信息库，实现信用信息的对内共享和对外披露，为信用信息主体、行政管理部门及信用服务机构提供信用信息查询服务，为在全社会各领域逐步推广信用服务应用提供基础信息支撑，为建设信用中国奠定扎实基础。

两大体系，指建设全社会的信用规划体系和信用制度体系。前者主要是编制出台相应规划，后者是指制定信用规范。

三大机制，是指守信激励与失信惩戒机制，试点建设创新示范机制，信用服务市场培育机制。

四大领域，是指政务诚信、商务诚信、社会诚信、司法公信。

（2）构建整体性的相应运行机制。一是建设和不断完善信用评价机制；二是健全诚信信息披露制度；三是建立中小企业信用赏罚分明机制。

通过整体性机制的运行，使非诚信个人和企业信息更公开透明，有效抑制投机和仿效行为的发生。

诚信体系的健康运行离不开政府和社会两个层面的约束监督。政府在运用财政资金时，银行在发放信贷时，信用担保机构实施信用担保时应依据中小企业的诚信档案，激励中小企业遵守“契约”，对失信行为实施惩戒。

（3）构建“亲”“清”型政商关系。要加强“政”与“商”双方主体的互相沟通与监督，厘定“清”与“亲”的意涵是关键。“清”是指干部清正、政府清廉，政治清明；“亲”是指要坦荡真诚地同企业接触交往，特别是在民营中小企业遇到困难和问题的情况下更要积极作为、靠前服务。在经济发展中，政府和企业扮演着重要的角色，因此加强两者的自律性尤为重要。新型政商关系并不是指两者相互孤立，断绝联系，而是在制度化、法治化的基础上平等独立、相亲相助、优势互补。在法治的基础上双方要常互动、互提醒、促监督，从而构建新时代政商关系“命运共同体”。

REFERENCES

# 参考文献

## 一、著作(译著)

[1][英]E. F. 舒马赫:《小的是美好的》,虞鸿钧、郑关林译,商务印书馆1984年版。

[2][美]E. 博登海默:《法理学——法哲学及其方法》,邓正来、姬敬武译,华夏出版社1987年版。

[3][英]H. L. A. 哈特:《法律的概念》,许家馨、李冠宜译,法律出版社2006年版。

[4][美]P. 诺内特、P. 塞尔兹尼克:《转变中的法律与社会:迈向回应型法》,季卫东、张志铭译,中国政法大学出版社2004年版。

[5][美]保罗·萨谬尔森、威廉·诺德豪斯:《宏观经济学》,萧琛等译,华夏出版社2003年版。

[6][美]杰弗里·蒂蒙斯、小斯蒂芬·斯皮内利:《创业学》,周伟民、吕长春译,人民邮电出版社2005年版。

[7][日]金泽良雄:《经济法概论》,满达人译,甘肃人民出版社1985年版。

[8][德]考夫曼:《法律哲学》,刘幸义等译,法律出版社2011年版。

[9][美]劳伦斯·M. 弗里德曼:《法律制度》,李琼英、林欣译,中国政法大学出版社2004年版。

[10][美]理查德·A. 波斯纳:《法理学问题》,苏力译,中国政法大学出版社 2002 年版。

[11][澳]罗艾·劳斯韦尔、马克·道格林:《创新聚集　产业创新手册》,陈劲等译,清华大学出版社 2000 年版。

[12][美]曼瑟尔·奥尔森:《集体行为的逻辑》,陈郁等译,上海三联书店 2011 年版。

[13][德]尼克拉斯·卢曼:《法社会学》,宾凯、赵春燕译,上海人民出版社 2013 年版。

[14][英]亚当·斯密:《国民财富性质和原因的研究》,郭大力、王亚南译,商务印书馆 1979 年版。

[15][美]伊查克·爱迪思:《企业生命周期》,王玥译,中国人民大学出版社 2017 年版。

[16][英]伊迪丝·彭罗斯:《企业成长理论》,赵晓译,上海人民出版社 2007 年版。

[17][美]约瑟夫·熊彼特:《经济发展理论》,何畏等译,商务印书馆 1990 年版。

[18][美]约瑟夫·熊彼特:《资本主义、社会主义与民主》,吴良健译,商务印书馆 2000 年版。

[19][美]詹姆斯·M. 布坎南:《自由市场和国家——80 年代的政治经济学》,平新乔、莫扶民译,上海三联书店 1989 年版。

[20][日]长谷川启之:《经济政策的理论基础》,梁小民、刘朝译,中国计划出版社 1995 年版。

## 二、著作

[1]白钦先、薛誉华:《各国中小企业政策性金融体系比较》,中国金融出版社 2001 年版。

[2]曹昱、甘当善、李强编著:《小型企业:美国新经济的助推器》,上海财经大学出版社 2003 年版。

[3]陈文晖:《中小企业信用担保体系国际比较》,经济科学出版社 2002

年版。

[4]陈晓明、何承斌、童伟华:《理论刑法学专论》,科学出版社 2006 年版。

[5]程远忠主编:《中小企业海外上市指南》,中国发展出版社 2004 年版。

[6]单飞跃、王显勇:《经济法视域中的企业法》,中国检察出版社 2005 年版。

[7]杜金榜:《法律语言学》,上海外语教育出版社 2004 年版。

[8]付子堂编:《法理学进阶》,法律出版社 2010 年版。

[9]傅汉清:《美国小企业研究》,中国财政经济出版社 2000 年版。

[10]傅家骥编:《技术创新学》,清华大学出版社 1998 年版。

[11]国家发展和改革委员会:《2015 年中国大众创业万众创新发展报告》,人民出版社 2016 年版。

[12]国家发展和改革委员会:《2016 年中国大众创业万众创新发展报告》,人民出版社 2017 年版。

[13]国务院发展研究中心课题组编著:《中小企业发展新环境新问题新对策》,中国发展出版社 2011 年版。

[14]何家弘主编:《当代美国法律》,社会科学文献出版社 2001 年版。

[15]胡小平主编:《中小企业融资》,经济管理出版社 2000 年版。

[16]姜昕、杨临宏主编:《产业政策法》,中国社会科学出版社 2008 年版。

[17]焦富民、陈承堂:《中小企业发展法理——规范框架与实证分析》,社会科学文献出版社 2007 年版。

[18]李庚寅、周显志等:《中国发展中小企业支持系统研究》,经济科学出版社 2003 年版。

[19]李命志、马向晖主编:《中华人民共和国中小企业促进法释义》,中国法制出版社 2017 年版。

[20]李伟:《中小企业发展与金融支持研究》,中国经济出版社 2004 年版。

[21]李子彬编:《中国中小企业 2010 蓝皮书》,中国发展出版社 2010 年版。

[22]林汉川、魏中奇主编:《中小企业发展与创新》,上海财经大学出版社 2001 年版。

[23]林汉川主编:《中国中小企业发展机制研究》,商务印书馆 2003 年版。

[24]刘东、杜占元:《中小企业与技术创新》,社会科学文献出版社 1998 年版。

[25]刘乃全、李勇辉、王琴编著:《中小企业:意大利通往繁荣之路》,上海财经大学出版社 2003 年版。

[26]刘庆飞:《经济转型背景下的中小企业促进法研究》,北京大学出版社 2012 年版。

[27]卢现祥:《西方新制度经济学》,中国发展出版社 1996 年版。

[28]罗豪才、宋功德:《软法亦法:公共治理呼唤软法之治》,法律出版社 2009 年版。

[29]罗正英:《中小企业融资问题研究》,经济科学出版社 2004 年版。

[30]吕国胜编著:《中小企业研究》,上海财经大学出版社 2000 年版。

[31]吕忠梅、刘大洪:《经济法的法学与法经济学分析》,中国检察出版社 1998 年版。

[32]马爱涛、姜爱华:《我国政府采购制度研究》,北京大学出版社 2007 年版。

[33]漆多俊:《经济法基础理论》,武汉大学出版社 1997 年版。

[34]漆多俊主编:《宏观调控法研究》,中国方正出版社 2002 年版。

[35]史忠良等:《小企业发展研究》,经济管理出版社 2001 年版。

[36]宋羽:《中小企业融资:现实与思考》,经济科学出版社 2012 年版。

[37]苏杭:《日本中小企业发展与中小企业政策》,中国社会科学出版社 2008 年版。

[38]锁箭:《中小企业发展的国际比较》,中国社会科学出版社 2001 年版。

[39]田正育:《中国中小企业》,上海财经大学出版社 2001 年版。

[40]王梦奎:《中国中长期发展的重要问题:2006—2020》,中国发展出版社 2005 年版。

[41]王先林等:《经济法学专题研究》,法律出版社 2013 年版。

[42]吴敬琏:《发展中国高新技术产业:制度重于技术》,中国发展出版社 2002 年版。

[43]谢晖、陈金钊:《法理学》,高等教育出版社 2005 年版。

[44]徐剑锋、朴姬福编著:《韩国中小企业》,东方出版社1995年版。

[45]杨平主编:《创新与企业竞争力》,广东经济出版社2010年版。

[46]易国庆:《中小企业政府管理与政策支持体系研究》,企业管理出版社2001年版。

[47]俞建国主编:《中国小企业发展战略研究》,人民出版社2002年版。

[48]袁红林:《完善中小企业政策支持体系研究》,东北财经大学出版社2010年版。

[49]岳彩申:《论经济法的形式理性》,法律出版社2004年版。

[50]张汉林、施本植主编:《服务业及中小企业规制改革》,上海财经大学出版社2005年版。

[51]张继彤等:《成长与创新》,社会科学文献出版社2012年版。

[52]张文显:《法理学》,高等教育出版社、北京大学出版社2007年版。

[53]张秀生主编:《国外中小企业的发展概况》,中国商业出版社1999年版。

[54]浙江大学企业研究中心编著:《浙江民营企业调查报告》,社会科学文献出版社2009年版。

[55]郑春荣编著:《中小企业:德国社会市场经济支柱》,上海财经大学出版社2003年版。

[56]郑之杰、吴振国、刘学信:《中小企业法研究》,法律出版社2002年版。

[57]中国改革发展研究院编:《中小企业发展:挑战与对策》,中国经济出版社2005年版。

[58]朱少平、葛毅编著:《中华人民共和国中小企业促进法立法进程资料汇编(2001—2002)》,中信出版社2004年版。

**三、论文**

[1]安同信、刘祥霞:《破解中国科技型中小企业融资难问题的路径研究——基于日本经验的借鉴》,载《理论学刊》2015年第10期。

[2]曾庆宾、刘明勋:《借鉴发达国家经验完善我国中小企业税收政策》,载《税务研究》2005年第6期。

[3]常静:《重视“需求侧”创新政策,完善新时期创新政策体系》,载《科技管理研究》2012 年第 22 期。

[4]陈昶屹:《论“促进型立法”的形成背景》,载《北京行政学院学报》2005 年第 1 期。

[5]陈钢:《中小企业技术创新风险政府补偿机制研究》,载《价值工程》2018 年第 6 期。

[6]陈明星、戚啸艳:《高科技企业生命周期风险投资》,载《合作经济与科技》2007 年第 3 期。

[7]陈乃醒:《中国中小企业发展现状及对策研究》,载《武汉理工大学学报(社会科学版)》2004 年第 6 期。

[8]陈伟昶、武军:《促进中小企业发展的财税政策建议》,载《财政研究》2004 年第 1 期。

[9]陈晓红、李喜华、曹裕:《技术创新对中小企业成长的影响——基于我国中小企业板上市公司的实证分析》,载《科学学与科学技术管理》2009 年第 4 期。

[10]陈照华:《浅析税收政策对我国中小企业技术创新的影响》,载《现代经济信息》2013 年第 14 期。

[11]陈治:《〈中小企业促进法〉立法完善的思考:基于经济法干预方式的研究视角》,载《企业经济》2006 年第 6 期。

[12]程小琴:《财税政策促进中小企业成长的机制、路径与对策分析》,载《商业经济研究》2018 年第 9 期。

[13]邓久根、薛小彬:《供给侧结构性改革需重视需求方创新政策制定》,载《经济纵横》2018 年第 5 期。

[14]邓荣霖:《民营企业与公平竞争环境》,载《人民论坛》2011 年第 1 期。

[15]刁文源、白玉:《推动中小企业持续成长的技术创新策略研究》,载《当代经济》2016 年第 2 期。

[16]丁东红:《卢曼和他的社会系统理论》,载《世界哲学》2005 年第 5 期。

[17]董涛:《改革开放 40 年中小企业快速健康发展的经验》,载《中国发展观察》2018 年第 12 期。

[18]杜光利:《神木民间信贷崩盘》,载《大经贸》2013 年第 2 期。

[19]杜建荣:《法律与社会的共同演化:基于卢曼的社会系统理论反思转型时期法律与社会的关系》,载《法制与社会发展》2009 年第 2 期。

[20]方明月、张雨潇、聂辉华:《中小民营企业成为僵尸企业之谜》,载《学术月刊》2018 年第 2 期。

[21]冯蓉蓉:《中小企业融资难的原因及对策》,载《中南财经政法大学学报》2003 年第 1 期。

[22]盖鹏、陈振平:《如何建立农村新型金融组织》,载《光明日报》2012 年 6 月 5 日。

[23]高建、盖罗它:《国外创业政策的理论研究综述》,载《国外社会科学》2007 年第 1 期。

[24]辜胜阻、庄芹芹、冯德崇:《〈中华人民共和国中小企业促进法〉修法看点与完善建议》,载《经济与管理》2017 年第 5 期。

[25]关保英、张淑芳:《市场经济与立法模式的转换研究》,载《法商研究(中南政法大学学报)》1997 年第 4 期。

[26]郭芳:《危险的互保链 浙江民企染上"金融瘟疫"》,载《中国经济周刊》2012 年第 41 期。

[27]郭俊:《如何做好"促进型立法"工作》,载《人大研究》2008 年第 2 期。

[28]郭晓风、林青青、高玮:《促进江苏中小企业发展的财税政策研究——基于抽样调查的分析》,载《江苏商论》2013 年第 12 期。

[29]郭晓彤:《试论中小企业促进法的作用和意义——兼谈反垄断法与中小企业促进法的关系》,载《新乡师范高等专科学校学报》2003 年第 1 期。

[30]何帆、朱鹤:《僵尸企业的识别与应对》,载《中国金融》2016 年第 5 期。

[31]何光辉:《发达国家扶持中小企业技术创新政策及启示》,载《软科学》2012 年第 6 期。

[32]贺俊:《当前我国中小企业促进政策的缺陷与调整方向》,载《中州学刊》2016 年第 10 期。

[33]胡冰:《关于供给侧结构性改革背景下处置僵尸企业的探讨》,载《西南金融》2016 年第 12 期。

[34]花莉蓉:《后金融危机时期浙江民营企业健康发展的优化对策》,载《企

业导报》2011 年第 11 期。

[35]黄爱玲:《发达国家促进中小企业发展的财税政策及借鉴》,载《税务与经济(长春税务学院学报)》2004 年第 5 期。

[36]黄关华:《成长型中小企业技术创新对经营绩效影响的实证检验》,载《现代营销(创富信息版)》2018 年第 10 期。

[37]黄家镇、朱涛:《美国“小企业法”最新修订述评》,载《河南司法警官职业学院学报》2017 年第 3 期。

[38]黄景贵:《论创新理论的产生和发展》,载《青岛海洋大学学报(社会科学版)》2000 年第 2 期。

[39]黄永春、朱帅:《创业政策供给对企业家创业行为的影响机制研究——基于 GEM 报告面板数据的实证分析》,载《科学学与科学技术管理》2018 年第 4 期。

[40]简明:《1987 年私营企业的几个统计数字》,载《经济问题》1988 年第 10 期。

[41]姜明安:《软法的兴起与软法之治》,载《中国法学》2006 年第 2 期。

[42]蒋传华:《促进企业自主创新的政策法律问题研究》,载《安徽大学法律评论》2014 年第 1 辑。

[43]蒋小平、叶子荣:《税收结构与中小企业发展——基于中国省际面板数据的实证分析》,载《财经问题研究》2013 年第 2 期。

[44]焦海涛:《论“促进型”经济法的功能与结构》,载《政治与法律》2009 年第 8 期。

[45]焦海涛:《论“促进型”经济法的运行机制》,载《东方法学》2011 年第 5 期。

[46]焦海涛:《论促进型经济法的优越性》,载《安徽大学学报(哲学社会科学版)》2010 年第 4 期。

[47]揭筱纹、李平:《中小企业发展中存在问题剖析》,载《经济学家》2002 年第 5 期。

[48]景玉琴:《中小企业融资约束与政策性金融体系的构建》,载《经济评论》2004 年第 6 期。

[49]李爱国、曾庆:《生存型创业向机会型创业转化的机制与路径》,载《重庆社会科学》2017 年第 12 期。

[50]李春晓、霍晓霞、胡绍兰:《中小企业创业环境综合评价指标体系研究》,载《时代金融》2008 年第 8 期。

[51]李广舜:《发达国家对中小企业的财政援助和税收优惠》,载《现代企业》2006 年第 12 期。

[52]李金鹏:《美国〈工商初创企业促进法〉对我国中小企业融资改革的启示》,载《江西社会科学》2016 年第 12 期。

[53]李龙亮:《促进型立法若干问题探析》,载《社会科学辑刊》2010 年第 4 期。

[54]李明贤、刘娟:《中国新型农村资金互助社发展成效与问题评析》,载《湖南农业大学学报(社会科学版)》2011 年第 5 期。

[55]李平、孙灵燕:《推进企业自主创新的财税政策》,载《财政研究》2007 年第 4 期。

[56]李涛:《政府管制、法治、银行发展与中小企业发展》,载《经济学(季刊)》2004 年第 4 期。

[57]李文:《创新税收激励的国际比较与借鉴》,载《税务研究》2007 年第 4 期。

[58]李雄:《制定平等就业法推动劳动用工法治化》,载《检察日报》2015 年 6 月 16 日。

[59]李旭红、马雯:《税收优惠与中小企业成长能力的实证分析》,载《税务研究》2014 年第 8 期。

[60]李旭红:《中小企业税收负担与企业成长性实证研究——基于创业板公司数据的分析》,载《国际税收》2016 年第 2 期。

[61]李彦芳:《中小企业法的定位分析》,载《太原理工大学学报(社会科学版)》2002 年第 1 期。

[62]李艳芳:《"促进型"立法研究》,载《法学评论》2005 年第 3 期。

[63]李长安:《我国四次创业浪潮的演进:从"难民效应"到"企业家效应"》,载《北京工商大学学报(社会科学版)》2018 年第 2 期。

[64]李支东:《中澳两国促进中小企业发展与创新的产业政策比较研究》,载《亚太经济》2011年第5期。

[65]梁冰:《我国中小企业发展及融资状况调查报告》,载《金融研究》2005年第5期。

[66]梁晓雯、仇珂:《中德中小企业财税扶持措施对比及借鉴》,载《时代金融》2017年第8期。

[67]廖蔚:《我国中小企业发展现状分析》,载《财政研究》2004年第4期。

[68]林汉川、管鸿禧:《中国不同行业中小企业竞争力评价比较研究》,载《中国社会科学》2005年第5期。

[69]林龙飞、陈传波:《中国创业政策40年:历程回顾与趋向展望》,载《经济体制改革》2019年第1期。

[70]林敏:《中小企业技术创新的国际镜鉴》,载《改革》2017年第5期。

[71]林小玲:《财政补助、外部融资与企业自主研发投入:基于2016年全国企业调查数据》,载《山西财政大学学报》2019年第5期。

[72]林洲钰、林汉川:《中小企业融资集群的自组织演进研究:以中小企业集合债组织为例》,载《中国工业经济》2009年第9期。

[73]刘畅:《中小企业财税支持政策的范式转变》,载《社会科学》2013年第8期。

[74]刘大洪、潘晓生:《中小企业立法比较研究》,载《湖北民族学院学报(哲学社会科学版)》2004年第4期。

[75]刘东、杜占元:《中小企业技术创新的理论考察》,载《当代经济科学》1997年第4期。

[76]刘健钧:《创业投资市场定位与中小企业——兼论我国创业投资政策扶持体系建设》,载《中国创业投资与高科技》2003年第6期。

[77]刘文光、吉燕侠、彭日东:《鄂尔多斯民间金融调查》,载《华北金融》2011年第6期。

[78]刘新民、钱洁莹、范柳:《基于文本分析的我国创业政策结构与特征研究》,载《山东科技大学学报(社会科学版)》2018年第3期。

[79]刘新绍:《企业非正常生命周期倒闭与中小企业风险抵御研究》,载《金

融与经济》2009 年第 7 期。

[80]刘阳:《国外创业扶持政策对南京的借鉴》,载《南京社会科学》2004 年第 S2 期。

[81]刘玉廷:《构建符合市场经济要求的中小企业财税政策体系》,载《中国中小企业》2013 年第 11 期。

[82]刘志强:《促进型法律的功能模式和维度》,载《湖南科技学院学报》2010 年第 11 期。

[83]刘志强:《论促进型法律之法律责任》,载《社科纵横》2010 年第 10 期。

[84]卢勤忠、丁培喆:《论经济法的整体主义观及当代价值》,载《河南教育学院学报(哲学社会科学版)》2019 年第 2 期。

[85]马建华:《完善我国〈中小企业促进法〉的几点建议》,载《沿海企业与科技》2012 年第 6 期。

[86]马瑞麟:《促进型立法浅论》,载《民主与法制》2007 年第 6 期。

[87]马胜杰:《企业技术创新能力及其评价指标体系》,载《数量经济技术经济研究》2002 年第 12 期。

[88]梅强、席国萍:《江苏省大中小企业专业化协作现状及发展对策研究》,载《科技管理研究》2011 年第 20 期。

[89]孟艳:《支持创新科技型中小企业发展的财政政策》,载《理论月期》2007 年第 11 期。

[90]苗圩:《着力解决工业转型升级中的几个重大问题》,载《行政管理改革》2013 年第 10 期。

[91]苗秀杰、孙俊龄:《辽宁财政支持中小企业发展对策分析》,载《大连大学学报》2013 年第 6 期。

[92]缪小星:《美国小企业创业成长环境分析》,载《江苏社会科学》2004 年第 2 期。

[93]穆建军、何伦者、刘彦良:《中小企业财税支持体系完善研究》,载《上海经济研究》2007 年第 4 期。

[94]穆美莹:《股份制银行优化中小企业信贷产品的策略研究》,载《中国商论》2018 年第 33 期。

[95]潘勒:《我区中小企业发展问题调查综述》,载《统计与经济》2001 年第 3 期。

[96]彭靖里、邓艺、李建平:《国内外技术创新理论研究的进展及其发展趋势》,载《科技与经济》2006 年第 4 期。

[97]乔新生:《〈中小企业促进法〉五论——从立法的角度进行分析》,载《中国中小企业》2002 年第 4 期。

[98]秦伟:《中小企业竞争的法制环境分析》,载《上海政法学院学报(法治论丛)》2013 年第 4 期。

[99]邱虹:《金融危机下浙江民营企业面临的主要问题研究》,载《经济问题探索》2009 年第 8 期。

[100]曲顺兰、路春城:《完善财税政策促进自主创新》,载《财政研究》2006 年第 5 期。

[101]冉光和、张冰:《财政金融政策对中国民营经济发展的影响效应研究》,载《经济与管理研究》2012 年第 1 期。

[102]任晓玲:《中小企业准入法律制度的基本理论问题分析》,载《中国市场》2015 年第 52 期。

[103]荣冀川:《中小企业融资制度比较研究》,载《河北法学》2010 年第 8 期。

[104]尚永会:《关于当前我国中小企业界定标准的探讨》,载《郑州大学学报(哲学社会科学版)》2011 年第 1 期。

[105]尚增健:《我国中小企业成长性的实证研究》,载《财贸经济》2002 年第 9 期。

[106]邵世洁:《〈中小企业促进法〉解读》,载《时代经贸(下旬刊)》2008 年第 5 期。

[107]沈达勇:《基于技术创新能力的中小企业内生性成长性研究》,载《当代经济科学》2017 年第 3 期。

[108]沈伟:《法律可以促进中小企业发展吗?——基于〈上海市促进中小企业发展条例〉立法后评估的实证分析》,载《政法论丛》2018 年第 2 期。

[109]沈中棠:《英国中小企业的发展现状及政府的作用》,载《全球科技经

济瞭望》2000 年第 9 期。

[110]施继元:《中美中小企业标准比较及建议》,载《金融与经济》2004 年第 7 期。

[111]宋绍云:《中小企业促进法应用性分析》,载《企业导报》2014 年第 9 期。

[112]苏世公、冯阳:《我国中小企业财税政策研究》,载《吉林工商学院学报》2010 年第 5 期。

[113]孙东升:《我国中小企业的规模效率与融资困境》,载《对外经济贸易大学学报》2009 年第 5 期。

[114]孙丽娟:《日本中小企业发展的经验及启示》,载《日本研究》2004 年第 4 期。

[115]锁箭、李先军:《中小企业持续成长过程中的治理结构创新探索》,载《当代经济管理》2017 年第 2 期。

[116]唐寒冰、刘悦:《中国改革开放 40 年创新创业发展道路内涵探究》,载《中国市场》2018 年第 34 期。

[117]唐寒冰:《大众创业、万众创新浪潮与政策分析》,载《经济师》2017 年第 1 期。

[118]田伟、田红云、颜有明:《中小企业与大企业协作配套关系研究》,载《现代管理科学》2018 年第 12 期。

[119]铁卫、周宝湘:《税收支持技术创新的理论依据及作用点》,载《税务研究》2007 年第 1 期。

[120]万玉涛:《政采应做创新型中小企业的孵化器》,载《政府采购信息报》2011 年 3 月 9 日。

[121]汪全胜:《法律文本中的奖励性条款设置论析》,载《法治研究》2013 年第 12 期。

[122]王春雷:《支持中小企业创业投资的财政政策建议》,载《中国乡镇企业会计》2008 年第 4 期。

[123]王峰:《简述成长型企业的支持与发展》,载《西部财会》2007 年第 6 期。

[124]王核成:《R&D 投入与企业成长的相关性研究》,载《科学管理研究》2001 年第 3 期。

[125]王红一:《论中小企业法的地位》,载《南方经济》2003 年第 9 期。

[126]王建军:《企业成长模式及其影响因素研究》,载《管理学家(学术版)》2010 年第 3 期。

[127]王建翔:《打造现代经济生力军——论我国中小企业促进法的实施》,载《辽宁经济管理干部学院学报》2018 年第 5 期。

[128]王健:《产业政策法若干问题研究》,载《法律科学(西北政法大学学报)》2002 年第 1 期。

[129]王强:《企业失败定义研究》,载《北京工业大学学报(社会科学版)》2002 年第 1 期。

[130]王全兴、唐伟森:《论中小企业应收账款确认制度的市场化改进》,载《东南学术》2018 年第 1 期。

[131]王先林:《产业政策法初论》,载《中国法学》2003 年第 3 期。

[132]王欣新:《僵尸企业治理与破产法的实施》,载《人民司法(应用)》2016 年第 13 期。

[133]王玉娥:《政府扶持政策对科技型中小企业成长影响的研究述评》,载《改革与开放》2018 年第 2 期。

[134]王玉颖:《区域经济中微型企业创业与创业环境的研究》,载《经贸实践》2018 年第 4 期。

[135]王子正:《论法律规范的结构和分类》,载《当代法学》1988 年第 3 期。

[136]王作全:《对提升我国中小企业发展法治化水平的思考》,载《山东师范大学学报(人文社会科学版)》2013 年第 5 期。

[137]魏华飞、尹兴科:《我国中小企业成长诸要素集成关系研究》,载《科技管理研究》2013 年第 16 期。

[138]翁士增:《构建民营企业竞争中性的营商环境》,载《企业管理》2019 年第 3 期。

[139]吴波虹:《政府补助对中小企业研发投入的影响研究》,载《中国商论》2018 年第 3 期。

［140］吴国联：《对当前温州民间借贷市场的调查》，载《浙江金融》2011年第8期。

［141］吴金蓉：《僵尸企业处置中的法律问题探讨》，载《改革与开放》2016年第17期。

［142］吴琳琳：《科技小巨人企业科技创新体系研究》，载《中国高新科技》2018年第19期。

［143］吴爽、宋红尔、郭军：《成长型企业成长过程研究》，载《时代金融》2017年第12期。

［144］伍装：《中国中小企业融资效率的灰色关联分析》，载《甘肃社会科学》2009年第6期。

［145］奚欣华：《浅谈日本中小企业的管理体制》，载《中国改革》1995年第6期。

［146］夏杰长、尚铁力：《自主创新与税收政策：理论分析、实证研究与对策建议》，载《税务研究》2006年第6期。

［147］肖智润：《完善中小企业发展政策支持体系研究》，载《现代经济（现代物业下半月刊）》2007年第7期。

［148］谢旭人：《促进中小企业发展的财税政策》，载《行政管理改革》2012年第7期。

［149］谢云、黎东升：《我国农村资金互助社发展中存在的问题及对策》，载《长江大学学报（社会科学版）》2011年第6期。

［150］徐向艺、徐英吉：《企业技术创新、制度创新及企业持续成长性的协同度研究》，载《统计与决策》2006年第3期。

［151］许乙川：《论我国中小企业促进法律制度的建立及完善》，载《法治研究》2013年第2期。

［152］薛智胜、张元琦：《对休眠公司法律规制的路径研究》，载《天津法学》2015年第4期。

［153］杨虎峰、谢昊男、冯兴元：《刀尖上的民间信贷——鄂尔多斯民间金融危机案例分析报告》，载《中国民商》2013年第4期。

［154］杨智勇、覃锋：《企业技术创新能力的评价模型》，载《统计与决策》

2008 年第 7 期。

[155]姚耀军:《2011 年温州民间金融危机:多维度下的解读》,载《农村金融研究》2012 年第 7 期。

[156]叶卫平:《产业政策法治化再思考》,载《法商研究》2013 年第 3 期。

[157]叶志健、朱敏:《构建我国完善的中小企业财政政策体系研究》,载《新财经》2011 年第 9 期。

[158]殷梦玲:《创新补贴对科技型中小企业技术创新的影响研究——基于不同补贴方式的分析》,载《北京邮电大学学报(社会科学版)》2018 年第 2 期。

[159]张贝楠:《战后美国经济立法对经济发展的促进作用》,载《世界经济》1987 年第 6 期。

[160]张承友:《欧洲技术型中小企业发展现状及其政策》,载《中外科技信息》1990 年第 1 期。

[161]张洪涛、周长城:《浅议欧共体中小企业法律制度的几个问题及对我国中小企业立法的启示》,载《法学评论》2001 年第 1 期。

[162]张会荣、张玉明:《技术创新、股权结构与中小企业成长》,载《山东社会科学》2014 年第 2 期。

[163]张立波、黄薇:《中小企业财税政策现状及对策研究》,载《产业经济评论》2013 年第 4 期。

[164]张守文:《公平竞争审查制度的经济法解析》,载《政治与法律》2017 年第 11 期。

[165]张守文:《论促进型经济法》,载《重庆大学学报(社会科学版)》2008 年第 5 期。

[166]张守文:《论税收法定主义》,载《法学研究》1996 年第 6 期。

[167]张贤明:《政治责任与法律责任的比较分析》,载《政治学研究》2000 年第 1 期。

[168]章文光、闫蓉:《基于政策文本计量的中国中小企业创新政策变迁研究》,载《湘潭大学学报(哲学社会科学版)》2017 年第 5 期。

[169]赵新颖:《我国中小企业税收优惠制度的基本原则及设计思路》,载《法制与经济(下旬)》2014 年第 5 期。

[170]赵新颖:《我国中小企业税收优惠制度的完善建议——以〈中小企业促进法〉及增值税法中相关规定为契机》,载《法制与社会》2014 年第 5 期。

[171]郑炳章、赵超:《创业政策与中小企业政策的关系研究》,载《河北企业》2014 年第 3 期。

[172]郑道溪:《福建省人大常委会执法检查组关于〈中华人民共和国中小企业促进法〉实施情况的检查报告》,载《福建省人民代表大会常务委员会公报》2011 年第 5 期。

[173]郑敬高、田野:《从"国家意志"到"行政法治"——在法律与政策关系上的泛法律观》,载《中国地质大学学报(社会科学版)》2007 年第 5 期。

[174]周丽、张方杰:《制度创新与中小企业创业环境优化》,载《华东经济管理》2006 年第 8 期。

[175]周少华:《法律中的语言游戏与权力分配》,载《法制与社会发展》2006 年第 5 期。

[176]周新川、陈劲:《创新研究趋势探讨》,载《科学学与科学技术管理》2007 年第 5 期。

[177]周雨薇、惠琳、邓可欣:《从信贷配给角度看温州金融危机》,载《金融经济》2012 年第 12 期。

[178]朱舜楠、陈琛:《僵尸企业诱因与处置方略》,载《改革》2016 年第 3 期。

[179]朱志刚:《健全促进中小企业发展的财政政策体系》,载《中国科技投资》2006 年第 12 期。

[180]邹蕴涵:《我国僵尸企业的判别、影响及对策建议》,载《中国物价》2016 年第 7 期。

**四、外文文献**

[1] Angel Martinez Sanchez and Olga Urbina Perez, "Entrepreneurship networks and high technology firms: the case of Aragon," *Technovation*, May 1998, Vol. 18.

[2] Ari Hyytinen, Otto Toivanen, "Do financial constraints hold back

innovation and growth? Evidence on the role of public policy", *Research Policy*, 2005, Vol. 34.

[3] Baldwin and Garnett, "Employment generation by small producers in the Canadian manufacturing sector", *Small Business Economics*, 1995, Vol. 31.

[4] Cooper R. S., "Purpose and Performance of the Small Business Innovation Research Programme", *Small Business Economics*, March 2003, Vol. 20.

[5] David Smallbone, Riederibke Welter, "The Role of Government in SME Development in Transition Economics", *International Small Business Journal*, 2001, Vol. 3.

[6] Davide Fiaschi, "Growth and inequality in an endogenous fiscal policy model with taxes on labor and capital. European", *Journal of Political Economy*, 1999, Vol. 15.

[7] G. Bannock Letter, "A Comment on Gibb and Curran", *International Small Business Journal*, 2000, Vol. 85.

[8] Gerard George, Ganesh N. Prabhu, "Developmental financial institutions as technology policy instruments: implications for innovation and entrepreneurship in emerging economies", *Research Policy*, 2003, Vol. 32.

[9] Gretchen B. Jordan, A theory-based logic model for innovation policy and evaluation Research, *Evaluation*, October, 2010, Vol. 19.

[10] Grilo I. and A. R. Thurik, Determinants of Entrepreneurial Engagement Levels in Europe and the US, *Industrial and Corporate Change*, 2008, Vol. 17.

[11] J. Curran, "What is Small Business Policy In the UK For? Evaluation and Assessing Small Business Policies", *International Small Business Journal*, 2000, Vol. 38.

[12] Jerold L. Zimmerman, "Taxes and Firm Size", *Journal of Accounting and Economics*, 1983, Vol. 12.

[13] Ley B. Narin F., "Science and technology as predictors of stock performance", *Financial Analysts Journal*, 1999, Vol. 55.

[14] Liliana Herrera, Mariano Nieto, "The national innovation policy effect

according to firm location", *Technovation*, 2008, Vol. 28.

[15] Mamuneas T. P., Nadiri M. I., "Public R&D Policies and Cost Behavior of the US Manufacturing Industrie", *Journal of Public Economics*, 1996, Vol. 12.

[16] Michaelas N. F. Chittenden and P. Poutziouris, "Financial Policy and Capital Structure Choice in UK SMEs: Empirical Evidence from Company Panel Data", *Small Business Economics*, 1999, Vol. 12.

[17] Nyström K., "The Institutions of Economic Freedom and Entrepreneurship Evidence from Panel Data", *Public Choice*, 2008, Vol. 10.

[18] Peilei Fan and Chihiro Watanabe, "Promoting industrial development through technology policy: Lessons from Japan and China", *Technology in Society*, 2006, Vol. 28.

[19] Peter Nijkamp, Jacques Poot, "Meta-analysis of the effect of fiscal policies on long-run growth. European", *Journal of Political Economy*, 2004, Vol. 20.

[20] Richard J. Pierce Jr., "Small Is Not Beautiful: The Case Against Special Regulatory Treatment of Small Firms", *Admin. L. Rev*, 1998, Vol. 50.

[21] Ronald F. Wilson, "Federal Tax Policy: The Political Influence of American Small Busines", *Tex. L. Rev*, 1996, Vol. 37.

[22] Storey D. J., "Entrepreneurship, Small and Medium Sized Enterprises and Public Policies. in Z. J. Acs and D. B. Audretsch (eds.)", *Handbook of Entrepreneurship Research*, 2003, Kluwe. Dordrecht.

[23] Thorsten Beck, Asli Demirgu-Kunt, Vojislav Maksimovic, "The influence of financial and legal institutions on firm size", *Journal of Banking & Finance*, 2006, Vol. 30.

[24] W. Friedman, *Law in a changing Society*, New York: Cohmbin University Press, 1972.

[25] Blanchard, *The Economic Theory of Transition*, Oxford: Clarendon Press, 1997.

[26] Dennis W. J., *Creating and sustaining a viable small business sector.*

*Paper presented at the School of Continuing Education*, University of Oklahoma. October, 2005.

[27] Edward Austin Robinson, *The Structure of Competitive Industry*, Pitman Publishing Corporation, 1937.

[28] Edward J. Kane, *Gaps and Wishful Thinking in the THeory and Practice of Central-Bank Policymaking. presentation to the* 30*th SUERF Colloquium States, Banks, and the financing of Economy*, Switzerland, Septenmber, 2012.

[29] Greene F. J., Storey D. J., *Enterprise Policy: A UK-US comparison.* Warwick Business School, Coventry, 2008.

[30] Kirzner I. M., *Competition and Entrepreneurship*, Chicago: Chicago University Press, 1973.

[31] OECD, *Framework for the Evaluation of SME and Entrepreneurship Policies and Programmes*, 2007, Paris.

# 后 记

研究企业组织中的法律问题以及产业政策问题成为我多年来形成的学术旨趣。但本著作从成稿到出版，耗费了我较多的时间与精力。这主要在于，其一，这一课题本身存在基础性研究薄弱且争议性问题较多之现状。作为一项学术研究，需要对相关的概念范畴、理论观点、制度体系进行系统化阐释，以满足学术逻辑自洽；其二，这也是一个立法性问题。我国《中小企业促进法》于 2002 年制定、2003 年实施到 2017 年修订，已历经 10 余年，需要对中小企业促进政策的演变过程作出梳理和评析，需要对立法、执法现状与问题进行跟踪、考察，以获得研究的最基础条件。显然，将学术问题与立法性问题结合起来进行综合性研究无疑增加了研究的难度。

2013 年，正值我国着手对《中小企业促进法》修订之时，我们课题组申报了国家社会基金年度重点课题《中小企业促进法修订与立法后评估》，并获准立项（立项号 13AFX017）。

为进行该项研究，课题组走访了大量的中小企业，进行实地调研，以获取第一手数据，同时也主持、参加过多次研讨会，听取专业人士的呼声，广泛吸纳社会各界的意见与建议，这些都为课题的实证研究打下了较为扎实的基础。

本课题成果稿由我执笔撰写完成，在整个研究过程中得到了课题组成员马山水教授、燕小青教授、胡新建教授、郭站红副教授的大力支持，从调研样卷的设计到课题调研的分工协作，再到著作成稿后课题组成员的深度讨论都体现出团队合作攻关的意义与价值。

从课题结题成果稿到本书稿，又经过多次修改与补充。本书稿共分12章，呈现出“理论阐述”→“立法评估”→“修改评析”渐进式的学理框架，即第1~3章为“理论阐述”，第4~6章为“立法评估”，第7~12章为“修改评析”。其中“修改评析”的内容相对较多，这是符合课题研究所设定的目标要求的，“理论阐述”是本课题研究的基本理论分析框架，“立法评估”是本课题提出修法建议的基本前提，而“修改评析”则是本课题修法研究的落脚点。

书稿得以出版，感谢国家社科基金规划办为出版所作的工作，感谢宁波大学人文社科处的大力支持，也感谢法律出版社似玉编辑的辛勤劳作，没有他们的默默付出，就没有书稿物化为公开出版成果。

多年来的教学和研究实践，我感悟出这样一个哲理：任何一个话题能被提起并被社会关注总会有它的价值，但是任何一个话题只有在解决后才能使话题不再是话题，而变成我们生活的常态。中小企业立法这一话题也是如此，围绕中小企业在我国如何更好地成长与发展以及如何通过立法促进问题，在历次全国人大会议、政协会议上总会有代表或委员将这一话题提起，并引起立法部门与政府部门的重视，即使2017年《中小企业促进法》的修订也难以为这一话题画上句号。但我们期待着总有那么一天，探讨中小企业成长与发展问题不再成为话题，那么，作为理论研究工作者，我们对该问题的研究也会不告而终。

作者谨识

2021年2月于宁波大学法学院